读客® 这本史书真好看文库

轻松有趣，扎实有力

知行合一

王阳明

（1472—1529）

知行合一的“知”，不是“知道”，而是“良知”，
是每个人内心与生俱来的道德感和判断力。
找到并遵循内心的良知，复杂的外部世界就
将变得格外清晰，致胜决断，了然于心。

本书通过讲述王阳明的辉煌传奇，
为您剖析知行合一的无边威力。

度阴山 著

北京联合出版公司
Beijing United Publishing Co.,Ltd.

图书在版编目（CIP）数据

知行合一王阳明：1472～1529／度阴山著. -- 北京：北京联合出版公司, 2014.5

ISBN 978-7-5502-3000-2

Ⅰ. ①知… Ⅱ. ①度… Ⅲ. ①王守仁（1472～1529）—传记 Ⅳ. ①B248.2

中国版本图书馆CIP数据核字(2014)第092998号

知行合一王阳明：1472～1529

作者：度阴山

责任编辑：徐秀琴

选题策划：读客文化　021-33608311

特邀编辑：盛亮　潘炜

封面设计：莫晓娟

版式设计：黄巧玲

责任校对：曹振民　姜瑞清

北京联合出版公司出版

（北京西城区德外大街83号楼9层　100088）

三河市龙大印装有限公司印刷　新华书店经销

2014年7月第1版　2018年7月第22次印刷

字数320千字　710毫米×1000毫米　1/16　19.25印张

ISBN 978-7-5502-3000-2

定价：36.00元

如有印刷、装订质量问题，

请致电010-87681002（免费更换，邮寄到府）

目　录

序章
心学诞生的前夜

心学横空出世

如果老天爷在1508年高坐云端俯瞰人间，他会看到这一年发生在地球上的那些大事。在中国，大明帝国的实际领导人刘瑾创建了内厂，这是继明帝国三大特务组织（锦衣卫、东厂、西厂）之后的又一更加残暴、更加摧残人性的机构；在日本，幕府掀起的内讧飓风归于平静；在欧洲，神圣罗马帝国皇帝的军队进攻威尼斯共和国失败；在中美洲，西班牙人把非洲的尼格罗人运到西印度群岛作为奴隶，美洲有“黑奴”自此开始。

老天爷如果擦亮双眼仔细观看，还会看到未来的宗教精神导师马丁·路德正在威顿堡大学慷慨激昂地鼓吹他自己的宗教思想。如果他专心于中国，则会看到广西柳州的农民起义被血腥镇压，看到山东曹州的农民正在掀起抗暴的烽火，还能看到已上任三年的皇帝朱厚照（明武宗）正在紫禁城里不眠不休地纵欲。

只有一件事，他可能没有看到，或者说，他不屑于看到。这件事发生在大明帝国贵州龙场（今修文县）驿站中，当事人是驿站站长王阳明，叫“龙场悟道”。多年以后，中国思想史把它定义为：心学的诞生。

老天爷看不到，是因为贵州龙场在原始森林中，连目光最敏锐的鸟儿都看不到；老天爷不屑于看到，因为那时的心学还未散发它最耀眼的光芒。

自心学诞生的那一刻起，就注定了它的不同凡响。七年后，王阳明被明帝国的中央政府派到江西剿匪时，他的忠实门徒已达千人。在他1529年离开人间时，他的门徒已以万计。在他去世的五百多年中，真心实意地把他当作精神导师的伟大人物不胜枚举，曾国藩、康有为、孙中山、毛泽东都是他忠实的拥趸。1513年，日本人了庵桂梧把心学带回日本，300多年后，日本人在王阳明心学影响下发动了举世皆惊的“明治维新”，摇身一变而成为世界强国。

所有的一切都无可置疑地表明，心学是一门能让一个人乃至一个国家迅速强大起来的神奇学说。不过在1508年它来到人间时，恐怕只有王阳明一人认为它具有如此神奇的功效。

和很多伟大思想的诞生一样，表面上看，心学诞生在电光石火间。

1508年一个春天的夜晚，王阳明在睡梦中突然惊醒，像着了魔一样喊叫起来。他的两个仆从被惊醒时，他已开始自言自语：“是了！是了！圣人之道，从我们自己的心中求取，完全满足。从前枝枝节节地去推求事物的原理，真是大误。实际上，‘格’就是‘正’的意思，正其不正，便归于正。心以外没有‘物’。浅近而言，人能‘为善去恶’就是‘格物功夫’。‘物格’而后‘知致’，‘知’是心的本体，心自然会‘知’。见父知孝；见兄知弟；见孺子入井，自然知恻隐；这便是‘良知’，不假外求。倘若‘良知’勃发，就没有了私意障碍，就可以充足他的恻隐之心，恻隐之心充足到极点，就是‘仁’了。在常人，不能够没有私意障碍，所以要用‘致知格物’一段功夫去胜私复理，到心的‘良知’没有障碍，能够充塞流行便是‘致知’。‘致知’就‘意诚’了，把心这样推上去，可以直到‘治国’‘平天下’。”

想到这里，王阳明感觉到胸中爽快异常，向着静寂的夜空一声长啸。这就是心学史的开篇“龙场悟道”，归纳为八个字则是：“吾性自足，不假外求”。用王阳明的解释就是，人人心中都有良知，良知无所不能，能解决一切问题，不需要任何外来帮助。

多年以后，当心学璀璨夺目时，我们不禁要问，为什么是王阳明创建了心学，而不是别人？王阳明为什么突然“顿悟”出了心学，而不是别的什么“学”？如果以“既成事实”的角度来看，这个问题必然使人发笑。因为就是王阳明创建了心学，而不是别人。即使王阳明本人也对自己何以能创建心学没有一目了然的答案。龙场悟道后没过几年，他到江西剿匪。有弟子问他：“尧舜那样伟大的圣人为什么不制作礼乐，非要等到周公呢？”他回答：“圣人的心是面明镜，物来则照，物不来也不去强求。尧舜没有制作礼乐，只是因为他们那个时代还不需要，没有这件事来找他们。周公制作礼乐，只是因为礼乐这件事刻不容缓，来找周公了。”

用今天的话来说，就是时势造英雄。

那么，到底是什么样的时势造就了王阳明和他的心学呢？

心学诞生的前夜

现在，让我们看看心学诞生的前夜都发生了什么。

这个夜很漫长，有很多人行走在夜色中。我们最先看到的是一个道士模样的人，他正倒骑着驴，行走在公元960年的一条大路上。当有人告诉他赵匡胤做了皇帝建立了大宋时，他惊喜得从驴上摔了下来，说：“从此天下定矣。”他叫陈抟，是五代末期华山里神乎其神的一个道士。在他身后，我们看到了他的弟子穆修，而穆修的背后则是他的弟子周敦颐，此人精通儒释道三家学问，是当时的大学问家，世人评价他的品行时说他“胸怀洒落如风光霁月”。周敦颐最为我们所熟知的就是那篇美轮美奂的《爱莲说》。另外，他受到祖师爷陈抟道士的影响，以道家的语境写了一本书叫《太极图说》。书中提到了“无极”这一概念，它是万物的造物主，也是万物运行的标准。在周敦颐的身后，我们会看到两个相貌相似，神情却迥然不同的人。一个脸上荡漾着和气的颜色，而另一位则神情严肃，活像僵尸。这两人是亲兄弟，和气的那位是哥哥叫程颢，严肃的那位是弟弟叫程颐。

多年以后，兄弟俩从老师周敦颐的《太极图说》的“无极”理论中抽出“理”和“道”的概念，自成一家，这就是理学的雏形。理学认为，在超现实、超社会之上存在一种标准，它是人们一切行为的规范。周敦颐说它叫“无极”，二程说它叫“天理”。而“天理”的敌人则是“人欲”（不合理、不正当的行为和欲望）。每个人的一生最应该做的事就是去发现（格物穷理）和遵循这个“天理”，祛除“人欲”。归根结底，就是要“存天理，灭人欲”。我们可以举个例子来说明“天理”和“人欲”。饿了吃饭是“天理”，但非要吃鱼翅鲍鱼，这就是“人欲”；困了睡觉是“天理”，但非要有美女陪睡，这就是“人欲”；一个人如果饿了非不吃饭，困了非不睡觉，这也是“人欲”，虽然它不是不合理的欲望，但却是不合理的行为，因为你违反了人的生理规律。由此可知，天理其实就是满足我们生存下来最基本的需求，除此之外的都是人欲。

如何“存天理灭人欲”，程颢和程颐的方法不同。程颢认为，人性本是善的，天理就在我心中，所以只需要在自身上下功夫就可以了。而程颐虽然也认为人性是善的，但是却认为不能仅仅在心上用功，必须要去外界寻找天理，也就是说，必须要依靠外界的力量“格物致知”来让自己的人性达到至善的境界。

二人的主张不同，是因为心性不同。有这样一则轶事，很能说明问题。兄弟二人去参加宴会。宴会上，哥哥程颢对主人送到怀里的歌女温存备至，而弟弟程颐对怀里的美女连看都不看一眼，反而气得七窍生烟。回家后，他指责哥哥有失体统。程颢大吃一惊，说：“我当时在饭局上，怀里有美女，心中就有美女，我现在回家了，怀里没有美女，心中也没有了，而你直到现在，心中还有美女？”

这个故事恰好戏剧性地验证了两人的思想。程颢认为，一切都是心的问题。而程颐则认为，必须要时刻约束自己，让外界的规则来规范自己的心。

南宋时，朱熹继承了程颐的思想，而陆九渊则继承了程颢的思想。朱熹和陆九渊凭借天资将这两种思想发扬光大，这就是后来的程朱理学和陆九渊心学。

无论是程朱理学还是陆九渊心学，目的都是为了存天理去人欲。为什么要存天理去人欲呢？另一位理学大师张载给出了答案：为天地立心（为社会重建精神价值），为生民立命（为民众确立生命意义），为往圣继绝学（为前圣继承已绝之学统），为万世开太平（为万世开拓太平之基业）。

如此精彩雄壮的格言，在中国乃至世界史上只此一次。这四句话，就是理学家的名片。

实际上，理学的思路虽然来自道家，但创造它的人都承认，理学是儒家思想，是新儒学。不过，理学谈的却是儒家鼻祖孔子最不愿意谈的问题“性和天道”（子罕言性与天道），表面上看，这背离了孔子的方向，但其实不是这样。

孔子之后，儒家分为六派（李斯为代表的小康派，孟子为代表的大同派，董仲舒为代表的天人感应派，孟子、荀子和告子为代表的心性派，荀子为代表的考证派，司马迁为代表的记纂派），其中有两派在日后发扬光大，一派是天人感应派，在两汉时期威风八面；另一派则是心性派，多年以后，它改头换面而成为理学。

孟子说人性本善，荀子说人性本恶，告子则说，人性可善可恶。理学家则说，孟子说得对，荀子说得也有道理，而告子给我们提了个醒。所以，我们应该时刻注意自己的心，一定要“存天理灭人欲”。

为什么会有理学的诞生，这是个深远的话题。儒学在西汉取得正统地位后风光了几百年。魏晋五胡乱华时，儒家四平八稳的主张在乱世失去作用，于是销声匿迹，直到南北朝结束后，隋唐大一统王朝到来，儒学才蹑手蹑脚地回到人们的视线中来。不过，四百多年不在人间，魏晋南北朝时期佛道二教的高度繁荣，使得儒家思想没有了竞争力。唐代的韩愈曾向皇帝提出抑制佛、道二教，重新把儒家思想放到尊位上来的建议。韩愈的呼吁很快就化为泡影，唐帝国灭亡后，中国又迎来了一个血肉横飞的小分裂时代（五代十国），到处都是武夫当权，儒学再次显示了它脆弱的一面——只有在大一统时代才有力量——而退隐。

北宋统一中国后，第一任皇帝赵匡胤“抑武扬文”，儒学在告别人世接近七百年后终于迎来了复兴时刻。这一复兴是震动天地的。几乎是一夜之间，北宋帝国成了儒家知识分子的乐园。人人都以读儒书、参加科考而高中为生平最幸福的事，连北宋的皇帝都指着儒书赞叹说：“书中自有颜如玉，书中自有黄金屋。”

我们都知道，儒家知识分子有个极坚韧的行为就是，千方百计把他们侍奉的对象（皇帝）纳入到自己设计的圈套中来。他们要求皇帝必须具备基本的仁义道德：必须要这样，必须不能那样。他们的政治理想就是：圣君贤相。问题就出在这里，儒家知识分子从来没有想过设计一种制度来限制皇权，而只是通过各种说教来让君圣相贤。一旦君不圣，相不贤，他们只有一个办法：干瞪眼。

董仲舒曾用“天人感应”的方式来限制皇权，但汉武帝穷兵黩武的历史照样发生了。“天人感应”思想认为，国君做了坏事，老天就发怒；国君做了好事，老天就高兴。北宋的儒家知识分子拿不出别的办法，但如果还拿“天人感应”来忽悠，他们自己都会为自己枯竭的想象力而羞愧。所以，北宋的儒家知识分子们开始对“天人感应”进行升级。

意想不到的是，这段时期发生的一件事给理学的诞生提供了温床。1058年，王安石在皇帝赵顼（宋神宗）的全力支持下进行变法。儒家的保守派群起而攻之，王安石将他们统统从中央驱赶到洛阳。正是在洛阳，以程颐为代表的洛阳知识分子群没有政事的烦扰，所以专心致志地搞起思想来。也正是在这时，这些儒家知识分子放弃了儒家知识分子本应该坚守的处理现实问题的实际性，而凌空蹈虚地谈起了天道和人性。

据说，程颐年轻时听了周敦颐对《太极图说》的解释后，大呼过瘾说：“周老师是天下第一等人。”朱熹很小的时候就曾问过老师：“头顶是天，那么天之上是什么？”陆九渊三四岁的时候就问老爹：“天地的边际在哪里？”

正是这种区别于注重现实的古典儒者的探索精神，让理学诞生到人间。理学虽然诞生于南宋，可在南宋时命运多舛。朱熹晚年，发生了“庆元党禁”，一大批理学家和信奉理学的朝野著名人士被列入伪党名录。理学受到重创，直到南宋灭亡，都未恢复元气。不过元朝初期，蒙古人对思想的宽松政策使理学重获青春。理学就在它倒下的地方（中国南方，当年的南宋地区）站起来，开始发光发热。1314年，元朝皇帝把朱熹特别推崇的“四书”作为科举考试的内容，并且指定朱熹的《四书集注》作为它的参考书。直到此时，理学在全中国被普及，渐渐有了压倒其他思想的权威。

然而，自理学诞生的那一刻到它拥有唯我独尊的地位时，它自身不可避免的缺陷始终像个恶灵一样跟随着它。

首先，理学在“存天理去人欲”的执行上过于严苛。这一点，程颐登峰造极。程颐认为，人生应该严肃，并且要绝对严肃。他曾给小皇帝赵煦（宋哲宗）上课，当时是春天，树枝发出清新的芽，让人怜爱。赵煦趁程颐不注意，折了一根树枝。程颐发现，脸色大变，说：“春天正是万物复苏之时，您怎么忍心折杀它们，这真是没有天理。”这种忽视甚至是扼杀情感的理学，实在让人无法喜欢上它。

其次，理学萌芽于北宋王安石变法时，倡导理学的那些人因为没有政务在身，所以不对政治负责，于是提出了高调的个人道德主义。他们希望每个政治家都应该具备他们所说的个人道德素质，程颐认为，一个出色的政治家必须是完美的道德家，必须要有古典儒家所要求的一切美德：仁义礼智信，甚至包括个人卫生。司马光就曾攻击王安石，认为王安石一年才洗一次澡，连胡子里都是虱子，这样一个连“修身”都做不到的人，怎么能齐家、治国、平天下？！

问题是，个人的道德和能力扯不上半点关系，可理学家非要认定，个人道德是能力的基石，没有个人道德，能力就大打折扣。王安石对那群高弹高调个人道德主义的理学家反击说，你们说的那些都是“壁上行”，根本没有实现的可能。

的确没有实现的可能。程颐还算是合格的，他的一生极端严肃，几乎没有笑过。但别的理学家就没有这种能力了。久而久之，理学家们大谈特谈的“存天理去人欲”渐渐变成说给别人听的口号。正是因为说给别人听，所以调越高越好，这让人在那些严苛的道德规定下无所适从的同时，也注定了理学师傅们不能知行合一。早在朱熹时代的南宋时期，就已经有人指责理学家是道貌岸然的伪君子。说一套却做一套，理学宗师们规定的那些道德要求，都是让别人用的，理学信奉者只是讲师，不是实践者。

最后，也是最致命的，理学迈进明朝时，在明朝各位皇帝的努力下，被打造成了国家意识形态。这个变异过程漫长但却相当顺利。明王朝开国皇帝朱元璋建国不久，就在那位充满神话色彩的刘伯温的建议下，全盘接受了元王朝的科举制。朱元璋在思想控制上比蒙古人狠一百倍，他把理学之外的所有学说统统列入异端，甚至是孟子的"吊民伐罪"思想都被他砍了。如此一来，理学一方面作为科举考试的内容，使得凡是想通过读书改变人生的人必须接受，由此普及全国；另一方面，理学由此成了明帝国的唯一思想，成为国家意识形态。

如你所知，一种思想被确定为国家意识形态后，就成了不言而喻的真理。由此会给生活在其中的人带来下面的刻板印象：一切都臻于完美，你只要在它那一套架构中调节自己的生活，补充自己的知识，完善自己的心灵，就一切圆满。本身，理学就有一个严密完整的体系，在这一严密完整的体系中，一切问题都有答案，你不必再去寻找答案。实际上，在一个严密的体系里，你也找不到不同的答案。最有天赋的思想家就是最大胆的怀疑者。但你一旦怀疑，你就成了异端、叛逆。明朝第三任皇帝朱棣时期，一个灵性十足的思想者朱季友对朱棣说，朱熹理学有很多缺陷，即使不抵制，也不能把它普及。朱棣咆哮道："你真是儒家的逆贼！"这位异端受到了严厉的廷杖惩罚，屁股被打烂，割下腐肉几斤，由于走路的姿势很怪，好多年他外出都要人背着行走。显然，理学在明代，已经严重制约了人们的想象力和探索精神。才华出众的思想家们只有一件事可以做，那就是：实践理学。

明代最著名的理学实践家主要有以下两人。一个是山西理学泰斗薛瑄，他对自己曾说过下面这段话而沾沾自喜：自有朱熹后，人间大道已明，不需任何多余的著述，躬行就可以了；另一位则是江西人吴与弼，他是圣人的奴隶，不仅仅恭维朱熹，而且恭维一切圣人。他经常梦到自己匍匐在周文王、孔子、朱熹的脚下聆听教诲。比如在他六十七岁那年的五月二十六日，他在日记中这样记载："昨天晚上，我梦见孔子的孙子子思来访我。他说他是按孔子的命令来的，我感动得要死，也就在梦中醒来了。"吴与弼特别注重行，所以在他门下学习的人肯定是个出色的劳动力。但他的弟子中也有叛逆者，此人就是陈白沙。陈白沙慕名而来，几天过后就发现吴与弼没什么突破性思想，于是赖在床上，不去劳动。吴与弼就用棍子击打他，愤怒地说："如此懒惰，怎么能做程颐、朱熹的门徒！"

陈白沙细皮嫩肉，当然经受不起棍棒的考验，于是号叫着离开了吴与弼。当他肉体的疼痛还未消失时，他的精神更剧烈地疼痛起来。这种疼痛就是：朱熹的理学好像是错误的，他叫人到外面去“格物”而获得“天理”，纵然把外面的理格了，又怎么能和我的心意一样？朱熹注解的“四书”是天理，我去格它，结果我的心发现，他的注解有问题，可大家都说，他的话都是天理啊。这可如何是好？

陈白沙无论如何都解不开这个心结，他从朱熹理学的殿堂里窜了出来，去探索陆九渊心学。

要了解陆九渊心学，就必须和朱熹理学相参照。朱熹理学的修养方法是以读经书和持敬为主。所谓持敬，就是统一自己的精神，抑制人欲，经常自觉天理。它的实践方法就是静坐。如果说，“读经书”是知性修养法，那么，“持敬”就是实践修养法。朱熹认为，这两者必须要互相帮助、互相依存，才能达到皤然领悟天下事物之理的境界。陆九渊心学在修养上特别重视静坐，主张直观性的感悟真理。朱熹则重视读经书，朱熹理学和陆九渊心学的区别，就是在修养上，至于他们的终极目标都是一样的：得到天理，锻炼内心。

陈白沙转投陆九渊心学，奠定了他明代第一位心学家的不容置疑的地位。不过，他是从朱熹理学逃到陆九渊心学这里的，所以他仍然没有解决朱熹理学的“格物”问题。事实就是这样：理学当时已经是一个完美、严密的体系，在它内部，很难产生独创型的学者。

而当时是清一色的理学天下，想要在思想上被人瞩目，必须要从朱熹理学开始。王阳明当然也不会例外。

那么，他是如何突破朱熹理学，一举创建王阳明心学的呢？

让我们从头开始说起。

第一章
为什么悟道的是王阳明

何谓第一等事

对于大明帝国第八任皇帝朱见深（明宪宗）来说，1472年绝对不是个好年头。鞑靼（明朝时由也速迭儿开始，最终由达延汗统一的东部蒙古）从年初到年末持续不断地攻击帝国北疆；大运河因为干旱而枯竭，南方运往北京的粮食只能走遥远而艰险的海路；四川爆发了大规模的农民武装暴动，政府军接二连三地惨败；苏州发生洪灾，两万余人被冲进大海成了鱼虾的美食。朱见深和他的政府焦头烂额。

但对于浙江余姚王华家来说，1472年是个非常好的年头。因为就在本年九月三十，王华的老婆生下了一个婴儿，这个婴儿就是多年以后的王阳明。

王阳明早慧，四岁之前，他就把爷爷王天叙经常朗诵的书籍内容全部烂熟在胸。和大多数孩子一样，他生性活泼、顽皮好动，有一种惹人发火的好奇心。当他四岁开口说话后，总是把王天叙追问得走投无路。同时，他对任何事物都有一种令人难以置信的刻苦钻研的心。七八岁时，他迷上了中国象棋，很快就把自己沉浸到这个没有硝烟的战场上去了。

那个时候，他不是在和别人玩象棋，就是在去和别人玩象棋的路上。吃饭时，他身边摆着棋谱，睡觉时，他枕边摆着棋谱，即使洗澡时，他的木桶旁边也摆着棋谱。最疯狂时，他废寝忘食，几乎忘了自己还有很多儒家经典要读。

他的父亲王华实在看不下去了，训斥他：“你整天鼓捣这种‘小技’，是违背圣人的教诲。”

王阳明一本正经地说：“我正是在遵循圣人的教诲啊。”

王华冷笑：“你老子我是秀才，圣人说过的每句话我都背得滚瓜烂熟，我怎么从来没有听过圣人让人鼓捣象棋的话？”

王阳明摇头晃脑地说：“您说象棋是‘小技’，但孔夫子说过，即使是小的技艺，也一定有可取之处（“虽小技，必有可观者焉”）。这不是告诉人们，可以钻研象棋这种小技吗？”

王华被气得胡子抖了两下，说：“你断章取义的功夫还真不错。孔夫子这句话下面还有句话，你可记得？”

王阳明当然记得，但他摇头。

王华冷笑：“真是学艺不精。孔夫子下面的话是：但对远大的事业恐怕有影响，所以君子不从事这些小技艺（“致远恐泥，是以君子不为也”）。”

王阳明假装恍然大悟：“孔夫子是个性情活泼的人，他肯定支持人钻研小技。后面那句话大概是后人加上去的，应该不是孔子的话。”

王华的胡子又抖了起来。

王阳明的母亲没有闲工夫和他斗嘴皮子，索性趁他睡觉时把他的象棋扔到了水里。小王阳明悲痛不已，还做了首诗来描述象棋的“凄惨”命运：“象棋在于乐悠悠，苦被严亲一旦丢；兵卒坠河皆不救，将帅溺水同时休；车马千里随波去，相士和川逐浪流；炮响声音天地震，象若心头为人揪。”

这并未摧折王阳明喜欢钻研的心，他很快就把象棋的事忘到脑后，又一头钻到了道教的养生术里。

父亲王华再次吹胡子瞪眼，母亲严肃地站在了王阳明面前。王阳明只好乖乖地将关于养生术的书籍束之高阁，但只要父母不注意，他就会像做贼一样偷偷地阅读。好在他很快就从养生术中走了出来，又开始舞枪弄棒。

王华看着这个孩子，唉声叹气。唯一支持王阳明“为所欲为”的只有他的爷爷王天叙。这是位和蔼的老人，饱读诗书思想开放，允许年轻人按自己的想法去行事。正是在王天叙的保护下，王阳明才充实了自己丰富多彩的少年生活。

随着年纪的增长，王阳明的心越来越野，越来越让当时的人不能接受。1482年，王阳明的父亲高中状元在北京获取官职。十一岁的王阳明和爷爷王天叙从浙江余姚前往北京。途经镇江时，王天叙被他在镇江的诗友挽留，一行人游览金山寺。

游玩进入高潮时，有人提议以“金山寺”为名作诗。当大家都在冥思苦想时，王阳明已挥笔而就，这首诗是这样的：“金山一点大如拳，打破维扬水底天；醉倚妙高台上月，玉箫吹彻洞龙眠。”

王天叙扬扬得意地把孙子的诗传给众人看，这些诗友们啧啧称奇。但有几人打翻了醋坛子，议论说，这样的诗歌怎么可能是一个孩子所作，必是王天叙代作，以显示他孙子的超人才华。王天叙显然听到了这样的议论，为了证明他孙子的确有超人的才华，就让他们给王阳明命题。

有人就指着金山寺的“蔽月山房”景点说：“作一首如何？”

王阳明毫不谦虚，点头。

有人要拿笔墨纸砚给王阳明，王阳明拒绝说：“不必。”还未等那人反应过来，他已脱口而出，“山近月远觉月小，便道此山大如月；若有人眼大如天，还见山高月更圆。”

对诗歌稍有欣赏力的人就能发现，这首诗语言虽然清新平凡，却呈现了一种非凡的艺术观念，它的美几乎是浑然天成。

即使那些醋坛子也不得不发自肺腑地称赞，这真是一首好诗。可王阳明却发出一声青涩的冷笑，说道：“文章小事，何足挂齿！”

众人大惊。这些人一致认为，王阳明要么是在玩清高，要么就是疯了，文章怎么是小事？在大明帝国，文章是能获取高官厚禄的头等大事，作为知识分子，文章差不多是他生命中唯一的事。如果文章是小事，那王阳明心中的大事还能是什么呢？

这个问题在一年后有了答案。

1483年，王阳明在北京的私塾读书。有一天，他一本正经地问老师：“何谓第一等事？”这话的意思其实就是问，人生的终极价值到底是什么？

他的老师吃了一惊，从来没有学生问过他这样的问题。他看了看王阳明，笑笑，又思考了一会儿，才做出他自认为最完美的回答：“当然是读书做大官啊。”这在当时的确是标准答案，正如今天大多数中国人发家致富的“第一等事”一样，明帝国的知识分子们当然是以读朱熹理学，通过八股考试，进入仕途为毕生理想。

王阳明显然对这个答案不满意，他看着老师说：“我认为不是这样。”

老师不自然地“哦”了一声：“怎么，你还有不同的看法？”

王阳明夸张地点头，说：“我以为第一等事应是读书做圣贤。”

老师目瞪口呆，突然狂笑，然后对着王阳明摇头：“孩子，你这第一等事可是太高了，哈哈。”

王阳明对老师的讥笑毫无反应，转身离去。这件事后来传到王华的耳里，王华冷笑。有一天，他看到王阳明在院子里望天，若有所思，就笑着问他："听说你要做圣贤？"

王阳明对父亲点了点头："当然。"

王华大笑，说："你把吹牛皮的功夫放到学业上，该多好。"

王阳明有点恼怒，回问父亲："圣贤怎么就做不得，您和我老师都这样取笑我？"

王华收起笑容，质问儿子："你懂什么叫圣贤？"

王阳明像背书一样回答："圣人就是那些为天地立心，为生民立命，为往圣继绝学，为万世开太平的人。"

王华说："你虽然把北宋张载这段话背得很扎实，但我告诉你，这是理想主义者的呓语，你怎么就当真了！"

王阳明说："孔子就是这样的圣人。"

王华正色道："那是千年才出的一位圣人，你怎么能比？"

王阳明反驳："大家都是人，怎么就不能比？"

王华语塞。

的确，孔子出生时也不是圣人，是通过后天努力把自己锻造成圣人的。按王阳明的见解，大家都认为圣人不好做，只是因为被圣人的光环吓唬住了，不敢去做，所以很多人都和圣人失之交臂。他下定决心，自己绝不可以和圣人失之交臂。

但是，做圣人的第一步该是什么呢？

为天地立心，太空了；为生民立命，太大了；为往圣继绝学，太远了。能摸得着看得见的只有"为万世开太平"。为万世开太平可不是靠嘴皮子，而要靠出色的军事能力才能经略四方。

正是这种"经略四方"的理想，使得王阳明在课堂上总是心不在焉。后来他干脆就逃课和很多小朋友玩军事游戏。不过他组织的军事游戏，即使在成人看来也已超越了纯粹的玩闹。他制作了大小旗帜数面，自己则装扮成指挥官的样子居中调度。在他手中的旗帜不断变换时，他的"士兵"们左旋右转，右旋左转，很有排兵布阵的架势。

王华唉声叹气，可以说，他为这个孩子操碎了心。他大声训斥王阳明："我家是书香门第，你却搞这些不入流的东西，真是败坏家风。"

王阳明深为父亲的武断吃惊，问："排兵布阵怎么就是不入流的东西？"

王华耐住性子解释道："本朝自开国以来就重文轻武，凡是有志向的君子都不会参与武事，而且我从来没听过哪个圣贤是舞刀弄棒的。"

王阳明小心翼翼地质问："孔子不是文武全才吗？"

王华跳了起来："人家是圣人，你只是个普通人。你最正经的事就是好好读书，将来通过科举考试，最好成为状元，像你爹我，就是状元，大家都喜欢我，尊重我，羡慕我。"

王阳明转动眼珠子，不怀好意地问父亲："父亲中了状元，后世子孙还是状元吗？"

王华丝毫没察觉出这是个陷阱，严肃地回答："你想得美。状元只是一代，你若想中状元，还需要刻苦读书。"

王阳明随意地一笑："原来只是风光一代，但建功立业却能百世流芳，所以我恐怕不会稀罕状元。"

王华气得发疯，他拿出家长的姿态来，要体罚王阳明。每每在这个时候，王天叙都会适时地出现，先是好言相劝王华，如果王华不听，他也拿出家长的架势来，王华是孝子，只好乖乖地溜走。

王天叙早就对王华讲过大道理："人才不是管出来的。"

王华谨慎地反驳说："但人才是教育出来的。"

王天叙就反击道："最好的教育是引导，不是你这种强制管束，你应该顺着孩子的习性去教育。我这个孙子将来必有大成，不是你所能体悟到的。"

王华摇头苦笑，他实在看不出这个有点多动症、喜欢吹牛皮，整天都在搞"小技"的孩子将来能有什么大成。

王华不了解王阳明，王阳明的确有多动症，但绝不是吹牛大王。为了实现"经略四方"的志向，他很是投入。除了频繁地组织军事模拟外，他苦练骑射，遍览兵法，在史籍中寻找出色的军事家传记反复阅读，然后把这些人打过的著名战役在现实中还原，不停地模拟。

在模拟之外，他还极为认真地进行过实地考察。1486年，十五岁的他单枪匹马私出居庸关。当时大明帝国的主要敌人就是居庸关外的蒙古人，他们三番五次攻击大明帝国的边疆，王阳明私出居庸关，正是为了实地考察蒙古人，希望能得到最佳的解决方案。

当他在居庸关外的一条羊肠小道上骑马漫行时，两个蒙古人在他不远处信马由缰。王阳明热血澎湃，从身后抽出弓，搭上一支利箭，扯开嗓门向那两个蒙古人大喊："哪里走，吃我一箭！"

两个蒙古人突然发现一匹马腾空而来，马上端坐一人，正朝他们的方向弯弓。他们从未在此遇过这样的情况，所以吓得魂飞魄散，调转马头，带着哭腔拍马就跑。王阳明在后面大喊大叫，追出了几里才停住。他看着两人的背影哈哈大笑，很为自己的勇气而自豪。不过，他这样做的目的并无恶意，他只是想练练自己的胆子。随后，他就和当地的蒙古人打成一片，在居庸关外待了一个月，他深刻了解了蒙古人的生活习惯和军事训练方式，后来还在一场蒙古人组织的射箭比赛上拔得头筹，又在蒙古人组织的摔跤比赛中取得了不俗的成绩。

当他回到北京时，他父亲王华的肺都被气炸了。王阳明在爷爷王天叙的庇护下才没有受皮肉之苦。这件事不久，北京郊区发生了农民暴动。这是件大事，皇帝朱见深要各位大臣出谋划策，王阳明得到消息后，兴奋不已，他连夜写了一篇《平安策》，请求父亲交给皇帝。王华斜眼看了看他，又拿过他的《平安策》扫了几眼，就扔给他，说："老生常谈，无济于事。"

然后王华拿出了另一副腔调："我说，你就不能干点正经事吗？"

王阳明在心里说："我现在做的是第一等事，第一等事怎么就不是正经事了？"

王华似乎注意到了儿子的心思，指责他："你四处乱逛，像个夜游神，我听说你有事没事就去逛于谦庙？"

王阳明回答："于谦是大英雄，当初土木堡之变，如果不是他守卫北京城，蒙古人可能就把这座城给攻陷了。"

王华又问："你还很喜欢东汉的马援？"

王阳明激动地回答："他平定交趾，实在是天底下第一等豪杰。"

王华叹了口气："你呀，羡慕英雄豪杰我不反对，但你想过没有，人家是赶上了时势，人家有平台施展。你要真想做那样的英雄豪杰，就要读书做官，只有做了官才有平台给你施展。"

从以上的故事中，我们可以获得以下信息：因为王阳明太聪明，所以能积累起大量的知识，同时，极致的聪明也使他目空一切，把别人看得特别重的东西视为粪土，并且树立起高人一等的理想。又因为他与生俱来一种"英毅凌迈，超侠不羁"的性格，使他浑身散发着任侠情怀和要在战场上摧敌制胜的伟大心愿。

但也正如他老爹王华所说，他现在只是空想，因为没有平台。王阳明也经常问自己，施展经略四方的平台到底在哪里呢？

两件荒唐事：新郎失踪和格竹子

王阳明当时只是个普通的读书人，即使往大了说，他也不过是个状元的儿子，没有任何平台施展他那“经略四方”的志向。

而在王华看来，王阳明总有点三心二意，一会儿玩箭，一会儿骑马，一会儿搞军事游戏，一会儿又对着兵书发呆，一会儿又跑去对着道教典籍愣神。王华心里说，恐怕只有鬼知道这个小子天天在搞什么。

王阳明七八岁时曾接触过单纯的道教养生术。十二岁时，他重新回归道教，这一次不仅仅是养生术，还有道教思想。这次回归起源于他生母的离世。在为生母守孝期间，他那多愁善感的心绪不能平静，于是感叹说，人生在世，忽然而来忽然而走，太短暂，什么事都干不成。倒不如学习道教长生术，做个不死神仙。

不过很快，他被“经略四方”的志向所吸引，把道教又扔到一边。然而，他只是扔掉了手中的道教典籍，在他心里，始终留有道教的一席之地。

1488年，王阳明按长辈们的约定到江西南昌迎娶江西副省长（江西布政司参议）诸养和的女儿。让人意想不到的是，就在一刻千金的新婚之夜，王阳明居然茫然若失地走出了诸家，在南昌城街道上漫无目的地游荡起来。或许是命运使然，他不知不觉地走到一处道观，抬头看时发现了“铁柱宫”三个大字。铁柱宫在江西南昌名气非凡，是许多达官贵人趋之若鹜的地方。但在那个沉寂的深夜，王阳明可算是唯一的香客。

他信步走了进去，放眼四望，灯火阑珊，只见空地上坐着一位仙风道骨的道士，大概在修行导引术。他走上前，小心地坐在道士面前。道士闭着眼，听到急促的喘气声，缓缓睁开眼。他吃了一惊。

王阳明当时的脸色很不好，呈现青黑色，在灯火并不明亮时，很像鬼魅。道士对王阳明说：“你有病啊。”

王阳明承认：“我从小身体就不好，肺部经常感到不适，脸色始终如此，所以一直坚持用你们道家的导引术缓和病情。”

道士“哦”了一声。

王阳明就问：“仙人何方人氏？”

道士回答：“祖籍四川，因访问道友到此。”

王阳明仔细打量着面前这位道士，只见他白发披肩、皮肤细腻、眼神清亮，王阳明无法猜出对方的年纪，只好问："您高寿啊？"

道士回答："惭愧，才九十六。"

王阳明吃了一惊，九十六岁，够短命鬼活两回了，他居然还惭愧，看来世界上的确有长生不老术这回事，而面前这位活神仙就是证据。

他问活神仙："请问您俗名？"

道士抱歉地一笑说："从小就在外面漂泊修行，姓名早就忘记了。有好事者见我经常静坐，所以称我为'无为道者'。"

王阳明又凑近一点，殷切地问活神仙："您是高人，必有养生妙法，请赐教。"

道士笑了笑说："我才说过，那就是静坐。养生之诀，无过一静。老子清静，庄子逍遥。唯清静而后能逍遥也。"

按王阳明的理解，这位道士的话其实就是：首先通过身体的安静（静坐）从而进入心灵安静（内心空空，什么都不想）的状态。只要心灵安静了，就能跳入逍遥境界，成为不死奇人。这就是养生的秘诀，它养的不仅是身体，还有心灵。

王阳明大喜过望，把他在道教方面的造诣和盘托出。道士一面听着一面频繁地点头，这更激起了王阳明的表现欲。两人就那么畅谈，直到东方发白，毫无倦意。

道士适时地止住王阳明的滔滔不绝，问道："你好像不是本地人，来此何干？"

王阳明"啊呀"一声，他总算想起来南昌是为了结婚，而洞房花烛夜就在昨天。他跳了起来，和道士告别，很有些依依不舍的样子。

道士却意味深长地对他说："以后要保重，我们还有见面的机会，下一次我们见面，你的人生将迎来转折点。"

王阳明对道士的讳莫如深不感兴趣，因为凡是道士都有这样的怪癖，他只是问："何时能再见？"

道士笑了笑，伸出两根手指说："二十年后。"

王阳明向道士拜别，急如星火地跑回了他老岳父诸养和的家。诸养和与他的家人和下人们一夜无眠，新郎失踪几乎让诸养和绕柱狂走。当王阳明气喘吁吁地出现在大门口时，诸养和惊喜交集，王阳明不停地道歉。诸养和也顾不上追问王阳明去了哪里、做了什么，他现在只知道，这个女婿应该把新婚之夜该做的事补上。

新婚之夜的失踪告诉我们的信息是：王阳明对任何一件事只要痴迷起来，就会倾注十二分的精力，这种使人震惊的热情让他在每个领域都可以成为专家级人物。

戏剧性的新婚之夜失踪事件后，王阳明又做了一件高度戏剧化的事——格竹子。它是王阳明人生中最有趣味，同时也是王阳明本人最苦闷的一件事，而起因则是王阳明和大儒娄谅的见面。

1489年秋天，第一片黄叶飘落地面时，王阳明带着他的老婆诸女士离开南昌回老家浙江余姚。途经广信（江西上饶）时，他舍筏登岸，拜访了居住在此的大理学家娄谅。娄谅是吴与弼的高徒，喜欢佛道二家思想，深谙理学三昧，善于静坐，并把静坐当成是步入理学殿堂的敲门砖。

王阳明来拜访他时，他正在给他的弟子们讲课，场面很大，足有几百人。王阳明确信自己找到了真人，并希望娄谅能和他单独交谈。

这个时候的王阳明虽然也读了朱熹的很多书，和大多数人一样都是应景，并未深钻。他来向娄谅请教朱熹理学，实际上还是想得到如何成为圣贤的答案。

他问娄谅："如何做圣贤？"

娄谅自信满满地回答："圣人是可以靠后天学习而获取的。"

王阳明满心欢喜，因为这正是他一直以来的认识。他问娄谅："为万世开太平是不是通往圣贤之路的捷径？"

娄谅大摇其头，险些把脑袋摇了下来，说："不是，绝对不是。你说的为万世开太平是'外王'，只有先'内圣'了才能'外王'。所以要成为圣人，必须锻造自己，然后才能去做圣人做的事。"

王阳明再问："怎样才能成为内圣的人呢？"

娄谅一字一字地回答："格物致知。"

这是朱熹理学的治学方法，也是成为圣人的方法：人在面对自己所不知的物时，要通过各种方式（实践或书本知识）来把它搞明白。搞明白一切事物的道理后，你就是圣人了。

王阳明表示谨遵娄谅教诲。娄谅告诉他，人生要绝对严肃。王阳明回到浙江余姚后就把从前嘻嘻哈哈的习气一举荡涤干净，变成了不苟言笑的谦谦君子。娄谅又告诉他，要刻苦读朱熹经典。王阳明回到余姚后就苦读朱熹注解的"四书"。别人读"四书"只是为了应付考试，王阳明却真是向里狠钻，不但钻朱熹，还钻各种各样的理学大师们的著作。娄谅还告诉他，一草一木都有道理，必须要去格出来，王阳明于是就去格了竹子。

王阳明格竹子事件的始末大致是这样的。有一天，他和一位同样精钻朱熹理学的朋友在竹林前探索学问。王阳明突然说：“咱们把竹子的道理格出来如何？”

这位学友吃了一惊：“竹子能有什么道理？”

王阳明回答：“朱熹说，一草一木都有它自己的道理，你不格你怎么知道它有什么道理？”

学友认为王阳明说得有点道理，于是两人从椅子上站起来，走到一棵挺拔的竹子面前。学友不知从何下手，问道：“如何格？”

王阳明也不知方法，只好胡乱说：“盯着它看，道理自会闪现。”

两人就死盯着那棵竹子看，草草地吃饭，草草地睡觉。三天后，那位学友都快成了竹子，可他什么都没有得到，却有了幻觉。他发现竹子自己飘了起来，绕着他转。他头昏脑涨，实在无法支撑，就对身边瞪着布满血丝双眼的王阳明说：“哎呀，我不行了，看来朱熹老头的‘格物’真不是我等凡夫俗子能做到的。”

王阳明说：“你要坚持！”

学友懊恼道：“天赋有限，不是坚持就能成功的。我撤了，你继续。”

学友的离开并没有使王阳明灰心失望，他依然坚持盯着竹子看，到第六天时，他不但出现了幻觉，还出现了幻听。他听到竹子在说话，好像在埋怨他：我的道理如此简单，你怎么就“格”不出来呢？

王阳明懊丧不已，正要回答他的难处，突然听到所有的竹子哄堂大笑，这种笑声具有明显的挑衅味道，王阳明怒了，使尽浑身力气喊道：“你们就没有道理，我怎么格！”

他不知道自己根本就没有喊出任何话来。他体力严重透支，最后扶着竹子倒了下去。几天后，他恢复过来，反省此事，他确信，朱熹的“格物致知”有问题。

他找来那位难友，把自己的怀疑说给对方听。对方的幻觉才消失不久，以为自己又得了幻听，当他确信不是幻听时，不由惊骇起来：“你疯了？朱熹的‘格物致知’怎么可能是错误的，你是不是走火入魔了？”

王阳明没有走火入魔，他冷静地分析说：“别说我们没有格出竹子的道理，即使把它格出来又能怎样？朱熹说，天下万物包括一草一木都有道理，而且要我们去格，格个竹子都这么费劲，天下万物那么多，我们格到死，连圣贤的影都看不到。况且，如果我们踩了狗屎运，突然把竹子的道理格出来了，可那是竹子的道理，如果这个道理不被我们认可该怎么办？是把它扔了，还是违心地承认这个道理？”

他的难友对王阳明这段话瞠目结舌：“你这话太惊世骇俗了，唬得我六神无主。总之，朱熹老夫子是没错的。你不能因为格不出来竹子的道理就说人家的理论是错的，这只能说明你没有天分。”

王阳明叹息道：“我倒希望如此。可无论是我受天分所限还是朱熹有问题。总之，如果通过朱熹这条路成为圣人，对我而言，是一条死路了。”

他苦恼，从前对朱熹的狂热瞬间全无，转为了一种捉不到根由的绝望，就像是一个人掉到了云彩上，上也不是，下也不是。

在苦恼了一段时间后，他适时转向。王阳明就是有这样一种本事：此路不通，掉头再寻找另外的路，绝不会在一条路上走到黑！

能勇敢向前是勇气，能转身是智慧，智勇兼备，才可成大事。

看上去，王阳明在俗世的大事好像要成。

彷徨和痛苦是天才的共性

1492年，格竹子事件发生后不久，王阳明在浙江的乡试中脱颖而出。据他的同学们说，王阳明几乎没有费什么劲就金榜题名，所以当1493年北京会试时，人人都认为王阳明会毫无意外地重演乡试的荣耀，令人大感诧异的是，他居然落榜了。

王阳明心情必定是沉重的，但他未挂碍于心。他的朋友们来安慰他，他只是笑笑说，我并未哀伤，我只是为不能考中做官为国家效力而遗憾。他父亲的朋友、大学士李东阳就起哄说，为国家出力也不在乎一天两天，当然也不在乎一年两年，三年后，你必高中状元，何不现在写个《来科状元赋》？

王阳明在诗词文章上向来是毫不谦虚的，听到李东阳这么一说，就提起笔来，文思泉涌，很快完成一篇赋。在场的人深为叹服，但有醋坛子看着这篇文章对别人小声说，此人口气如此大，自负之气跃然纸上，将来真得势，他眼里还会有我们？

实际上，王阳明在那时眼里就已经没有了很多人。他在1493年的会试中名落孙山，并非是运气不佳，而是他并未用心于八股文。乡试过关后，他开始钻研道家养生术和佛家思想。他对自己说，经略四方，没有平台；钻研朱熹理学，没有诀窍，倒不如另辟蹊径，去道教和佛家中寻找成为圣贤的密码。

然而这一密码，他只找了一年，1493年会试败北后，他放弃道教和佛家，开始精研辞章之学。和那些欲以诗歌文章获取名利的人不同，他是希望通过辞章为万民立心，立下千古之言。这种钻研是虔诚的，他在北京的家中读古代那些伟大文学家们的著作，他和北京城中那些文学家们建下深厚友谊，彼此切磋文学的真谛，日夜苦读，以至于累到吐血，搞得他父亲每天夜晚必须强迫他休息才算完。1494年，王阳明离开北京回到浙江余姚，热情地组织了龙泉诗社，每天的生活都在和文章诗歌打交道，他发誓要走通这条路，把自己送上圣贤的圣坛。

在辞章之学上，王阳明取得了灿烂的成就，他被当时的文学界誉为天才。可不知什么时候，他突然解散了龙泉诗社，重新拾起了久违的军事。

让他做出这一“吃回头草”举动的是一个叫许璋的居士。许璋当时在浙江余姚附近过着离群索居的生活，一举一动都流露出传奇人物的特征。他喜欢穿白衣，喜欢站在茫茫一片绿的森林中，人们一眼就能发现他。据说，许璋曾经也是理学高手，拜过陈白沙为师，不过和王阳明一样，他也琢磨不透朱熹理学的真谛，所以抛弃理学，钻研军事和奇幻法术。他有两个让人钦佩的地方，一是占卜：他能掐会算，有在世刘伯温的美誉。他曾准确地预言了朱宸濠的造反，又准确地预言了明帝国十一任皇帝朱厚熜（明世宗）的继位（朱厚熜是以非太子身份登基的）。另一成就是在军事理论上，他用多年时间吃透了诸葛亮兵法和奇门遁甲中的兵法部分，后来他把这些兵法毫无保留地传授给了王阳明。

王阳明得知山中有这样一位奇人后，就急忙去拜访。二人交谈，当许璋发现了王阳明的宏图大志和他正在钻研的辞章之学后，夸张地大摇其头。

他说：“辞章是小技，小技不能成大业，何况是圣贤。”

王阳明惊异地问：“那该如何？”

许璋说：“建功立业是圣贤的不二法门，你如果真是胸藏韬略、有经略天下之志，还愁没有机会施展？所以，应该努力提升军事能力。”

王阳明于是扔了辞章经典，死心塌地地跟许璋学习兵法。他悟性好，有底子，而且用心，很快就得到了许璋的真传。在许璋的引导下，王阳明的军事理论逐渐成熟，王阳明“经略四方”的志向死灰复燃。

1495年，他回到北京，准备第二年的会试。可人人都注意到，他根本没有准备。他在那段时间最喜欢做的一件事就是和人家大谈用兵之道。每当宴会结束时，他就用果核在桌子上排兵布阵。他说起来头头是道，很多阵形都是那些久经沙场的将军们闻所未闻的。或许出于嫉妒，或许他们真的这样认为，他们对王阳明说，战场情况瞬息万变，而你这战阵却是一成不变的，难免胶柱鼓瑟，削足适履。

王阳明叫起来，把其中几个果核略一改变方位，说：“你看，只需要动一下，就是另外的阵形，怎么说是一成不变呢？”

有人讥笑起来：“你觉得摆个标新立异的阵形就能克敌制胜？”

王阳明严肃地回答：“当然不是。”

“那是什么？”

“攻心！”王阳明自信地回答，“虚虚实实，让敌人的心慌乱，动起来没有章法，我们就能趁势而入，以最小的代价取得最大的胜利。”

这是王阳明日后用兵的诀窍，那些愚人是不会懂的，所以那些人只好攻击他神经中最脆弱的一环：“请问，你有机会上战场吗？”

王阳明哑口无言，于是很多人在背后窃笑说：“还是先过了会试这关再说其他的吧。”

王阳明大失所望，他本来不是个轻易受到别人影响的人。但多年以来，他的理想始终无法实现，这不由让他灰心丧气。1496年，他在会试中再度名落孙山。有人在发榜现场未见到自己的名字而号啕大哭，王阳明却无动于衷。大家以为他是伤心过度，于是都来安慰他。

他的脸上掠过一丝沧桑的笑，说：“你们都以落第为耻，我却以落第动心为耻。”恐怕只有王阳明这样的人，才能说出这样有境界的话来。他的确能对落第而不动心，但对不能实现圣贤理想，他却无法做到不动心。

1498年，二十六岁的他又回到了朱熹理学这座高山面前。这一年，距他格竹子已过去了六年，距他拜访娄谅已过去了九年。或许是命运的安排，有一天他在不经意翻看理学经典时看到了朱熹给赵惇（宋光宗）的一封信。信中有句话如是说：“虔诚的坚持唯一志向，是读书之本；循序渐进，是读书的方法（‘居敬持志，为读书之本；循序致精，为读书之法’）。”

王阳明像是被雷劈到了一样，这句话恰好戳中了他多年来的毛病：始终不能坚持唯一志向，而是在各个领域间跳来跳去，也没有循序渐进地去研究一个领域，所以什么成果都没有获得。

他如同在沙漠中一脚踩到了喷泉，兴奋得狂呼起来，他以为自己终于找到了通往朱熹理学的钥匙，他开始重新认真地钻研朱熹的“格物致知”，恨不能要把印在纸张上的朱熹思想生吞进肚子里。但是无论他如何钻研，依然无法从“格物”中“致知”。最令他沮丧的是，他无法确证到底是朱熹错了，还是自己智慧不够。他一会儿坚信朱熹的格物致知是错的，一会儿又认为自己智慧有限。最后他心灰意冷地说了这样一句话："圣贤大概是命中注定的，而我很不幸，未被注定。"

《金枝》的作者弗雷泽说，当人类的思维之舟"从其停泊处被砍断缆绳而颠簸在怀疑和不确定的艰难之海"时，他们会感到痛苦和困惑，只有一种方式可以抹平这种痛苦，消除这种困惑，那就是，思维之船必须重新进入一种"新的信仰体系和实践的体系中"。

王阳明的思维之船在1492年格竹子事件和1498年采用循序渐进读书法后，已经从停泊处漂了出去。他其实一直"颠簸在怀疑和不确定的艰难之海"中，几乎是左冲右突、上蹿下跳，但仍不能磨平那种成圣无望的痛苦，而"新的信仰体系和实践的体系"离他还有很远，他看不到，甚至连幻想都幻想不到。

有一种无趣叫仕途

15世纪的最后一年（1499年），王阳明终于通过会试，正式步入仕途。在其他人看来，这是个光明的起点，王阳明最初也是这样认为的。他被分配到了工部实习，第一个差事是为王越修建坟墓。

王越是明代军事史上屈指可数的儒将之一，他的人生由无数传奇写就。他年轻时参加会试，刚要交卷时，考场中起了一阵飓风。风停时，王越发现自己的卷子消失了，大哭，考官被他凄惨的哭声感动，就又给了他一份考卷。王越奇迹般地在考试结束前完成，高中进士。几年后，朝鲜使者来北京，谈到一件奇事。1451年，朝鲜国王早上起床，发现王宫中有份考卷，找来翻译朗诵之下，啧啧称赞。稍有点常识的人就知道，这是明帝国会试的考卷。朝鲜使者说完这件奇事，就把那份考卷恭敬地捧出，并且说，希望不要耽误了这位考生的前途。当那份考卷被各位大臣击鼓传花一样传到王越手中时，他惊骇起来。原来，这份考卷就是他在1451年的会试考场失踪的第一份考卷。

这个故事透露给我们两个信息：一、王越能在规定的时间里完成两份考卷，足见其功底深厚，思维敏捷，有急智；二、杰出人物必有传奇跟随。

在后来的岁月中，很多人发现王越对文职没有兴趣，对军事却如痴如醉。土木堡之变后，王越被任命为大同军区司令。自此，明帝国中央政府对蒙古人的反攻中，王越率军取得了辉煌的战果。1480年，王越兵团出大同，追击蒙古兵团至威宁海，捣毁敌营，擒男女一百七十一人，斩首四百三十七级，这次大捷使他毫无悬念地被封为威宁伯。

据说，王越经常和士兵打猎，士兵获得猎物的多少决定了他在战场上的位置。打十只兔子的士兵肯定会排在打一只兔子士兵的前面。这种排列顺序会不会导致士兵故意不获取猎物，我们不得而知。我们只知道，从1467年王越开始和蒙古兵团打交道，直到1498年他病逝于甘肃军营的30年中，他取得了十三场中小型战役的胜利。这个纪录，整个明代，没有任何一名文臣能打破。明代的爵位制，沿袭的是西周王朝“公侯伯子男”的爵位。整个明代，文人被封为“伯”的有十余人。不过文人立军功而被封为伯的只有三人。他们是：王骥、王越和王阳明。王骥是1406年的进士，1441年，身为国防部长（兵部尚书）的他在云南消灭了少数民族的叛乱，因此一战而被封为靖远伯。当然，王阳明比前二人要厉害，这不仅是王阳明立下的战功比二人彪炳得多，还因为王阳明在去世后，从“伯”跳到了“侯”，终明一代，文臣有如此殊荣，唯王阳明一人。

不过1499年，王阳明在为王越修建坟墓时，他还只能将王越当成偶像，实际上，就在几年前，他曾梦到过王越。

据说，为王越修建坟墓，让他兴奋异常。明代文官出外执行任务，一向是坐轿子，可王阳明却拒绝轿子而骑马。他在工地上骑着高头大马来回巡视，威风凛凛。同时，第一次管理这么多民工，让王阳明的军事激情顿时燃烧。他把工地变成了战场，排兵布阵，休息时，就让民工们演练诸葛武侯的“八阵图”。当王越的坟墓修建完毕，那群民工就成了一批民兵。据王阳明说，如果把这些人投放到战场，那就是以一当十的特种兵。

这个任务完成之后很久，王阳明始终沉浸在喜悦中。他以为他能凭借出色的才华和热忱很快就平步青云，然后走到那个经略四方的平台上建功立业。但他错了，他的仕途生涯就此转折。

1499年冬的某一天，一颗流星从北京上空大张旗鼓地滑过。国家天文台（钦天监）在第二天的报告中指出，那颗流星在天空中画了个圆，然后就跑到北边去了。天文台的官员们认为，这颗流星是老天爷警示世人而发的一个信息。至于信息的内容，从它画圈和消失在北方的现象来看，应该和边疆战事有关。

北方的边疆战事指的自然是蒙古人。王阳明满心欢喜地抓住这个机会，向皇帝上了一道《陈言边务疏》。这是一封以使命感为灵魂的政治建言书，里面谈了很多需要改观的问题，而且还拿出了一份改变现状的计划。它的主旨是，军事问题首先是政治清明问题。只要政治清明，军事问题就可迎刃而解。

这道奏疏为他赚来的成果只有一个：皇帝认为他的心意和文字都不错，于是把他从工部调到了刑部，担任刑部云南分部的一名处级干部（刑部云南清吏司主事）。他的工作内容就是审核已被定性的案件，看是否有冤假错案。

这不是他想要的，他本希望皇帝能采纳他的建议。他变得消沉，尤其是当他正式在刑部工作后，现实的黑暗让他对理想的实现更加失去信心。据他后来回忆说，有一些案件的审理根本没有依据法律，依据的是皇帝和一些政治大佬们的意志。每当他进入大牢时，都会被淹没在喊冤声的海洋中。大牢中的气味令人窒息，狱卒的鞭子和木棒上永远都有未干的血迹，这里没有任何光线，阴惨凄凄，如同地狱。犯人们头发蓬乱、皮包骨头，在一个狭小的牢房中和蟑螂、老鼠争夺着地盘。

1500年之前，王阳明成长在阳光下。1500年那个夏天，当他进入刑部大牢时，他才知道什么是真正的黑暗。与此相比，他精神上追逐未果的痛苦实在不值一提。当他被眼前的刑部大牢所震骇，无法移动脚步时，他的属下告诉他："这根本不算什么，您还没有去过锦衣卫大牢，与锦衣卫大牢相比，这里简直就是安乐窝。"

王阳明如同被一种看不见的恐惧所捕获，他知道自己无法改变这些人的命运，正如他在多年的圣学探索中找不到出路一样。他唯一能做的事就是按自己良心，能做一件是一件。

有一天，他看到大牢里的狱吏抬着一个大桶，绕到大牢后面去了。他小心翼翼地跟踪，发现大牢后面是一个猪圈，狱吏正把大桶里的食物倒进猪槽中。王阳明很奇怪，以主事的身份询问情况。狱吏告诉他，这群猪是刑部养的，食物是犯人的。

王阳明大为恼火，问："你把犯人的食物喂了猪，犯人吃什么？"

被问的人回答："他们少吃点，不会饿死。再说这些人迟早都要死，吃那么多做什么？把这群猪喂肥了，可以杀了吃肉。"

王阳明七窍生烟，通过雷厉风行的手段废掉了这一不知已延续多少年的潜规则。这解决不了根本问题，王阳明只是让自己的良心稍稍宽慰一些。但繁杂琐碎、沉沦理想的政务根本释放不了那颗向往圣人的心。

王阳明渐渐明白，他的人生价值不可能在这烦琐无趣的仕途上实现。1501年，在刑部工作不到两年，他已身心俱疲。这年秋天，他请了一个漫长的假期，上了九华山。这预示了王阳明在之后几年中的行事轨迹：当他对现实失望时，就会转身跳到世外。

转捩点

王阳明一生中曾两上九华山，两次上山的心情完全不同。

1501年他上九华山，大概是想彻底放弃世俗的羁绊。也许在他看来，不能成为世俗的圣人，还可以成为方外的仙佛。他一走进大自然，世俗圣人的欲望就烟消云散，成仙成佛的心灵躁动起来。

现在，他对佛道是如此向往，于是有了下面两个传奇故事。

王阳明在九华山的寺院里闻听山中有位奇人，此人没有名字，蓬头垢面，见过他的人都称他蔡蓬头。他住在阴暗潮湿的山洞中，有时候会来寺庙中要吃的，有时候就靠山中草木和雨露为食。

王阳明欣喜若狂，断定此人必是异人。他上了山，仔细地寻找，终于在一个山洞中看到了那个传奇人物——蔡蓬头。他热情地邀请蔡蓬头到他的临时住所，希望蔡蓬头能为他指明一条通往神仙殿堂的道路。蔡蓬头爽快地接受了邀请。王阳明请他吃饭，蔡蓬头看到满桌子素菜，脸就沉了下来。王阳明急忙让人换上大鱼大肉，蔡蓬头高兴地吃了几口，脸色又难看了。王阳明恍然，又叫人拿来一罐子酒。这次，蔡蓬头喜笑颜开。

王阳明趁他高兴时，问了长生不老之术，问了神仙之事，问了蔡蓬头有几百岁，最后问了自己是否可以如他蔡蓬头那样过着无拘无束的神仙日子。

蔡蓬头不回答。王阳明只好等待，等桌上的盘子全空了，罐子里倒出最后一滴酒时，蔡蓬头打着饱嗝，终于开口说话，但只有两个字："尚未。"

王阳明追问："什么尚未？是我过你这种日子尚未，还是您的年纪尚未达到几百岁，还是我在养生之术上的成就尚未？"

蔡蓬头看了一眼王阳明，像复读机一样："尚未。"

王阳明焦急："那就请您赐教一二啊。"

意料之中的，蔡蓬头还是那两个字："尚未。"

王阳明停止了追问，他想思索这两个字背后隐藏的玄机。蔡蓬头没有给他时间，把答案说了出来："从你进入山洞的那一刻起，我已用眼和心看了你好久。你虽然对待我这个臭道士非常尊重有礼，看上去是真的尊崇道家，实际上，你脸上终究有官相，去不掉的。"

这是段大白话，王阳明听懂了。蔡蓬头的意思是，他俗世未了，还没有到达谈仙谈佛的境界。可能还有引申出来的意思：你的理想终究要在俗世实现，而不是山林古刹。

王阳明心上很不平。他在道教上的成就他最清楚。老庄哲学、养生之术，他花了多少年心思！他的道士朋友有多少，数都数不过来！他以道家语境写的诗歌散文，车载斗量。如今却被一个疯疯癫癫的道士几乎全盘否定，他完全不能接受。

然而，更大的打击接踵而至。被蔡蓬头否定后，他又听说山中有位得道高僧，于是，迫不及待地去拜访。之前有人提醒他，通往高僧家的路迷幻险阻，从未听说有人可以到达那里。王阳明对这样好心的提醒置若罔闻，热情洋溢地上路了。

那个山洞虽然在九华山中，可的确异常难寻，王阳明在路上吃了不少苦头，似乎感动了苍天，终于被他找到了那个和尚。让他失望的是，和尚并无传说中的神奇之处，只是丢给了他一句话：

“北宋的周敦颐和程明道是儒家的两个好秀才。”

和尚这句话意味深长。他没有给出王阳明在佛教道路上的指路牌，却指明了让王阳明重回儒学中的心学领域——周敦颐是理学和心学的精神导师，而程明道（程颢）则是心学的鼻祖。和尚的意思是，圣贤之道在民间，在心学上，希望王阳明能从此入手。

这位和尚比蔡蓬头还不厚道，蔡蓬头只是否定王阳明不能求仙入道，和尚却让他马上调头。王阳明心情沮丧到极点，他热情似火地来投奔佛道，却被两个看门的毫不客气地拒之门外。人世间如果有“热脸贴冷屁股”这回事，那说的可能就是王阳明在九华山的寻仙觅佛了。

不过，王阳明并未理会九华山两个异人的指点。离开九华山后，王阳明回北京上班，重新捡起辞章，在京城的文化圈里混起来。不知是什么缘故，有一天，他在推敲一个句子时，猛地扔下了笔，说：“我怎么可以把有限的精力浪费到这无用的虚文上！”

这是他创建心学前思想上的第一个转捩点：和辞章说再见。

辞章是虚文，什么才是实的？王阳明的答案是：佛道。

1502年夏，他又请了假，回老家浙江余姚，虔诚认真地温习起了佛经，全身心地练起了导引术。

这件事足以说明，九华山的蔡蓬头和无名和尚的指点和劝告在王阳明心上连个涟漪都没有激起。同时，这件事还验证了另外一个问题：王阳明和他的门徒多年以来都面不改色地说，王阳明心学是从朱熹理学突破而来，并非来自陆九渊。王阳明很少提心学始祖程颢和陆九渊，甚至离他最近的心学大师陈白沙都不曾提过。

事实可能的确如此。如果王阳明心学真的是从陆九渊那里转手而来，1502年他也不会不听从无名和尚的话而在老家钻研佛经和修习导引术。

1502年，王阳明在老家浙江余姚的一个山洞中修习导引术，品读佛经，这并非是他的目的。他的目的是当初在九华山一直追寻的目标：远离红尘，成仙成佛。1502年，王阳明已三十一岁。二十多年的追寻，二十多年的苦闷，足以让他把红尘俗世抛到脑后。他在静坐中想了很多，建功立业没有平台，又不能突破理学的大山而寻到成为圣贤的钥匙，文学家的迷梦又被他亲手刺破。他此时唯一的精神支柱只有佛道。

佛道的确能解脱他的苦恼，终止他前半生的迷茫，只要他能放弃一切。但是，他还有个心结。这就是他的家人，尤其是他的父亲。毕竟，他是个儒家士子，儒家提倡的第一道德就是孝，他说服不了自己去违背这一道德。

终于有一天，他在静坐中从胡思乱想中睁开双眼，以一副如释重负的口气说道："亲情与生俱来，如果真能抛弃，就是断灭种性！"他站起来，走出山洞，深吸一口气，外面的空气新鲜纯净，原来俗世才是最亲切的呵。他和佛教说了再见。

而就在几天前，他在静坐修行导引术时成功预感到了几位朋友的到来。可当他的朋友们大为讶异时，他却叹口气说："这是簸弄精神。"在和佛教说再见之前，他已经和道教说了再见。

第二年，他又为自己和佛教的分手举行了一场怪诞的仪式。这场仪式发生在杭州。他在一座寺庙中看到一个枯坐的和尚。据知情人透露，这个和尚已不视不言静坐三年。

王阳明笑了笑，就绕着和尚走了几圈，像是道士捉鬼前的作法。最后他在和尚面前站定，看准了和尚，冷不防地大喝一声："这和尚终日口巴巴说什么！终日眼睁睁看什么！"这句话就是传说中禅宗和尚的禅机。所谓禅机，就是用含有机要秘诀的言辞、动作或事物来暗示教义，让接收方触机领悟。

不知是王阳明的禅机触动了和尚，还是王阳明的大嗓门惊动了和尚，总之，和尚惊惶地睁开眼，"啊呀"一声。

王阳明盯紧他，问："家里还有何人？"

和尚回答："还有老母。"

“想念她吗？”

和尚不语。一片寂静，静得能听到和尚头上的汗水流淌的声音。最后，和尚打破了这一死寂，用一种愧疚的语气回答：“怎能不想念啊。”

王阳明露出满意的神色。他知道，自己对佛教的判断是正确的。他向和尚轻轻地摆手说：“去吧，回家去照顾你的母亲吧。”

第二天，和尚离开寺庙，重回人间。

无论多么宏大深渊的宗教，在人性面前都要俯首称臣。王阳明在佛教领域多年的浸染和探究，终于在最被人忽视的人性上看穿了佛教的弊端。正如他创建心学后所说的，佛教是逃兵的避难所。佛教徒所以出家，就是想逃避君臣、父子、兄弟、夫妻、朋友这五伦中他们本应该尽的责任和义务。

什么是洒脱？王阳明用他的行为告诉了我们：该放手时就放手，不必计较付出多少。王阳明在辞章、道教、佛教上的付出如海洋般深沉，在这三方面的成绩几乎是他半生的心血。然而，他一旦想明白，说放就放，连个犹豫的眼神都没有。

王阳明用他和辞章、佛道的一刀两断指出了一条心法：只有放弃，才有日后的得到。如果你在付出的人事上得不到快乐和人生价值的答案，它就是一个包袱，甚至是五行山，只有放下它，才能轻松上路，继续你的前程。

现在，王阳明轻装上阵，只剩下了军事方面的建功立业。他又回到起点：想要建功立业，必须成为圣人，而圣人必须要从儒家理学那里获得密码和能量。

看上去，曙光，像是再一次出现了。

未经审视的人生不值得过

在重归理学前，王阳明对他的前半生做了一次严肃的回顾和总结。这次回顾在山东，回顾的方式是考题。1504年秋，王阳明被他的同乡、监察御史陆偁（chēng）推荐到山东主持乡试，王阳明欣然前往。他出的题目并不仅仅是考问，还有切磋的感觉。

他问考生：“合格的臣子以道侍君，如果不能行道，就可以离开君主（所谓‘大臣者，以道侍君，不可则止’）？”这是孔孟思想的精华，要求臣子要以忠诚之心对待君主，可如果君主对这份忠诚视而不见，那就应该离开。这不但是一个臣子应该具备的品质，也是“圣贤”的素质之一。他大概是想通过这样的试题来求证，如果一个臣子没有机会没有平台施展自己的抱负，是不是可以转身就走？自己这么多年来在工作和隐居之间的华丽切换是否正确？他还想知道，一个合格的知识分子是应该毫无条件地忠诚领导还是只忠诚于真理。

其实他的答案就是考题本身。王阳明几乎用大半生时间在践履这个答案，就是在这时，他心中已经有了心学的种子：我只对自己的心俯首听命。但是，王阳明还是希望所有的臣子以道侍君时能被君主关注，因为“不可则止”听上去很潇洒，对于有着强烈责任感的人而言，却是痛苦的。

他又问考生：“佛道二教被人诟病，是不是它们本身的问题？”他的答案是，佛道二教本身没有问题，有问题的是弘扬佛道二教的那些人。道教说能让人成神，这太荒诞；佛家说能让人成佛，这更无稽。即使它们真的可以让人成神成佛，付出的却是抛弃人伦的代价，这种神佛不成也罢。

所以，他和佛道一刀两断。

最后，他站在了朱熹理学前，对考生说：“天下之事，有的貌似礼但实质上不是礼；有的貌似非礼但实质上就是礼。”二者的区别很细微，如果不用心去研究（格）它们，将会产生大困惑，就不能得到真理。

这是他否定辞章、佛道后重新回归朱熹理学的一个表态。他两次倒在理学的“格物致知”上，但还是认定人人都应该“格物致知”。

山东乡试结束后，王阳明登了泰山。在泰山之巅，他写了几首诗。诗歌是沉闷抑郁的，他说自己的使命感没有实现的机会，他又说自己虽然认定佛道并非圣学，但朱熹理学也没对他笑脸相迎。他还说，半生已过，往事不堪回首。

1503年农历九月，他回到北京，进了兵部工作，依然是索然无味。他重新探索理学，但这一次的探索是平静的，没有从前的激动和困惑。他此时毫无预感，不知道他前半生的历史已到了尾声。1504年，他突然对好友湛若水说：“我们倡导身心之学如何？”

湛若水双手赞同：“好！我们招生，讲学。”

湛若水是陈白沙的弟子，深得陈白沙心学之精髓，一直倡导学习的目的是涵养身心，这一点和王阳明不谋而合。王阳明和湛若水是好朋友，也是好同志，互相敬佩。湛若水说自己周游世界，从未见过王阳明这样的优秀人物。王阳明则回应说，他活了这么大，也没有见过湛若水这样的理学家。

两人在1504年志同道合，几年后，王阳明创建心学，两人成为不共戴天的论敌，但仍然保持着友谊。什么是真朋友，王阳明和湛若水可为表率。

多年以后，据王阳明的心学门徒说，1504年王阳明在北京倡导身心之学，实际上离心学的大门近在咫尺。如果不是后来刘瑾的干扰，心学可能提前三年降临人间。

事实并非如此。

实际情况是，1504年王阳明和湛若水在北京城里开班讲课，来听课的人并不多。一个主要原因是，大家都在学习口耳之学，对于身心之学，那是吃饱了撑的没事干的富家子弟唱的高调。一个穷苦读书人学习知识的目的就是为了科举和仕途。你对他说，学习知识的目的是为了修身养性，你如果当它是晋身工具，那就太低俗了，他非跟你拼命不可。

还有个原因，无论是王阳明还是湛若水，当时都很年轻，他们对身心之学的感悟力和体验力远没有那么强大。尤其是王阳明，他自己还对朱熹理学感到困惑，如何去指点别人？

王阳明的学生们认为1504年王阳明离心学的大门近在咫尺，说明他们根本不了解老师王阳明。这个时候的王阳明虽然学富五车，才高八斗，拥有别人所没有的儒释道三教精髓，但他没有自己的思想系统。勿论其他人，就是他的伙伴湛若水的理学造诣和悟性禀赋并不逊于王阳明半毫，为什么湛若水没有创建心学？

王阳明在1504年时不过是一座地下烈火飞奔的休眠火山，要喷发出万众瞩目的璀璨光芒，必须要有一个外力（比如地震、磁极变化）推一把。我们称这种外力为外部环境。

实际上，每个大人物的成功都有一个外部环境，这个外部环境像运气一样，绝不可少。有的人在外部环境特别好的时候不需要过人的自身素质就能成功，比如官二代、富二代。而从来没有听说过拥有超级素质的人在没有外部环境的帮助下可以成功的。人类历史上怀才不遇的人多如过江之鲫。

注意，外部环境是一种作用力，不过有正推力（顺境），也有反推力（逆境）。而很多时候，反推力才是人类前进的最直接、最有效的动力。王阳明就是在一股反推力的作用下，一举创建了心学。作用于王阳明身上反推力的，是一个叫刘瑾的人。他是个名人，关于他，我们也要从头说起。

刘瑾风暴

如果用因果论来看，王阳明创建心学，权阉刘瑾居功至伟。倘若不是刘瑾，王阳明就不可能到龙场，王阳明不到龙场，他的心学恐怕就不会横空出世，至少不会在1508年横空出世。

刘瑾出生于陕西贫苦人家，本姓谈，伶俐乖巧，有冒险精神。六岁时到北京城流浪，被一位宫中的刘姓太监收养，遂改名刘瑾。十几岁时，刘瑾在养父的怂恿下主动阉割进入皇宫做了小太监。刘瑾是个实用心理学大师，能在最短时间里摸透别人的心思，于是他先是得到了皇帝朱祐樘的喜爱，朱祐樘把他交给太子朱厚照时，意料之中地得到了后者更深的宠信。

时移事往，刘瑾和朱厚照建立下了深厚的主仆友谊。这缘于刘瑾对朱厚照各种欲望的纵容和引导，朱厚照一日都不能没有刘瑾。所以当1506年朱祐樘去世朱厚照继位时，刘瑾知道，他的好日子来了。

但他高兴得有点早。朱祐樘死前为朱厚照指定了三位辅政大臣：端正持重、眼里揉不得半点沙子的刘健；善于辩论，并坚持原则的谢迁和那位让王阳明做《来科状元赋》的李东阳。从三位大臣的眼中看朱厚照，朱厚照是个任性自我、我行我素的十五岁的大男孩。无论如何，这样一个半成品皇帝，需要他们精心塑造。而儒家知识分子最大的追求就是把皇上塑造成德高望重的圣贤。

但他们失算了。朱厚照自继位之后，除了在早朝露一面外，其他时间都和刘瑾在一起享受人生。刘瑾在宫中多年，并非是单打独斗，他有如下几个好兄弟：马永成、高凤、罗祥、魏彬、丘聚、谷大用、张永，刘健和谢迁给他们起绰号为“八虎”。据这二位老大人说，朱厚照登基的三个月内，这八只老虎就引诱朱厚照做了太多有违皇帝身份的事：一、无论是白天还是黑夜都骑马跑出皇宫，鬼知道去了哪里；二、把钱不当钱；三、到北海划船，进行交通管制，严重影响京城百姓的正常生活；四、养了那么多老鹰和猎犬，搞得宫中成了马戏团；五、饮食上太邋遢，不符合圣人“食不厌精脍不厌细”的要求。

刘瑾和朱厚照一起看这封信，然后哈哈大笑，把信扔到一边，继续纵欲玩乐。刘健和谢迁一咬牙一跺脚，决心违背圣人们“不许和太监结交”的警告，找到了当时宫中的头号太监王岳。王岳对刘瑾“八虎”的迅猛崛起深感忧虑，看到政府部门的首脑主动和自己示好，很激动，表示一定竭尽全力，让朱厚照铲除“八虎”。

刘健和谢迁得到了王岳的支持，立即开始制定向“八虎”进攻的计划，这个计划其实很简单：凡有血性的臣子都要写信给皇帝，要他摆脱八虎的控制。他和谢迁在内阁“票拟”，要王岳呈送给朱厚照，并在朱厚照面前苦苦劝谏，得到朱厚照同意后，盖印，发布天下。

在呈送给朱厚照的信件中，有一封让他毛骨悚然。这封信追忆了太监祸国的历史，把中国历史上出现的太监祸国的真实事件，清晰地摆在朱厚照眼前。东汉时的十常侍搞垮了东汉，唐时的太监不停换皇帝覆灭了唐朝。就在不多久以前，太监王振把先皇朱祁镇领到塞外，让朱祁镇成了俘虏，还失去了帝位。

信中说：“八虎现在羽翼未丰，您看不到危险。可危险来的那天，您后悔就晚了。”

据说，朱厚照看完这封信后，浑身发抖。他一夜未眠，清晨来临时，他找来王岳交代了几句话，王岳派人给刘健和谢迁送去了一封信。信中说：“已定。”刘瑾等人被发配到南京守太祖陵。

刘健大喜过望，叫道：“哇呀呀，好事！”

但谢迁却皱起眉头，说：“皇上与他们八人情分极深，如果有一天想起他们，就必然会召回他们。我们现在高兴，太早了。”

刘健吃了一大惊，扼腕道：“我怎么没有想到。”

谢迁已经铺开纸，准备写信给朱厚照。信的内容血淋淋：八虎罪大恶极，应该处决。为什么应该处决呢？谢迁用他那滴水不漏、无懈可击的辩才，给朱厚照全方位地分析了个遍，使朱厚照相信：“不杀八虎，天理不容。”

朱厚照中午给了回复：“我许可，明天早朝宣布。”

刘健和谢迁兴奋得满脸红光，两人对着洞开的窗户，说“只要过了今晚，就什么事都没有了。”

李东阳在旁却若有所思。

他想的是，夜长梦多，一夜时间，足以让很多事情发生改变。

历史的确就在那天晚上改变了。

改变历史的小人物是一个叫钱宁的小太监，当时还未受朱厚照的重视，但却得到了刘瑾的青睐。他靠上刘瑾这座大山，费了很多工夫。所以那天中午他凭着伶俐探听到了八虎的前途，马上就报告给了刘瑾。

刘瑾恐惧、愤怒、浑身发抖。他万万没想到就是在一夜之间，他千方百计哄着开心的朱厚照居然如此翻脸无情。但他不能把怨气撒到朱厚照身上。他所拥有的一切就是源于朱厚照。他嚼着无声的怨恨在房间里踱步，围在他周围的七只老虎面面相觑，惨无人色。

刘瑾要自我拯救，他带着七个兄弟靠着多年来积攒的人脉，终于在午夜时分见到了朱厚照。朱厚照眼圈红肿，无精打采，刘瑾一眼就看到了希望。

朱厚照刚坐到椅子上，刘瑾和他的七位战友便环跪在朱厚照脚下，哭出声来，神情哀伤。朱厚照便也流下眼泪，说："我也舍不得你们死啊。"刘瑾就说："您掌握天下苍生生杀大权，您不让我们死，我们就不会死。那群大臣为什么逼您杀我们，您心里最清楚。他们不过是想让您身边没有一个知心人，从而把您陷入孤立状态，好听从他们的摆布。我们的确是给你贡献过猎鹰猎狗，可王岳也没有闲着啊。为什么他就没事？我得到消息，王岳和那群大臣相互勾结，要把您身边所有对您好的人都铲除掉。"

朱厚照听到这里，失声叫了起来。他说："我早就讨厌这群士大夫道貌岸然的那一套，现在听你这么一说，真是被我猜对了。你们起来，不必担心。明天，我自有分寸。"

八只老虎不起来，因为现在的形势瞬息万变，犹如战场。离明天早朝还有三个时辰，谁知道这三个时辰里还会发生什么意外。

朱厚照要搀起刘瑾，刘瑾跪在地上不停地磕头。朱厚照看明白了，于是说："我现在就任命你为司礼监的掌印太监，马永成为秉笔太监。你们六个，都有新职位，明天早上宣布。"

刘瑾吃了这颗定心丸，这才长出一口气，起了身。

朱厚照为了挽回他和八虎的友情，连夜就把王岳免职发配南京守太祖陵。

对于刘健和谢迁的理想而言，一切都过去了。

早朝时，刘健和谢迁得到噩耗：皇上因昨夜失眠无法上朝。关于刘瑾等人的处理，朱厚照说："他们跟随朕这么多年，不忍心把他们处死，所以这件事稍后再议。"

李东阳叹息了一声，摇头。刘健和谢迁决定用多年来赚取的地位、威望和声誉做最后一击——辞职。

他们认为这是一招好棋。因为他们是先皇指定的辅臣，朱厚照再顽劣荒唐，也不可能对他们的辞职无动于衷。朱厚照的确没有无动于衷，他在辞职信上快活地批示了"准"。

刘健和谢迁的时代过去了，他们根本就不了解朱厚照，早已把身心都沉浸在玩乐中的朱厚照巴不得他们离开。

刘健和谢迁现在已无回旋余地，只能回家养老。李东阳在送行会上对二人说：“我不能走，我要继续您二人未竟的事业。”

刘谢二人笑了笑，说：“好啊。我们的时代结束了，不知道你的时代是否真能开始。”

李东阳的时代没有办法开始。李东阳是个懂政治的人，他看清了刘瑾已经站立得很稳，坚如磐石，短时期内，没有任何力量可以把他从高处拉下来。

当北京方面的很多官员要求李东阳扛旗向朱厚照上书挽留刘健、谢迁二人时，李东阳说：“你们这不是救人，而是害人。刘瑾对他二人已恨之入骨，我们现在又去挽留，这不是给刘瑾火上浇油吗？先不说诸位的命，刘、谢二人也命不久矣。”

北京方面由此销声匿迹，南京方面开始生龙活虎。

知而不行，只是未知

“明知山有虎，偏向虎山行”不是自残行为，至少在王阳明看来，它是心灵驱动下的冒险犯难，是孔子在良知命令下的“明知不可为而为”。

北京方面的“打老虎”行动彻底失败后，南京方面接过了这个不可能完成的任务。早在刘健、谢迁“被辞职”的消息传到南京后，南京监察官（御史）薄彦徽、陆昆、蒋钦等十五人联名上书请求朱厚照挽留刘、谢二人。不过他们的请求书达到北京时，刘、谢二人已经离开。他们马上转向，矛头直指八虎，自然，刘瑾是他们攻击目标里的代表人物。他们在奏折中声称掌握了无数确凿的证据，证明刘瑾罪不容赦。

刘瑾的反应非常凌厉，要求朱厚照下令，把这些人捉到北京，廷杖伺候。朱厚照对刘瑾的愤怒感同身受，自他继位以来，官员们就一直在找他麻烦。

廷杖是朱元璋专门对付政府官员而设置的刑罚之一。这一刑罚引人注目的地方就在于：把罪犯在众目睽睽之下按趴在地，用绳子捆绑住手脚，把裤子褪到膝盖处，执行员以粗重的木板拍打受刑人的屁股。

扭曲的传奇就此上演。南京的监察官们被拖到北京，每个人都被打得奄奄一息，又被开除公职，政治生命就此结束。监察官蒋钦不服气，屁股挨了三十棍被贬为平民后，他又给朱厚照写了封信。在信中，他把刘瑾骂得狗血淋头，同时提醒朱厚照，我太祖皇帝（朱元璋）曾立下家法，不许太监干政。可如今，刘瑾已成了帝国的二号首长，贪赃枉法，无恶不作。奏疏的最后，蒋钦豁出性命："皇上如果您信臣，杀刘瑾；如果不信臣，杀我。"

刘瑾暴跳如雷，朱厚照七窍生烟，两人一合计，再给蒋钦三十军棍，如果他还没死，就扔他进锦衣卫大牢。

蒋钦没有死，不过已剩半条命。这半条命在蒋钦看来，剩和不剩没有太大区别。于是，他在狱中又给朱厚照写信，希望朱厚照能明白这样的事实：如果刘瑾没有罪，我为何要不惜性命来控告他。现在，我每天在狱中和蟑螂老鼠为伍，他在外面锦衣玉食，我有老爹七十二岁，我连尽孝这件事都可以抛弃，我图个什么？

朱厚照没明白，和刘瑾合计后，蒋钦又挨了三十军棍。剩下那半条命就这样和已死去的半条命会合了。

蒋钦在十天内挨了九十棍，给政府官员们带来了极大的视觉冲击和心理摧残。那是一幅血肉横飞的场景，屁股上被打烂的腐肉能割下一盆。当事人在受刑时钻心刺骨的痛时，使得面部都会变形。政府官员们在感叹蒋钦奇异的不屈不挠精神和朱厚照罕见的冥顽不灵外，毫无他法。人人都意识到，现在谁敢说刘瑾一句坏话，蒋钦就是榜样。

王阳明就在这噤若寒蝉的空气中不声不响地登场了。他必须登场，表面上看，是一群文官和太监刘瑾作对，实际上，这是正气和邪气的较量。王阳明当然站在正气这边，所以他必须做一个表态。

据说王阳明准备上奏疏之前，有人劝他："当初闹得那么凶，不见你有任何动作；现在胜负已定，你却逆风而行，这太傻了吧？"

王阳明傲然道："就是因为当初闹得太凶，那么多正义之士都在奋斗，所以多我一个不多，少我一个不少。而现在，正义之士被压迫，死气沉沉，必须要有一个声音来呼唤他们的良知，而这个重任非我莫属。"

知道王阳明要登场的人可能会猜测，他会直奔当时官员们力挺的宏大主题：扳倒刘瑾。但王阳明的思考方式和一般人并不一样，他就是上了山，也不会直奔老虎。以他的见解，这场风暴的起源处是朱厚照，刘瑾不过一木偶。想要扳倒刘瑾，必须要从朱厚照那里入手。他入手的方式极为婉转，绵里藏针。

他的着眼点就是南京监察官事件。他首先把朱厚照捧起来：君仁，臣才直。也就是说，上有朱厚照这样英明的皇帝，下才有那些直言敢谏的南京监察官。他们如果说得对，您应该嘉奖。如果说得不对，您也应该包容，这样做的好处是可以听到各种不同的声音。随后，话锋一转：可是您现在做的叫什么事啊。南京离北京几万里，您也不惜成本把他们拉到北京来执行廷杖。对当事人而言，不过就是屁股上受了点苦，可在外人看来，您这就是在堵塞言路，将来谁还敢面对奸佞之人挺身而出？皇上您天纵睿智，不可能不知道南京监察官们的指控是虚是实。我希望您能施舍您的仁慈，把他们官复原职。上有天下有地，中有万民，都会以各种形式称颂圣明，天下有福。

上了这道奏疏，王阳明心情轻松，居然还跑到他和湛若水创建的学堂里继续给学生讲身心之学。朱厚照和刘瑾远没有他那么淡定，看完信后，虽然朱厚照根本不知道王阳明是谁，刘瑾也不清楚这个兵部的小官到底是何方神圣，不过他当时的原则是“宁可错杀一千，不可放过一个”。既然王阳明的上书和南京监察官们有关，那就证明其心必异。而且，这封信里有暗示：那些监察官是对的，岂不就是证明他刘瑾是错的。

于是，一道圣旨到了王阳明眼前：廷杖四十，下锦衣卫狱。

王阳明年轻时虽然练过中国传统武术，而且能蹦过一丈宽的悬崖，更修习过道家导引术，可他天生体质就弱，更没有练过硬气功，所以，他无法“笑纳”招呼到屁股上的四十军棍。他被打得一佛出世、二佛升天。直到被抬到锦衣卫大牢时，他才悠悠醒转，眼前已换了世界。

这个世界，他在几年前任职刑部时见过，暗无天日，臭气熏天，俨然地狱。不过当年他在过道里看，现在他在囚笼里看，站的角度不同，看到的情景就完全不一样。他有种异样的感觉：在这幽暗潮湿的囚牢中，他自少年时代就埋藏在心中的一切理想都消失不见了。他的心不是空的，而是像装满了浑水的罐子。

关于王阳明在锦衣卫大牢的具体情景，没有旁证，我们只能通过他的诗歌来还原他在监狱中的生活。据他的诗歌说，他刚进大牢时，由于屁股创伤和心理压力，整夜整夜地失眠。从一个养尊处优的公子哥一下跌到人间最黑暗的锦衣卫大牢，就是元始天尊和佛祖，心理也会起变化。当他勉强能直立行走后，他就在牢里来回地踱步。回忆起前半生时，他不禁潸然泪下。他好像没有回忆他的那些理想，人的理想和站立的位置有关，一个身陷囹圄的囚犯不可能去想建功立业。王阳明也没有想自己怎么会沦落到这个境地，也许他在写那封奏疏时就预料到会有今天。如今，他漫不经心地观察今天的处境，牢房里没有四季的更替，只有刺骨的寒冬。牢房里的光线惨淡，几乎可以忽略不计。牢房里的饭菜几乎比猪食还难吃。

后来，他终于认清了现实，自己在这个地方会待很久。据他估算，离他去另一个世界的时间也还有很久，这段时间，他怎么来打发，应该是他首先思考的问题。他把时间用在了《周易》上。《周易》是周文王在监狱里写的一本卦书，道家说它里面暗藏人生玄机，读透它就能趋吉避凶，儒家却说他是君子的修身宝典。王阳明读《周易》，也想读出点天机来。不过读着读着，他就想到了自己在家乡的阳明洞。在那里，他曾翻过佛经，练过导引术，清风吹进洞里时沁人心脾。

出乎王阳明意料的是，1507年春天，他的牢狱生涯居然结束了。但旧的厄运结束标志着新的不幸到来：他被贬到贵州龙场驿站担任站长。但凡有点地理常识，就知道那不是人待的地方。不过王阳明却很开心，他出狱时还曾勉励他的狱友，要保持君子风范，不可抛弃圣贤之书。

人生一切所谓的苦难，都是比较而言。和锦衣卫大牢相比，山遥水远的贵州龙场就不值一提。这至少是王阳明当时的想法，可他的朋友们却面色大变。

湛若水费了好大劲，才在大明帝国疆域图的最南方找到了一个叫龙场驿站的地方。他沮丧地对王阳明说："此地非人类所能居住，你这一去恐怕……"

王阳明心里有数，但却安慰湛若水："我大明帝国既然在那里有驿站，就说明有人。别人能在那里生活，为什么我不能？锦衣卫大牢是什么地方，我这不也出来了吗？"

他话锋一转："我唯一担心的是当今天下，圣学不明，读书人只讲口耳之学，不谈身心之学，我希望你能把身心之学发扬下去。"

湛若水很愧疚，一个生死未卜的人还时刻不忘身心之学，他这个在波平浪静中生活的人没有任何资格颓丧。况且，他对王阳明也有很深的了解，王阳明大半生无论是对理想还有生活从未绝望过，只要他能发挥主观能动性，应该不会发生什么事。

看上去，王阳明应该没什么事。

可生活自有它自己的准则，凡是你能预料的事大都不会发生；凡是你没有预料到的，毫无意外地肯定会发生。

释厄路

王阳明在离开北京之前，写了一首诗，其中有两句："贤圣可期先立志，尘凡未脱漫言心。"这说明他一离开锦衣卫大牢，心里的宏图大志就复活了。另外，他并没把到恶劣的龙场去生活看成是什么了不起的障碍。他是个有抱负的人，抱负是一个人活出价值的发动机。至少在他离开北京时，他是这样想的。不过后来的事实证明，在面对险恶环境时，这台发动机也会熄火。

王阳明从北京去贵州龙场的第一站是老家浙江余姚。由于牢狱之灾，他的祖母和家人一见到他，就说他苍老了很多，并对他去贵州龙场表示出担心。王阳明以一种无所谓的态度劝慰他们说："那个地方虽然少有人行，却是山清水秀。你们也知道，我从小就喜欢山水，所以那个地方在你们看来是地狱，对我而言却是天堂。"当他的家人心绪平静后，他离开余姚到了杭州，住在他曾经成功劝退那个静坐和尚的胜果寺中。王阳明并非重新皈依了佛教，而是为了养病。四十军棍带给他的生理创伤还在，天气稍有变化，他的屁股就会出现阵痛，以至于不能安心静坐。更糟的是他的肺病又复发了。所以王阳明必须要把身体休养好，才有能量继续赶路。

可惜，他这点小心愿都没有达成。在杭州休养了几个月后，刘瑾派了人来。来的人是锦衣卫，任务是杀掉王阳明。

锦衣卫日夜兼程，很快就来到杭州。他们凭着高度灵敏的嗅觉，摸上了胜果寺。王阳明在胜果寺满坑满谷的朋友，马上就有个叫沈玉殷的找到王阳明，对他说："寺里今天住进了几个操北方口音的人，面露杀气，可能是来找您的。"

王阳明惊恐起来，沈玉殷问他："你是否有仇人？"

王阳明回答："平生只有一个仇人，就是刘瑾。"

沈玉殷点头道："是了，如果我没有猜错，这几个人应该就是锦衣卫，是来对付您的。"

王阳明站起来就要走，沈玉殷拦住他，说："先不要着急，我去探查一下，然后见机行事。"

当夜，沈玉殷备好酒菜敲开锦衣卫的房间，开门见山问道："你等为何要杀王阳明？"锦衣卫明人不做暗事，回道："奉刘公公之命。"

沈玉殷又问："何时动手？"

锦衣卫回答："今夜。"

锦衣卫的自负让他们付出了任务失败的代价。沈玉殷把他们灌醉后，急忙通知王阳明快逃。王阳明连行李都不收拾，仓皇逃出了胜果寺。

他走得越快，就感觉危险离他越近，他拼命地跑起来，一直跑到钱塘江边，但危险的气息仍然在左右萦绕。他知道，醒酒后的锦衣卫始终在后面嗅着他的踪迹尾追不舍。

要摆脱一个人，只需让他如愿以偿。王阳明把外衣和鞋子放到钱塘江边，又写下遗书"百年臣小悲何极，夜夜江涛泣子胥"。他藏了起来，锦衣卫到来时，看不懂他的遗书，但看到了正被江水推向江心的衣服和鞋子，他们认定，目标已死，于是回京复命了。

王阳明"死亡"的消息很快传遍浙江，又传到北京。他在浙江的一些朋友居然到钱塘江边去祭奠他，他的家人痛不欲生，刚被刘瑾赶回老家的王华老泪纵横。只有王阳明最好的朋友湛若水不信，当他看到王阳明的遗书时，哈哈大笑，说："这是英雄欺人。"湛若水的意思是，王阳明在玩诈。

诈，让他摆脱了暂时的困境。他搭上一艘去舟山的船。倒霉的是，一阵狂风把船吹离航向，当他登岸时，人家告诉他这里是福建福州的鼓山。王阳明叹息了一回命运不济，辨明了贵州方向后就钻进西南的森林里。穿过森林，有座破败的寺庙，一条若隐若现的小路延伸到远方，王阳明顺着小路走了一会儿，就见到一座装修简单的寺庙。他兴奋地去敲门，过了很久，门才打开一条缝，探出个和尚的光头来。和尚见王阳明一脸焦虑，有些讶异。王阳明希望和尚能收留他一晚，和尚连连摇头，却不说原因。据和尚说，小路的尽头有座寺庙，那里可以容身。

王阳明咳嗽着，浑身颤抖，但和尚毫无慈悲之心。

这就叫祸不单行。王阳明只能掉头回那座破败的寺庙，虽然破败不堪，但遮风挡雨的功能还未完全丧失。当第二天王阳明醒来时，看到的第一个物体就是昨夜那个和尚的脸，那是一张惊异的脸。后来王阳明才知道那个出家人的用心有多险恶，寺庙在深山老林，没有多少香客。没香客就没有香火钱，和尚于是很贫穷。有一次，一位过路客在那个破败寺庙里过夜时被老虎吃掉，遗留下大堆的骨头和金银财宝。这让和尚产生了灵感，此后，他拒绝任何过路客住他的寺庙，那个破败寺庙就成了他的经济来源。在王阳明之前，只要有人来，就必有收入。可王阳明打破了他的定律——老虎居然没有吃他。和尚想，此人绝非等闲之辈，这种想法唤回了他久违的慈悲心，他把王阳明请回寺庙，好生招待。

王阳明在寺庙里安顿下来后，身体康复得很快。有一天，他百无聊赖，在寺里闲逛，走到一空旷处发现一位老道静坐闭目。听到脚步声，就睁开眼，看了看王阳明，哈哈一笑，说："我终于把你等来了。"

王阳明吃了一惊，定睛细看，失声叫道："啊呀，道长，怎么是你啊！"

道士正是二十年前江西南昌铁柱宫里的那位道士，他的容貌和二十年前一样，光阴似乎在他脸上没起任何作用。两人热烈地交谈起来。

王阳明问他："为何在这里？"

道士回答："你不记得二十年前我说过，二十年后咱们再相见吗？"

王阳明没有想过这样的问题，因为他乡遇故知的喜悦充盈了他的脑子。道士问他多年来的人生状况。王阳明一五一十地说给道士听，说完，长叹一声。道士也叹了一声。

王阳明说："我被刘瑾追杀，九死一生，前途未卜。我不想去贵州龙场，只想找个没有人知道的地方隐居。"

道士说："你是要出世？"

王阳明说："是的。"

道士笑了："你才否定佛道的出世思想，如何又转回来了？"

王阳明苦笑："如今我也顾不得那些，只求保存性命。"

道士问："你当初为何和佛道分道扬镳？"

王阳明答："实在是难舍亲情。"

道士追问："你现在就能舍了？"

王阳明被问住了，他当然不能。

道士替他分析："如果你一走了之。刘瑾说你去了越南，或是蒙古，诬你个私通敌国的罪名，你的家人肯定受牵连。"

王阳明惊骇道："我也是被时势逼得太紧，居然忘了这样的事。"

道士说："你来之前，我已为你占得一卦，得卦明夷，断辞是：光明消退，黑暗降临，面对灾难，宜坚贞守持。"

其实这几个字无非是告诉王阳明和每个在逆境中的人：切勿受到不利环境的影响，也不要让坚定之心有所动摇。要避免灾祸，就要守护内心的光明，尽管表面上可以屈服。采取这种态度，再大的灾难都是浮云。有时候，人必须隐藏他的光芒，以便在当时的困难处境之下仍能让他意志占上风，内心深处必须意志坚定，并且要一点都不流露在外。如此，就能在困难中坚持。

据说，道士的占卜在王阳明身上唤起了信心。王阳明决定先去看望父亲后，就继续踏上通往贵州龙场的坎坷路。实际上，王阳明不想再逃避，和卦象没多大关系，亲人们的安全才是决定性因素。

离开那座寺庙后，他直奔南京去看他父亲王华。王华当时被刘瑾驱赶到南京，坐着冷板凳。父子二人相见，抱头痛哭。王阳明愧疚地对父亲说，自己对不起父亲的养育之恩，对不起王家列祖列宗。王华却说："我们都以为你真的自杀了，如今能看到活着的你，还有什么奢望。你从小性格就野，不与人同，步入仕途后三心二意，我从来未在光宗耀祖上对你寄予厚望。虽然如此，你那道上书是对的。正义总需要一些人来维护，你只是做了你该做的事。"

王阳明对父亲说，他已经决定去龙场，勇敢地面对这次放逐。临行前，王华让两个倒霉的仆人跟随王阳明。在重新上路前，王阳明写下了动人心弦的一首诗："险夷原不滞胸中，何异浮云过太空；夜静海涛三万里，月明飞锡下天风。"

普遍认为，王阳明用这首诗表达了他决定直面前途未卜的未来之后如释重负的感觉，里面透露出的勇气让人深深感动。

人的力量永远来自心灵。当你的心灵产生力量后，外界的环境看上去也就没有想象中的险恶了。所以他后面的路虽然异常艰辛，但他从浙江到江西，再从江西进入湖南，从湖南进入贵州，一步一个脚印，终于在1508年初到达了他的放逐地——贵州龙场驿站。

做自己的主人

王阳明虽然对放逐地的严酷现实有思想准备，不过到达龙场驿时，他的心还是瞬间冷了下来。

龙场驿位于今贵州贵阳西北约八十里的修文县城，地处荒僻，虫蛇甚多，瘴气流行。如果你说此地不是人类所能居住的，但是当地居住了很多彝人、苗人等少数民族；如果你说这个地方是人类可以居住的，但是和山顶洞人的生活条件差不多。

王阳明到达龙场驿时是一个太阳还未升起的早晨，植物腐烂的气息在森林里形成浓密的雾。这仿佛是一个迷幻的世界，看不到任何希望。龙场驿站的站长用出离了兴奋的心情接待了他们。他的这种心情实在不厚道，他的高兴不是因为有人来，而是因为有接替他的人来。他把自己在龙场驿三年的生存经验全部传授给王阳明。按他的意思，这些生存经验一旦出了龙场驿，就是屠龙之计，一点用都没有，所以他毫无保留。

他要王阳明在未来的生活中需要时时警惕以下五点：第一，不要和陌生人说话。当地少数民族和我们不是同一类人，阴鸷易怒，发起火来像魔鬼，要命的是，他们时时刻刻都在发火。即使是中原人，也不要随便和他说话。来这里的人有很多是为了逃避法律制裁、心狠手辣的亡命之徒，好人谁会来这里；第二，注意空气质量。这里的空气看上去清新，但暗藏杀机，尤其是早上和夜晚，森林中的瘴疠之气四处弥漫，稍不小心就会中毒身亡；第三，动物凶猛。这原本就是野兽的家园，所以要时刻小心狼虫虎豹的攻击；第四，自力更生。法律虽然规定政府供应粮食，但经常一年才来一次，所以你要学会种植谷物；第五，也是最重要的：既来之则安之，一定要保持乐观的心态。否则，你终会有一天把自己结果了。

这位卸任的龙场驿站站长传授完毕，收拾了自己的行李，乐呵呵地走了。王阳明望着他的背影在原始森林深处消失，脑子里一片空白。他想朗诵他在离开南京时写的那首诗，可怎么也想不起第一个字是什么。

他没有心情去想那个字，因为有好多活要干。首先就是居住问题，按法律，王阳明是戴罪之人，不得居于驿站。他找到一个山洞，阴暗潮湿，却能抵挡频繁而至的雨水。但却犯了一个致命的错误：他没有安装门！所以一天晚上，一只狗熊在他们熟睡时走进山洞，把他一个仆人的半边脸当成了夜宵。王阳明懊悔之下才想起了前任的警告。他开始忠实地奉行起来。第一，他叮嘱仆人在森林里寻找食物时不要和当地土著说话，不要有任何接触，包括眼神。第二，每当森林中瘴疠弥漫时，他就用他有限的中医药知识采集消毒的植物放到锅里煮沸，祛除瘴疠气。第三，他让仆人打造了一扇石头大门，睡觉前必须关门。第四，他带着仆人开垦土地，种植前任留下来的种子。第五，为他自己和他的仆人找各种乐子。他把自己居住的几个山洞和临时搭建的窝棚起了很多文雅而有深意的名字，比如他所居住的山洞叫“玩易窝”，按他的解释是，这个山洞是山麓的窝，我时常在这里凭记忆力读《易》，读到精熟处，感觉就像是在玩一样，于是叫“玩易窝”。有一个窝棚叫“何陋轩”，王阳明解释说，这里的土著虽然表面粗野，但性格直爽，心思如小孩子，这说明他们“良知”并未丧失。所以他给这个窝棚起名为“何陋轩”。还有个窝棚叫“君子亭”，王阳明的解释是：这四周都是竹子，竹子具备君子的四个特征，中空而静，通而有间，这是君子之德；外节而实，一年四季枝叶颜色不改，这是君子之操；随着天气而出而隐而明，适应性强，这是君子“适应时势”的变通；挺然而立，不屈不挠，这是君子之容，所以我给它起名为“君子亭”。

这是艺术上的自我调节。在现实生活中，王阳明给他的仆人用大白话唱民歌，跳最狂热的舞蹈，以驱逐他们对现实的沮丧。为了淡化残酷的生存环境，他凭记忆诵读理学经典，把自己从现实世界中拔出来沉到思想世界中。

有生以来，王阳明第一次有意识地陷进回忆中。他突然发现了许多自己从未发现的事实。他钻研军事、探索理学、浸染佛道、苦攻辞章，都是他那“野多违俗”的性格和“成为圣贤”的理想与现实世界的生死搏击。现实世界总把他的性格和理想打倒在地。而他自己也注意到，每一次他都能站起来，并且比倒下之前更强大。就在他被投入锦衣卫大牢前，他心中已有了明确的目标，那就是身心之学。即使在来贵州的路上，他还在探索身心之学的精妙。不过他也承认，现实世界还是很强大的，因为它用龙场这一记重拳把他打倒在地，至少在他回忆往事时，他还没有站起来。

实际上，从内心而言，他现在比过去强大了百倍。他说：“我已超脱了得失荣辱，只是还无法超脱生死。”其实人人所谓的怕死，怕的并不是死，而是对生有所眷恋而已。王阳明一想到因为死亡会让他那些理想半途而废，心里就火烧火燎地难受。他为自己准备了一副棺材，说：“我现在就听天由命吧。”

这并不是放弃，实际上“听天由命”隐含了某种洒脱，它是在我们无法改变事情时的淡然心态。王阳明在听天由命时，每天都用静坐的方式让自己的心安静下来。当他的心彻底安静下来后，他就会问这样一个问题：“如果是一个圣人处在我这样的环境下，他如何做？”

这个问题问得好！

它实际上问的是，圣人是如何改变外部世界有所作为的？

王阳明已意识到，圣人无论多么非凡，也不过是肉体凡胎，他生活在社会中，所以必须要面对外部环境。那么，圣人们处于逆境时是如何改变外部世界的呢？遗憾的是，王阳明很快发现，儒家圣人系统中的那几位圣人谁都没有他这样的遭遇。孟子是贵族，每次出门都鲜衣怒马，仆从如云。周武王是西周时期的万王之王，谁敢放逐他？周文王坐过牢，但吃喝不愁。孔子在周游列国时的确挨过饿，那也是几天的事。也就是说，没有哪个圣人像他王阳明这样倒霉过。

他找不到标杆，寻不到成功的案例，这让他的心灵备受煎熬。后来，他通过长时间的默想，突然发现，圣人是没有办法改变外部环境的，他们只是适应环境。正如他自己，刚来时面对这样恶劣的环境，想死的心都有。可现在，他不还是好好地活着？那么，让他活下来的精神支柱是什么呢？无非就是努力适应了外部环境。

想到这里，他的心情轻松了许多。他觉得自己应该把时间用在理学的突破上。于是，他开始审视朱熹的“格物致知”。他对朱熹仍然极不满意，因为朱熹说，去外面世界格真理。这就如他现在，他如何才能从外部找到一个好好活下去，并且可以创造人生价值的真理呢？外部根本没有这样的真理，所以他根本无法找到。

朱熹的“格物致知”和“圣人处此该如何”交织在一起在他的脑海里撞击着，他变得神魂颠倒起来，像中了魔一样絮絮叨叨，时而点头，时而皱眉，时而摇头。

他的脑子再也放不下这些翻来覆去被他肯定和否定的问题，终于有一天，这些问题冲出了他的脑子，像一幅画一样清晰地呈现在他眼前。于是，就发生了本书开头的那一幕，王阳明的心学横空出世。这个传奇故事被称为“龙场悟道”，是王阳明心学诞生典礼上的礼炮。

龙场悟道引来很多争论。有人说是禅悟，有人说是道家思想的结晶。有人则说，是儒家孟子思想和陆九渊心学思想的碰撞。也有人说，其实这是王阳明长期失眠和极度消沉后所产生的幻觉。

但无论怎么说，王阳明在龙场所悟到的“圣人之道，吾性自足”都是中国思想史上最夺目的光辉。所谓“圣人之道，吾性自足”，就是我们每个人与生俱来心中就有圣贤之道，因为我们心中与生俱来就有能知是非善恶的“良知”，而做圣贤就是要通过自我努力实现最真实的自我。我们每个人身上既然都有圣贤的因子，那人人就是平等的，谁都没有权力支配谁。只有一个人有权力，那就是我自己。只有我才能支配我自己，我才是自己的主人！

这就是王阳明心学最根本的思想，也是哈佛大学教授杜维明说“二十一世纪将是王阳明的世纪”的理由。

现在，我们已经可以回答下面这三个问题：为什么是王阳明？为什么是他创建了心学？为什么他能创建心学？

宿命论者认为，王阳明创建心学是苍天注定的，因为他就不是凡人，有四件事可以证明。第一件事，王阳明在1472年出生前，他的祖母梦到神仙从空中垂直降落，把怀中一个婴儿交给他祖母，并且说，此子将来必能光大你家门庭。他祖母从梦中醒来，王阳明降临人间。为了纪念神仙乘云雾送子这个梦，王阳明的爷爷王天叙给他起名为“王云”。第二件事，王阳明直到四岁还不能讲话。有个和尚就对他爷爷说：“好个孩儿，可惜道破。”他爷爷王天叙猛然想起“王云”的“云”字，恍然大悟，这是道破了天机啊，于是马上把的名字由“王云”改成“王守仁”（王阳明是他成人后自己取的号）。第三件事，1482年，王阳明在镇江府金山寺的禅房里看到一位圆寂的和尚和自己特别像，墙上的诗歌暗示，王阳明就是这位和尚的转世。第四件事，1483年他和父亲在北京城走路，一个道士对他父亲说，你这孩子能跨灶（超越父亲）。他父亲很疑惑，我已经是状元了，他难道是状元中的状元？道士说，这正是此子奇异之处。

还有人说，王阳明天生睿智，但人类历史上天生睿智的人太多。在王阳明身边就有湛若水，在他之前，还有陈白沙。有人说，他始终有成圣之志。但娄谅也有，陈白沙更有，几乎所有的儒家思想家都有成圣之志。有人说，王阳明多年以来积累了儒释道诸子等百家知识，但陈白沙的知识积累比他要深厚十倍，陈白沙十几岁就悟透佛道二教，而他三十岁时才通佛道。最后，有人说，王阳明所以创建心学，是因为经历了一次严酷的放逐洗礼。

的确，人类历史上一个永恒的定律是：任何一位伟大的圣贤都要经历过一番非比寻常的困苦环境。摩西被放逐渺无人迹的沙漠，才有了《摩西十诫》；耶稣在颠沛流离的传道中悟得大道；穆罕默德在放逐地创建了伊斯兰教；释迦牟尼放弃了王子养尊处优的生活，到深山老林中度过艰苦的岁月，创建佛教。这几个人的成功似乎告诉了我们一个人生哲理：不经风雨，就不能见彩虹，逆境使人成长，让人成熟。

但身处逆境就一定能有所作为吗？从古到今，死在逆境中的人不胜枚举，何谈成就！

那么，到底为什么是王阳明？

至少一个因素必不可少。王阳明出身书香门第，他本人衣食无忧，这让他有充足的条件随心所欲。我们很容易就注意到一个问题：但凡哲学家，出身贫苦的极少。

实际上，这种“事后追溯”意义并不大。正如我们走在路上看到一起车祸，“事后追溯”就是，我们马上思考自己怎么会看到这起车祸的。你肯定能找到理由，如果你有耐心追溯，就会发现在你出生的那一刻已注定了你会看到这场车祸。

虽然王阳明具备的那些要素很重要，也许我们应该特别注意王阳明在“悟道”之前反复琢磨的那两个问题：一个是朱熹的“格物致知”；另一个则是圣人如何从困境中超越出来。如果非要给“为什么是王阳明”安一个看上去标准的答案，那么这个答案就应该在两个问题里，它就是：圣人肯定不像朱熹所说的去外面寻找存活下去的真理。用排除法，不去外面找，自然就在心里找。所以，他修改了朱熹对“格物致知”的解释。

于是，王阳明心学的宗旨无非就是，我们心里的良知是应对万事万物的法宝，无须去外部寻求任何帮助。

不过我们与其费力不讨好地寻找他创建心学的能量，不如用心来学习如何获得这种能量。这应该是王阳明的心愿，也应该是我们的终身追求。

新朋友和新敌人

王阳明创建心学后，他的世界看似光明起来。他适应了龙场这块土地，并且和当地的土著发展出了深厚的友谊，这源于王阳明高度的传道责任感。悟道后，王阳明马上把精力投入到讲学事业中。他让仆人开发了一块空地当作潦草的讲习所，热情地向土著居民发出邀请。

实际上，自王阳明来到龙场，当地土著们就对这个有气无力的中原人表现出了莫大的好奇。在他们眼里，王阳明有些诡异。有时候，这个中原人很正常，也很勤奋。他耕种土地，修葺山洞，生火做饭。而有时候，这个中原人像个神经病，要么一边自言自语，一边在森林里来回转悠；要么坐在空地上，一动不动。有一段时间，他们认为王阳明比山中的虎豹毒虫更可怕，而有时候，他们则觉得王阳明和蔼可亲。在森林中偶然相遇时，王阳明都很礼貌地向他们打招呼。

王阳明邀请土著去听他的讲座，土著们蹲在一起开会讨论，有人说不去，因为中原人外表忠厚，内心狡诈。也有人说，可以去，但必须全副武装。最终，王阳明几次三番邀请的热情感动了他们。他们只带着一颗心来了。

他们是王阳明在龙场结交的新朋友，这些人被王阳明所讲的内容深深迷住（土著讲的语言和汉语不同，无从得知王阳明是怎么向他们传道的），每天都来捧场。有捧场的自然就有砸场的，正如一个出色的人有朋友就肯定有敌人一样。

来砸王阳明场子的人是贵州巡抚王质。王质早年在中央政府担任御史，知道王阳明。担任御史的人由于需要经常找碴儿弹劾别人，所以心理往往比较扭曲。王阳明来贵州，作为巡抚，王质当然早已知晓。按王质的想法，王阳明到他的地盘任职，应该对他有所表示。可王阳明那段时间太忙，忙着存活，忙着悟道，就把这位贵州官场上的大佬忽视了。

这本是无心之罪，但王质认为自己的尊严受到了王阳明的挑战，于是派了一群亦官亦匪的人来到龙场驿站。这群人来砸场子时，王阳明正在给土著们讲课。他们训斥王阳明不识好歹，并作势要揍王阳明。王阳明丝毫不动声色，土著们却怒了。双方开战，当地人人多势众，来砸场子的人被打得抱头鼠窜。

王质大怒，当时就想调动军队对付王阳明，但马上就改变了主意。他意识到这是杀鸡用牛刀，而他只想让这只鸡对自己低头。王质拿出官老爷的威势来，下命令给贵州司法部长官毛应奎，要他通知王阳明，这件事的影响极端恶劣，王阳明必须诚惶诚恐、毕恭毕敬地向他道歉，只有王阳明做到这一点，他才可以考虑是否要赦免王阳明的罪。

毛应奎了解王质，知道这是官场中“廉价自尊”下的无理取闹。虽然如此，他权衡了一下，认为王阳明比王质更容易摆平。于是他给王阳明写信，要他向王质道歉，哪怕就是一封道歉信也好。

王阳明陷入沉思。这是他龙场悟道后第一次遇到事，而且非常棘手。他必须拿出妥善的解决方法来证明心学的力量。反复思考后，他给毛应奎回了封信，他说，殴打那群流氓的本地居民不会无缘故打人，是那群流氓先动手的。他接着说，即使那群流氓是王质派来的，但我和王质之间并没有任何关系，我为何要向他道歉？如果他非揪住这件事不放，那你替我转告他，我在恶劣的龙场什么没有遇到过，几乎一日三死，再大的风暴对我而言也不过是虫豸。他最后说，我虽然是流放官员，也应该得到应有的尊重。

这正是他心学的灵魂：人人都有尊严，不可侵犯。据说，王质收到这封并非是给他的信后大为震惊，只好接受了尊严被侵犯的现实。

凭几句义正词严的大话就把对手吓跑，世界上没有这回事。如果真有，公平和公正早已立足人类世界。王质不再找王阳明的麻烦，最有可能是毛应奎周旋的结果。毛应奎是个颇有正义感的人，在收到王阳明的回信后，他亲自去见王阳明。王阳明的人格魅力令他一见折服，这使他马上断定王质和王阳明之间的谁是谁非。在他的调和下，王质很容易做出判断，这件事再闹下去成本太高，而且有失他的身份，于是，不了了之。

自此，王阳明的敌人王质消失，毛应奎则成了他的新朋友。

王阳明还曾神交了一位朋友，正是这位神交之友催生了中国文学史上最灿烂的篇章《瘗（yì）旅文》。我们想要了解王阳明的文学成绩，只需要欣赏这篇文章就足矣：

维正德四年秋月三日，有吏目云自京来者，不知其名氏，携一子一仆，将之任，过龙场，投宿土苗家。予从篱落间望见之，阴雨昏黑，欲就问讯北来事，不果。明早，遣人觇之，已行矣。薄午，有人自蜈蚣坡来，云："一老人死坡下，傍两人哭之哀。"予曰："此必吏目死矣。伤哉！"薄暮，复有人来云："坡下死者二人，傍一人坐叹。"询其状，则其子又死矣。明早，复有人来云："见坡下积尸三焉。"则其仆又死矣。呜呼伤哉！

念其暴骨无主，将二童子持畚、锸往瘗之，二童子有难色然。予曰："嘻！吾与尔犹彼也！"二童悯然涕下，请往。就其傍山麓为三坎，埋之。又以只鸡、饭三盂，嗟吁涕洟而告之曰：

呜呼伤哉！繄何人？繄何人？吾龙场驿丞余姚王守仁也。吾与尔皆中土之产，吾不知尔郡邑，尔乌为乎来为兹山之鬼乎？古者重去其乡，游宦不逾千里。吾以窜逐而来此，宜也。尔亦何辜乎？闻尔官吏目耳，俸不能五斗，尔率妻子躬耕可有也，胡为乎以五斗而易尔七尺之躯？又不足，而益以尔子与仆乎？呜呼伤哉！

尔诚恋兹五斗而来，则宜欣然就道，乌为乎吾昨望见尔容，蹙然盖不胜其忧者？夫冲冒霜露，扳援崖壁，行万峰之顶，饥渴劳顿，筋骨疲惫，而又瘴疠侵其外，忧郁攻其中，其能以无死乎？吾固知尔之必死，然不谓若是其速，又不谓尔子、尔仆，亦遽然奄忽也。皆尔自取，谓之何哉！吾念尔三骨之无依而来瘗耳，乃使吾有无穷之怆也。呜呼伤哉！

纵不尔瘗，幽崖之狐成群，阴壑之虺如车轮，亦必能葬尔于腹，不致久暴尔。尔既已无知，然吾何能为心乎？自吾去父母乡国而来此，三年矣；疠瘴毒而苟能自全，以吾未尝一日之戚戚也。今悲伤若此，是吾为尔者重，而自为者轻也，吾不宜复为尔悲矣。

吾为尔歌，尔听之！歌曰：连峰际天兮飞鸟不通，游子怀乡兮莫知西东。莫知西东兮维天则同，异域殊方兮环海之中。达观随寓兮奚必予宫。魂兮魂兮无悲以恫！

又歌以慰之曰：与尔皆乡土之离兮，蛮之人言语不相知兮。性命不可期，吾苟死于兹兮，率尔子仆，来从予兮。吾与尔遨以嬉兮，骖紫彪而乘文螭兮，登望故乡而嘘唏兮。吾苟获生归兮，尔子尔仆尚尔随兮，无以无侣悲兮！道傍之冢累累兮，多中土之流离兮，相与呼啸而徘徊兮。餐风饮露，无尔饥兮！朝友麋鹿，暮猿与栖兮。尔安尔居兮，无为厉于兹墟兮！

现在，我们将这篇文章翻译成现代白话文。一篇优秀的古典文章，翻译成白话文字，即使减色不少，但同样能动人心弦。

在大明正德四年（1509年）秋季某月初三，有一名吏目从北京来到这里，不知道他叫什么。他身边带着一个儿子、一个仆人，要到更远的地方去上任，路过龙场，投宿在一户苗族人家。我从篱笆中间望见他，当时阴雨昏黑，想向他打听北方的情况，没有实现。第二天一大早，我派跟班的一人去探视，他已经走了。近午时刻，有人从蜈蚣坡那边来，说："有一个老人死于坡下，旁边两人哭得很伤心。"我说："这一定是吏目死了。可悲啊！"傍晚，又有人来说："坡下死了两个人，旁边一人坐着叹息。"问明他们的情状，方知他的儿子又死了。第二天，又有人来说："看到坡下堆了三具尸体。"那么，他的仆人又死了。唉，令人神伤啊！

想到他们的尸骨暴露在荒野，无人认领，于是我就带着两个跟班，拿着畚箕和铁锹，前去埋葬他们。两名童仆脸上流露出为难的表情。我说："唉，我和你们，本像他们一样啊。"两名童仆怜悯地淌下眼泪，要求一起去。于是在旁边的山脚下挖了三个坑，把他们埋了。随即供上一只鸡、三碗饭，一面叹息，一面流着眼泪鼻涕，向死者祭告说：

"唉，悲伤啊！你是什么人，什么人啊？我是此地龙场驿的驿丞、余姚王守仁呀。我和你都生长在中原地区，我不知你的家乡是何郡何县，你为什么要来做这座山上的鬼魂啊？古人不会轻率地离开故乡，外出做官也不超过千里。我是因为流放而来此地，理所应当。你又有什么罪过而非来不可呢？听说你的官职，仅是一个小小的吏目而已。薪俸不过五斗米，你领着老婆孩子亲自种田就会有了，为什么竟用这五斗米换去你堂堂七尺之躯？又为什么还觉得不够，再加上你的儿子和仆人啊？哎呀，太悲伤了！

"你如真正是为留恋这五斗米而来，那就应该欢欢喜喜地上路，为什么我昨天望见你皱着额头、面有愁容，似乎承受不起那深重的忧虑呢？一路上常冒着雾气露水，攀援悬崖峭壁，走过万山的峰顶，饥渴劳累，筋骨疲惫，又加上瘴疠侵其外，忧郁攻其中，难道能免于一死吗？我固然知道你必死，可是没有想到会如此之快，更没有想到你的儿子、你的仆人也会很快地死去啊。都是你自己找来的呀，还说什么呢？我不过是怜念你们三具尸骨无所归依，才来埋葬罢了，却使我引起无穷的感怆。唉，悲痛啊！

“纵然不葬你们，那幽暗的山崖上狐狸成群，阴深山谷中粗如车轮的毒蛇，也一定能够把你们葬在腹中，不致长久地暴露。你已经没有一点知觉，但我又怎能安心呢？自从我离开父母之乡来到此地，已经三个年头。历尽瘴毒而能勉强保全自己的生命，主要是因为我没有一天怀有忧戚的情绪啊。今天忽然如此悲伤，乃是我为你想得太重，而为自身想得很轻啊。我不应该再为你悲伤了！

“我来为你唱歌，你请听着。我唱道：‘连绵的山峰高接云天啊，飞鸟不通。怀念家乡的游子啊，不知西东。不知西东啊，顶上的苍天却一般相同。地方纵然相隔甚远啊，都在四海的环绕之中。想得开的人到处为家，又何必守住那旧居一栋？魂灵啊，魂灵啊，不要悲伤，不要惊恐！’

“再唱一支歌来安慰你：‘我与你都是离乡背井的苦命人啊，蛮人的语言谁也听不懂，性命没指望啊，前程一场空。假使我也死在这地方啊，请带着你子你仆紧相从。我们一起遨游同嬉戏，其乐也无穷。驾驭紫色虎啊，乘坐五彩龙；登高望故乡啊，放声叹息长悲恸。假使我有幸能生还啊，你尚有儿子仆人在身后随从；不要以为无伴侣啊，就悲悲切切常哀痛。道旁累累多枯冢啊，中原的游魂卧其中，与他们一起呼啸，一起散步从容。餐清风，饮甘露啊，莫愁饥饿腹中空。麋鹿朝为友啊，到晚间再与猿猴栖一洞。安心守分居墓中啊，可不要变成厉鬼村村寨寨乱逞凶！’”

王阳明在龙场除了结交新朋之外，还有旧友来巩固他们之间的友谊。这些旧友都是他曾经在北京讲身心之学的弟子，以他的妹夫徐爱为首，陆续来到龙场。当这些人得知王老师创出了不同于朱熹理学的学说后，大为惊奇。他们让王阳明讲讲这个新学说，王阳明侃侃而谈：“心即理。”

众人不明白。

王阳明说：“我心中有个能知是非善恶的良知，所以一切道理都在我心上，就是：心即理。”

这一说法当然让他的弟子们耳目一新，但他们疑虑重重。徐爱就问：“您说心即理，不需外求。我孝顺父亲的种种行为，恐怕要去外面求取吧。一个三岁的孩子怎么知道那些孝顺父母的礼节？”

王阳明的解释是：如果你真有孝顺父母的心，就会去做孝顺父母的事。天冷了，你会给父母盖被；天热了，你会给父母打扇子。这种礼节，你需要去外面学吗？孝顺这个道理就在你心中，如果它在外面，比如在你父母身上，倘若你父母去世了，难道它就消失了？

王阳明心目中儒家伦理最基本也是最重要的孝道到底该如何表现，有件事可以说明。王阳明的爱徒徐爱曾在安徽祁门遇到一个叫傅凤的人，此人以孝顺父母为终生理想。可因没有像样的工作而赚不来钱，所以理想无法实现。徐爱就推荐他来见王阳明。王阳明于是给他讲心学，傅凤偶有所得，正要痛下决心修行时，突然意识到年迈的父母和傻子弟弟都需要他来养活。所以就抛弃心学，不顾性命日夜苦读，希望能考个进士，有个一官半职来养活父母和弟弟。因为吃不饱，再加上学业辛苦，竟然患了大病，卧床不起。但傅凤仍然坚持读科举之书，王阳明的弟子们都千方百计劝他以身体为重。

傅凤很苦恼，于是请教王阳明。

王阳明叹息说："你呀，虽然志在孝亲，可已陷入不孝的深渊了。"

傅凤吃惊地问："难道我不想去做官赚钱养活父母和弟弟，就是孝了吗？"

王阳明说："你为了做官赚钱而养活父母和弟弟，却把自己搞成病夫，这是孝吗？"

傅凤疑惑。

王阳明又说："就看你现在病恹恹的样子，能考上进士吗？"

傅凤很坦诚地说："不能！"

王阳明说："你把自己的身体搞垮了，却没有得到官职，而因为你身体很差，不能照顾父母兄弟，可能还要让他们来照顾你。你说，你这不是大不孝，还能是什么？"

傅凤潸然泪下，请王阳明出个好主意。

王阳明说："宇宙中最真的孝，就是不让父母担心。知道了这个，你就知道怎么去孝顺父母了。"

我们可以看到，王阳明心学中所倡导的孝的问题，其实就是一门不让父母担心的学问。良知告诉一个人，孝顺父母的终极目的是让他们心上安宁，物质条件还在其次。这其实就是感应，人世间所有父母希望的其实是儿女平安，锦衣玉食并不重要。那么，将心比心，我们希望的其实也是父母平安，心平安，身平安。要做到这一点，必须是你的身心要平安，否则，这都是空谈。宇宙无时无刻不在变化，世事也在变幻，但那些良知未被遮蔽的心对于孝顺的要求却是亘古不变的。想要真孝顺，做到五个字就可以了。这五个字是：让父母心安。

有弟子曾问王阳明，学习朱熹理学的方法很简单，只要我们去外面格物，把格到的道理用静坐思考的方式和自己的心吻合就是了。您这个学说，应该怎么学会它呢？

王阳明给出了四点：第一，立志。就是要打定主意，下定做圣贤的决心；第二，勤学。做圣贤必须勤奋，努力学习知识和提升品德；第三，改过。有错就要改，绝不姑息；第四，责善。也就是在朋友之间要以责备的方式劝善。

实际上，这是儒家提倡的老方法：在仿效典范和反省中获得自我，进而成为圣贤。这时的圣贤就是心灵自由、自己能支配自己的人。

不过在龙场，除了徐爱之外，并没有矢志不移跟随在王阳明身边的弟子。这些弟子来了几天，或许是有别的事，又或许是忍受不了龙场的生活环境，所以就离开了。王阳明在《诸生》这首诗中叹息说，人生相聚机会不多，何不把你们的书和行李拿来，咱们在一起享受心学的极欢大乐？（“唯我二三子，吾道有真趣。胡不携书来，茆堂好同住”）

而心学的极欢大乐在此时恐怕只有他一人能享受。虽然如此，他已蜚声整个贵州。前来拜访他的人相望于道，贵州龙场看上去不再是个闭塞之地，而成了人来人往的市场。在来看他的人中，有一人很特殊。他就是贵州军区世袭军政长官（贵州宣慰司宣慰使）安贵荣。安长官在贵州并非等闲，贵州的驿站就是他的祖上奢香夫人为明帝国免费创建的，所以他的神态里有一种无上荣耀的傲慢。安贵荣来见王阳明并不是听心学，按他的思维，王阳明学识渊博，声名远扬，肯定有非凡的智慧。他希望王阳明能为他解惑，这个惑就是：他想减少贵州通往中原的驿站数量。

王阳明劝他别胡思乱想：“驿站，尤其贵州境内的驿站是中央政府控制贵州的烽火台，你撤驿站，会给中央政府‘企图弱化中央政府对贵州控制能力’的印象。后果如何，不必我说。”

安贵荣急忙派人送来酒肉，说：“想不到这深山老林里有您这样见识非凡的人，让人钦佩，关于裁撤驿站的事，我以后想都不想。”

王阳明回答他：“我没有这样的力量。我说的这个道理，你心中早已有之。”

这个回答很阴险，一方面他暗示，安大人你要裁撤驿站恐怕就是有这想法。一方面，我的心学说，道理在你心中，我只是提醒了你一下而已。

但安贵荣贼心不死。这件事不久，贵州境内发生了两个少数民族首领的叛乱。王阳明判断，这两人是安贵荣的部下，他们叛乱和安贵荣的默许有直接关系。因为叛乱持续了一个月，安贵荣的军队毫无动静。他给安贵荣写信说，两人叛乱是在你的军事管辖区，你就眼睁睁地看着他们这样胡闹？中央政府怎么想？即使不追究你的失职，如果调动别省的军队来镇压，你的颜面何在？

安贵荣看到这封信后，冷汗直冒。他马上出兵，轻松平定了叛乱。

由此看来，王阳明在龙场的身份不仅是个驿站站长，还是个教育家，偶尔还客串下政治家。他的朋友越来越多，声名大振，他的命运在经过一番痛苦的洗礼后发生了大逆转。所有人都知道，龙场这块天地已容不下他，他离开龙场的日子已不远了。

王阳明是被人请出去的，而且被请了两次。第一次请他的人是贵州省主管教育的副省长毛科，他和王阳明是同乡。1508年冬天，他到龙场听王阳明讲学，由于没有深厚的思想根基，毛省长很容易接受新思想。王阳明心学本身是灵动的学说，所以他很快就接受了，于是他邀请王阳明去省城贵阳讲学。王阳明委婉拒绝。他说，我现在只是山野村夫，体弱多病让我变得异常疏懒。我没有用功阅读和研究经典，所以没有资格担任讲师。我现在正准备去看医生，您作为官方代表，给我这样的荣誉，实在让我惭愧。

毛科当然不会明白王阳明这番托词背后的心理活动。在王阳明看来，他的心学是帮助人完善道德，而并非是指导人科举考试。但毛科的用意很明显，他要王阳明到贵阳讲学就是希望王阳明能帮他培养出一批考试高手，这和王阳明的出发点南辕北辙。

毛科在1509年初被调离贵阳，接替他的叫席书，毛科临走前叮嘱席书，王阳明学大才渊，不应该在龙场驿沉沦。席书谨遵前任教诲，上任不久，就跑到龙场驿来听王阳明的讲课。课后，他请教王阳明，朱熹和陆九渊二人的思想有什么不同吗？王阳明说，这个话题太深，作为晚辈，他暂时还没有资格来谈。他话题一转，普及了一会儿自己的心学。简易明快的心学马上就让席书为之着迷。不过，席书是朱熹理学的门徒，虽然着迷，但对王阳明心学的“真理性”表示怀疑。

第二天，席书满腹心事地来了。他还是希望王阳明能讲一下朱熹和陆九渊的不同，或者是，他王阳明和陆九渊的不同。王阳明只好满足了席书的愿望。

王阳明从“知行”的角度来说明他和朱熹、陆九渊的不同。他说，朱熹是通过经书得到天理，然后去实行；陆九渊是通过静坐得到天理，然后去实行。二人虽然在得到天理的方式上不同，可都认为“知行”是有先后次序的。而我却认为，知与行是合一的。知是行的开始，行是知的成果，二者是一回事。席书没有深入质疑“知行合一”的问题，而是质疑另一个问题：“您也提倡静坐，和陆九渊的静坐有什么区别吗？”

王阳明说：“陆九渊静坐是希望从心中得到真理。而我提倡静坐，是因为现在的人心浮气躁，静坐能让他们把心沉静下来，我并没有让人一味静坐去获取真理，那不是正路。”

席书问：“那您从哪里获得真理？”王阳明回答：“真理就在我心中，但必须去事上练，只有去实践了，你才能更深刻地体会这一真理。而且，这两者是不可分的，正如知行合一一样。”

席书这回心悦诚服，马上让人修建贵阳书院，并亲自率领贵阳的秀才们来到龙场，以师礼请王阳明到贵阳。

由此，王阳明离开了他的放逐地和涅槃重生地。

心学的政治力

1509年，王阳明在贵阳书院正式讲学。按理，他有了传播自己学说的平台本该高兴。但在来贵阳的路上，他心事重重。表面上，席书服膺他的心学，实际上，作为主管教育的省长，席书面临一个困局：他对王阳明心学心悦诚服，但王阳明心学并非是考生辅导课，而他的工作职责就是让自己辖区内的考生通过科举考试。王阳明也面临一个困境：他的心学目标是给考生指明圣贤之路，而考生的目标却是读书做大官。如果他一门心思宣扬和朱熹理学截然不同的心学，那考生的目的就无法实现。想让考生的理想实现，就必须要讲朱熹理学。这个困局也是他当初婉言拒绝毛科的根本原因。不过好像事情没有他想的那么复杂，席书用一句话就抚平了他的忧虑：讲你最想讲的。

王阳明在贵阳书院讲的主要内容就是“知行合一”。

当时的人仍然按照朱熹的思路，想把一切天理都捕捉到手，然后再去实践。长此以往，每个人都拥有了一种本事：嘴上功夫天下第一，一旦要其动手，就会束手无策。他希望能改变这种读书人的毛病。当然，“知行合一”实际上也是他心学“心即理”和“事上练”的延伸：天理既然都在我心中，那我唯一也必须要做的就是去实践来验证我心中的天理，而不是去外面再寻找天理。这种思路有个莫大的好处：心中有天理，那我们就不必再去寻找天理，如此一来，我们就节省了大量时间，而这些时间可以用在实践中。这样一来，你就有足够的时间去实现理想。王阳明心学和朱熹理学、陆九渊心学的一个重要区别就在这里，它也正是王阳明心学的闪光点。

实际上，知行合一和事上练只是“致良知”的一个前奏，真正动人心弦的是他心学思想的精华——致良知。

1509年，王阳明在贵阳书院讲“知行合一”，他的门徒开始逐渐聚集，他的声望已今非昔比。人人都认为他应该不仅仅是个教育家和思想传播者。既然“知行合一”，他应该把他的知和行结合起来，所以在1510年农历三月，他三年的贬谪期限结束后，在贵州多名官员的推荐下，他被任命为江西吉安府庐陵县县令。一个和曾经的自己完全不同的政府官员王阳明正式登场。

他已脱胎换骨，不是从前那个对仕途毫无热情，总是请假的王阳明了。他意气风发，但又谦虚地说，虽然经国之志未泯，但三年来不曾参与政事，恐怕不能胜任一县之长的工作。他不幸言中，当庐陵县的父母官的确不是件容易的事。

以当时政府官员的角度来看，江西最惹人注目的“特产”就是刁民，尤其是吉安府庐陵县，简直是刁民生产地。王阳明前任一位姓许的县令在庐陵待了三年，临走前身心俱疲，奄奄一息。在给上级的述职报告中，他说，如果世界上真有地狱，如果非要让我在地狱和庐陵选一个，那我选前者。在他眼中，庐陵人就是恶棍，市侩的小人。他绞尽脑汁也搞不明白下面的事实：庐陵人特别喜欢告状，先在庐陵县内上诉，如果得不到满意的结果，就会离开庐陵上访。许县令声称，他办公桌上每天都会堆积一千份以上的诉讼案卷。这使他生不如死。后来他采取严厉的手段，将告状人关进监狱。可这些人太机灵，一群流浪汉特意来告状，为的就是进监狱后有吃喝。

许县令无计可施，只能请辞，他的接班人王阳明就来了。

王阳明一到庐陵县，县令的幕僚们就把该地百姓的喜好告诉了他，并且特意指点王阳明，对付他们，只能采取高压政策。

王阳明将心比心，分析说，自古以来民间就有“民不与官斗”的生存智慧。如果民总是和官过不去，那只能说明一点，他们的权益受到了侵犯。

幕僚对王阳明一针见血的分析却不以为然，他们指出，庐陵是四省交通之地，鱼龙混杂，是非极多。人没有定力，自然会受外界环境的影响，所以每个人都不是省油的灯。因为在这种环境下省油，就没办法生存。

王阳明仍然坚信这样一点：普通平民在什么时代都是弱势群体，弱势群体每天烧香求佛保佑不被政府欺压都来不及，哪里还有心情找政府的麻烦。如果他们真反常地时常找政府麻烦，那肯定是政府有问题。

这是一种心理分析法，答案往往是正确的。上级政府摊派到庐陵的赋税相当重，当然，这并不是政府的错。中国古代政府靠压榨百姓生活是政治常态，“轻徭薄赋”的政府凤毛麟角。吉安政府对庐陵的赋税中有一项是关于葛布（葛的纤维制成的织物）的，问题是，庐陵不产这种东西。对根本就没有的东西收税，百姓当然不干了。

王阳明还未坐稳庐陵县县长那把交椅，一千多百姓就敲起了战鼓，向新来的大老爷投诉，声称他们绝不会缴纳葛布的税。

王阳明看了状纸，又看了案宗，发现这的确是一项莫须有的税收。于是，他答应庐陵百姓，会要求上级政府取消这个税，甚至是取消更多没有必要的税。

这种包票打起来容易，做起来难。王阳明陷入了困局：赋税任务是上级摊派下来的，下级唯一能做的就是保证完成任务，没有任何借口。但有的赋税是不合理的，强行征收，百姓的反应一定是极为窝火。如果处置不当，很可能激起民变。

王阳明是那种一定会为民请命，但绝不会直来直去的人。他找来前届政府的工作人员，详细向他们询问庐陵赋税的来龙去脉。这些人就把事实告诉了他。三年前，庐陵的赋税还没有这样高，自来了位宫廷税务特派员（镇守中官）后，庐陵的赋税就翻了三番。据这些工作人员说，这个特派员姓王，是个宦官，平时就住在吉安府政府的豪华大宅里，里面每天莺歌燕舞。

王阳明清晰地意识到，这个姓王的宦官就是罪魁祸首。只要搞定他，庐陵县不该缴纳的赋税就会灰飞烟灭。他给吉安府长官写了封信，他知道那位王太监肯定也要看信，所以信的内容其实是写给王太监看的。他说，我在看庐陵的税收记录时大为惊异地发现，三年前庐陵的赋税总额是四千两，可这三年来却达到万余两。我先是高兴得手舞足蹈，因为在别的地方赋税都在负增长的时候，庐陵县却呈直线增长。不过我又仔细看了赋税名录，发现有些东西根本没有，却还要收税。我还听说，以镇守中官为首的收税大队来庐陵像是土匪抢劫一样。我现在有个小疑惑，这些赋税是上级政府，甚至是中央政府的规定吗？还只是我们吉安府的规定？交税的日子马上要来了，可最近这里发生了旱灾，瘟疫又起。如果再强行收税，我担心会激起民变。俗话说，饥人就是恶人。一旦真有民变，我不知该如何向上级政府交代。

他最后说，我对于这种收税的事真是于心不忍，而且势不能行。如果你们认为我不能胜任这份工作，我请求辞职。

王太监看到这封信，冷汗直冒。如果这封信不是王阳明写的，那他不会恐惧。一个对自己都敢下狠手的人，对于别人的几句要挟就缴械投降，那他就不是个合格的太监。可王阳明的要挟不同，王阳明此时虽然只是个小县令，但他的弟子遍布全国，中央政府也有他的旧知新友。天蓬元帅虽然被贬下凡间做了猪，但人家毕竟也是天上来的。

王太监对吉安府长官说："我看这庐陵的赋税是有问题，暂时免了吧，等王阳明走了再恢复。"

庐陵人感激王阳明，几乎痛哭流涕。王阳明趁势发布告说："你们打官司，我不反对。但我看你们之前的状纸是专业人士撰写的，又臭又长，毫无阅读快感可言。今后你们如果再告状，要遵守以下几点要求：首先，一次只能上诉一件事；其次，内容不得超过两行，每行不得超过三十字；最后，你认为和对方可以解决的事，就不要来告状。如果有违反这三条的，我不但不受理，还要给予相应的罚款。"

这份告示贴出时，百姓们还沉浸在减免税收的欢乐中，所以一致认为，打官司是没有良知的表现，今后要改。他们不知道，自己的心境已被王阳明悄无声息地改变了。

王阳明趁热打铁，继续对他们的心灵世界进行改造。针对当时瘟疫横行的现实，王阳明写了篇感人肺腑的布告。他说："虽然是天灾，不可避免，也不能违抗，所以我们要适应它，并且在适应它时感悟人生道理。你们怕传染，所以就把得了病的亲人抛弃，表面上看，他们是因瘟疫而死，实际上是死于你们的抛弃。瘟疫并不可怕，通过正确的方法可以控制，可怕的是人心，一旦你们的心被恐惧侵袭，就会让你们做出没有天理的事来，这是逆天啊！我现在为你们指明一条消灭瘟疫的道路，那就是用你们的心。你们心中本就有孝心、仁心，你们不必去外面寻求任何东西，只要让你心中的孝心和仁心自然流露就万事大吉了。"

不过，王阳明也承认，道德虽然是每个人自己的问题，可有些人的道德被多年来时间的俗气所污染，已不能自动自发地流露，所以必须要树立道德楷模，让道德楷模唤醒他们内心正要睡死过去的善良。

他的办法是老办法，但老办法往往是最管用的。他恢复了设立于朱元璋时代，早已名存实亡的申明亭和旌善亭"两亭"制度。他要求庐陵县所管辖的各乡村都要设立这"两亭"。旌善亭是光荣榜：凡是热心于公益事业、乐于助人、为国家和地方做了贡献的人，在该亭张榜表彰，树立榜样。这是存天理；申明亭是黑榜：凡是当地的偷盗、斗殴或被官府定罪的人，名字都在此亭中公布，目的是警戒他人。这是去人欲。

所谓政治力，无非是一个人处理各种关系的能力，主要就是人际关系。王阳明在庐陵，首先必须要处理好和上级的关系，这样才能保住自己的官帽；其次他还必须要搞好和下级的关系，这样才能把自己的意志通过他们来实现；他更必须要关心的就是他和百姓的关系，因为百姓是他实际上的衣食父母。但让人沮丧的是，“父母官”大都热衷于和上级处理好关系，偶然会用心于下级关系的维护，很少有官员会把时间和精力用在处理和百姓的关系上。理由很充分，中国古代是专制社会，百姓不是他们的权力源泉，上级才是，皇帝才是。

王阳明截然不同，他全身心要解决的就是他和百姓的关系。我们注意到，他处理这层关系时的思想就是先让百姓有道德感，也就是唤醒他们向善的心。让他们专注本职，不要以和自己内心无关的官司为人生目标。

同时，他还设身处地地为百姓着想，百姓的难处就是他的工作内容。比如他在庐陵县城视察时发现庐陵房屋的建造材料都是木材，巷道狭窄，又没有砖墙相隔，一旦失了火，那将是灭顶之灾。于是，他就发出命令，要那些临街民居退进三尺，以拓宽街道用来做防火带，疏散人口；店铺店屋退进二尺，做防火巷；每户出一钱银子，用来为临巷道的房屋建砖墙，隔离火势。

他到庐陵几个月都没有下雨，于是他吃斋一个月，停止征税，释放轻罪的犯人。不知是不是由于他的诚心真的感动了老天，一个多月后，一场倾盆大雨降临庐陵。

任何人都看得出，他是真的以百姓心为己心。但我们应该知道，王阳明在此之前从未有过在基层工作的经验。按朱熹的说法，你没有工作经验，就不可能知道这份工作的道理，那你就无从下手。你必须先通过书本或者是前任的工作总结“格”出你工作的道理，才能胜任这份工作。王阳明用事实反驳了朱熹，按王阳明心学的说法，天理就在我心中，我之前所以没有显露在基层工作的那些道理，是因为我没有碰到这个机会，现在我碰到这个机会，那些道理就显现出来了，所以我不需要向外求取任何关于基层工作的道理。

这个道理是什么呢？其实就是用心，只要你用心为百姓好，就能想到为百姓做任何好事的道理，然后去做就是了。

这正如他对弟子徐爱说的，孝顺父母还需要去外面学什么？只要你有孝顺父母的心，就必然知道，冬天来了要给父母添衣服，夏天来了要给父母打扇子。正如他在庐陵一样，只要有一颗为百姓的心，就必然会想到百姓的房屋存在防火隐患，这种道理，不需要去外面寻求。

当然，王阳明不仅是个高超的政治家和战略谋划家，还是个能灵活处理具体事务的干练的技术官僚。下面这件事就是证明。

庐陵不仅讼棍多，恶棍也多。王阳明曾活捉了一个绰号“王和尚”的强盗。经审讯，王和尚是一个强盗团伙的三把手，这个强盗团伙做了很多大案要案，经过王阳明的一番心灵启蒙，王和尚居然良知发现，供出了老大多应亨和老二多邦宰。二人很快被缉拿归案，并且招供。王阳明将他们送到上一级政府。但过了不久，王阳明收到上级的抗诉信，信中说，这件案子是冤案，多应亨和多邦宰是纯粹的良民，之前发生的刑事案件都是王和尚一人做的，而且王和尚已经承认。上级政府要王阳明重新审理此案。

这案子并不难断，三人作案时的目击者有很多，当时也取证了。而且三人也承认了罪行。如今翻案，只有一种可能：多应亨和多邦宰的家人打点了王和尚，要他一人顶罪。

王阳明不想让罪人逍遥法外，他决心让这三人重新亲口承认罪行。开庭审问前，王阳明叮嘱他的幕僚说，当审讯到一半时，你就来找我，装作有要事的样子。幕僚听从。王阳明上堂后从头到尾问了一遍，王和尚一口咬定罪行都是他一人所犯，和多应亨、多邦宰无关。这时，王阳明的幕僚走出来说有要事，王阳明离开。趁着三个罪犯不注意时，王阳明偷偷地钻进了桌子下。过了一会儿，王和尚见大堂上只有他们三人，就低声地向二人说道：“等会儿可能要给你们上刑，只要你们能忍耐下来，我就能替你们脱罪。”他话音刚落，王阳明就从桌子底下爬了出来，一面整理衣服，一面微笑地看着惊愕万分的三人。

这是王阳明“机诈”的又一个典型事例，王阳明绝非是一本正经的冬烘学究，处理实际问题，他从来都是灵活多变的。

庐陵是王阳明创建心学后第一次施展拳脚的地方，效果显著。当然，正如1508年前他始终不曾忘记“经略四方”的大志一样，在庐陵，他也始终没有忘记修炼和传播他的心学。自心学诞生那一刻起，王阳明传播心学的使命感就与日俱增。如果从前他想让自己成为一个圣人，那么，现在，他希望每个人都能成为圣人。

他在庐陵和弟子聊天时，对自己在龙场的两年时光唏嘘不已，同时也对在贵阳讲“知行合一”的成果并不满意。他对弟子冀元亨说，其实听课的人虽然认同我的“知行合一”，却还是以科举做官为目的。他们根本没有体悟到“心灵自由”才是人生的真谛，一个人只要把内心的善完全唤醒，就能体会到圣贤的滋味。

很少有人愿意体会圣贤的滋味，因为他们已在世俗世界浸染了太久，这个世界告诉他们，做了官，尊严、权力和荣华富贵就唾手可得，人生在世，追求的无非就是这几样。

刘瑾就是这样认为的。不过，他也用自身的毁灭证明了这种看法和真理相差十万八千里，刘瑾于1510年农历十月以贪污罪在北京被凌迟。

自朱厚照继位以来，刘瑾始终处在权力的巅峰。那个只能站一个人的权力巅峰上现在站了两个人，一个是朱厚照，另一个就是刘瑾，而刘瑾并没有意识到自己实际已处于危险之中。由于朱厚照不理政事，整日娱乐，所以政权渐渐转移到了刘瑾手中，他被人称为“立皇帝”。

1510年夏，甘肃安化王朱寘鐇（zhì fán）宣布革命，中央政府急忙派人去甘肃镇压。这支平叛军的司令叫杨一清，杨一清是个极具正义感的人，曾在兵部工作过，因不肯给刘瑾行贿而受到革职处罚。朱寘鐇革命的消息传到北京后，朱厚照要兵部推荐平叛军司令，兵部里在职的人都不愿意去，所以就想到了这位在野的同事。杨一清早上得到消息，中午就进了北京城。这说明建功立业对他有极强的诱惑力。

平叛军的政委（监军）是八虎之一的张永。张永是宫廷二号人物，地位仅次于刘瑾。但宫中府中人人都知道，他和刘瑾不和。有一个原因很重要：刘瑾曾和他的老婆（大伴）搞暧昧，张永和刘瑾因此事而打过架。朱厚照后来劝了架，给张永又找了个更年轻漂亮的老婆，自然，张永的老婆名正言顺地归了刘瑾。

如果仅是这一件事，张永和刘瑾的仇恨还不至于那样深。刘瑾自绝地反击刘健、谢迁成功后，坐稳了宫中第一把交椅。他的七位虎友也水涨船高，但刘瑾毕竟是老大，一手遮天，并未把七位虎友当成兄弟，只是当成小弟。张永据说是有情有义的人，在刘瑾对待兄弟的态度上极看不惯。况且，他内心深处也有个阴险的想法，想取代刘瑾。

杨一清知道张永和刘瑾的关系极为脆弱，所以在路上对张永表现出了极大的热情。当他们到达甘肃时，朱寘鐇这个无能的王爷已被手下一名将军活捉，于是两人高兴地押解朱寘鐇回京。杨一清断定他和张永已到了无话不谈的地步，所以就骑在马上说：“现在外患已除，内患仍在。”张永故意问：“四海升平，宫中和谐，有何内患？”杨一清就在手掌上写了一“瑾”字。张永默不作声。

杨一清的开头不错，于是直逼张永的底线：“公公在宫中做了五年的老二，恐怕度日如年吧？”

张永明白杨一清的意思：“刘瑾宫中耳目众多，搞他，比登天还难。”

杨一清拍掌叫道："只要公公你肯用心，搞掉刘瑾的机会就在眼前。我已查明刘瑾的哥哥刚死，他准备在满朝大臣去参加葬礼时发动政变挟持百官，造反称帝。"

张永大为惊骇。他问杨一清是如何知道这件事的，杨一清讳莫如深，只是说，公公您只需按咱们的计划去执行，水落自然石出。

杨一清的计划是：两人回京，朱厚照必会摆宴接风，刘瑾必到，而很快他就会走，因为刘瑾见不得别人风光。他一走，马上拿出事先写好了的刘瑾要谋反的奏折给朱厚照，大事就成了。

说来也奇怪，这件事真的就极顺利地成了。关于过程极富戏剧性，接风宴只剩下张永和朱厚照时，张永拿出奏折，朱厚照不看。张永就跪在他面前，痛哭流涕说："刘瑾要造反。"朱厚照喝得晕晕乎乎，问："他为何要造反？"张永回答："要做皇帝。"朱厚照说："由他做去。"张永叫起来："他做皇帝，您干什么去？"朱厚照酒醒了，咬牙切齿道："奴才辜负我！"

当夜，朱厚照的搜查队就冲进了刘瑾家，从他的密室里搜出了管制刀具和一件龙袍，刘瑾被关进大牢。朱厚照大怒若狂，很快，刘瑾被定罪，凌迟处死。

刘瑾一死，王阳明的新生活接踵而至。

朱陆异同

1510年农历十一月，三十九岁的王阳明回到北京，在兴隆寺里等待新的任命。他惊奇地发现，北京城不再像三年前他离开时那样死气沉沉，到处都是新气象。他在北京的弟子们和仰慕者纷纷来拜见他，几乎踏破了兴隆寺的门槛。本年最后一个月，中央政府命令他到南京刑部报到，这是个挂职，所以他不必到任，于是他下定决心在北京传播心学。1511年正月，就在他踌躇满志准备做精神导师时，他的两个弟子争论起来。但争论的内容不是他的心学，而是朱熹理学和陆九渊心学。

王阳明的弟子王舆庵读陆九渊，津津有味，又去读朱熹，味同嚼蜡。所以他认为陆九渊心学是圣学，而朱熹理学则是偏门。另一位弟子徐成之恰好相反，他认为朱熹理学是圣学，陆九渊心学是禅，和他们儒家毫无关系。

两人辩论许久，不分高下，于是请王阳明裁判。王阳明高度评价了两人的学术辩论热情，但也指出，学术辩论是要明理，你们二人的辩论中充满了意气，你们是在分胜败，并非是在明理。你二人各执一端，无论是对朱熹还是对陆九渊都没有全面领会，所以就是争论出个胜败来，也毫无意义。最后他说，“是朱非陆”已是定论，徐成之不必为朱熹伸张，朱熹是对的；王舆庵你就是为陆九渊辩出花来，陆九渊的学说也不能大行天下。

徐成之对这种答案很不满意，尤其是最后一句话，好像陆九渊受了不白之冤。王阳明苦笑，他对弟子的执着很赞赏，他想做一回裁判，但他有苦衷。

我们应该很有信心地确定，王阳明心学是从朱熹理学牢笼里冲出来的，他在龙场悟到的“道”就是朱熹“格物致知”的拨乱反正。他是把朱熹的“格物致知”和他“圣人处此该如何”的求索合二为一，才迸发出了心学的火花。可以负责任地说，没有朱熹理学，就不可能有他的心学。但当他创建心学提出“心即理”的思想后，发现这一思想早被陆九渊定型了。问题是，他对陆九渊心学没有下过功夫。王阳明心学和陆九渊心学同有“心即理”（我心即宇宙）一说，如果他对人解释，我的这个“心即理”和陆九渊的“心即理”是不同的，恐怕没有人相信。但我们知道，他的心学和陆九渊心学是不同的，正如他所说的，陆九渊的心学有点“粗糙”，“粗糙”的原因就是陆九渊不太注重实践（事上练）。

如果他说，朱熹是对的，那么实际上，他的学说和朱熹的学说风马牛不相及。如果他说陆九渊是对的，那就会被人误会为禅。

经过反复思量，他还是决定做一次裁判，其实表面上是判定朱熹和陆九渊的是非，其实是在为自己的心学正名。

他评判道：一直以来，大家都把侧重修养（尊德性）和侧重学问（道问学）分割，实际上，二者是一体的。大家都说，陆九渊侧重修养，朱熹侧重学问。但陆九渊未尝不让人读书穷理，他也不是整天静坐在那里胡思乱想，所以说他是坠入虚空的禅，毫无道理。而朱熹也未尝不侧重修养，只是他把时间都用到了学问上，修养的事被人忽略了。

也就是说，无论是陆九渊和朱熹，还是王阳明自己，在目的上都是相同的：成为圣人。只不过，朱陆二人在方法的选择上有所失衡。而他王阳明则主张，修养和学问本就是一回事，就如知行是一回事，不可分割。

最后他说，我对朱熹老夫子是相当崇敬的，他的理学散发光辉几百年，不必让我来画蛇添足抬高他。我唯一的遗憾就是陆九渊被世人污为禅，竟然没有一个人站出来为他主持公道。即使朱熹知道陆九渊这样的遭遇，也会在孔庙里黯然落泪的。

王阳明最大的希望就是，弟子们不要为古人争长短。在后来他给弟子聂文蔚的信中，他这样说道：“为朱、陆争是非是枉费心力……朱熹与陆象山两位先生之所以招致后世的众多议论，是因为他们的工夫还不精炼、纯熟，其中有感情用事的成分也在所难免。而程颢在这上面就表现得比较公正。他与吴涉礼谈论王安石的学问主张时说：‘为我尽述诸介甫，不有益于他，必有益于我也。’这种气象何等从容啊！……希望你能让同仁们都知道，各人只管把握自己的对错，不要理睬朱、陆的是非。用言论诋毁他人，这种诋毁是肤浅的。若自己不能身体力行，只是夸夸其谈、虚度光阴、浪费时日，这就是在诽谤自己，这样就严重了。现在，天下的人都在议论我，如果能因此为善，那么，都是在与我砥砺切磋。就我而言，不过是提高警惕，反省自己，增道进德。古人云：‘攻我短者是吾师’，作为学生，怎能连老师都不热爱呢？”

这就是王阳明心学史上相当重要的篇章——朱陆异同，因为这是王阳明为自己心学的正名仪式。表面上看，他是在评判朱熹和陆九渊，实际上，他是在想方设法地把自己的心学抬到显学的殿堂。朱熹的“格物致知”和他的“格物致知”简直水火不容，可王阳明却说，他和朱熹的心是一样的，而且几年后，他把从朱熹晚年写给二十四人的三十四封信中选取一段，编纂成《朱子晚年定论》，用他的心学思想来解释，试图证明朱熹晚年的思想才是他真正的思想，这一真正的思想与他的心学相一致。

但只要看一段《朱子晚年定论》，就会发现，王阳明是在断章取义。有人说他始终向朱熹抛媚眼，就是因为当时朱熹门徒遍布天下，反对他心学的人多如牛毛，他是想和朱熹攀上关系，以此来证明自己的学说是从朱熹那里转手来的。还有人说，当时是朱熹理学的天下，圣人必须要在朱熹设定的圈子里锻造，王阳明追求圣人之道就绝不能撇掉朱熹，重起炉灶。

这正如有人想从道教和佛教中寻到儒家的圣人之道，只能被他人抨击和贻人笑柄。也就是说，王阳明不否定朱熹，是认为他的心学和朱熹内心真实的想法相一致。他的这种想法是真情实意的，毕竟他在朱熹理学的路上走了好多年，而且还因为朱熹吃过不少苦头，他的前半生几乎就笼罩在朱熹的阴影下。

按常理推测，既然他不否定朱熹，那他对朱熹的论敌陆九渊就该完全否定。可他仍然没有，他认为陆九渊也没有大错。原因很可能就在于，他和陆九渊心学太相似了，如果大家都否定陆九渊，那很可能殃及池鱼，把他的学说也当成是枯禅。

实际上，王阳明的心学在他1510年农历十一月初到北京时就遇到了挑战。

挑战他的人叫黄绾。黄绾认为，他的学说就是禅宗的变种，和陆九渊学说毫无二致。

黄绾出身书香门第，聪慧异常，欣慕朱熹理学如欣慕美色一样，是那个年代北京城思想界的青年才俊。他容易接受新鲜事物，所以当王阳明一到北京，他就闻风而来。

王阳明热情地向他阐述心学要旨。他说，人人心中都有个圣人，但有人的圣人之心被物欲遮蔽，只需在心上用功，把物欲扫除，做到这一点，就能成为尧舜那样的圣人。

黄绾充满疑虑地问："怎么个心上用功？"

王阳明回答："你的心能知是非善恶，一个恶念发动时就克掉它，一个善念流行时就保持它。"

黄绾吃了一惊，说："您这不就是禅宗吗？禅宗说，人人都有佛性，佛向心头做，莫向心外求。禅宗说顿悟，您说狠斗私心一念间，没有任何区别啊。"

王阳明拼命摇头，说："不一样。禅宗说了'人人都有佛性'后就枯坐，什么都不管了。说了'佛向心头做'后就真的在心头做，不去实践。而我说了'在心上用功'后，必须去实践。"

黄绾又吃了一惊，说："这还是朱老夫子的'去万事万物上格真理'啊。"

王阳明又大摇其头，说："朱熹说是去实践中寻找真理。而我认为，真理已在我心中，我去实践，只是去验证这个真理，其实最终目的就是磨炼我们的心。"

黄绾恍然大悟。据说他当时茅塞顿开，从此死心塌地地跟随王阳明，并且经常在反对王阳明的人面前为王阳明辩护，成了王阳明最忠实的信徒之一。不过，黄绾年老后，有一天早上醒着躺在床上思考。不知他想到了什么，突然大叫一声，吼道："王阳明心学就是枯禅！"说完这句话后，他把余生的光阴都用在反对王阳明心学上了。

把王阳明心学视为枯禅，是当时反王学的一个主流。王阳明对反对派曾多次反驳，他说他的心学和禅学的区别就在于实践。他说，我们每个人的心像一面镜子，你只需要时刻保持着它的一尘不染。如何保持呢？禅宗说要勤擦，也就是在心上擦。而王阳明也说勤擦，但要以实践为指导，不能枯坐在那里，认为我心没有恶念了，认为我内心强大了。是否有恶念，是否内心强大，非得去实践中验证一下。如果不去实践，就会流入枯禅的境地。

用儒家语境来说，禅宗注重的是修养（尊德性），而几乎没有学问（道问学）。而他的心学是既有修养又有道问学的。禅宗没有进取，而他的心学就是一门要人进取的学说。这是王阳明心学和禅宗最灵魂的区别。

王阳明对佛道的态度很有点“忘恩负义”，佛道二教为他的思想供给了充沛的源头活水。但创建心学后，他对佛道给予他的帮助闭口不言。有人向他请教道教长生之术时，他劝对方不要沉迷于此，因为即使你明白了长生术，也不过修个不死的肉身。接着他推销他的心学：心学却能让人有一个超越生死的精神境界。

他的弟子王嘉秀喜欢谈仙佛，并且以独到的见解对王阳明说：“佛教以超脱生死来劝人信奉，道教以长生不老劝人信奉，其本意也不是干坏事，究其本质，也是看到了圣人的上一截，但非入道的正途。今天谁要做官，可经科举考试，可由乡里推举，可借大官绿荫，同样可做大官。如果不是仕途的正道，君子是不会接纳的。道、佛到终极点，和儒学大致相同。后世儒生，往往只注意到圣人下一截，因而上下分裂，失去了圣人的本意，从而使儒学变为记诵、辞章、功利、训诂之学，到底不免发展为异端。从事记诵、辞章、功利、训诂之学的人，终身辛苦劳碌，毫无收益。看到佛徒道士清心寡欲，超然世外，反而感到自己有所不及。今天的学者不必先去排挤佛、道，而当笃志学习圣人之学。”

王阳明很不赞同：“你所讲的大体正确，但说上一截、下一截，也是人们理解有失偏颇。至于说到圣人大中至正的道，上下贯穿，首尾相连，怎会上一截、下一截？”他警告王嘉秀，“我年轻时在圣学上不用功，转而去佛道上求取，偶然有所得，但很快就觉悟不对。后来在龙场终于发现圣学，懊悔错用了二十多年工夫。佛道之学和圣学只是一张纸的距离，所以不容易辨别，只需要立志于圣学，将来必能看透。”

那么，一张纸的厚度到底是什么呢？

王阳明极力指责佛教：“佛教徒担心父子连累他，就离开父子；担心君臣连累他，就离开君臣；担心夫妻连累他，就离开夫妻。佛教徒总说自己不执着于‘相’，其实这些都是执着于君臣、父子、夫妻的‘相’，所以他才逃避。我们儒家，有个父子，就给他仁爱；有个君臣，就会对他忠义；有个夫妻，就给他礼节。什么时候执着于父子、君臣、夫妻的‘相’呢？”

由此可知，这张纸的厚度就是责任心和使命感。儒家有，佛道没有。简洁地说，王阳明心学是一门要人去外面建功立业的学说，而佛道是龟缩避世的学说。

但是，他虽然对佛道二教如此恩断义绝，可他思想的灵魂书《传习录》中到处能看到佛道二教的影子。比如佛家的“明觉”“无善无恶”，道家的“圣胎”，特别是下面这句话：“良知就是易，其为道也屡迁，变动不居，周流六虚，上下无常，刚柔相济，不可谓典要。”这简直就是把道家的语境生吞活剥过来的。

问题是，从一头老虎的胃里发现了几块狗肉，你能说老虎是狗吗？

1515年农历八月，皇帝朱厚照心血来潮，准备举行隆重的佛事接引佛祖。王阳明就写了一道奏疏《谏迎佛疏》。他说，佛是夷狄的圣人，我们中国的圣人是孔子，佛在夷狄教化万民正如孔子在我中国教化万民一样。但陆地行走要用车，水上行走要用船，把船放到陆地上，寸步难行，把车推进水中，必然下沉。我担心佛来到中国会水土不服。您既然有尊敬佛的心，就必有尊孔子的心。何必舍近求远？他又说，佛固然有不惜身体拯救世人的心，但修成佛，可是要苦行的。而我们儒家的圣人，诸如尧舜什么都不用做，只是端坐那里垂拱而治就是了。皇上您何必放弃完美的先贤，去追求夷狄的圣人呢？

这封奏疏并未呈递朱厚照，王阳明写完后就把它收了起来。与其把这封奏疏看成是他向皇帝的建议书，倒不如看作是他对佛教的看法。在他眼中，佛教既然不适合中国，也就不可能是圣人之道。

1516年之前，王阳明在北京、浙江余姚和南京之间来回游走，他虽然有官职在身，但始终把讲学当成第一要务。而且专挑山水秀丽之地，和弟子们一面游览山水一面讲学。这种在山水之间讲学的方式成了王阳明讲学的一大特色。他的学生越来越多，学生里的高官显贵也越来越多，当时的组织部部长（*吏部尚书*）方献夫都成了他的入室弟子。他当初经略四方的理想似乎泯灭了。因为他有新的追求，他想让更多的人知道成为圣贤的道路，这是一条充满阳光和激情的道路。

所谓造物弄人，你越是拼命追求的东西越是不来，当你不想它时，它却扑面而来。1516年农历九月，他建功立业的机会来了，这一年，他已四十五岁，如果从他有“经略四方之志”的十五岁算起，这个理想的实现足足晚了三十年。

贵人王琼

1516年农历九月，中央政府任命礼仪部候补大臣（*南京鸿胪寺卿*）王阳明为都察院副院长（*左佥都御史*）。这并不是中央政府的目的，目的是要他巡抚南赣。有一点需要注意，“巡抚”并非是实官，而只是一个差使。

“巡抚”在明帝国出现并非偶然。朱元璋在1380年废除了以丞相为代表的最高行政机构中书省，同时，还废除了最高军事机构大都督府的大都督（把大都督府分为五个都督府）和最高监察机构御史台的御史大夫。他把行政、军事和监督权全部抓到手里，在中央他可以做到，可在地方，他就心力不足。如果他非要办到，必须要地方的行政、军事、监察长官来京城向他报告。这只能把皇帝累吐血。所以为了协调地方的行政、军事和监察事务，他派出自己的代理人去“巡抚”。明帝国乃至中国历史上第一个担当此任的是朱元璋的太子朱标，他曾奉命到帝国西北（陕西、甘肃）去“巡抚”。1421年，明帝国第三任皇帝朱棣发现他老子有此先例，于是派出多人到各地“巡抚”，这些人都是中央六部和都察院的高官，即使不是高官，也会临时挂职。由此，“巡抚”成为留驻在各地的协调人，由于“巡抚”其所巡视的辖区并不总与省的边界一致，所以他们是“巡抚”而不是“省抚”，“巡抚”完毕则回京交差。

官方给王阳明“南赣巡抚”的文件是这样的：巡抚南（江西南安）、赣（江西赣州）、汀（福建汀州府）、漳（福建漳州）等地，提督军务。可见，“巡抚”是动词不是名词。如果巡抚之处的军事问题是主要问题，那“巡抚”后面再加上个“提督军务”，也就是说，此人既有行政权也有军事权。

南赣巡抚设立于1497年，就是王阳明第二次探索朱熹理学的前一年。治所在江西赣州，管辖的区域包括了江西、福建、湖广（湖南与湖北）、广东的部分交界地区。由于“巡抚”的军事性质，所以这个信息就透露出，早在1497年，南赣巡抚所管辖的这些地区就已有了猖獗的土匪，当地政府苦不堪言。历任南赣巡抚深有体会，1516年巡抚南赣的都察院副院长（左佥都御史）文森给中央政府的辞职信中说，土匪们仗势险峻茂密的深山老林和政府军打游击，他被他们搞得焦头烂额，想以死谢罪的心都有了。文森还说，他每天都焚香祷告，希望上天降下神人把这群土匪一网打尽。他叹息道，这样的神人何时来啊！

才上任一年的国防部长（兵部尚书）王琼也在考虑这问题，而且想法已经成熟。王琼是山西太原人，多年以前有个做部长的父亲。王阳明在浙江金山寺赋诗的1484年，他中进士入仕途，在工部、刑部、吏部、户部都担任过要职。据说王琼异常精明，担任户部部长时，有个边防总兵官试图向户部冒领粮草供给。王琼就把他请来，只用手指头便计算出了他的士兵编制人数，领的粮草数量，现在还应该有多少余粮，地方诸郡每年给他的粮草数量，以及国家发放的补贴的奖金、购买的粮草应该是多少，一笔一笔算来丝毫不差，把那个总兵官算得目瞪口呆、汗流浃背。

那些精明的人往往都是用心的人，用心的人就会发现别人所不能发现的秘密。比如他只去过一次边疆，就对边防军的腐败心知肚明；他只经历过一次战阵，就发现了帝国边防军在互相支援上的致命缺陷。有段时间，他曾到地方上治理漕河，当他拿出治理方案时，连那些干了一辈子的漕运专家都大为叹服，评价说这种方案恐怕只有王大人能做得出。在很多人眼中，王琼似乎有一种罕见的天赋，能在情况朦胧不明时就能预测到事情发展的趋势。当然，他还有一种不太被人注意的能力，那就是识人。

他一生中最值得自豪的事就是“识”了王阳明。1516年农历八月，他向皇帝朱厚照建议要王阳明巡抚南赣，顿时，官员大哗。有官员说，王阳明只能坐在清风徐来的书桌前写几句诗歌，或者是像木头一样坐枯禅，要他到遍地悍匪的江西，不是让他送死吗？也有官员说，要他讲讲课可以，可让他带兵打仗，那是赶鸭子上架。更有人说，他根本就没有做事的激情，自他从龙场的大森林里钻出来后，给了他那么多官职，他只是讲他那狗屁不通的心学，有谁看见他处理过政事？

王琼反驳说，王阳明并非只会空谈，我曾领教过他的心学。他要人在心上用功存天理去人欲，锻造强大的内心。一个内心强大的人肯定是做事的人。他的确没有带兵经验，但巡抚南赣的人有几个带过兵打过仗？他之所以没有做事的激情，是因为他自龙场回归以来，他所担任的职务都是候补（南京官员），没有平台，何来激情？

朱厚照透过昏暗的光线看到王琼异常激动，胡子直抖。他想了想，问王琼：“你确定这人可以？”王琼坚定地点头。朱厚照在龙椅上伸了个懒腰，说：“好吧，就让他以都察院副院长的职务巡抚南赣。”

如果世界上真有“贵人”这回事的话，那王阳明一生中有两个贵人：一个是南昌城铁柱宫那个无名老道，他拯救了王阳明入世的灵魂；另一个就是王琼，他给了王阳明一个绝好的机会，释放了他的能量。

王琼和王阳明的关系在历史上并不明朗。王阳明在1510年末回北京时，王琼因得罪刘瑾正在南京坐冷板凳。不知是什么原因，直到1513年末，王琼才被调回京城到户部任副部长。而这时，王阳明已回老家浙江余姚了。两人正式见面坐而论道可能在1515年，王阳明以礼仪部候补大臣的身份回北京述职。王阳明给王琼留下了深刻的印象。王阳明的老成持重、自制、气定神闲和言谈举止中不易察觉的威严让王琼断定此人必是大用之材。他对王阳明心学的兴趣并不大，只是对王阳明在心学熏染下练就的“不动心”状态大为惊叹。他对王阳明说，将来我在朝中有话语权时，必会给你个创造奇迹的平台。

王阳明只是笑笑，脸色平静。在此之前，他刚在南京讲“存天理去人欲”，这是理学家和心学家共同的使命。有人问他，既然你说天理都在心中，又何必用存？他回答：“天理是在我心中，但由于世俗的浸染和自己的不注意修心，天理虽然没有离开你的心，可却被蒙蔽了。我说，存天理去人欲，就是要你们把沾染到天理上的尘埃擦掉，让它回复本来面目。而我说去人欲，其实就是存天理，存了天理，人欲就没有了。一个人只要能恢复他内心的天理，那内心就必能强大。”谁都不得不承认，一个没有人欲的人必然是内心强大的人。

可是，功名利禄的心是否是人欲，王阳明给出的答案很有机锋：那要看它是被你请来的，还是它主动来找你的。内心强大的人心如明镜，来了就照，去了也不留。

正在王阳明大谈“存天理去人欲”的时候，王琼被推上了国防部部长（兵部尚书）的椅子。但他没有马上践履对王阳明许下的诺言，因为他还有另外的打算。他的眼光停留在大明帝国疆域图的江西南昌，眉头紧锁。

在南昌城，有位王爷，正带着高贵的微笑审阅着他的卫队。这位王爷就是宁王朱宸濠。按王琼的洞察力，他迟早有一天会谋反。他的计策是，要王阳明到江西去注意这位王爷。不过，朱宸濠毕竟是位王爷，在没有正式起事前，谁都不能揣度他要造反。如果王琼对朱厚照说，朱宸濠可能要造反，这是以下度上，是大罪。王琼没那么笨，他一年来始终在找合适的机会把王阳明这道防火墙插进江西。而很快，他就找到了南赣匪患这个机会。

王阳明接到朱厚照要他巡抚南赣圣旨的同时，也接到了王琼的私信。王琼在信中先是对王阳明夸赞一番，然后对朱厚照的浩荡皇恩表示高兴。接着他说，作为国防部长，他对南赣匪患深感忧虑。他希望王阳明能抓住个机会，创建不世之功。最后他说，非常之事必有非常之人。南赣这个非常之事必须要你这个非常之人来解决了。

王阳明接到圣旨和王琼的私信后，心动了。他毕竟还是个凡人，他把建功立业的理想埋在心里几十年，从未生根发芽，甚至都快要腐烂。他后来虽然能心平气和地看待取得事功的理想，随心所欲地去传播心学，然而正如他所说，事情没有来时，人人都能稳坐钓鱼台。一个人是否成熟，要看他在面对事情时的态度。这个平台，他等了几十年，终于来时，他不可能不激动。他贪婪而不急躁地看着圣旨，最后手指不易察觉地颤抖着放下。慢慢地，他冷静了下来。

一旦冷静下来，他就把心思投入到如何处理这件事上了。一般人首先会考虑的是剿匪的难度，王阳明却没有担心这个。心学本身就是一门要人自信的学问，他认为自己有足够的能力和智慧剿灭土匪，所以他不会考虑这种不言而喻的问题。他想的是："我不是皇帝忠实的走狗，我有我自己的意志，不能皇帝说什么，我就屁颠屁颠地去做。这么多年来，如果不是王琼的大力举荐，那个沉浸在紫禁城极乐世界的皇上会想到我？你固然是至高无上的皇上，但不代表我就是随叫随到的小狗。况且，要我巡抚南赣是真的看重我，还是只是例行公事？如果是例行公事，那就是不重视我。既然不重视我，我将来的成果在他眼中，也不过是瓜熟蒂落。"

但这些问题很快就被他驱逐出脑海。他不应该这样想，建功立业的目的是为一方的安宁，他是奔着拯救那里的百姓去的。他应该不为名利，只凭良心来做事。他的良心现在就告诉他，应该去实现理想，拯救万民。

但去之前，他必须给朱厚照写封信。这封信看着是谦虚，实际上却有两个目的：一是发发多年来不被重用的牢骚；二是试探下朱厚照，他是否真的就是朱厚照心中巡抚南赣的不二人选。

他上了一封辞官信。信中说，这么多年来他一直尸位素餐，最近一年，他的身体每况愈下。而且他的才能低劣，要他去巡抚南赣是误国误政。他又说："任何人得了这样一个大权在握的官职，都会兴奋，我也不例外，可我真是担心自己干不好。如果在我当年意气风发时还有这个信心，可现在已入黄昏之年，真是心有余而力不足啊。"他还说，"我提出退休，是因为我祖母年事已高，作为孙子，我应该在她有限的时间里陪伴她，送她最后一程。"最后他说，"我知道这是违反条例的，但有什么办法呢。"

这封请求退休的信一上，他就从南京出发大张旗鼓地回浙江余姚。实际上，他在路上几乎可以用"挪"来形容。他走得难以置信地慢，几天时间才出了南京地界。他的目的太明显了：等着朱厚照的反应。

朱厚照的反应有点让人失望，他指责王琼，看你推荐的什么人啊！我没让他巡抚南赣时，他什么事都没有。我一让他巡抚南赣，你看他，居然要退休。左说右说一大堆，其实就是不想去，胆小鬼。

中央官员们起哄了，很多人已为自己对王阳明的分析得到证实沾沾自喜。王琼当然不能对朱厚照说，王阳明这是在发牢骚和试探。他只能说，王阳明是在谦虚，谦虚的人才证明他稳重，才能成事。那些给份工作就上的人，都是冒失的笨蛋。

朱厚照想了想，说："那就再给他下道圣旨，要他不要再谦虚了，马上去江西！"

王琼马上请求，希望皇上能给他便宜行事的权力。

朱厚照想都不想，说：“准了。”

于是，第二道圣旨到了王阳明面前：巡抚南赣等地，军马钱粮作战等事，除非是天大的事，其他小事可自行定夺。

王阳明此时在杭州城，仍然没有回音。朱厚照有点不高兴了，他问王琼：“这老先生是什么意思？”

王琼回答：“事不过三。”

朱厚照耐着性子，发出第三道圣旨：你怎么敢以病为借口推辞本应尽的义务？如今南赣地区盗贼遍地，百姓倒悬于水火。你如果还拖拖拉拉，岂不是更加误事？赶紧去，不许辞职，不许推脱，钦此。

1516年农历十二月初二，组织部（吏部）的一封信几乎赶上了朱厚照的那道圣旨：按皇上的意思，王阳明不准退休，南、赣地方多事，赶紧去办事，用心巡抚。

王阳明长出一口气，对他的弟子们说：“走，去江西。”

本年十二月农历初三，王阳明离开即将春回的杭州城，走向那些活蹦乱跳的土匪，走向只有土匪才肯居住的原始森林，走向他多年以来企盼的刀光剑影的战场。

据说，王阳明从杭州出发前，他的一位道家朋友对人说：“王阳明此番前去，必立大功。”人问原因。这位道士说：“我触之不动。”

“触之不动”正是王阳明心学的目标，它是希望我们无论面对什么样的处境时都应宠辱不惊，不因得失而动心。“不动心”也是王阳明自龙场悟道到江西剿匪这段时间传播的主要心学思想。黄宗羲说王阳明心学有三个阶段，“不动心”就是第一阶段。

王阳明创建心学后，发现来学习心学的人都有浮躁之心，所以要他们静坐以涤荡内心的欲望，使心保持一个澄净的状态。为了让人相信自己的心没有丝毫欲念，他讲“知行合一”，认为一个恶念就是一个行动，所以必须要静心。但他又担心弟子们把静坐当成目的，流入枯禅，所以提倡事上练。

这一切的终极目的都是为了让人“存天理去人欲”，去人欲的目的就是让人心存天理，有真理在心，就不会对任何荣辱动心。他以此希望人人都拥有一颗强大的内心，任何事和物来触之，都不会因之而动。

也许下面这段记载于《传习录》中的问答可以让我们知道如何才能不动心，让内心强大起来。

弟子问："这几年因厌恶学问，常常想独自静坐，以求摒弃思虑念头。但是，不仅不能达到目的，反而更觉得心神不宁，这是什么原因？"

王阳明回答："思虑念头，如何能打消它？只能让它归于正统。"

弟子问："念头是否有没有的时候？"

王阳明说："的确没有无念之时。"

弟子又问："既然如此，因何说静呢？"

王阳明说："静并非不动，动也并非不静。戒慎恐惧就是念头，为何要区分动和静？"

弟子说："周敦颐为什么又要说'定之以中正仁义而主静'呢？"

王阳明说："没有欲念自然会静，周敦颐说的'定'也就是'静亦定，动亦静'中的'定'，'主'就是指主体。戒慎恐惧的念头是活泼的，正体现了天机的流动不息，这也就是所谓的'维天之命，于穆不已'。一旦有停息也就是死亡，不是从本体发出的念即为私心杂念。"

弟子又说："当用功收敛身心的时候，若有声色出现在眼前，还如同平常那样去听去看，只怕就不为专一了。"

王阳明说："怎么能不想听，怎么能不想看？除非是死灰槁木、耳聋眼瞎之人。虽然听见、看见了，只要心不去跟随它也就行了。"

"只要心不去跟随它"就是不动心。正是这"不动心"的心灵正能量，才让王阳明创建了光芒万丈的盖世武功。

第二章
王阳明如何做到知行合一之南赣剿匪

人性无法改变，却可以引导

1517年正月，王阳明到江西赣州剿匪。一年后，他写信叮嘱弟子们要全身心“存天理去人欲”。为了让弟子对祛除人欲的难度有深刻认识，信中有这样一句话：破山中贼易，破心中贼难。心中贼自然是“人欲”，而山中贼则是南赣地区的土匪。

他说破山中贼易，只是为了烘托祛除人欲有多难，实际上，破山中贼远没有他说的那么容易。

1517年正月初六，王阳明到达南昌。南昌官员向他递交了南赣地区的地理和土匪的详细资料。资料说，南赣地区山麓千里，崇山峻岭，洞穴密布，只有飞鸟能和外界沟通。这自然是土匪的安乐窝，因为官兵来时，他们能轻易地化整为零，官兵一走，他们又重新聚合。所以四省组织过多次围剿，但收效甚微。

该地土匪中有几个带头大哥：谢志山与蓝天凤（拥有江西赣州崇义的横水、左溪、桶冈根据地）、池仲容（拥有广东和平浰头三寨根据地）、陈曰能（拥有江西南安大庾岭根据地）、高快马（拥有广东韶关乐昌根据地）、龚福全（拥有湖南郴州山林深处根据地）、詹师富（拥有福建漳州大帽山根据地）。

不过王阳明遇到的第一个敌人并不在名单里，他的第一个敌人出现在江西万安，是一群水盗。

从南昌出发去赣州路过万安时，王阳明在岸上休息。他从岸边的商人聊天中得知，江上有一群水盗，商人们每次到这里都提心吊胆，很怕倒霉碰到水盗。

王阳明就加入他们的谈话说，我是中央政府里的御史，正巡抚此地，你们可跟随我。商人们很高兴，可马上又失望了，因为王阳明就带了几个仆人，没有卫队。

王阳明告诉他们，按规定，新官上任不得带士兵。不过，对付他们不必用士兵，有咱们这些人就足够了。

他的方法是，让商人们把各自的船插上官旗，敲锣打鼓，一字排开向前进发。

就这样，江面上出现了十几艘“官船”，锣鼓声震耳欲聋，气势逼人。到江心时，像是从江里冒出来一样，几艘破烂窄小的船挡住了去路。有商人哆嗦着说，这就是水盗的船。

王阳明走上甲板，对着水盗们喊话：“我是中央来的大官，是皇上要我来巡抚此地，你们居然在我的地界闹事，不要命了？”

说完向身后一指：“这么多官船，你们也敢劫？”

水盗们仔细辨认眼前的船只，模糊地认定是官船，又见到王阳明站在风里屹立如山，气场十足，纷纷跪在船上说：“我们也是被逼无奈，才跑到这里为盗的。政府苛捐杂税太多，我们无法承受，还希望大老爷开恩。”

王阳明为了尽快到赣州办公，就打发他们说：“你们的供词我已知道，如果情况属实，等我到赣州后马上为你们解决。”

水盗们见王阳明说得一本正经，马上欢呼雀跃地让开水道，王阳明站在甲板上，指挥各商船陆续离开，走出很远，才松了一口气。

商人们说：“如果那群海盗识破了咱们，后果不堪设想啊。”

王阳明笑道：“他们只要一疑，这事就没有失败的道理。”

轻易化解水盗的包围，似乎给了王阳明一个好预兆。1517年农历正月十六，他抵达南赣巡抚办公地江西赣州，开府办公。他连一分钟都不休息，先是让人到南赣巡抚各管辖区传令：新巡抚王阳明已上班。与此同时，他在赣州武装部队中挑选了两千名士兵急行军先奔福建汀州，他随后即到。他的第一个目标就是福建漳州大帽山的詹师富。

在对詹师富采取行动之前，王阳明谨慎地“知己”。他发现自己一方有三个致命弱点。

第一，当地政府军毫无战斗力。原因是，接连不断的匪患使得当地政府财政枯竭，军费开支被严重压缩。身强力壮的士兵都去当了土匪，留下的大部分是老弱病残。另外，他们和土匪打了多年交道，胜少败多，形成了“畏敌如虎”的心理。王阳明的应对办法是：从四省军队中拣选骁勇绝群、胆气过人的士兵组成一支兵团，日夜操练。

第二，政府里有敌人的卧底。这从多次的剿匪档案中就能看出，大的军事行动找不到土匪的影子，小的军事行动总遇埋伏，他得揪出内奸。

在之后几天的摸查中，他掌握了一位老吏是内鬼的充足证据。他把老吏叫到办公室，先是客客气气地和他聊家常，慢慢地过渡到政府事务，最后谈到了政府剿匪的事倍功半。

正当老吏侃侃而谈时，他假装漫不经心地问了一句：“山贼们如何知道我们的每一次军事行动？”这一突然袭击让毫无防备的老吏怔了一下，当他意识到自己已露出马脚准备掩饰时，为时已晚。

王阳明大喝一声：“你想死想活？”

老吏本能地“扑通”一声跪到地上正要辩解，王阳明又喝问：“为何做山贼的奸细？人证物证俱在，你如果等我拿出来，就晚了。还不赶快招了！”

老吏的心理防线被王阳明迅如闪电的组合拳击溃。他承认自己是奸细，请求王阳明放他一马。王阳明说：“你要戴罪立功。”

老吏问：“怎么个戴罪立功？”

王阳明说：“你继续当你的奸细，以后的情报由我给你，我叫你放什么消息你就放什么消息。”

老吏磕头如捣蒜，用良心发誓，一切听凭王阳明的安排。

王阳明再通过老吏的供词揪出了隐藏在政府里的多名奸细，如法炮制，把他们变成了自己传播虚假消息的话筒。

第三个弱点是，民匪一家。上山做土匪的在山下都有亲人。由于政府的横征暴敛，他们唯一的收入来源就是做土匪的亲人，所以他们对土匪有深厚的感情，经常给土匪通风报信。王阳明的解决方案是：十家牌法。所谓十家牌法就是要每家把所有家人的个人信息（性别、籍贯、职业等）写到一块木牌上，挂在门口。十家为一牌，由指定的人当牌长，牌长手上有一份关于这十家的详细资料，这份资料甚至详细到这样的地步：谁家有残疾人，哪里残疾，怎么残疾的。牌长每天在固定时间挨家挨户查巡，先用手上的册子对照各家门口的牌子，然后对住户人口进行比照。有时候会搜查，一旦发现有“黑户”（没有在牌子上记录的人），立即报官。倘若这个“黑户”来路不明，或者就是土匪，那这家和与他编在一起的其他九家就要倒霉，受到处罚。所以，十家牌法的功利性就在于，它把每个人都变成了神经兮兮的间谍。

十家牌法制度看上去没有人情味儿，不过按王阳明心学的解释，它是激发人内心良知的灵丹妙药。王阳明说，人人都有趋利避害的心，所以人人都担心被别人连累，如此一来，不用政府的命令，他就能发挥主观能动性去监视别人。而人人都有良知，良知告诉他，不能牵累那么多人，所以他们会拒绝土匪。即使土匪是他的家人，他也会想，为了自己的一个亲人，而连累了几十个人，良心实在不安。于是，他们会把藏匿于家中的土匪主动送到政府手中。

王阳明的这种解释是否合理，有事实为证。十家牌法施行后，南赣地区的土匪再也不能隐藏到人民群众中，他们的生存空间被大大地压缩，只能龟缩在山林中。

在大致解决了自己的问题后，王阳明开始严肃地审视詹师富。与其他山中巨寇相比，詹师富是个小字辈。王阳明来江西的两年前（1515年），他才在绵亘数百里的大帽山宣布革命，不过这是个易守难攻的地方，詹师富很有眼光。

1515年下半年和整个1516年，他粉碎了前南赣巡抚文森组织的多次围剿，创造了南赣地区山贼们反围剿成功次数的最高纪录，并且把根据地建在了大帽山子山脉的象湖山（福建漳州平和县象湖山），直到王阳明在汀州制订了围剿他的计划时，还没人打破他的纪录。

詹师富能创造多次反围剿胜利的神话，一靠地利，二靠奸细。王阳明虽然挖出了许多奸细，可还是有漏网之鱼。所以当王阳明在汀州制订计划时，詹师富很快就得到了消息。

王阳明计划兵分两路，一路攻詹师富的基地象湖山，一路从饶平（广东饶平）北上配合。詹师富马上把他的人埋伏在官兵来象湖山的必经之地——长富村（福建漳州平和长乐一带），当官兵进入埋伏圈后，詹师富部队喊杀声起，然而经王阳明整顿的部队战斗力惊人，在被包围的情况下丝毫不乱，仗着人多势众，向四面八方突围。他们不但撕开了詹师富的包围圈，而且掉头反包围了詹师富。詹师富招架不住，急忙跑回老巢象湖山。

王阳明刚得到正面攻击部队取得胜利的消息，那支偏师也把捷报送来了。王阳明兴奋异常，叫人备马，他要亲自上战场。这并不怪他，毕竟是第一次上战场，难免有些激动。

当他踌躇满志地走到广东一个叫大伞的地方时，突然一声锣响，四面八方冲出了黑压压一片人，王阳明带的士兵少，詹师富的伏军又是突然冲出，他措手不及，下令突围。

在突围混战中，他中了两枪，栽下马来。幸好护从给力，把他扶上一匹快马，冲出了包围圈。这一仗，他险些被詹师富活捉。

此时的王阳明狼狈不堪，他调转马头回汀州。一路上，他深刻地检讨自己，他发现自己太轻敌，这都是因为没有经验。他有了新的想法：我不应该在不擅长的战场上和敌人较量，我的特长在战场之外。

横扫詹师富

王阳明心学说的是，不要迷信自己的经验。世间一切瞬息万变，拿从前的经验对待新出现的事物是胶柱鼓瑟。尤其是当你面对新对手时，经验就是道教的丹药，会神不知鬼不觉地置你于死地。詹师富很快就要犯这样的低级错误。

王阳明说他的特长不在战场上而在战场外，说的其实是帷幄里的运筹。他的运筹和其他军事家不同，他把军事打击放在第二位，放在第一位的是“攻心”。

他决定在詹师富身上实验。几天后，他把部队调到上杭（福建上杭县），以此为瞭望塔和跳板，创造机会给詹师富致命一击。在他聚精会神思考攻心术时，他的指挥官们却情绪低落。按他们的看法，此时应该撤兵回赣州，等待广东剿匪专业部队狼兵到来。

王阳明哭笑不得。几天前，他们在长富村打了次胜仗，战后欢呼声盖过天雷，而昨天的一场败仗马上就让他们变得像遭了殃似的。

果然如民谚所说，庸人一挫就馁，才胜便骄。

王阳明对他们说：“胜败乃兵家常事。我们应该立即提振士气再寻胜机，你们说等待广东狼兵，可是靠别人永远是不靠谱的。你们说敌人气势正盛，我们正应该趁他们取得胜利疏于防备时向他们进攻，怎么能在这个关键时刻后退呢？”

指挥官们齐声问：“计将安出？”

王阳明说：“詹师富现在巴不得我们撤退，我们就如其所愿传出消息，说不打了，今年秋天再来。他的那群间谍肯定会把消息传递给他。你们再把士兵们组织起来搞个联欢会，要搞得热热闹闹的，让他信以为真。当他放松警惕后，我们就奇袭他的基地象湖山，一战可下。”

指挥官们还有疑虑：“恐怕詹师富不会相信。”

王阳明看着他们，笑了笑，说：“他会相信的。”

詹师富的确会相信。他不相信王阳明，他相信他的经验。据他的经验，政府军每次来围剿失败后都会撤军，无一例外。他的经验信心百倍地告诉他，王阳明也不会例外。所以当他接到他的间谍们传给他的所有情报后，他坚信不疑。当他的间谍把王阳明正在上杭举行班师联欢会告知他时，他心底最后一丝警觉也烟消云散。他命人杀猪宰羊，抓起酒坛，庆祝他这次反围剿的胜利。他根本没有意识到，他创造的反围剿纪录已经画上了句号。

王阳明派人日夜不息地打探象湖山的动静，最后，他得出结论：守卫松懈，詹师富相信了。一得出结论，他马上制订作战方案：兵分三路，于1517年农历二月十九趁着下弦月色衔枚疾走直奔象湖山。在距象湖山一箭之地会合后，王阳明向全副武装的突击队下达了攻击象湖山隘口的命令。进展异常顺利，因为王阳明之前的工作取得了成效，象湖山守卫松懈得一塌糊涂，突击队几乎未费吹灰之力便攻破象湖山隘口，双方就在山中展开惨烈的肉搏战。詹师富的手下在山中长大，山石林中跳跃如飞，如同从马戏团出来的演员。幸运的是，当时是黑夜，那些土匪不能淋漓尽致地发挥长处，只能与政府军短兵相接。一夜苦战后，由于武器装备上的巨大优势，王阳明部队将这些悍匪全部剿灭，控制了象湖山。不过在打扫战场时没有发现詹师富的尸体。从俘虏口中得知，詹师富在乱战中已逃到可塘洞据点去了。王阳明下令对詹师富的所有据点全面扫荡。

詹师富的据点还有四十余处，战斗人员达数万，而王阳明的部队满打满算才五千人，力量对比悬殊。但詹师富的老巢被王阳明端了，气势和斗志受到严重打击。当他在可塘洞据点听到王阳明扫荡部队擂起的战鼓声时心胆俱裂。民间有句话叫“兵熊熊一个，将熊熊一窝”，一个团队的领导人如果胆怯，毫无斗志，那这个团队离瓦解就不远了。詹师富吓得魂不附体，当然不能指望他的守卫部队个个如天神下凡。于是，可塘洞的防线很快溃散，詹师富本人被活捉。

一个没有信仰支撑，纯靠利益（打家劫舍获得钱粮）结成的团队，一旦灵魂人物消失，它就如多米诺骨牌一样，势必倒塌。王阳明剿匪部队如暴风扫落叶一样，在三天之内横扫詹师富四十三处据点。1517年农历三月二十一，詹师富最亲密的战友温火烧被王阳明的扫荡部队活捉。詹师富武装成为历史。

王阳明剿灭詹师富仅仅用了三个月，这一雷鸣电闪的速度把那些山中大佬们震住了。他们瞠目结舌，直到此时，他们才开始认真研究王阳明。这位脸色黑紫、不停咳嗽的病夫怎么会有如此神奇的力量？他们通过各种情报渠道了解王阳明。有情报说，此人只是个教书先生，好像是讲什么心学的，没有作战经验，消灭詹师富只是他侥幸而已。也有情报说，此人外表忠厚，内心奸诈，不可不防，詹师富就是死在他奸诈的计谋下的。还有情报大惊小怪地说，此人是个半仙，因为他居然能求雨。如你所知，前两条情报都是假的，最后一条半真半假。

王阳明的确在求雨，而且成功了，但他不是半仙。1517年农历四月初，他从前线回到上杭。上杭当时大旱，王阳明心血来潮，突然就吃斋念佛求起雨来，第二天，上杭居然大雨。一个月后，他又和一个和尚在瑞金求雨，居然又得偿所愿，于是王阳明通神的名声渐渐在百姓中传开了。

过足求雨瘾后，王阳明将工作重点重新转移回剿匪。在对剿灭詹师富的军事行动的复盘中，他发现，政府军的战斗力已经弱到了令人难以置信的地步。即使是他当初从各省军区挑选出的所谓精英，也不过是半吊子，因为他们缺少军事训练。他想到的办法就是后来清人曾国藩借以发家的“团练”，即地方民兵。

王阳明的“团练”和曾国藩的“团练”不同。曾国藩是从民间挑选勇武之人编成部队操练，而王阳明则是从各个部队中挑选骁勇之士，编为四团。每团有团长，除有农事季节外，四个团都必须到赣州城军营操练。

据说，活动于福建南安的山贼们听到王阳明昼夜练兵的消息后，心惊胆战。他们把老婆孩儿和金银珠宝都藏到深山老林里，白天下山耕地，晚上就跑回山林。他们再也不能像从前那样百无禁忌了。

大庾岭的陈曰能却大不以为然，当谢志山、池仲容等匪首们变得谨慎起来时，陈曰能反其道而行之，异常张扬，对南安府进行了数次试探性攻击。陈曰能有嚣张的资本，他的根据地大庾岭要比詹师富的象湖山安全一百倍。大庾岭遍布荆棘，全是悬崖峭壁，在唯一可以通行的路上，陈曰能布置了最勇悍的山贼。

陈曰能倚仗的就是这种地利。如果他能和王阳明坐下来谈心，王阳明就会告诉他，人生在世唯一可以倚仗的就是自己。靠山山倒，靠河河枯。你越倚仗什么，那个“什么”就会越让你失望。

王阳明始终相信一个道理：即使是老虎，也有打盹的时候。陈曰能在大庾岭的守卫都是凡人，不可能没有懈怠的时候。他故伎重施，祭出“真假虚实”的法宝。这一次，他宣称，四班团练训练完毕，就各归本部。给人的感觉是，纵然有天大的事发生，下班的团练也不会管。在这个既定程序持续了一段时间后，陈曰能的人产生了一种思维定式：这些团练一下班，就没有必要再提高警惕了。这就是王阳明希望达到的效果。

1517年农历六月二十日，王阳明的三班团练下班，但没有回各部，而是被王阳明集合起来，在微弱的月光掩护下悄悄向大庾岭急行军。这次军事行动和进攻詹师富的军事行动毫无二致，都是在麻痹敌人后的快速偷袭。陈曰能的结局也和詹师富一样，由于防守松懈，他的基地被王阳明部队用火攻轻易取下，而他本人在逃跑途中被王阳明的一支小分队活捉。

大庾岭陈曰能就这样戏剧性地被王阳明从南赣山贼的黑名单上划掉了。

群贼大惊!

横水、左溪的谢志山、桶冈的蓝天凤联合乐昌高快马决定主动出击。很多人觉得这帮山贼的野性大发，但王阳明却感到了他们内心的恐慌。人只有在恐慌而又无计可施时才会有如此疯狂的举动。他们紧锣密鼓地打造攻城器具，宣称要进攻赣州的邻县南康。他们声称打下南康就打赣州，端了王阳明的老窝，让王阳明打哪儿来回哪儿去。遗憾的是，他们没有“知行合一”，1517年农历七月二十五，谢志山带领一千多人推着吕公车却跑到南安城下发动了一阵毫无章法的猛攻（当地以山地为主，他的基地横水、左溪又在崇山峻岭中，吕公车又重又大，他居然能推到南安城下，真是个苦心人），毫无效果。一个月后，他又带着蓝天凤卷土重来，人数和吕公车倍增。南安城打退了他的进攻，但已很勉强。

这种小动作马上吸引了王阳明的目光，他在黑名单上把谢志山和蓝天凤的名字圈了起来。不过在准备对二人动手前，他做了两件事：第一件事是给王琼写信，希望王琼让朱厚照授予他提督南赣军务的特权，也就是说，他必须在南赣地区成为名副其实的军界第一人。任何人都要服从他的军令，只有这样，他才能统一指挥。王琼行动力很强，很快，朱厚照就传来了圣旨，要王阳明提督南赣军务，可便宜行事。

如果一件事太顺利，那么就要小心。王阳明刚接到提督南赣军务的圣旨，就有人就瞄上他了。瞄上他的人叫毕真，是江西军区的监军。明朝时，皇帝为确保自己对各地军事权力的控制，临时差遣东厂太监为军中监军，专掌稽核功罪赏罚之事。监军名义上是军法处处长，实际上，军区司令要进行任何军事行动，都必须通过他，俨然就是多了一个政委。毕真的前任许满卸任时对毕真说，江西这地方是我做监军做得最不爽的，王阳明那家伙来江西剿匪，从没和我打过招呼，好像我是空气一样。毕真恭恭敬敬地说，我会让姓王的知道咱们身为绝户的威力。毕真说干就干，他和紫禁城后宫的同事们取得联系，要他们提醒皇上朱厚照，王阳明在南赣剿匪获得提督军务的大权，身边却没有一个监军。朱厚照把太监们的话复述给王琼听，王琼气急败坏。他说，南赣军区不同于其他军区，那地方是四省相交，之前的巡抚所以不能成事，就是因为政出多门。比如南赣巡抚到福建剿匪，先要知会福建巡抚，福建巡抚再知会监军，两人又发命令到下一级。命令往返之间，时间很长，山贼们早已知晓，因此贻误战机。如果让毕真监军，他在南昌，王阳明在赣州，王阳明每次军事行动都要经过他的许可，这和从前那些南赣巡抚有什么两样？

朱厚照对他的那群太监向来是有求必应的，但不知为什么，这一次他却清醒得很，居然没有同意。王阳明这才牢牢地抓住了“政由我出”的机会。

于是，他做了第二件事：撒网捕鱼，愿者上钩。

这招的具体应用只是一封信——《告谕巢贼书》，这是一封阴阳结合、绵里藏针、胡萝卜加大棒的情感告白书。他让人把这封信抄录多份，向整个南赣地区还存活着的山贼们撒去。文章开篇，王阳明用的是大棒：

“本老爷我以弭盗安民为职，一到任就有良民日夜来告你们，于是我决心征讨你们。可是平完漳寇（詹师富），斩获七千六百余，经审理才得知，首恶不过四五十人，党恶之徒不过四千余，其余的都是一时被威逼，惨然于心，便想到你们当中岂无被威逼的？访知你们多大家子弟，其中肯定有明大理的。我从来没有派一人去抚谕，就兴师围剿，近乎不教而杀，日后我必后悔。所以，特派人向你们说明，不要以为有险可凭，不要觉得你们人多势众。比你们强大的都被消灭了。”

然后笔锋一转，胡萝卜来了：

“若骂你们是强盗，你们必然发怒，这说明你们也以做强盗为耻，那么又何必做强盗呢？若有人抢夺你们的财物和老婆，你们也必愤恨报复，将心比心，你们为什么又抢别人的财物和老婆呢？我也知道，你们或为官府所逼，或为富人所侵，一时错起念头，误入歧途。此等苦情，甚是可悯。但是你们悔悟不切，不能毅然改邪归正。你们当初是生人寻死路，尚且要去便去；现在弃恶从善，死人寻生路，反而不敢。为什么？你们久习恶毒，忍于杀人，心多猜疑，无法理解我无故杀一鸡犬尚且不忍，若轻易杀人，必有报应，殃及子孙。

“但是，若是你们冥顽不灵，逼我兴兵去剿，便不是我杀你们，而是老天杀你们。现在若说我全无杀你们的心思，那也是忽悠你们。若说我必欲杀你们，可不是我本意。你们还是朝廷赤子，譬如一父母同生十子，二人背逆，要害那八个。父母须得除去那两个，让那八个安生。我与你们也正是如此。若这两个悔悟向善，为父母者必哀怜收之。为什么？不忍杀其子，乃父母本心也。

“你们辛苦为盗，刀口上过日子，可利润有多少，你们自己知道，你们当中也有衣食不充者。何不用为贼的勤苦精力，来用之于种地、做个小买卖，过正常的舒坦日子？何必像现在这样担惊受怕，出则畏官避仇，入则防诛惧剿，像鬼一样潜形遁迹，忧苦终身，最后还是身灭家破。何苦来哉？

“我对新抚之民，如对良民，让他们安居乐业，既往不咎，你们肯定已经听说了。你们若是不出来，我就南调两广之狼兵，西调湖、湘之土兵，亲率大军围剿你们，一年不尽剿两年，两年不尽剿三年。你们财力有限，谁也不能飞出天地之外。”

再说天地万物为一体：

“不是我非要杀你们不可，是你们使我良民寒无衣、饥无食、居无房、耕无牛。如果让他们躲避你们，他们就失去了田业，已无可避之地；如果要他们贿赂你们，家资已被你们掠夺，已无行贿之财。就算你们为我谋划，恐怕也只有剿尽你们而后可。我言已无不尽，心已无不尽。如果你们还不听，那就是你们辜负了我，而不是我对不起你们，我兴兵可以无憾矣。民吾同胞，你们皆是我之赤子，我不能抚恤你们，而至于杀你们，痛哉痛哉！走笔至此，不觉泪下。”

这封深情款款的书信撒出去后，真就有主动上钩的。第一拨被感动得稀里哗啦的盗贼是赣州龙南的黄金巢武装。第二拨则是广东龙川卢珂武装。他们带领自己能控制的所有人马来见王阳明，声称要重新做人。王阳明把他们队伍中的老弱病残清退为民，留下骁勇的人组编成一个战斗单位，由卢珂担任指挥官。当时有人提醒王阳明，这群盗贼反复无常，当心他们反水。王阳明说，他们被我的诚心感动，我用真心对待他们，他们不会用伪心来对我。

他对卢珂推心置腹道：“你们做贼多年，虽是发自本心改邪归正，但还是有人用从前的眼光看你们。所以你们必须拿出点成绩来，堵住他们的嘴。”卢珂说：“您打谢志山和蓝天凤，我定尽死力。”

王阳明要的就是这句话。不过，有一点引起了卢珂的注意。这就是王阳明虽然说要打横水、左溪、桶冈，但没有开过一次军事会议。卢珂眼中的王阳明不像一位军事领导人，更像是一位教师。王阳明每天的大部分时间都是在和他的弟子们讲课，有时候会玩玩射箭。每天早上，弟子们到王阳明的办公室请安，王阳明从后堂走出，大家就开始谈心学。中午时分，大家在一起吃饭，午饭完毕，继续谈论心学。偶尔有人送来军情报告，王阳明只是看一眼，就继续讲他的课。好像他现在最要紧的工作是讲课，而不是剿匪。弟子们也习以为常，就这样一天天地过着。可1517年农历十月初九早上，弟子们如往常一样来向王阳明请安，他的仆人却说，你们的王老师凌晨就带兵走了，不知道去哪里了。弟子们对王老师的神出鬼没感叹不已。

实际上，王阳明打仗，重点不在排兵布阵上，而在前期的谋划上。他的谋划也有个特点，在他和他那群指挥官们讨论时，他已胸有成竹。用他的心学来说就是，吾性自足，不须外求。

1517年农历十月初九王阳明领兵到南康之前，他的指挥官们认为如果对横水、左溪、桶冈进行围剿，应该先剿桶冈。王阳明却反对说，如果我们站在湖广的角度来看，桶冈是盗贼的嗓眼，而横水、左溪是心脏；而站在江西的角度来看，则横水、左溪也是心脏，而桶冈是羽翼。总之，无论站在哪个角度，横水、左溪都是心脏，杀掉一个人，当然可以去咽喉上着刀，但如果这样做，湖广无事了，可江西仍然有事，所以，我们必须去敌人的心脏上来一刀。只一刀，就能解决两省的问题，何乐而不为?

还有一条很重要。王阳明说："谢志山和蓝天凤认为我们离桶冈近，肯定会先打桶冈，横水和左溪防备松懈，这正是天大的好机会，绝不可错过。"

他的指挥官们认为王大人的分析天衣无缝，剩下的事自然就是付诸行动了。剿灭谢志山和蓝天凤的军事行动正式打响。

胜败由心，兵贵善用

在整个南赣地区反政府头目里，谢志山是最为引人注目的，实力仅次于池仲容。谢志山性格奔放豪爽，有一种即刻就能获得别人信任的大哥天赋。青少年时期谢志山曾读过很多书，特别喜欢兵法。当时江西政府横征暴敛，逼出了一大批五花八门的冒险家进山做了贼。政府屡次围剿，胜少败多。谢志山马上就发现了政府军的羸弱战斗力和深林险山的大好地利，于是在没有任何人逼他做贼的情况下，他带领着他的朋友们落户横水。接着，凭借深广的社会关系，拉拢了一大批才华横溢的人物，陆续在左溪、桶冈建立了根据地。在粉碎历任南赣巡抚围剿过程中，谢志山掌握了游击战的精髓，他在战争中学习战争，越做越大，他的野心也越来越大，王阳明来南赣之前，他在南赣地区已经获得了巨大的名声，他自称的"征南王"名号覆盖到了整个南部中国。

谢志山始终坚信一点：想要做大事，一个人的智慧是不够的，必须要招揽各种人才补充他的大脑。在南赣山贼中，谢志山手下的谋士最多，而如何招揽到这些足智多谋的人为他效力，正是他最擅长的地方。他结交蓝天凤就是一个最好的例子。

蓝天凤做山贼的时间要比谢志山早，他的根据地在左溪，做得风生水起。谢志山听说蓝天凤很有头脑，而且志向远大，就单枪匹马去左溪拜访蓝天凤。

去之前，有谋士对他说："大家都是土匪山贼，不讲道义，小心蓝天凤黑吃黑。"

谢志山说："敌人的敌人就是朋友。况且我平生交友只以诚心实意待之，以情动人。如果他不领情，我就持之以恒，直到他被我感动，做我的兄弟为止。"

蓝天凤没有想要火并谢志山，但他对谢志山要他入伙的事不以为然。二人喝到酣处，蓝天凤斜眼看向谢志山，傲慢地说："大家都是出来混的，手下都有几千号兄弟，你让我跟你，我这面子该往哪里放？我的兄弟们怎么看我？政府军怎么看我？这一大片山林怎么看我？"

谢志山决心用"理"来说服蓝天凤。他说："团结就是力量，咱们抱成团，人多力量大，能成大事。"

蓝天凤觉得很好笑，说："你大老远的连个卫兵都不带跑到我这里，就是为了说这些？我自己也能成大事，何必要劳烦你，请回。"

谢志山笑呵呵地睡了一晚，第二天什么话都没说就下山了。蓝天凤没想到，几天后，谢志山一个人挑着两桶酒来了。他对蓝天凤说："我上次喝你的酒，发现太烈，如今是酷暑，喝烈酒很不健康，我给你送来两桶清淡的酒。虽然不如你的酒好，但至少在这个季节喝起来是很舒服的，还可以养生。"

蓝天凤有点小感动，他想不到一个做山贼的心居然如此精细。不过，他还是没有要和谢志山交朋友的意思。那天两人喝酒，谢志山只字不提要他入伙的事。喝完酒，谢志山就晃晃悠悠地要走，蓝天凤挽留，谢志山绷起脸来说，这是你的地盘，我怎么可以随便留宿，传出去被人说闲话。蓝天凤愕然。过了几天，谢志山又来了，带来了新鲜的肉和上好的酒。从此后，谢志山成了蓝天凤的常客，每次来，必是大包小包一大堆东西。

终于有一天，两人喝酒时，蓝天凤发出一声长叹，对谢志山说："兄弟，咱们联合吧，以后你就是我老大，有事尽管吩咐。"

谢志山用这种方式"邀请"了很多能人上他的根据地为他效力，刘备"三顾茅庐"在他面前简直不值一提。

无论是谢志山还是蓝天凤，他们的武装人员都以畲族为主。畲族原本在广东，后来广东和江西首长达成一项协议，畲族人就迁到了江西。这些人原本只是遵纪守法的百姓，但政府的高税收和他们本性中的好勇斗狠很快让他们三五成群、持续不断地对当地居民进行攻击。到了后来，当地居民的田地和房屋都被他们抢了去，谢志山与蓝天凤又把他们聚集到一起，更是无法无天。

谢志山和詹师富截然不同。詹师富只关起门来称王称霸，典型的奉行保守主义的山贼。而谢志山经常会对政府发起小规模的军事进攻。就在王阳明来南赣的几天前，他还发起了一次攻击南康的军事行动。不过，他的力量虽可以拔寨，但还未强大到攻城的地步。所以，他的每次攻城战只不过是骚扰，不会对政府构成实际威胁。

谢志山之所以有“主动出击”的行为，就是因为他和他的谋士们经过多年分析总结出一个真理：政府军奈何他们不得。实际上，他根本就没有同时面对过二省以上的部队围剿。由于四省距他的根据地路途不一，有的先到，有的后到，他能利用这种时间差快速有效地进行反围剿。谢志山的根据地在他自己看来是险不可摧的，这让他不由得产生了盲目的自信。王阳明在打詹师富之前曾扬言要打他的横水、左溪和桶冈。他失声大笑，说：“就凭赣州那点部队，我都不用和他打游击，就能收拾了他。”当王阳明说，要等三省部队会合夹攻他时，他自信地冷笑，向着天空喊：“你忽悠，接着忽悠吧。”这样的信心来源于他的间谍们一直在给他传递消息，说：“王阳明在赣州城等三省部队，短时期内，不可能有军事行动。”

实际上，他不是没有怀疑过王阳明的“狡诈”，詹师富武装和陈曰能武装的覆灭，都是王阳明突然发动袭击的结果。不过他被自我的窠臼限制住了：从前的经验和不会被围剿的侥幸心理。从前的经验告诉他，他的三大据点要比詹师富和陈曰能的根据地稳固十倍，经受了无数次考验，安然无恙。他的侥幸心理告诉他，王阳明用了两次突然袭击，不可能再用第三次对付他。越是怕被围剿，越是相信王阳明不会对他进行围剿。

人面对事情时如果有侥幸心理，必定失败。即使真有人能躲过，但大多数人一定躲不过，而谢志山毫无悬念地属于大多数人里的一员。1517年农历十月初十，王阳明把指挥部从南康迁到离横水较近的至坪（崇义县龙勾乡）。直到这时，他才调兵遣将。他把部队分为十路，两路为机动部队，在黑夜悄悄埋伏到横水周边。四路为诱敌部队，在约定时间向横水武装叫阵。最后四路是精锐部队，当诱敌部队把谢志山诱出横水的有效防御范围时，这四路就会发动进攻。而两路机动部队则从旁边快速攻陷横水隘口，仿效韩信背水一战故事，夺掉他们的旗，插上政府军的旗，大事可成。

1517年农历十月十二，太阳刚从地平线上露出一半，王阳明就下达了攻击命令。四路诱敌部队佯攻横水，谢志山急忙到前哨阵地观看，他发现眼前的敌人虽然喊打喊杀声震天，但战斗力实在不值一提，全是呐喊助威的角色，于是想都没想就开了城门，带领精锐出城准备把这些“噪声”消除掉。由于横水寨的大门并不宽，但他的部队见到这群待宰的羔羊时兴奋得过了头，冲出去时不管不顾，连寨门的守卫部队都跟着冲了出来。良机出现了，王阳明下令另外两路机动部队趁势而起，从侧面猛冲破横水寨门，谢志山的部队哪里会想到半路能杀出个程咬金，一下就被冲垮了。王阳明部队马上换掉了谢志山的大旗，插上了政府军的旗，然后敲锣打鼓，大喊“胜利啦”。

谢志山猛回头，发现自己的旗变成了政府军的旗，心慌意乱，扭头就冲向他自己的寨门。王阳明另外四路精锐部队适时上场，猛攻谢志山部队的屁股。谢志山魂飞魄散，闭着眼睛狂奔。王阳明让精锐部队紧追，而剩下的六路部队喊叫着直奔横水寨的心脏。横水寨的山贼们在上面早就听到了政府军“胜利啦”的喊声，又看到他们如猛虎一样冲上来，顿时人心涣散，没有了抵抗的意志。横水就这样轻易地被攻陷了。

谢志山此时已陷入神志不清的状态，凡是在他逃跑路线上的任何障碍物，无论是他的士兵还是他的谋士，全被他用刀劈成了两半。他拼命地跑，他左溪的部队从来没有见过谢大王如此狼狈过，他们本想只放谢大王一个人进来，可谢大王后面跟着一群残兵败将，如洪水一样涌进了左溪寨。

这道洪水后面紧紧跟随的正是王阳明的精锐部队，他们几乎是被裹挟着进了左溪城。现在，对王阳明部队构成最大威胁的敌人恐怕不是山贼的刀枪，而是山贼在狭窄区域狂奔时发生的大规模踩踏事件。半个时辰后，左溪山贼全部投降，左溪被攻陷。谢志山满脸血污地趁乱逃出了左溪，直奔蓝天凤的桶冈。

谢志山这次来桶冈和之前截然不同，没有带酒肉，身后跟了一群仓皇的士兵。谢志山虽然失去了根据地，但风度不减，和蓝天凤谈话时依然是“征南王”的口吻。蓝天凤早就把谢志山当成了大哥，这种口吻他也能接受，不过他不能接受的是谢志山对王阳明的认识。在谢志山看来，王阳明这老家伙除了“诈”以外，一无是处。只要能想办法破了王阳明的诈术，不出一个月，他肯定灰溜溜地回北方去。

蓝天凤对王阳明的看法和谢志山很不同。他分析说：“先不管他的诈，你看他才来南赣不到一年，就把詹师富、陈曰能轻易地搞定了，还有你。而且他还把龙南的黄金巢和龙川的卢珂收服了。我做了这么多年山大王，和那么多大官打过交道，可从来没有见过王阳明这样厉害的角色。”

谢志山恼了，说："你这是什么意思？灭自家威风，长他人志气？"

蓝天凤叹了口气说："我没有这意思，只是你那横水、左溪都是一夫当关万夫莫开之地，被他一日之内攻破，这人实在太厉害了。"

谢志山很不服气："这都是他的奸计。你的桶冈比我的横水、左溪如何？"

蓝天凤自豪地说："论险峻，比你的强多了。"

谢志山握紧拳头，嚷道："好，我们就在这里待着。任他用什么花招，都闭门不出。他的粮草已尽，肯定撤兵。"

蓝天凤想了一想，点了点头。

当王阳明来到桶冈时，谢志山和蓝天凤正在喝酒。王阳明审视了桶冈，不由得发出一声赞叹："真是个鬼斧神工的山贼老巢啊。"

制心一处，无事不办

在不经蓝天凤许可下进桶冈，难度和登天相差无几。王阳明在给中央政府的报告中曾这样说："桶冈四面万仞绝壁，中盘百余里，山峰高耸入云，深林绝谷，不见日月。"不仅如此，桶冈内部还有一片适合种植番薯和芋头的土地。这是任何山贼都梦寐以求的天赐之物。所以如果桶冈山贼闭门不出，纵然二郎神下凡也没用。

当然，桶冈不可能真就是个铁桶，没有进出口。王阳明从被俘山贼口中得知，桶冈入口有六处，其中五处是：锁匙龙、葫芦洞、茶坑、十八磊、新地。不过这五处全是狭窄的险道，只要在上面放一排滚石，一个人就能守住。另外还有一处很让人惊喜，不过这条路要绕远，要用去半个月的时间。而且，之前约定夹剿的湖广部队的计划就是从这里进入桶冈。

王阳明只能在锁匙龙、葫芦洞、茶坑、十八磊、新地这五处地方挑选一处作为突击口。不过王阳明现在有点麻烦，他的部队攻打横水和左溪后消耗巨大，用他的话说，已经是强弩之末，他必须要等湖广和广东的部队前来。1517年农历十月二十七夜晚，王阳明在桶冈前线的营帐中沉思，部队需要休整，必须要找个安全地带。而人人都知道，桶冈附近最不安全，一旦敌人发动偷袭，后果不堪设想。但他又不能撤兵，一旦撤兵，横水和左溪的匪患就会死灰复燃。他现在最要紧的事就是让自己安全，而他的安全表面上看是取决于桶冈，实际上，心学说心外无事，每个人的安全都取决于自己。

他故伎重施，写了封招降信，派人送给蓝天凤，并声称要在本年农历十一月初一早上亲上锁匙龙，招降蓝天凤。

桶冈接到信后马上炸了窝。这个时候的桶冈已不是几天前的桶冈，横水和左溪逃亡出来的山贼都涌进这里，他们在谢志山的指引下对王阳明的招降持强烈的反对意见。谢志山说："王阳明这是缓兵之计。他是想让咱们放松警惕，同时自己休养生息。我们应该趁他元气大伤时，进攻他。"

蓝天凤正在专心致志地看王阳明的招降书，听到谢志山这样说，就扫了他一眼，说："前几天你还说咱们要闭门不出，现在怎么又要开门攻击？你的横水就是这样失掉的。"

谢志山冷笑。蓝天凤知道谢志山看穿了他。他蓝天凤不是个轻易投降的人，桶冈如铜墙铁壁，无数个剿匪将领都在桶冈面前望洋兴叹。问题是王阳明用兵如鬼魅，他有些担心。

这时他的手下很不看场合地说："龙南的黄金巢和龙川的卢珂被招抚后，黄金巢回家做了生意，而卢珂则在王阳明的部队里担任指挥官，打横水和左溪时，这小子带着他的五百人把对手打得满地找牙。"

意思是，投降王阳明会得到好处。

蓝天凤发现，听到这句话的谢志山脸色如猪肝一样难看，他马上制止了这种论调的扩散，高声大骂："卢珂这叛徒，要是落在我手里，我非活剥了他。"

谢志山的脸色好转了，蓝天凤以一种只有亲兄弟才有的口吻安慰他："大哥放心，我们就是死也不会投降，如果初一他真的敢来送死，我就敢埋。"

谢志山脸色恢复本色，蓝天凤脸上虽然笑着，心里却波涛汹涌：王阳明真的会来？如果真的来了，我是降还是不降呢？

如果蓝天凤对那封招降信有所答复，王阳明可能会真的上桶冈。但王阳明等了两天，那封信像是投进了墓道一样，他就再也没有去想那封招降信的事了。王阳明的部队元气已恢复，他要做的事就是攻打桶冈。不过，王阳明确信，那封招降信肯定在桶冈引起不小的波动，他虽然不了解蓝天凤，但他了解人心。他几乎不费吹灰之力就横扫了山贼们引以为傲的横水、左溪，这一结果不可能不在蓝天凤心中引起冰冷的回响。按王阳明的预计，蓝天凤现在正处在犹豫不决、进退维谷的境地。他的心已乱，攻心的机会已到。

1517年农历十一月初一，王阳明命令南康县县丞舒富领数百人奔锁匙龙下寨，声称要在这里接受蓝天凤的投降，并且催促蓝天凤尽快对招降书做出回复。这是阳的一面，阴的一面的是：早在一天前，他就已命令赣州府知府邢珣领兵直奔茶坑，吉安府知府伍文定领兵直入新地，汀州府知府唐淳领兵奔十八磊，广东潮州府程乡县知县张戬兵入葫芦洞，这四路部队都趁夜到达指定攻击地点，等待王阳明总攻的命令。

初一早上，天降大雨，整个桶冈地区烟雨迷蒙。蓝天凤向外望去，几乎什么都看不到。他此时此刻突然有了一种想法，就是从前发生的一切现在突然都消失不见了，唯一留下的就是那片烟雨。王阳明不停地派人催促他快点作出答复，他拿着那封招降信，心里莫名地空虚，眼前的世界模糊起来。有人提醒他赶紧做出决定，他仍然没反应。

这很好理解，因为他的桶冈部队希望投降，而谢志山和他的横水、左溪部队不希望投降。要蓝天凤在如此关键的时刻作出重大决定，那不现实，因为这已经超出了他的能力。

他听着投降派和主战派的辩论，听着大雨把树叶打得发出凄惨的叫声，这种叫声把他从恍恍惚惚的虚空中拉回现实。他看了看外面的雨，以一种奇异的声调说："今天这么大雨，王阳明该不会有所行动吧？"

没有人回答他的问题，自从收到王阳明的招降书后，蓝天凤仿佛灵魂出窍，谁也不知道他每天坐在椅子里两眼无神地望着外面的天空在想什么。用王阳明的话说，蓝天凤的心已经乱了。他没有能力应对有生以来遇到的最厉害的敌人——王阳明。

1517年农历十一月初一中午，他才脱卸了折磨他好多天的精神包袱：王阳明部队同时在锁匙龙、葫芦洞、茶坑、十八磊、新地发起进攻。他的传令兵把命令传给他时，这五处已经失守了三处。

蓝天凤连吃惊的力气都没有了，他自言自语："王阳明真是用兵如神，这些兵怎么像是从天而降啊？"

他的卫队长大吼一声："大王，风紧啊。"

蓝天凤叫了起来，灵魂终于附体，传令他的卫队集合，就在桶冈里凭借地势打阻击战。但是王阳明部队已经一拥而入，双方几乎是摩肩接踵，根本没有打阻击战的条件，只能肉搏。卢珂部队在此时发挥了重要作用，为了重新做人，立下功勋，他和他的五百人和蓝天凤卫队玩起了命。蓝天凤和他的几个亲信在万人中冲出一条血路，奔向十八磊逃跑。十八磊尚未陷落，蓝天凤得到了片刻的喘息，命令他的守卫部队拼命抵抗。双方僵持了一夜，卢珂的部队赶到，一顿冲杀，十八磊陷落。蓝天凤又逃到桶冈后山，在这里死守数日，最终见大势已去，他就设想乘飞梯进入范阳大山。因为老话说了，"留得青山在，不怕没柴烧”，但老话还说了，“莫道君行早，更有早行人”。王阳明早在范阳大山中布置了部队。蓝天凤在桶冈后山前无进路，后无退路，仰天长叹说：“谢志山害我。”说完，看着万丈悬崖，一个猛子栽了下去。

谢志山不如蓝天凤骨头硬，他主动放下武器投降了。

至此，横水、左溪、桶冈被全部平定，王阳明所耗费的时间不足一个月。据说，王阳明在打扫战场时，湖广部队才到达郴州，听说王阳明已经消灭了谢志山和蓝天凤后，部队指挥官吃惊得张大了嘴巴，像是被人塞进个拳头：从前三省联合剿匪，打了一年也不见成效，而王巡抚朝去夕平，如扫秋叶，真乃天人也！

这位部队指挥官说王阳明是天人，恐怕未必可信。因为他是把王阳明和他们这群饭桶相比而言的。王阳明早就说过，无论是三省还是四省联合围剿，唯一的作用就是劳民伤财，助长土匪们的傲气。三省部队的长官都是平级，没有统一的指挥，而且距离剿匪地点路途远近不同，先到的部队如果等后到的部队，等于是把一大批军粮拉到南赣让士兵吃，这和旅游吃大餐没有区别。而当大家聚齐后又都不用力。比如剿横水、左溪，湖广部队和福建部队认为这是江西部队的事。如果剿龙川，江西部队又认为是广东部队的事。没有责任感的部队注定没有战斗力，多次剿匪失败后，南赣地区的部队已没有斗志，只是一群消耗粮食的吃货。

按王阳明的心学，一个人如果用心诚意，天下就没有难事。因为心外无事，一切事都是心上的事，就看是否用心。

王阳明可谓用心良苦。每一场战役之前，他都深思熟虑，尽量用最小的代价换取最大的胜利。他打詹师富，用兵五千人，打横水、左溪用兵一万人，打桶冈用兵一万人，所耗费的钱粮据他自己说不过几千金。而数省联合围剿时，每天都要耗费千金。

王阳明的目光不仅是在战场上，还在战场外。他曾仔细考察研究后写给中央政府一份报告。报告上说，南赣地区的匪徒数量在五六年前还是几千人，可最近这三五年，他们像滚雪球一样越滚越大。原因有两个，一个是如谢志山、詹师富这样的山贼的确有过人之处，能在短时间内招兵买马。但最关键的因素是，当政者在某些方面的推波助澜。比如各种苛捐杂税，这是逼人为盗。再比如，政府军的围剿不是没有成效，但剿灭一股土匪后，就认为万事大吉。他们一走，该地马上又崛起另一股土匪。

王阳明所认识到的问题只有一个办法可以解决，那就是该地吏治清明，但这显然办不到。王阳明可能也意识到这一点，所以他三番五次地上书朱厚照，要朱厚照取消南赣地区的苛捐杂税，尤其是盐税，他说他在万安遇到的那群水盗就是这种不合理税收的直接后果。但是，朱厚照并没有回音。王阳明也并未唉声叹气，他只能尽最大心力让匪患不再如狗尿苔，见雨就起。

“平定”这两个字大有深意，“平”是剿匪成功，而“定”则是让该地区安定，不再有土匪。王阳明的“定”主要就是在关键地方设置行政建制，比如他在消灭詹师富后，就在象湖山附近设立平和县，平了横水、左溪、桶冈后，他又在附近设置崇义县。他用十家牌法牢牢地控制每一个固定村镇，用置县的办法把容易产生盗贼的地方割裂。同时，他还在各地宣言道德教育，让百姓知道做贼不值，做百姓挺好。

王阳明用心做的这一切，把南赣盗贼的毒瘤彻底清除，再未复发。作为剿匪司令，他对山贼们并非是切齿痛恨，有时候，他也为自己杀了那么多山贼而心上不安。在围剿蓝天凤大功告成后，王阳明面对桶冈漫山遍野的尸体，不由得心上流泪，他后来对弟子说：“如果我再等几天，蓝天凤可能会出来投降，也就不必死那么多人了。”

据说，谢志山在被处决前，王阳明特地去看了这位在南赣地区如雷贯耳的大人物。谢志山虽然身在囚牢，但精神不错，一股英雄气直冲脑门。当王阳明告诉他即将被处决的消息时，谢志山神色平静，只是手指微微颤抖，他坐在王阳明对面，眼神黯淡，时不时用手掸掉肩膀上的灰尘。

王阳明说：“杀你的不是我，是国法。”谢志山看着王阳明，笑笑。他说：“无论是谁杀我，我都已不在乎。我第一天上山做贼时就曾预料到这样的结局。不过我还是荣幸能死在你手里，你用兵我佩服。”

谢志山轻声细语，和他在横水时判若两人。他见王阳明没有说话，就换了种口气说：“我看得出你和从前来打我们的人不同，你是真的为民着想，而不是打完就拍拍屁股走人。但我不明白，你这样智慧高超的人，为什么想不明白，百姓叛乱的病根不在我们身上而在政府身上呢？！”

王阳明沉默良久，转移了话题，也是他很感兴趣的话题：“你是用什么办法网罗了这么多同党？”

谢志山叹气道：“也不容易。”

王阳明问：“怎么不容易？”

谢志山回答：“平生见世上好汉，我绝不轻易放过。我会用尽各种办法和他接近，请他喝酒吃肉，为他解救急难，等到他和建立下真正的友谊，我就把真情告诉他，没有不答应入伙的。”

王阳明感慨万分，站起来对谢志山说：“上路吧。”

事后，王阳明对他的弟子们说：“我们交朋友，也应该抱着这种态度啊。”

现在，王阳明在南赣的敌人只剩下了一个，也是最厉害的一个：广东浰（lì）头三寨的池仲容。

金龙霸王池仲容

池仲容造反是“官逼民反”的活例子。池仲容在广东浰头山区里长大，放眼望去千山万岭，他的青少年时代就是在这样原生态环境中度过的。池家以打猎为生，因为靠近森林，本应该衣食无忧。但政府对当地猎户的税收相当严苛，池家很快发现，一旦获得猎物，除非不让政府知道，否则即使把猎物全部上缴也不够交税的。这是一个无解的难题，池家人有着中国南方人典型的坚韧性格，他们坦然接受这样的残酷事实，到地主家当长工，勉强维持生存。不过当地的地主也不全是富得流油，当地多山，可耕种的土地稀少，一旦天公不作美，干旱和暴雨就会毁了一切。地主家里也没有余粮，像无数池家这样的人家就得失业。政府本来有责任在灾荒之年救济百姓，中央政府也有拨款。然而每次从中央出来的赈灾款到了灾区时，就如一车盐经过大江大河的淘洗，最后只剩下寡淡的盐水。

明帝国政府的官员贪污腐败已达极致，从处于权势巅峰的“立皇帝”刘瑾到居于体制底层的县长、村长，只要有贪污的机会从不放过。刘瑾被抄家时，金银珠宝堆积成山，全是他贪污所得。《明史纪事本末补编》说，刘瑾的巨额财产共有金子2987万两（约合人民币2837.2亿元），元宝五百万锭，银800余万两（约合人民币526.5亿元），仅此两项合计就高达3363.7亿元。另外还有宝石二斗，金甲二，金钩三千，玉带四千一百六十二束。当时，明帝国10年财政收入也就这么多。刘瑾在高位不过四年时间，也就是说，他每天贪污的数额达到两亿元人民币。

在地方上，比如万历年间的山东昌邑令孙鸣凤脑子里只有两件事，一是贪墨，二是私自征税。一遇灾荒年，孙鸣凤就高兴得手舞足蹈，因为中央政府会发放赈灾款。而这些钱全都入了他的腰包，不但如此，他还和平时一样继续向百姓征税。

我们很不理解，为什么像孙鸣凤这样的地方官会如此肆无忌惮地搜刮聚敛本应该属于老百姓的钱财，难道他们不怕百姓造反？

他们当然怕，但他们好像摸透了中国老百姓的性格。中国老百姓不被逼上绝路是不会去反抗的，把他们逼到“革命”的大路上，需要很长很长的时间。所有官员都相信，这个“很长很长”的时间是没有尽头的。即使真的到了尽头那天，他们已被调出这块是非之地，或者早就抱着财宝回家养老去了。正如池仲容造反多年之后所说的，我现在杀的贪官都不是我真正的仇人，我真正的仇人不知在哪里。

朱祐樘在位的最后几年，池仲容正在深山老林里小心翼翼地跟在他父亲屁股后面。他的父亲时刻如箭在弦上，机警地寻觅着倒霉的猎物。那一天，池仲容和父亲一直向森林深处摸去，他们寻找了很久，都没有找到一头野兽。越向森林深处走，池仲容就越感到压抑。他感觉如同走进一个没有尽头的地狱，而一旦看到尽头，就是死亡。他又联想到他和大多数人的生活，就像是这片史前森林，遮天蔽日，透不过气来。

他在森林中唯一感觉良好的就是，这片森林给了他锻炼体魄的机会。据说，池仲容能把一只刚吃饱的老虎摔倒在地，还能在树上和猿猴赛跑。他能钻进水里待半个时辰，可以捉住在水底歇息的老鳖。他后来成为广东浰头的霸主后，有人声称他能从当地森林里最高的树上腾跃而起，触摸到月亮。他靠着天赋和后天的努力，终于把自己锻造成了森林之王和山区之王。

池仲容还有一项天赋，和谢志山异曲同工。他善于交际，能和各色人等在最短的时间里结交下深厚的友谊。他尽最大能力仗义疏财，并且非常开心地为人解救危难。时光流逝，他渐渐地在广东浰头地区的广大平民中获得信赖和威望。人人有困难时都会去找他，人人都相信他能解决一切难题。

世界上有一种人，他们几乎是无意识地助人为乐，他们只看到别人的困难，却从来对自己的艰难处境视而不见。这种人被孔孟称为圣人，池仲容也应该是这样的人。他在为别人排忧解难时似乎没有注意到自己时刻都处在忧难中。

他的父亲租赁了地主家的土地，因为遇到灾荒，所以在地主来收租时，两手空空。地主很不高兴，就把他的父亲抓走，留下一句话给池仲容和他的两个兄弟：拿钱赎人。

池仲容和他的两位兄弟商议了一夜，没有任何结果。因为这种事根本不用商议，解决方式是一目了然的：拿钱赎老爹。问题就在于，这唯一的方式行不通，他们没有钱。

这件事让池家蒙上了一层阴影，池仲容那几天用他那有限的知识储备思考父亲被绑架是否合理合法。当他最后认定，这既不合理也不合法时，县衙的收税员来了。这是一群锤子，在锤子眼中，所有的百姓都是钉子，他们所做的事就是砸钉子。他们见门就踹，见人就打，池仲容家的大门也不能幸免，池仲容和他的家人更不能幸免。每家每户值钱的东西都被这群人强行夺走，装上数辆大车。他们又拉出身强力壮的百姓让他们帮助拉车。

民情沸腾起来，这些百姓的想法是，你们把我的东西抢走，还要让我们帮你拉车，你别欺人太甚！池仲容的想法是，这是什么世道啊！

池仲容只能咀嚼着无声的怨恨想到这里，即使是王阳明恐怕也不会想到这样一个地步：财产权是人不可侵犯的天赋权力之一。中国古代人没有财产权的概念，因为没有人权的概念。仅以明帝国为例，皇帝想杀谁就杀谁，不需要通过法律。一个人连生命权都没有，何谈别的权力。中国古代政治史上有一个特别令人作呕的现象：普天之下莫非王土。实际上，这是政治家最不要脸的行为之一。仅以池仲容所在的广东浰头为例，浰头是自然形成的村镇，这里所有的百姓都是靠自力更生和互相尊重而维持村落的稳定和发展的，明帝国政府没有为他们做任何事，相反，他们听说有这样一个地方后，立即派人到这里组建政府，他们唯一做的事就是收税和没收无辜百姓的财产。

那天夜里，在家家户户的哭声中，池仲容对着昏黄的灯光和他的两个兄弟池仲安、池仲宁说："你们把青壮年组织起来，我们必须要去打仗。"

他两个兄弟不以为然，说："武器呢？所有的铁器都被他们收走了。"

"用拳头！"池仲容握紧了拳头，平静地说。

那天后半夜，在一次乱哄哄的行动中，池仲容和他年轻力壮的老乡们用拳头向县衙的税务官们发起了进攻，两名政府官员被杀，剩下的都被活捉。池仲容割下了他们的耳朵，放他们回去报信。他站到最高处，对他的战士们发表演讲。他说："我们忍了半辈子终于决定不再忍受，因为我们发现一味忍受永远换不来吃饱穿暖。我们必须做出改变，我们要自己掌握自己的命运。"

接下来的几天里，池仲容解救了自己的父亲，用他多年来积攒下的人脉迅速壮大了他的队伍。他们打劫一些地方政府，获得了武器。他们用"打土豪分田地"的方式获得了整个浰头地区百姓的强力支持。

池仲容审时度势，把三浰（上、中、下）作为自己的根据地，并在附近设立了三十八个据点。好像是神鬼附体，池仲容丰富的想象力和创造力源源不断地喷涌而出。他组建政府，封官拜爵，他自称"金龙霸王"，一条画着蜈蚣的鲜红色大旗在浰头迎风飘扬。他组建纪律严明的军队，在根据地开荒种地、屯兵耕活，同时让人邀请一批铁匠到根据地来制造武器。他创造了一个像王阳明心学精髓的新天地：自给自足，不需外求。

池仲容的精力好如泉水，永无枯竭。他努力发展壮大自己的同时，还把眼光投向外面。他以饱满的热情和谢志山、蓝天凤、高快马等同志取得联系，他提醒这些兄弟们，大家是一损俱损，一荣俱荣。既然大家都是抱着“和政府作对”的共同目的，那就应该紧密地联合起来。只有强强联合，才能把事业做大。他还指出，我们最终的目的不是占山为王，我们将来有一天必须走出深山老林，扫灭明帝国的牛鬼蛇神，取缔明帝国的统治。也许很多人都认为，我们现在不过占据个山头，实力太弱，能打的太少。但星星之火可以燎原，只要我们站在乡亲们这一面，就一定能打败站在乡亲们对立面的明政府。

池仲容的语言动人心弦，谢志山被深深地吸引，“喜欢拉拢好汉”的江湖脾性被激发出来，他给池仲容写信说，要亲自去拜访他。他设想能像拜访蓝天凤一样把池仲容也笼络到自己门下。但池仲容比他的野心还要大，在给他的回信中，池仲容态度坚决：你别胡思乱想，我们只是联合的关系，我也没有让谁来我门下的意思。

谢志山很沮丧，叹息说，可惜了池仲容这位好汉不能为己所用。实际上，他不知道池仲容的志向要远比他大。当池仲容站在山头的最高处，向下望去时，他的理想不但超越了他目光的范围，还超越了他可以想象的范围。

他满脸的胡子迎风飘荡，像是要脱离他的下巴飞向天际。他坚毅的眼神、高耸的颧骨、熠熠生辉的皮肤都让他骄傲万分，正如他在给他的同志的信中所说，他不仅要做山中之王，还要做一个帝国的王。

事实上，在池仲容造反的开始阶段，一系列的成功都在支撑他这个理想。他和谢志山、蓝天凤、高快马联合攻打过附近的无数城池，并且成绩不俗。他活捉过地方官和部队指挥官，还曾在翁源城里检阅过他那支衣衫褴褛的军队。

王阳明的前几任南赣巡抚被他频繁的攻城掠寨折磨得痛苦不堪。这些人一听说一面蜈蚣大旗迎风飘扬时，就手足无措。王阳明到南赣之前，池仲容曾独自面对两次四省围剿。最后一次围剿大军无计可施撤退时，他甚至还进行了一次非常漂亮的追击。对于四省部队指挥官来说，池仲容部队和他的根据地三浰是拥有人类智慧的毒蛇猛兽，最好的办法就是不去碰它。

“金龙霸王”池仲容威震四方，南赣地区的各路山贼难以望其项背。王阳明在万安遇到水盗时，池仲容听说有新巡抚到来，就给了王阳明一个下马威：

围攻南赣巡抚办公地赣州南部的信丰城。池仲容虽然没有攻下信丰城，但王阳明得到消息后的确吃了一惊。

池仲容没有把王阳明放在眼里，还是缘于他的经验。多年以来，南赣巡抚如走马灯似的换，没有一个能动他分毫，他觉得王阳明也不例外。直到王阳明以迅雷般的速度消灭了詹师富、温火烧等人后，他才把狂热的自信收起来，认真地审视起王阳明来。

池仲容就是有这样的自制力和领悟力，一旦发现情况不对，立即转向。他的两位兄弟安慰他："王阳明没有那么可怕，消灭詹师富只是瞎猫碰上死耗子。况且，他原本说要打横水、左溪、桶冈，要打咱们，可他也没有打啊。这只是拣柿子挑软的捏。"

池仲容正色道："詹师富经历的政府军围剿次数最多，可谓身经百战。他的象湖山又是易守难攻，只几天时间就被王阳明拿下，这人不可轻视。"

两个兄弟毫不在乎，说："只要我们在山里不出去，他王阳明难道长了翅膀能飞进来吗？"

池仲容不和两个兄弟说话，而是把他的元帅高飞甲叫来，忧虑地说："王阳明此人不可轻视，看他消灭詹师富的用计和排兵，就知道他不是个省油的灯，咱们要多加防范。"

高飞甲也是不以为然："咱们经历过多少事，四省联军都被咱们赶跑了，那些政府军队里的指挥官们还不是对咱们无计可施。据说王阳明不过一书生，能有什么本事？"

池仲容深呼吸，说："你们呀，还是年轻。这都是在顺境中消磨了机警和智慧。总之，王阳明不可轻视，要时刻关注他的举动。"

池仲容的确在关注王阳明的举动。当他看到王阳明四处散发的《告谕巢贼书》时，他大叫不妙。他赶紧给各地的同志们发消息说，我知道你们对这封信心动了。但我提醒你们，我等做贼不是一年两年，官府来招安我们也不是一次两次，可哪一次是真的？王阳明这封信就是个圈套，让我们自投罗网，任他宰割。

当黄金巢和卢珂投降王阳明后，池仲容仍然是信心满满的样子，说："等黄金巢和卢珂得到官职再说。"当卢珂得到官职并被王阳明大力重用后，池仲容有点蒙了。他想，难道这次是真的招抚？

这种想法只是灵光一现，他很快就认为，即使是真的招抚，他也不能就这样投降。他的造反字典里根本就没有"投降"这两个字。

局势瞬息万变。很快，陈曰能倒下了。池仲容背剪双手在房间里踱步，陈曰能是第一个宣称拒不接受招安的人，并且放出狠话，要把王阳明装进他的囚车里。池仲容从陈曰能的覆灭总结出这样一件事：王阳明对拒不投降的人，只有一个字——杀。

这还不是要命的，要命的是，王阳明总能把拒不投降的人杀掉。

如果陈曰能的覆灭让池仲容心绪波动的话，那么，谢志山的横水、左溪的覆灭则让池仲容万分惊恐起来。

他急忙审视自己的根据地，这块据点无论从哪方面来论，都和谢志山的横水、左溪差不多。谢志山的才能和自己也是不相上下，却在不到一个月的时间里灰飞烟灭。这足以说明下面的问题：王阳明对剿匪太在行了，无论他想剿谁，那个人应该没有可能躲过。

在第二天的会议上，池仲容把这种担忧说给他的兄弟听。这些人已经对王阳明重视起来，现在只希望池仲容拿出像样的解决方案来。

池仲容就领着他的“文武百官”在根据地巡视，他看到人们在收割庄稼，听到铁匠铺里叮叮当当的打铁声，士兵们在巡逻，他一会儿摇头一会儿点头，眼珠子乱转。在一处乱石中间，他停下脚步。池仲容转身看了看他的“文武百官”，说了两个字：“投降。”

众人张大了嘴：“什么？！”

池仲容一字一句地说：“我们向王阳明投降。”

池仲容也会用计

池仲容所谓的投降王阳明，用他的话来说就叫刺探虚实、缓兵之计、以毒攻毒。总而言之，这是一招非常漂亮的棋。王阳明善于玩诈，那我就以其人之道还治其人之身。诈，谁不会玩？不说真话，不做真事而已。

但玩诈，也有高低之分。玩得高明的人，会让对手晕头转向找不到北，你永远猜不到真假，比如王阳明。玩得拙劣的人，破绽百出，对手一眼就能看出他的虚实，比如池仲容。

池仲容虽然口口声声说王阳明不是等闲之辈，但表现在行为上，他还是轻视了王阳明。他要弟弟池仲安带领二百名老弱残兵去向王阳明投降，王阳明马上感觉到，这些人根本就不是池仲容的武装人员，而是匪兵家属，其中有人走路都气喘吁吁。

王阳明将计就计，声称对池仲容的改邪归正表示赞赏，然后问池仲安：“你哥哥为何不亲自来？”

池仲安按池仲容的嘱咐回答：“寨子里还有很多事务要处理，处理完毕，我哥哥会快马加鞭赶来投降，他现在唯恐落后。”

王阳明笑了笑，说：“你们弃暗投明，应该需要我给你们个将功赎罪的机会吧？如今我正要进攻左溪，你有兴趣吗？”

池仲安慌得连连摇头，险些把脑袋摇下来，说：“王大人您看我这些手下能打仗吗？”

王阳明假装扫了一眼那二百老弱残兵，点头道：“的确不能上战场，那我就给你另外一个差事吧。我看他们虽然身体孱弱，但手脚还能动，我正准备在横水建立营场，你们就辛苦一下。”

池仲安说：“我们不会啊。”

王阳明大喝一声：“你们建了那么多据点，怎么就说不会！”

池仲安哆嗦了一下，连声说“好”。

于是，在王阳明的指挥官的监视下，池仲安和他的二百人在横水当起了农民工。

1517年农历十月下旬，“金龙霸王”池仲容的弟弟池仲安领着二百多老弱残兵开始在王阳明的横水营场修营。他来投降王阳明的目的是刺探王阳明的虚实，这些虚实包括如下情况：王阳明对他池仲容的看法如何？他对三浰根据地有什么看法？他是否有对三浰用兵的想法？如果用兵，他是等广东特种剿匪部队狼兵来，还是只靠他现在的江西部队与福建部队？

池仲安记忆力差强人意，所以把这些问题都记在一张纸上，他以为用不上几天时间，就能探得王阳明的虚实。可是自从当了农民工后，不用说见王阳明，就连王阳明部队的下级军官都见不到，池仲安刺探虚实的计划彻底泡汤。

正当他忧心忡忡时，王阳明突然命令他跟随部队去打桶冈。池仲安痛快地答应了，也不管自己的老弱残兵能否上战场，因为毕竟跟着部队走，会离王阳明近一点，离他那份问卷上的答案也近了点。

王阳明对他关怀备至，说：“你才来投靠，不如卢珂他们能独当一面，而且你的士兵恐怕也不是打硬仗的材料，但你必须要经历战阵。我让你上战场是对你信任，我不怕你阵前倒戈，天下合伙人必须要建立在信任的基础上才能成事，你懂我的意思吗？”

池仲安像磕头虫一样连连点头，王阳明就把吉安府知府伍文定介绍给池仲安，说：“你和你的兵由他指挥，去前线吧。”

池仲安有些小感动，王阳明对他如此信任，他险些忘了池仲容交给他的另一项任务：及时把王阳明的行动通知给咱们的同志蓝天凤。他后来在行军路上想起这项任务时，前面的部队突然停了下来。伍文定派人告诉他，咱们就在这里埋伏。池仲安问：“此是何处？”回答：“新地。”

池仲安七窍生烟：王阳明你这王八蛋，这不是耍我吗？新地是离蓝天凤的桶冈最远的一个隘口，蓝天凤只有走投无路时才会从这里突围，守在这里，等于守个坟墓，什么消息都得不到，什么消息也送不出。

王阳明交给他任务时，他又惊又喜；现在，他却如丧考妣。

尤其要命的是，新地离三浰的路程非常遥远，如果回三浰，定会经过王阳明的控制区。如果被王阳明的巡逻队捉住了，他就不好解释回三浰的理由。

桶冈被剿灭后，池仲安越来越心神不宁。他拿出那张纸来看着那些问题，只凭感觉就能得出正确的答案，王阳明对池仲容和三浰的态度很明朗：剿为主，抚为次。

如果说池仲安还有可取的地方，那就是他的这份答案。他无法对王阳明本人做出评价，这超出了他的能力，有时候他认为王阳明就是个书呆子，因为他每次见王阳明时，王阳明都在看书。有时候他又认为王阳明是个混世魔王，横水、左溪、桶冈战场尸横遍野，他看到那些同志的尸体时，心惊肉跳。还有的时候，他认为王阳明是个快要死掉的病夫，脸色青黑，声音嘶哑飘忽，双手好像总是吃不准要够的东西的位置。

他对王阳明的种种印象交织在一起，像一只大蝴蝶盘旋在他头上，折磨得他痛苦不堪。他想把王阳明对待三浰态度的情报送出去，但这不可能，王阳明有一支小部队如影随形。

实际上，他对于王阳明会如何对待三浰上的直觉是对的。消灭桶冈后，王阳明就四处寻找和池仲容打过交道的官员和受他骚扰过的地方士绅。这些人向他着重指出，池仲容这种人只能剿灭，不能招抚。因为在整个南赣地区，他的实力最强，而且犯下滔天大罪。他也明白自己十恶不赦，所以他绝不会相信投降后会得到好下场。

而没太遭受池仲容伤害的士绅却有不同意见。意见是这样的：王巡抚您自来南赣后，每天的太阳都是血红的，每夜的月亮也是血红的，不知道我是不是老眼昏花，有时候我看这天空都是血一样的红。虽然他们是盗贼，罪大恶极，但上天有好生之德，纯靠杀戮不能解决问题。孔孟说，要以仁义感化人，不嗜杀，能不杀人就不要杀人。

持这种论调的人在王阳明看来，既可悲又可恨。王阳明很想对他说，我来南赣的目的就是剿匪，不是向土匪传播他们不屑一顾的仁义道德的。除非是神仙，否则没有人可以让猪欣赏交响乐。用他的心学来说就是，人人都有良知，盗贼也有。但他们的良知被欲望遮蔽太久，靠理论灌输，不可能让他们的良知光明。盗贼的良知正如一面斑驳陆离的镜子，他们映照不出真善美，必须要通过强大的外力擦拭。可他们不让你擦，难道你能把每个人都活捉来，废寝忘食地擦他们的镜子吗？只有一个办法：消灭他们。

王阳明心学虽然和朱熹理学一样，把道德提到至高无上的位置，但王阳明心学有一条很重要：提升个人道德固然重要，不过用严厉的手段扫荡那些不道德的人和事更重要。

池仲容就是那个良知之镜斑驳陆离的人，谁要是指望他能自我更新光明良知，只能等到死。实际上，王阳明并非是嗜血如命的人，他每次消灭一处盗贼见到血流成河时，良心就会受到谴责。每当有盗贼被他感化前来投降时，他就异常高兴。他是个有良知的人，而有良知的人有时候也要做些让良知不好受的事，但这绝不是违背良知。王阳明的良知告诉他的是，还南赣一个清平世界是他的任务，想要做到这点，剿匪不容置疑。所以对于池仲容，王阳明还抱着一丝希望，面对这个最大的敌人，他也不希望发生硬碰硬、血流漂杵的决战。

池仲容也不希望他和王阳明在战场上相见。他派池仲安去刺探王阳明虚实，其实心中已有了判断：王阳明在未等到广东部队和湖广部队到来前，不会轻易发动进攻。毕竟他的三浰不是公共厕所，想进就能进。即使是广东部队和湖广部队来了，他也不会惊慌。用他的说法，我闭门不出，你们军粮一尽，不用我动手，你们马上就灰溜溜地走了。

他也想用这招拖垮王阳明。不过局势越来越紧张，左溪、桶冈消失后，他稍显慌张，开始在老巢和各个据点备战。

可王阳明不可能让他拖，于是开始稳住他。王阳明让池仲安回三浰，同时还拉了几大车酒肉。临行前，他对池仲安推心置腹地说，你哥哥池仲容已经宣称投降我，我觉得我已仁至义尽，没有催促他赶紧来报到。可他现在却备战起来，你回去传达我的意思，既然已经投降，为何要备战？如果不投降，何必又派你来，这不是羊入虎口吗？

池仲安被这番话惊了一下，此时此刻，他才发现自己已身处险境多日。他哥哥在三浰搞备战，几乎是把他推上了断头台。他的双手直颤，想说些感谢王阳明不杀之恩的话，但咬了咬嘴唇，没有说。

池仲安和王阳明的慰问团到达三浰后，池仲容举行了热烈的欢迎仪式。当被问到为何要备战时，池仲容早已准备好了答案：卢珂那厮要对我下手，我是防备他，并非是防备官兵。

池仲容说的恐怕有点道理。卢珂的根据地龙川山区离池仲容的三浰很近。池仲容当初四方联合他的同志们，只有卢珂不搭理他，卢珂并不想做他的小弟。两人的梁子就此结下，不过在很长一段时间里，两人的矛盾并未白热化，因为他们当时最大的敌人是政府剿匪部队。卢珂投降王阳明后，池仲容怒气冲天，他对人说，我早就知道这小子不可靠，今日果然。池仲容所以发如此大的邪火，一是和卢珂早有矛盾，二是他憎恨软骨头。

卢珂打完桶冈后，王阳明让他带着那支山贼为主的剿匪部队回龙川，目的就是监视池仲容的一举一动。王阳明对池仲容的打击战略是从远到近，一步一步地围困，卢珂只是其中一个点，桶冈战役结束后，他把精锐分成数路，慢慢地向池仲容三浰合围。由于卢珂离池仲容最近，所以池仲容马上就察觉到了卢珂的威胁。

王阳明回信给池仲容，他说："如果情况属实，我肯定会严办卢珂，他真是贼心不改。"池仲容冷笑，对他的"文武百官"说："我倒要睁着两眼看王阳明怎么严办卢珂！"

王阳明说到做到，立即派出一支农民工打扮的部队来三浰，说要开一条道去龙川。池仲容惊叫起来，因为去龙川最近的路必须经过三浰，池仲容担心王阳明会在借道过程中对自己发动突袭。他回信给王阳明，说自己的武装虽然没有政府军强大，但抵御龙川卢珂还是绰绰有余。他同时问，卢珂现在是政府人员，他总对我虎视眈眈是他本人的行为，还是代表政府？

王阳明让池仲容不要疑神疑鬼，还是那句话，你已投降我，我何必还多此一举对你动兵。你如果不相信的话，我现在就回赣州，我请你来赣州商谈你的有条件投降事宜，你意下如何？

池仲容不回信，静观王阳明行动。王阳明说到做到，1517年农历十二月初九，王阳明从前线撤兵回南康。六天后，王阳明到达南康，给池仲容写信说："我从前线回来所过之处，老百姓对我们感恩戴德，顶香迎拜，甚至还有老百姓自动自发地捐款为我立生祠。我从前还对杀了那么多山贼而良心不安，现在我完全释怀，因为老百姓用行动告诉了我，我们代表了民心。如今我在南康城，正要回赣州，随时恭候你的到来。"

池仲容看完信，捻着胡子，做思考状，还是不给王阳明回信。

王阳明不必等他的回信，因为卢珂来到南康，把池仲容三浰的情况向他做了详细汇报。他判断说，池仲容必反！

王阳明笑了："他根本没有归顺我，何来'反'？"

卢珂虽然知道王阳明奇计百出，不过此时对王阳明的表现却还是深有疑虑。他小心地提醒王阳明："我们应该做好准备。"王阳明又笑了笑："做什么准备？池仲容不敢出三浰，他无非是摆出如临大敌的姿态，让我不敢攻他。那我就做给他看看。"

1517年农历十二月二十，王阳明和他的部队回到南赣巡抚办公地赣州，他宣布：休兵，本地士兵回家务农，外地士兵自由活动。

当池仲容在三浰寨子里思考王阳明这一行动时，王阳明又给他来了封信。王阳明说，整个南赣地区的匪患已彻底清除。有人说还有势力最大的你，可我告诉他们，你已经投降了，只不过还没有办理投降手续。我已把部队解散，并且准备了好酒好肉在赣州城里等你，你何时来？

池仲容拿着信给他的"文武百官"看，说："王阳明是不是病糊涂了？南赣地区除了我之外，还有高快马啊。他难道把高快马忘了？"

王阳明没有忘记高快马。除了池仲容，高快马在他的黑名单上坚持的时间最长。王阳明一直没有抽出时间对高快马动手，是因为高快马在广东乐昌的根据地与他距离遥远。他动用大部队围剿高快马，和从前的南赣巡抚剿匪四省联剿一样得不偿失。他只是派出一支敢死队，时刻注意高快马的动向。幸运的是，高快马是个神经质。每当王阳明剿灭一处山贼时，他就在根据地里如热锅上的蚂蚁。一有风吹草动，他立刻心跳加速、浑身发抖。当王阳明消灭桶冈后，高快马的精神已近崩溃，他认为自己的大本营很快就会被王阳明攻破。有一天夜里，他突然发起神经，让他的两个老婆收拾金银财宝，带着几十人组成的卫队潜出大本营，奔到他自认为不会被人寻到的地下据点，像老鼠一样躲了起来。

王阳明的敢死队在他后面悄悄跟踪，第二天，就对他的据点发起了猛攻。高快马魂飞魄散，跳出据点就跑，连老婆和卫队也不要了。敢死队紧追不舍，终于在他彻底精神失常前活捉了他。

高快马的事迹告诉我们，做任何事，尤其是做贼，没有过硬的心理素质，是绝对不成的。

池仲容取笑王阳明遗忘了高快马的第二天，高快马被捕的消息传来。他急忙要池仲安带口信给王阳明：卢珂是我的一块心病啊。

这是以攻为守，他想看看王阳明怎么做。王阳明就当着池仲安的面把卢珂叫来，训斥他道："你这厮总对池仲容心怀不轨，还诬陷他要造反。你看，人家把亲弟弟都派来和我谈判投降事宜，你罪大恶极，本应就地正法。看在你战场上的表现，暂时放你一马。不过死罪可免，活罪难逃，你去监狱里待着，你的未来到底如何，该由池仲容来决定。"

王阳明这是胡说。池仲容很快连自己的未来都无法决定，何况是别人的！

定力的交锋

王阳明处置卢珂时，池仲安就在身边。池仲安看得一清二楚，王阳明声色俱厉，根本不像是演戏。王阳明又当着他的面给池仲容写了封信。信中说，虽然我把卢珂关押了，但他的部队还在龙川，请你不要撤除警戒，我担心他的部队会攻击你。

池仲容收到信后终于有了点感动，他给池仲安带密信，要他仔细侦察王阳明和剿匪部队的情况，不要放过任何蛛丝马迹，要得到最可靠的情报：王阳明是否在制订进攻三浰的计划。

池仲安很不耐烦地回信给他的老哥：王阳明把军队都解散了，赣州城里只有为数不多的维持治安的军警。王阳明每天都在和一群弱不禁风的书生谈什么"心学"。我的印象是，王阳明不会对咱们动手，如果你不相信，可亲自来。

这封报告信让池仲容吃了一惊，它和池仲安在半个月前的判断泾渭分明。池仲容不明白，池仲安的变化如此之快，如此之大，王阳明到底给他灌了什么迷魂汤。

池仲安对王阳明态度的转变，全是王阳明用诈的结果。他和与池仲安关系非常亲近的一位山贼小首领彻夜长谈，给他做思想工作，谈人生谈理想。最后，这位山贼突然发现自己的前半生是白活了，他痛哭流涕地要拜王阳明为师，学习精深而又灵动的心学。王阳明就对他说，学点心学理论和知识都是等而下之，心学的最高境界是实践，到现实中去做些有意义的事，以此来唤醒自己的良知。

山贼于是和池仲安谈心。他说，咱家大王莫名其妙，王阳明对咱们如此善良和宽厚，就是铁石心肠的人也会被感动。咱家大王应该来致谢，而且，大王如果亲自来就可以借机堵住卢珂等人的嘴。

池仲安就把这位山贼的原话透露给池仲容，池仲容反复考虑后，决定去见王阳明。不是因为他彻底相信王阳明，而是他想亲自去侦察下王阳明。用他的话说：不入虎穴焉得虎子，王阳明究竟要什么花招儿，我必须亲自前去看一下才能知道。

有人反对，说王阳明这厮太狡诈，这里肯定有鬼，您这一去不是自投罗网？池仲容说："我心里有底。我走后，你们必须提高警惕严防死守。五天内没有消息传回，那说明我已遇害，你们要继承我的事业和王阳明死磕到底。不过这种情况不会发生，因为据可靠情报（他弟弟池仲安的情报），王阳明对咱们动兵的可能性不大。我之所以去，是想完全清楚地了解他的意图。只要我们拖他几个月，他自然就会走了。"

临行前，池仲容挑选了飞檐走壁、力大如牛的四十人作为他的卫队。这些人曾是深山老林中的骄子，能让狼虫虎豹望风而逃。池仲容离开三浰根据地时，阵阵凉风从山上吹下来，他不由得打了几个喷嚏。他说："这肯定是王阳明在迫切地盼望我去呢。"

王阳明的确在盼望他来赣州，池仲容离开老巢的消息刚传来，王阳明立即命令离三浰最近的部队开始行动。这支部队的指挥官拿着王阳明签发的缉捕卢珂党羽的檄文，推进到池仲容的据点。池仲容据点的人先是惊恐，准备抵抗。可当他们发现那道檄文后，又欢喜起来，因为事实再一次证明，王阳明的目标是卢珂在龙川的余党，而不是他们。就这样，王阳明这支部队轻易地进入了池仲容的腹腔。紧接着，一支又一支部队都从池仲容的据点路过，他们拿着缉捕卢珂党羽的檄文如入无人之境。

池仲容的武装之所以如此掉以轻心，是因为他们的老大池仲容去了赣州。池仲容去赣州使这些人产生了一个错误的印象：万事大吉。

池仲容绝不是粗率大意的人，进入赣州郊区后，他就不再向前一步，而是派人去通知王阳明，我池仲容来了。

王阳明假装纳闷地问池仲安："既然来了，怎么不进城，难道还要让我这个巡抚大人亲自去迎接他不成？"

池仲安就跑到赣州郊区对池仲容说："你都走到这里了，王阳明如果真想加害于你，一队人马就足够。你要是担心，就不要来嘛。"

池仲容对弟弟的变化如此之大极为吃惊，不过弟弟的话也有道理。于是，他放下谨慎的包袱，进了赣州城。赣州城中正张灯结彩，迎接新年。尤其是巡抚衙门，春节气息扑面而来。在巡抚衙门口，池仲容停了下来。他对五个保镖说，你们先进去，我在外面看看这如画的春节景象。他的想法很简单：只要发现情况不对，他可以转身就跑。进城的路他已经仔细查探过，有几条路可以让他轻易脱身。

五个人进去没多久，池仲容就听见里面乱了起来。他大惊失色，抽出大刀，转身就要跑。他的那群保镖拥堵了去路，延迟了他起步的速度，所以他没有跑出几步，就听身后他弟弟池仲安喊他："没事，别跑！"

池仲容魂不附体地回头，看到他弟弟池仲安一个人和那五个保镖奔了过来。池仲安气急败坏地说："王大人说了，你都到衙门了，居然不亲自去见他，明显是不相信他，看不起他。所以在里面摔东西，把我们赶出来了，要我们哪儿来回哪儿去！"

池仲容被这段话震住了。他急忙赔着小心对后来走出来的官员说，请向王大人解释下，我是山野村夫，没见过像王大人这样大的官，怕见了有失体统。

那位官员一笑，说："王大人没有官架子，和蔼可亲。请吧。"

池仲容左顾右盼，没有发现什么不对劲的地方，他没有看到军队，连衙门口的警卫也只有两个。他指了指他的卫队，向那位官员说："这些人一直寸步不离我，我可以带他们进去吗？"

那位官员连忙点头，可以啊。

池仲容这才放下心来，小心翼翼地向巡抚衙门走。他突然紧张起来，不是因为危险，而是因为他即将要见到那位天神般的王阳明。

王阳明站在他的办公室门口，微笑着向他点头。池仲容和王阳明在1517年农历闰十二月二十三那天见面了。池仲容和王阳明才谈上三句话，他的紧张感就消失得无影无踪。王阳明就有这种本事，能用三言两语把一个陌生人变成朋友。

王阳明说："你在南赣可谓是大名鼎鼎，而我籍籍无名。今日我们二人相见是大喜事，我可以回京交差，南赣百姓可以安居乐业，你功不可没。"

池仲容哼哼哈哈地附和着，他偷偷地打量王阳明。这人正如外面传言的那样，不是什么一餐斗米、吸风饮露的神仙，只是个身体孱弱，几乎有点弱不禁风的黑面书生。他在一瞬间想到这样一个问题：这样一个人，怎么就能用兵如神？他的军事能力从哪里来？

池仲容存着这个疑问又开始想另外的问题，万一他现在就和我谈投降事宜，我该如何应对？如果我说容我考虑下，会不会激怒他？他扫视了下周围，心想，即使他恼了，我也不怕，我凭这四十个大汉就能冲出赣州城。

很多时候，你越是想什么，那“什么”就绝不会发生。意外毫无悬念地发生了：王阳明根本没有谈投降事宜，而是用一句话结束了这次会面：“你先休息几天，住处我已经为你们准备好了。”

王阳明为他们准备的住处在赣州城最繁华的地段，住处装修华丽，生活设施一应俱全。这对于总在大山里生活的人来说，简直就是天堂。池仲容和他的卫队躺在舒适豪华的大床上一夜未眠，这足以证明，有些福对于有些人而言，是不能享受的。第二天起床，王阳明就派人送来酒肉，还有当时最新潮的衣服。池仲容的卫队大为惊喜，感动不已。不过池仲容还是稳住了心态，他做了三件事：第一，派人到赣州城里城外仔细打探王阳明部队的情况；第二，通过重金贿赂监狱的守卫，他亲自去监狱看了卢珂；第三，寻找赣州城最顶级的妓院和最有名的妓女。

三件事很快就有了结果：赣州城里除了少量的王阳明卫队和巡逻队外，没有任何军队；卢珂在监牢里睡大觉；赣州城里的妓院可怜兮兮的只有一两家，他们没的挑，只能将就了。

池仲容放下心来，给他的根据地写信说，在赣州城没有遇到任何事，你们尽管放心，不要每天都绷紧神经。

三浰根据地和他的那些据点马上放松了守备，大家都认为无事了，再熬一段时间，王阳明就滚蛋了。

王阳明不可能滚蛋，而且在池仲容做那几件事的同时，他也没有闲着。池仲容从关押卢珂的监狱一走，他马上放了卢珂，要他昼夜兼程回龙川集结他的部队随时待命。同时又让各地方的部队悄悄集结，等待他的命令；另一方面，他每天都和池仲容喝酒吃肉，池仲容的那些保镖在几天时间里把半辈子的肉都吃了。

王阳明还对他们抱有一丝希望，所以每次在宴席上都会对他们谈仁义道德，对他们谈人之为人，就在于忠孝。并且暗示他们，你们现在上山做贼，让父母担心是不孝，和政府作对就是不忠。一个不忠不孝的人如果还不主动改正，那就是无可救药，如何生活在这个世界上。

池仲容深刻明白王阳明的意思，但他来赣州可不是来投降的，他是来缓兵的。按他一直以来的想法，只要再拖上一段时间，王阳明就会知难而退。池仲容把政府恨入骨髓，怎么可能投靠政府。他最想过的日子就是坐在虎皮铺垫的木头椅上，吃肉喝酒。其他一切，不是他人生的题目。

所以王阳明苦口婆心地劝他改邪归正，而他却用各种借口搪塞，王阳明渐渐发现，他在对牛弹琴。或许正是他总对牛弹琴，池仲容这头牛不高兴了。他要告辞回三浰。

王阳明在1518年春节到来之前的最后几天时，所考虑的事已不是如何对付池仲容。池仲容现在已是他盘里的烤鸭，插翅难飞。他疑虑的是，卢珂还没有回到龙川。他之所以重视卢珂，是因为卢珂本来是贼，贼最了解贼，“以贼攻贼”会减少不必要的损失。而且，卢珂回到龙川，就可以完成对三浰的合围计划。

他对池仲容只字不提投降的事，而是劝他，现在已是年关，你若回去，春节一过还要来给我拜年，何苦这样折腾。我看赣州这地方可能比不上你的三浰，但有一样，你三浰是没有的，就是元宵节的花灯。你也不差这十几天，赏完花灯再走也不迟。

池仲容说起了场面话：“叨扰多时，心有不安，我们还是走吧。”

王阳明叹道：“你这一回，我也要回京交差，人生苦短，咱们此生恐怕再不能相见，我很不舍。我这里有酒有肉，你们还经常出去找妓女，今后这样的好日子恐怕不多，何不多享受几天？”

谈到酒肉，池仲容的卫队无动于衷，因为他们山中也经常有酒肉。但谈到女人，山中就很稀缺了，池仲容的卫士们两眼放光。他们劝池仲容多留几天，按池仲安的说法，人家王阳明都说了，他要回京交差了，你在赣州城等他走和回三浰等他走，有什么区别？

池仲容的卫队认为没有区别，池仲容思来想去，也认为应该没有区别。他的确好多年不在民间过春节了，他想，这倒是个好机会。

春节那天，池仲容和他的卫队喝得烂醉如泥。第二天醒来时已是中午，池仲容后怕起来，如果王阳明就在他们喝醉时下手，那简直易如反掌！他对池仲安说：“不是我不相信王阳明，我是心理素质不过硬，总觉得在这里每天都提心吊胆的。”

池仲安大为惊异，说：“看来你的心理是有问题，那怎么办？”

池仲容说：“后天，初三，初三必须离开这个鬼地方。”

王阳明同意了池仲容的告辞请求，因为他估算着卢珂已经到了龙川，他说：“初三日子不好，初四早上走。初三，我为你们饯行。”

池仲容不同意，说：“初三我们必须走。”

王阳明回复：“可以，中午吃饭，饭毕，你们就上路。”

在这种拉锯式的谈判中，池仲容神经不再紧张，一想到回三浰，他就舒坦了很多，心里最后的警惕不复存在。

1518年正月初三，王阳明请他们吃大餐。吃到一半时，池仲容的卫队把武器从身上摘了下来。即将结束时，王阳明向他身边的卫兵使了个眼色，他的卫兵大喝一声："拿下。"

帐幕后面蹿出了一群刀斧手，池仲容"哇呀"一声，去拿身边的武器，但他太慢了，两个刀斧手已把他拍倒在桌子上，他的卫队里有几个人跳到桌子上要反抗，王阳明的刀斧手们就把桌子掀翻，把他们压在底下。整个缉捕过程快速有效，没有任何人伤亡，池仲容被捕了。

王阳明命人把池仲容等人捆绑起来，击鼓升堂，拿出了卢珂递交给他的书信，那上面写的正是池仲容必反的分析报告。王阳明冷冷地盯着他，说："你认罪吗？"

池仲容嘴里渗出苦涩的黏液，勉强地笑了笑，没有说话。在一瞬间，他确信，一切都已过去了。

王阳明接着问："你既已投降我，为何还要造反？"

池仲容吐出了几个字："欲加之罪何患无辞。"他又补充了一句，"你杀了我一个，我那万把兄弟不会袖手旁观。"

王阳明说："我想象不出，你那万把兄弟看到你的人头后会有什么感想？"

池仲容一干人等被斩首，头颅还在滴血，王阳明就下达了对三浰的总攻令。他本人率领自己的卫队经由龙南县冷水径直奔浰头三寨。

三浰岌岌可危。任何一个组织、团体乃至团伙只要群龙无首，灭亡可立而待。王阳明在给中央政府的报告中三番五次说三浰是南赣地区危害最大的土匪，原因就在于池仲容的武装有严明的纪律和远大的割据理想。靠纪律组织起来的一群人就不是团伙，而是组织。当然，辩证法告诉我们，有利就有弊，这种靠纪律维持的组织，一旦没有了领导，必是一盘散沙。王阳明把池仲容诓到赣州，无非是要造成这样的后果。不过，王阳明并未轻视三浰武装，虽然在群龙无首下没有有效的抵抗，可他们的力量还在。困兽犹斗，有时候比自由的野兽还要厉害。

1518年正月初七，王阳明兵分三路，直指三浰：第一路从广东惠州府龙州县奔三浰；第二路从江西赣州府龙南县奔三浰；第三路从赣州府信丰县奔三浰。卢珂的龙川部队作为机动部队，随时支援各处。

三浰山贼自池仲容送回那封平安信后，就已没有了丝毫的警惕。1518年正月初七那天，王阳明三路剿匪部队向他们发起进攻时，他们张皇失措，在短暂商议后，决定把精锐放在龙子岭抵抗王阳明。王阳明三路部队同时向龙子岭发动猛攻，决心一战而成。开始时，王阳明部队遇到了顽强的抵抗，但当战斗进入白热化时，王阳明命人把池仲容的人头悬挂在长杆上，叫人呼喊：“你们大王已身首异处。”池仲容的部队顷刻丧失斗志，在逃跑中互相践踏，死了一半，另一半又被王阳明的部队紧紧追击，也死伤殆尽。王阳明趁热打铁，命令所有部队扫荡池仲容的各个据点，池仲容多处据点的抵抗都没有任何实质意义，只有九连山据点的抵抗可圈可点。

九连山四面都是悬崖绝壁，只有一条鸟道可以到达山顶。九连山武装设下了滚木礌石，王阳明部队寸步难进。王阳明乞灵于诈术，他挑选一批敢死队，让他们穿上盗贼的服装，入夜后，这批敢死队在九连山下发出凄惨的求救，声称他们是从老巢逃出来的人。九连山盗贼毫不怀疑，给他们开了大门，打着灯笼照着他们脚下的路。敢死队抓住机会砍翻了守卫，守住隘口，放进了王阳明的一部分大部队。九连山就这样被拿下了。

1518年农历三月初八，王阳明从三浰班师回赣州，让四省多年疲于奔命而又劳而无功的南赣匪患被王阳明彻底平定，用去的时间仅一年零三个月。

只怕有心人

我们叙述王阳明南赣剿匪时，读者往往会产生这样的疑问：剿匪真的就如叙述的那样顺利？一个明显的事实是，南赣土匪在少则数万、多则数十万的四省剿匪部队面前几乎不可动摇，但在王阳明指挥的一万余部队面前却不堪一击。原因何在？

1518年农历四月下旬一个阳光明媚的午后，王阳明邀请他的弟子们喝酒，席间，他真心实意地对弟子们说：“谢谢诸位，以此相报。”弟子们大为惊讶，说：“我们还为没有帮到您而惭愧，您为何要感谢我们？”王阳明回答：“我刚到赣州办理军务时，时常担心办错事，愧对诸位，所以谨慎之极。我一人静坐回忆执行赏罚时，总感觉有些地方还是不到位。不过一旦与诸位相对，我感觉所做的一切赏罚之事都无愧于心。这就是你们助我之处啊。”

其实这段话说的就是“事上练”，任何一件事靠你一个独坐想象，无论想得如何滴水不漏，都于事无补。必须要到事上去磨炼。做事时无愧于人、无愧于心，这才是王阳明心学所说的真正的“存天理去人欲”，真正的“炼心”。

王阳明的这段话还透露出一个信息。他初到南赣打败詹师富之后曾给中央政府上了一道奏疏，他认为赏罚不明才是南赣剿匪屡次失利的根本原因。也就是说，他自认为能够顺利扫荡群贼，归因于他在忠诚地执行了赏罚。

固然，“赏罚公正”是一个组织前进的催化剂。但公正的赏罚只能保证组织本身的前进，它并不是组织解决外部问题的充要条件。王阳明南赣剿匪的全盘胜利，主要靠的是他非同凡响的军事才能和行政才能。

王阳明在军事上有三个过人之处。

一、不重形式，只重实质。王阳明之前的南赣巡抚都喜欢调动四省部队，场面壮观，声势逼人，却寸功难立。王阳明认为这是搞形式主义，南赣地区千山万壑，根本就不适合大部队纵横驰骋，而且劳民伤财。他动用的剿匪部队其实只是机动部队，人数最多时才一万余人。按他的见解，山贼未经过专业的军事训练，所以野战能力脆弱，全靠地势存活，只要解决了他们倚靠的“地利”就万事大吉。而解决“地利”的问题，一支骁勇善战的机动部队就足矣。

二、以毒攻毒，以贼攻贼。任何一个王朝的正规军在军事训练中很少训练山地战。因为正规军的主要任务是抵御强大的外敌，消灭敌人有生力量必须在大平原上进行硬碰硬的冲锋战，躲猫猫式的游击战简直就是玩笑。所以正规军一旦对付起山贼草寇，就力不从心。王阳明的策略就是以毒攻毒，以贼攻贼。最了解贼的不是官，而是贼。用贼攻贼，势如破竹。王阳明重用受降的卢珂，就是此例。

三、心理战。真真假假、虚虚实实，永远让人摸不透他的路数。

在军事才能之外，王阳明还有出色的行政才能。每消灭一处土匪，他就在土匪滋生处建立政府据点，崇义县、和平县就是这种思路的产品。另外，之前我们提到的保甲制、光荣榜和黑名单，都被王阳明在南赣地区全方位地实行了。最值得一提的是《南赣乡约》。

南赣匪患销声匿迹后，王阳明开始以一个儒家门徒的眼光看待匪患产生的缘由。儒家思想把个人道德抬到至高无上的位置，认为道德是灵丹妙药，百病可除。王阳明把这种思想实践化。他的心学认为，道德就在我心，不必外求，关键是有人并不想释放它。

如果遇到不想释放道德的人，王阳明和孔孟的办法一样：教养。孔孟、朱熹、王阳明都认为，家庭宗族乡里的风俗环境，对个人的道德和行为影响极深。孔子说，性相近，习相远。孟母为了让孟子有个良好的生活环境，曾多次搬家。王阳明则说：“天理固然在我心中，但如果一个意志力不坚定的人，生活在一个肮脏的环境里，他的天理就很难显现。”

按王阳明心学的意思，真正的圣人是在花街柳巷而能清白为人，不去做妓；

是在强盗窝里正身修心，不当强盗的人。可这样的圣人凤毛麟角，因为大多数人都是被大环境影响的。所以，对于这大多数人来说，大环境是相当重要的。

不过王阳明也认为，单纯和这些人讲大道理未必有效，所以他的《南赣乡约》不是道德教科书，实际上，它应该属于命令，其中主要内容如下：

一、每一乡的领导人（约长、约正）要帮助大家，必须对他所管辖区域内的人负责。任何人有疑难，乡领导必须出面为其解决。乡领导还要主动去了解人们的困难，如果有人作奸犯科，乡领导就有连带责任。

二、每一乡的领导人要协助官府完成纳粮的任务，劝一些顽民改过自新、恪守本分，以及劝诫大家维护地方安定。如果乡领导认为无法解决的问题，必须第一时间向官府汇报。

三、每一乡的领导人有保护其所管辖人民的责任。如果有地方官吏、士兵等来勒索骚扰，乡领导必须向官府报告，并追究官吏和士兵的法律责任。

四、每一乡的领导人必须有处理管辖区事宜的责任和义务。在经济事务上，乡领导要劝令大户、客商，放债收息合依常例，贫难不能偿还的宜以宽舍，不得趁火打劫，逼人为盗。亲族乡邻若有纷争、斗殴等不平之事，不得妄为，当向乡领导上诉。男女成年宜及时婚嫁，如有因为聘礼或嫁妆没准备好而推迟婚期，要请示乡领导，乡领导要出面劝他们不要耽搁，随时婚嫁。为父母办丧事，根据家庭经济条件，只要心诚尽孝就好，不必浪费。否则，乡领导有权在纠恶簿上的“不孝”栏里写上他的名字。

由上述内容可以看出，《南赣乡约》从政治层面来讲，很有点自治的味道。它是一个由政府督促的乡村组织，也许在王阳明之前，它不过是个政府的规条，而到了王阳明手中，它就成了政府统治乡村的工具。而从王阳明心学的角度来讲，它就是“格心”。

康有为曾说，言心学者必能成事，而且是大事，这句话在王阳明身上是不言而喻的真理。因为王阳明心学，说白了，就是让人用心的学问。所谓“天下无难事，只怕有心人”。任何一件事，只要你用心，正如王阳明所说，道理就在你心中，你用了这个道理，就必能成事。“用心”其实就是一种使命感，为了一个目的而进行全方位的思考。

王阳明到南赣剿匪就一直在用心。他最初的目的是消灭山贼，他就“用心”地运用“诈术”消灭山贼。他后来的目的是还百姓一个太平世界，他就“用心”地设立政府据点、教化百姓，出炉《南赣乡约》。因为他的使命感告诉他，消灭土匪后拍拍屁股走人不是做事的正确态度。

当然，在一年多的剿匪过程中，他始终没有忘记自己作为心学大师的角色。只要稍有空闲，他就会和跟随他的弟子讨论心学。在赣州，他要弟子们静坐祛除人欲，又让弟子去事上练，更让弟子们去事上练时一定要诚心实意。为了大范围地传播他的心学，他在赣州城一口气建立了义泉书院、正蒙书院、富安书院、镇宁书院、龙池书院。同时写下心学《教约》，要弟子们每日清晨聚集后，扪心自问如下问题：爱亲敬长的心是否有松懈时？孝顺父母的行为实践否？人际交往中是否有不得当之处？每天是否做了欺心的事？如果没有，那就继续，如果有，那就马上要改。

为了让弟子们深刻理解他的心学，他在赣州写下了《大学问》一书。《大学问》是心学入门课，是王阳明从心学的角度重新解释了儒家经典《大学》。任何对心学感兴趣的人，必须要读这本书。而如果能读透这本书，也就从理论上正式迈进了王阳明心学的殿堂。

心学入门课——大学问

首先将和我们有关的《大学》的内容放在这里：

> 大学之道，在明明德，在亲民，在止于至善。知止而后有定，定而后能静，静而后能安，安而后能虑，虑而后能得。物有本末，事有终始，知所先后，则近道矣。古之欲明明德于天下者，先治其国；欲治其国者，先齐其家；欲齐其家者，先修其身；欲修其身者，先正其心；欲正其心者，先诚其意；欲诚其意者，先致其知；致知在格物，物格而后知至，知至而后意诚，意诚而后心正，心正而后身修，身修而后家齐，家齐而后国治，国治而后天下平。

有弟子问王阳明：“《大学》一书，过去的儒家学者认为是有关‘大人’的学问。我冒昧地向您请教，‘大人’学问的重点为什么在于‘明明德’呢？”

《大学》是论述士大夫通过广泛学习，获取可以用来从政做官的学识和本领的一篇文章。学习的目的就是为治理国家，并显示自己光明的品德。古典儒家和朱熹认为，“大人”就是获得治理国家能力和光明自己品德的人。

王阳明的回答是："所谓'大人'，就是以天地万物为一体的那种人。他们把天下人看成是一家人，把所有中国人看作一个人。倘若有人按照形体来区分你和我，这类人就是与'大人'相对的'小人'。'大人'能够把天地万物当作一个整体，并非是他们有意这样认为的，实在是他们心中的仁德本来就是这样，这种仁德跟天地万物是一个整体。

"实际上，不仅仅是'大人'会如此，就是'小人'的心也是这样的，问题就在于，他们自己把自己当作'小人'罢了。为什么这样说呢？任何一个人看到一个小孩儿要掉进井里时，必会自然而然地生起害怕和同情之心，这说明，他的仁德跟孩子是一体的。

"或许有人会说，哎哟，那孩子是人类，所以才有害怕和同情的心。可是当一个人看到飞禽和走兽发出悲哀的鸣叫或因恐惧而颤抖时，也肯定会产生不忍心听闻或观赏的心情。飞禽走兽不是人类，他仍有这样的心情，这说明他的仁德跟飞禽和走兽是一体的。

"或许有人又疑问：飞禽和走兽是有灵性的动物，如果他看到花草和树木被践踏和折断时呢？我确信，他也必然会产生怜悯、体恤的心情，这就是说他的仁德跟花草树木是一体的。

"又有人说，花草树木是有生机的植物，如果当他看到砖瓦石板被摔坏或砸碎时呢？我仍然确信，他也肯定会产生惋惜的心情，这就足以说明他的仁德跟砖瓦石板也是一体的。这就是万物一体的那种性德，即使在'小人'的心中，这种性德也是存在的。

"那么，这种性德是怎么来的呢？这个问题无需证明，它与生俱来，自然光明而不暗昧，所以被称作'明德'。只不过'小人'的心已经被分隔而变得狭隘、卑陋了，然而他那万物一体的仁德还能像这样正常显露的时候，是他的心处于没有被欲望所驱使、没有被私利所蒙蔽的时候。

"待到他的心被欲望所驱使、被私利所蒙蔽、利害产生了冲突、愤怒溢于言表时，他就会损物害人、无所不用其极，甚至连自己的亲人也会残害。在这种时候，他那内心本具的万物一体仁德就彻底被遮蔽了。所以说在没有私欲障蔽的时候，虽然是'小人'的心，它那万物一体的仁德跟'大人'也是一样的；一旦有了私欲的障蔽，虽然是'大人'的心，也会像'小人'之心那样被分隔而变得狭隘、卑陋。所以说致力于'大人'学养的人，也只是做祛除私欲的障蔽、彰显光明的德性、恢复那天地万物一体的本然仁德功夫而已。根本不必在本体的外面去增加或减少任何东西。"

这段话的意思是，人人都有良知，与生俱来，不必外求。一个有良知的人不会去杀戮同类，也不会去残害飞禽走兽，更不会践踏草木瓦石，因为有良知的人能把天地万物都当成自己的一部分。而那些杀戮同类、残害飞禽走兽、践踏草木瓦石的人不是没有良知，而是良知被遮蔽了。所以说“光明自己的良知”（明明德）很重要。

弟子接着又问：“‘明明德’确实很重要，可是为什么又强调‘亲民’呢？”

王阳明的回答是：“‘明明德’是要倡立天地万物一体的本体；亲民（关怀爱护民众）是天地万物一体原则的自然运用。所以，明明德必然要体现在亲爱民众上，而只有亲民才能彰显出光明的德性（明明德）。所以爱我自己父亲的同时也兼爱他人的父亲，以及天下所有人的父亲。做到这一点后，我心中的仁德才能真实地同我父亲、别人的父亲以及天下所有人的父亲成为一体。真实地成为一体后，孝敬父母（孝）的光明德性才开始彰显出来。爱我的兄弟，也爱别人的兄弟，以及天下所有人的兄弟，做到这一点后，我心中的仁德才能真实地同我兄弟、他兄弟以及天下所有人的兄弟成为一体。真实地成为一体后，尊兄爱弟（悌）的光明德性才开始彰显出来。

“对于君臣、夫妇、朋友，以至于山川鬼神、鸟兽草木也是一样，真实地爱他们的，以此来达到我的万物一体的仁德，然后我的光明德性就没有不显明的了，这样才真正与天地万物合为一体。这就是《大学》所说的使光明的德性在普天之下彰显出来，也就是《大学》进一步所说的家庭和睦、国家安定和天下太平，也就是《中庸》所说的充分发挥人类和万物的本性（尽性）。”

这段话的意思是，良知的有无不是你说有就有，必须要知行合一，要到事上磨炼，要致良知。也就是说，要光明你的良知（明明德），必须到在万事万物上（亲民）。不然的话，那就成了禅宗，只说不做。

弟子问：“既然如此，做到‘止于至善’为什么又那么重要呢？”

王阳明回答：“所谓‘至善’，是‘明德’‘亲民’的终极法则。‘至善’的显现，表现在立刻能肯定对的、否定错的。凡轻重厚薄，都能根据当时的感觉而展现出来，它富于变化却没有固定的形式，然而它是人的规矩与物的法度的终极裁断，其中不容许有些微的设计筹划、增益减损存在。其中若稍微有一点设计筹划、增益减损，那就是出于私心的意念和可笑的智慧，而并不是真正意义上的‘至善’。只有将慎独（自己独处时也非常谨慎，时刻检点自己的言行）做到精益求精、一以贯之境界的人才能达到如此境界。

“后人因为不知道‘达到至善’的关键在于我们自己的心，而是用自己掺杂私欲的智慧从外面去揣摩测度，以为天下的万事万物各有自己的道理，因此掩盖了评判是非的标准，使‘心为统帅’的简单道理变得支离破碎、四分五裂。人们的私欲泛滥而公正的天理灭亡，明德亲民的学养由此在世界上变得混乱不堪。

“古来就有想使明德昭明于天下的人，然而因为他们不知道止于至善，所以使得自己夹杂私欲的心过于膨胀、拔高，所以最后流于虚妄和空寂，而对齐家、治国、平天下的真实内容无所帮助，佛家和道家两种流派就是这样的。

“古来就有希望亲民的人，然而由于他们不知道止于至善，而使自己的私心陷于卑微的琐事中，因此将精力消耗在玩弄权谋智术上，从而没有了真诚的仁爱恻隐之心。春秋五霸这些功利之徒就是这样的。

“这都是由于不知道止于至善的过失啊。所以止于至善对于明德和亲民来说，就像规矩画方圆一样，就像尺度量长短一样，就像权衡称轻重一样。所以说方圆如果不止于规矩，就失去了准则；如果长短不止于尺度，丈量就会出错，如果轻重不止于权衡，重量就不准确。而明明德、亲民不止于至善，其基础就不复存在。所以用止于至善来亲民，并使其明德更加光明，这就是所说的大人的学养。”

止于至善，说的就是按良知的指引做事。

弟子问：“‘知道要止于至善的道理，然后自己的志向才得以确定；志向确定，然后身心才能安静；身心安静，然后才能安于目前的处境；安于目前的处境，然后才能虑事精详；虑事精详，然后才能得到至善的境界。’这是什么意思呢？”

王阳明回答：“人们只是不知道‘至善’就在自己心中，所以总是向外界寻求；以为万事万物都有自己的定理，从而在万事万物中去寻求‘至善’。所以使得求取至善的方式、方法变得支离决裂、错杂纷纭，而不知道求取至善有一个确定的方向。

“如果你知道至善就在自己心中，而不用向外面去寻求，这样意志就有了确定的方向，从而就没有支离决裂、错杂纷纭的弊病了。没有支离决裂、错杂纷纭的困扰，那么心就不会妄动而能处于安静。心不妄动而能安静，那么在日常生活中，就能从容不迫、闲暇安适，从而安于目前的处境。能够安于目前的处境，那么只要有一个念头产生，只要有对某事的感受出现，它是属于至善的呢，还是非至善呢？我心中的良知自然会以详细审视的本能对它进行精细的观察，因而能够达到虑事精详。能够虑事精详，那么他的分辨就没有不精确的，他的处事就没有不恰当的，从而至善就能够得到了。”

只有让自己的良知正常工作，那就能做到定、静、安、虑、得。由此可知，良知并不仅是一种美德，还能助你做成一切事。

弟子问：“任何事物都有本末主次，从前的理学家把彰显德性当作根本，把教导民众重新做人当作末梢，这两者是从内心修养和外部用功的相互对应的两个部分。事情有开始和结束。从前的理学家把知道止于至善作为开始，把行为达到至善作为结束，这也是一件事情的首尾相顾、因果相承。像您这种把‘新民’作为‘亲民’的说法，是否跟儒家学者有关本末终始的说法有些不一致呢？”

王阳明回答：“有关事情开始与结束的说法，大致上是这样的。说显明德性为本，亲爱人民为末，这种说法也不是不可以。但是不应当将本末分成两种事物。树的根干称为本，树的枝梢称为末，它们只是一个物，因此才称为本与末。如果说是两种物，那么既然是截然分开的两种物，又怎么能说是相互关联的本和末呢？如果明白彰显光明的德性是为了亲爱民众，而亲爱民众才能彰显光明的德性，那么彰显德性和亲爱民众怎么能截然分开为两件事呢？理学家的说法，是因为不明白明德与亲民本来是一件事，反而认为是两件事，因此虽然知道根本和末梢应当是一体的，却也不得不把它们区分为两种事物了。”

朱熹解释《大学》，认为是“新民”，而不是“亲民”，王阳明认为是“亲民”，再次阐释“知行合一”。

弟子问：“从‘古代想使天下人都能发扬自己本身具有的光明德性的人’，直到‘首先要修正本身的行为’，按照先生您‘明德亲民’的说法去贯通，也能得到正确、圆满的理解。现在我斗胆请教您，从‘要想修正本身的行为’，直到‘增进自己的知识，在于能够析物穷理’，在这些修为的用功次第上又该如何具体地下功夫呢？”

王阳明回答：“此处正是在详细说明明德、亲民、止于至善的功夫。人们所说的身体、心灵、意念、知觉、事物，就是修身用功的条理之所在，虽然它们各有自己的内涵，而实际上说的只是一种东西。而格物、致知、诚意、正心、修身，就是在现实中运用条理的功夫，虽然它们各有自己的名称，而实际上说的只是一件事情。什么叫作身心的形体呢？这是指身心起作用的功能而说的。什么叫作身心的灵明呢？这是指身心能做主宰的作用而说的。什么叫作修身呢？这里指的是要为善去恶的行为。我们的身体能自动地去为善去恶吗？必然是起主宰作用的灵明想要为善去恶，然后起具体作用的形体才能够为善去恶。所以希望修身的人，必须首先要摆正他的心。然而心的本体就是性，性天生都是善的，因此心的本体本来没有不正的。

“那怎么用得着去做正心的功夫呢？因为心的本体本来没有不正的，但是自从有意念产生之后，心中有了不正的成分，所以凡是希望正心的人，必须在意念产生时去加以校正，若是产生一个善念，就像喜爱美色那样去真正喜欢它；若是产生一个恶念，就像厌恶恶臭那样去真正讨厌它，这样意念就没有不诚正的，而心也就可以得正了。

“然而意念一经发动、产生，有的是善的，有的是恶的，若不及时明白并区分它的善恶，就会将真假对错混淆起来，这样的话，虽然想使意念变得真实无妄，实际上也是不可能的。所以想使意念变得纯正的人，必须在致知上下功夫。

“‘致’就是达到的意思，就像常说的‘丧致乎哀’的致字，《易经》中说到‘知至至之’，‘知至’就是知道了，‘至之’就是要达到。所谓的‘致知’，并不是后来的儒家学者所说的扩充知识的意思，而是指达到我心本具的良知。这种良知，就是孟子说的‘是非之心，人皆有之’的那种知性。

“这种知是知非的知性，不需要思考，它就知道；不需要学习，它就能做到。因此我们称它为良知。这是天命赋予的属性，这是我们心灵的本体，它就是自自然然灵昭明觉的那个主体。凡是有意念产生的时候，我们心中的良知就没有不知道的。如果它是善念，唯有我们心中的良知自然知道；如果它是恶念，也唯有我们心中的良知自然知道。这是谁也无法给予他人的那种性体。

“所以说，虽然小人造作不善的行为，甚至达到无恶不作的地步，但当他见到君子时，也会不自在地掩盖自己的恶行，并极力地表白自己做的是善事。由此可以看到，就是小人的良知也具有不容许他埋没的特质。

“今日若想辨别善恶以使意念变得真诚无妄，其关键只在于按照良知去判断行事而已。为什么呢？因为当一个善念产生时，人们心中的良知就知道它是善的，如果此时不能真心诚意地去喜欢它，反而背道而驰地去远离它，那么这就是把善当作恶，从而故意隐藏自己知善的良知了。而当一个恶念产生时，人们心中的良知就知道它是不善的，如果此时不能真心诚意地去讨厌它，甚或反而把它落实到实际行动上，那么这就是把恶当作善，从而故意隐藏自己知恶的良知了。像这样的话，虽说心里知道，但实际上跟不知道是一样的，那还怎么能够使意念变得真实无妄呢？

“良知所知道的善，虽然人们诚心地想去喜欢它，但若不在善的意念所在的事情上实实在在地践履善的价值，那么具体的事情就有未被完全校正的地方，从而可以说喜欢善的愿望还有不诚恳的成分。良知所知道的恶，虽然人们诚心想去讨厌它，但若不在恶的意念所在的事情上实实在在地铲除恶的行为，那么具体的事情就有未被完全校正的地方，从而可以说那讨厌恶的愿望还有不诚恳的成分。如今在良知所知道的善事上，也就是善意所在的事情上实实在在地去为善，使善的言行没有不尽善尽美的。在良知所知道的恶事上，也就是恶意所在的事情上实实在在地去除恶，使恶的言行没有不被去除干净的。我的良知所知道的内容就没有亏缺和被掩盖的地方，从而它就得以达到纯洁至善的极点了。

“此后，我们的心才会愉快坦然，再也没有其他的遗憾，从而真正做到为人谦虚。然后心中产生的意念才没有自欺的成分，才可以说我们的意念真正诚实无妄了。所以《大学》中说道：‘系于事上的心念端正后，知识自然就能丰富；知识得以丰富，意念也就变得真诚；意念能够真诚，心情就会保持平正；心情能够平正，本身的行为就会合乎规范。’虽然修身的功夫和条理有先后次序之分，然而其心行的本体却是始终如一的，确实没有先后次序的分别。虽然正心的功夫和条理没有先后次序之分，但在生活中保持心念的精诚纯一，在这一点上是不能有一丝一毫欠缺的。由此可见，格物、致知、诚意、正心这一学说，阐述了尧舜传承的真正精神，也是孔子学说的心印之所在。”

良知是件法宝，使用它不需要任何繁琐的程序，也不需要任何咒语，只要你按它的意思行事，就是最好的使用方式。

这就是王阳明《大学问》告诉我们的一个终极真理，用王阳明的话说，不是我告诉你的，这个道理其实就在你心中：天下一切事，都是你良知的事。

风雨又来

1519年春节刚过，王阳明在赣州给王琼写了封长信。在信中，他平静地叙述了南赣地区的剿匪和设立行政区的情况。人们从梦中醒来后，就再也不会心有余悸地去回想那个噩梦。紧接着，他满怀热情地追忆了王琼对他的信任往事，声称如果没有王琼在中央政府的全力支持，他在南赣的剿匪不可能这样顺利。然后又谈到自己获得的那些国家荣誉，诸如升为右副都御史，实在感到有愧，他没有这个才能。还有他的后代可以世袭千户，这让他受宠若惊。他说，大部分功劳应归于王琼。

王阳明这样说，乍一看去有些虚伪。南赣匪患的平定无可置疑是他的功劳，王琼不过是把他推到那个舞台上而已。不过这就是问题所在：王阳明固然伟大，但王琼更伟大，因为他能重用王阳明。

信的最后，王阳明谈到自己的健康状况。他说南赣地区气候潮湿，瘴疠弥漫，他的肺病复发，又因为剿匪工作辛苦，所以生活作息不能规律，患了很严重的痢疾。他此刻最大的希望就是王琼能在皇上朱厚照面前替他求情，允许他退休回老家。他说，自己所以如此不顾体统地总想回家，是因为祖母于1518年农历十二月离开了人世，他因为来南赣剿匪未能见祖母最后一面，内心在滴血。

王阳明的身体状况的确不容乐观。他在给弟子的信中经常提到他的肺病和不见好转的痢疾，在1518年春节的那场邀请池仲容的宴会上解决了池仲容后，他一个猛子扎到地上，口吐鲜血。弟子们惊慌地扶起他时，他开始剧烈地咳嗽。当时弟子们的感觉是，王阳明想把肺咳出体外。在成功地彻底扫荡南赣山贼后，他连续四次写信给朱厚照、给吏部、给兵部，允许他退休，但都被一一驳回。

中央政府不准王阳明退休，实际上是王琼不让王阳明退休。王阳明在南赣建下煊赫的功绩后，中央政府很多人既羡慕又嫉妒，他们巴不得王阳明赶紧离开政坛。意料之中的，这些人都是朱熹门徒。他们担心王阳明会挟着卓著功勋闯进中央政府，与他们并肩而立。可这是他们绝不能容许的，因为在他们眼中，王阳明是异端，是他们的精神偶像朱熹的敌人。

1519年二月初，王阳明的第四封请求退休的信到达北京。朱厚照先问吏部尚书陆完，王阳明三番五次要退休，吏部怎么看。

陆完是朱熹门徒，但从未按朱熹的教导“存天理去人欲”。他对王阳明在南赣的成就不屑一顾，因为他也是靠剿杀农民武装（1510年刘六、刘七起义）成功上位的。他对朱厚照说，王阳明在江西的剿匪是托皇上洪福，他是个异端分子，不应该留在政府中，可以允许他辞职。

朱厚照又问王琼。王琼的回答是，王阳明绝不能离开江西！

朱厚照问为什么。王琼不可能说是因为宁王朱宸濠，可他也没有别的理由。王阳明第一次请求退休时，他对朱厚照说南赣地区还有土匪残余，只有王阳明能扫清这些残匪。王阳明第二次要求退休时，他对朱厚照说南赣地区社会治安问题很大，王阳明必须要整顿社会秩序。王阳明第三次申请退休时，他对朱厚照说没有合适人选接替王阳明。总之，他用尽各种借口把王阳明钉在了江西。但这最后一次，他实在找不出理由来了。王阳明给中央政府的报告中已经详细地说明了他清整南赣的所有举措和成果。如果南赣地区已经太平无事，谁来当这个南赣巡抚已无关紧要。

这就是陆完的看法，也是朝廷内部很多官员的看法。他们都对王琼在王阳明退休上的态度疑惑不解，既然匪患已平定，南赣社会秩序已恢复，为什么不让人家离开？王琼对这些人的质疑反应很冷淡，只是希望朱厚照不要批准王阳明的退休请求。他有一种不祥的预感，大事马上就要发生，山雨马上就要来了。

朱厚照也不理解王琼何以如此没有人情味，人家王阳明口口声声说身体状况不佳，祖母又去世，就是铁石心肠的人看到王阳明信中提及未见祖母最后一面的悲痛笔墨也会流下眼泪，可王琼却不为所动。

朱厚照对别人的伤心事一向不太关心，而南赣匪患的平定的确是王琼举荐王阳明的功劳，所以他也就不想有什么立场。他对王琼说，你呀，和王阳明好好谈谈这件事，人家非要退休，你就不要强人所难。又对陆完说，这件事就暂时听王琼的吧，你们吏部把他的退休申请打回去。

王阳明接到吏部“不准致仕”的信后，叹了口气。他的学生问他：“我听说老师您年轻时就立下经略四方的志向，如今天下不安，到处都是可以建功立业之地。您为何屡屡辞职呢？”

王阳明思索半天，才道：“当年年轻气盛，自龙场之后，这种心态平和了很多。因为我终于想明白，人有建功立业的心没有错，但千万不要把这种心当成常态。我们应该时刻格自己的心，心如明镜，物来则照，不要刻意去追求。你把自己锻造成一个良知光明的人，这种机会总来找你。况且，我现在最重要的任务是传播心学，让天下人知道圣学法门，相比而言，建功立业就成了副业。”

又有弟子问他：“如果您在年轻时被派来剿匪，您能成功吗？”

王阳明痛快地回答：“恐怕不能。”

弟子问：“为什么？”

王阳明回答：“我早已说过，年轻时涉世未深，内心浮躁，心不定就难成事。人非要经历一番不同平时的劫难才能脱胎换骨，成为真正能解决问题的人。”

弟子问：“如果没有磨难呢？难道去主动找吗？”

王阳明回答：“当然不是这样。我是从磨难中得到了真谛，人只要时刻格心，让良知不要被人欲遮蔽，就都能成功。”

1519年前半年，王阳明就是在这种和弟子有声有色的讲学中度过的。他没有再向中央政府递交退休申请，他的身体虽然恢复了许多，但远不及正常人健康。有一段时间，他曾想起他的妹夫、最得意的大弟子徐爱。徐爱病逝于1518年农历四月，正是王阳明在赣州大兴书院之时。

徐爱字曰仁，号横山，浙江省余姚马堰横上村人。1508年，年仅二十一岁的他高中进士，被朝廷派到祁州（今河北安国市）担任州长（知州）。两年后，霸州文安县(今河北文安）居民刘六、刘七凭借在地方上的势力发动武装起义，徐爱在祁州坚壁清野，抵抗二刘。二刘失败后，中央政府曾对其点名表扬。

徐爱为官清正廉明、勤奋敬业，在知识分子圈中享有美誉，后来调至南京建设部工作（南京工部郎中）。就是在南京当差时，得知王阳明讲授心学，于是登门拜访。相谈之下，深为王阳明的“心即理”理论而折服，于是，对其北面而拜称弟子。他是王阳明创建心学后的第一位弟子，后来，又深深地爱上了王阳明的妹妹王守让，娶之，由此又成了王阳明的妹夫。

徐爱和王阳明讨论最多的就是《大学》宗旨问题，王阳明为其辨难解惑，使徐爱对王阳明心学的认识深入骨髓。随着王阳明弟子的与日俱增，很多弟子对王阳明的良知学有不明之处，徐爱就充当了大师兄的角色，为他们辨难解惑。

1516年年末，王阳明受命到江西剿匪。王阳明在中央政府屡次催促下不肯上路，最后一次，徐爱劝王阳明，如今天下纷纷议论，您还是走一遭吧，我愿意永远跟随您。王阳明大为感动。1518年农历三月，王阳明剿匪功成。徐爱希望能和王阳明一起回浙江余姚，终身膜拜王阳明。同时，他还引用名言道：“朝闻道，夕死可矣！”想不到的是，竟一语成谶，就在他回老家看望父母时，一病而死，年仅三十一岁。王阳明在赣州得此噩耗，悲痛万分，大呼：“天丧我！天丧我！”心情长久低落，每每想到徐爱，心情不能自已。

据说，徐爱曾做过一个奇异的梦，梦见他在空旷的沙漠中，遇到一位和尚。和尚预言他“与颜回同德，亦与颜回同寿”。如果此梦真如王阳明所说的是人在良知完完全全时的状态，那么，良知告诉徐爱，你就是王阳明的颜回。

王阳明对此也有同感，他说：“徐爱的温恭，实在是我不能企及的啊。”多年以后，他领着众多门徒到徐爱的墓前（今绍兴迪埠山麓）扫墓，就在徐爱的墓前讲解他的心学，讲到兴头上，突然长叹一声：“真想让他起死复生听我讲课啊。”

实际上，在王阳明的众多弟子中，徐爱是最能领悟他心学的弟子。他对徐爱的怀念不仅仅是纯粹感情上的怀念。在之后传播心学的道路上，每遇挫折和攻击，王阳明都会想到徐爱。两人不仅仅是师徒，还是惺惺相惜的好友。

《传习录》第一篇就是《徐爱录》，如果说《大学问》是心学入门书，那么《徐爱录》就是《大学问》的课外辅导书。在《徐爱录》中，我们清晰地知道，“心即理”其实就是一切道理、真理、天理都在我心，不需外求，知行肯定是合一的。

当王阳明在赣州一面讲学、一面回忆徐爱时，兵部来了指令。王琼要王阳明到福建福州去处理一个军人的叛乱。这个军人叫进贵，是中央政府在福州设立的三卫下属的“所”的千户。

在此需要补充解释一点明朝的“卫所”。卫所制是朱元璋的军师刘伯温创立的，它是这样的一个军事组织：在全国各个要地建立军事据点“卫”，每一“卫”有5600人，长官称为指挥使。这位指挥使管辖五个千户“所”，每个千户“所”有1120人。千户“所”又下辖十个百户“所”，一所为112人。百户“所”下设两个“总旗”，“总旗”下再设五个小旗，每个小旗为十人。千户所的长官称为千户，百户所的长官称为百户。有战事时，中央政府国防部（兵部）就命令各地的卫所最高长官指挥使把他的5600人交出来，然后皇帝再指派一人担任这支军队的司令，司令领着这群卫所的士兵出征。

这是一个相当完善的军事组织。但到了朱厚照时代，卫所制已破败。指挥使把千户当成苦劳力，千户把百户当成农民工，百户又把总旗当苦劳力。由此就中了“大鱼吃小鱼，小鱼吃虾米”的魔咒，最底层的士兵要给长官免费打工，所以怨声载道。

进贵就是看到了这样的危机，同时也认为这是一个改变命运的良机，所以带领他能控制的所有士兵，发动兵变。一时之间，福州危急，福建危急。

王琼在得到进贵叛乱的消息时，认为不足虑。不过这恰好给了他一个大好机会，要王阳明继续在江西附近转悠，所以他立刻命令王阳明到福州平息叛乱。而在给王阳明的私信中，他说，南昌城最近动静很大，你不必在进贵的身上浪费太多精力，要密切注意南昌城。

王阳明明白王琼的意思，南昌城里正是宁王朱宸濠。也许在此时，王阳明已经猜到了当初王琼要他到江西的真正目的。

但王阳明也有自己的打算，朱宸濠造反的传言已传播了好多年，不过按他的见解，朱宸濠不会在这个时候造反，因为种种迹象都表明，朱宸濠没有准备好。倘若他真在这个时候造反，那只能证明一点：朱宸濠的智力商数绝对不足以支撑他的帝王理想。所以，他在1519年农历六月初九从赣州启程后，并没有急如星火地奔瑞金过福建，而是绕道丰城直奔广信，理由是他想回家奔丧。

这在外人看来是典型的不负责任，进贵正在福州大动干戈，大概已血流成河，他不但不去拯救万民，反而要回家奔丧。事后曾有些小人追究王阳明的这一责任，而王阳明给出了巧妙的解释：瑞金、会昌等县瘴气生发，不敢行走，所以取道丰城。

倘若他走的是瑞金这条路，恐怕他就赶不上朱宸濠上演的那场大戏了，因为朱宸濠在王阳明从赣州启程的四天后掀起了声势浩大的革命。如果他不绕道，此时已在福建福州，正因为他绕了道，所以他在朱宸濠宣布革命两天后的1519年农历六月十五得知朱宸濠革命的消息时，才走到丰城县界。

先是有人来报告："朱宸濠反了。"王阳明在船舱里吃了一惊，他急步走出船舱站到船头。紧接着，又有一拨人来报告："朱宸濠已经发兵了。"王阳明在船头上惊骇起来。他和跟随他的两个谋士说："想不到宁王如此焦急！"

他命令他的船原路返回。但返回时是逆风，他的船寸步难行。此时有两种说法：第一种说法是，王阳明在船头焚香祷告，流下眼泪说，如果老天怜悯圣灵，让我可以匡扶社稷，就请给我一阵顺风。如果老天没有此心，此舟就是我葬身之地。他的祷告灵了，很快，风变了方向，王阳明和他的几个谋士顺利地潜进了临江镇（江西樟树临江镇）；第二种说法是，虽然有了顺风，可他的船老大不想开船，因为回去肯定是死路一条。于是王阳明抽出卫兵的刀，把船老大的耳朵割掉了一只，船老大认为一只耳朵也能活下去。王阳明又割掉了他另一只耳朵，并且威胁他，如果再不开船，就把他扔到水里喂鱼。船老大认为，不开船是死，开船或许还能有活路。两害相权取其轻，船老大开了船。

这艘满载着王阳明焦虑的船乘风破浪，把王阳明送到了最荣耀、最光芒的巅峰，也把他推到了别人望尘莫及的传奇圣坛，更把他送进了谗诬诓诈的漩涡中，这艘船永远都不会想到，正是它让王阳明心学"致良知"的终极真理横空出世。

1519年农历六月十五夜，乌云滚滚，不见月亮。王阳明在临江镇忽明忽暗的灯光下，看向南昌城。那里将是战场，是他和朱宸濠的战场。他将在那里和朱宸濠正式交锋，而实际上，他和朱宸濠早已有过交锋，只不过那时的交锋是隔山打牛，这一次，却是短兵相接！

第三章
王阳明如何做到知行合一之平定宁王

不被待见的宁王

在正式进入王阳明和朱宸濠的对决前，有必要了解朱宸濠这位王爷的一切。只有真正了解他，才能使我们深刻认识到王阳明这位对手的强大，以及王阳明下定决心解决宁王问题时承受的重如泰山般的压力。而王阳明则用后来的成功完美地证明了心学的巨大威力。

朱宸濠的故事不是他一个人的故事，而是他整个家族的故事。事情要从明帝国开国皇帝朱元璋谈起。朱元璋建明帝国后，有一天对秘书说："元帝国强大如超级巨兽，可在短短几十年内就土崩瓦解，何故？"他的秘书当然说些元王朝统治者不珍惜权力，不爱惜百姓的废话。朱元璋摇头说："他们如此迅速灭亡的原因就是没有藩王。"他的秘书大吃一惊，说："西汉时建立诸侯国，后来发生了七国之乱；西晋时设置藩王，后来发生了八王之乱，这是历史留下的教训，不能重蹈覆辙。"朱元璋大怒，下令处决这位秘书，开始陆续封他的儿孙们为藩王，分镇各地。

朱元璋设藩，并不仅仅从元王朝覆亡中得到的启示。他设立藩王的根本目的是为了解决功臣尾大不掉的局面，试图以分封藩王的方式来牵制中央政府那些权臣，进而把军权和君权牢牢抓在手中。朱元璋并不是颟顸的君主，那位秘书对他普及的历史知识也深深触动了他的心弦。所以在设藩时对藩王们潜在的危害采取了严厉的"预防措施"，可用六个字来说明：不列土，不领民。

各位藩王们并未实现朱元璋限制权臣的意图。朱元璋是靠屠刀解决了那群开国功臣，但藩王制却伴随了明帝国的始终。

“不列土”指的是藩王没有自己的土地；“不领民”指的是藩王不能直接管理百姓，他所管理的只有他的王府。藩王有自己的武装力量——王府卫队，人数不能超过一万五千人。一万五千人和明帝国的百万正规军相比，实在是九牛一毛。藩王所在的地方政府的军政官员不许和藩王有来往。这样一来，藩王没有行政权，只有可以忽略不计的军权，所以他们没有实力造反。

有些规定制定出来就是让人违反的，而第一个违反规定的人就是朱元璋。他在世的最后几年，蒙古残余在北方持续不断地攻击他的帝国边防，于是他许可在边疆的藩王可以把卫队增加到五万人，用这五万人去和敌人作战。五万人只是个概数，迫于形势，这个数字还会增加。也就是说，在很长一段时间里，封到边疆的藩王成了野战军的司令。他们在血肉横飞的战场上锻炼自己和自己的卫队，终于使自己成为英雄人物，使其卫队成了骁勇善战的野战兵团。燕王朱棣和宁王朱权就是这方面最卓著的代表人物。

朱棣是朱元璋的第四子，1370年被封到燕（北京）为王，因以地名为藩王称号，所以他的王号为燕王。1380年，20岁的朱棣就藩北京，从此带着他的卫队在长城以北冲锋陷阵。他两次以北伐军总司令的身份带领他的卫队和明帝国主力出击蒙古人，在军界和北京政界威望大振。

朱权是朱元璋的第十七子，1392年到大宁（今内蒙古赤峰市宁城县）就藩，是为宁王。由于此地是蒙古主力最活跃的地区，所以朱权的责任很重，压力很大。在和蒙古人无数次交手中，朱权的实力野蛮生长。朱元璋去世时，他的卫队已逼近七万人，强悍善战，是蒙古人最惧怕对手。

1399年，朱元璋的孙子朱允炆（wén，建文帝）在几个亲信大臣的怂恿和支持下削藩，朱棣针锋相对地发动“靖难之役”。

“靖难”是“平定变乱”的意思。朱棣认为朱允炆已被他的大臣控制，不能行使意志，所以他要清君侧，解救朱允炆。

朱棣当时只有三万人，三万人和中央政府的百万政府军抗衡，后果比用鸡蛋去砸石头还要明显。想不到的是，奇迹发生。朱棣把从蒙古兵团那里学来的闪电战用到了战场上，所过之处，各地政府军丢盔卸甲。但奇迹的发生不会持久，朱允炆反应过来把帝国主力部队投入战场后，朱棣就开始处境维艰。他留下少量军队守卫北平，在亲自领军解除了永平的包围后，率军向朱权的地盘——大宁进发。

朱权对朱允炆不念亲情的削藩极为反感，但从未想过要使用武力和朱允炆摊牌。他对哥哥朱棣的摊牌举动既不赞成也不反对，所以当朱棣来敲大宁城城门时，他和当地政府官员商量了一下，于是带话给朱棣：可带少量卫士进城。

朱棣当初在北京喜欢看戏，从艺人（优伶）那里学到了精湛的表演技巧，如今有了用武之地。他远远看见朱权，就像是饿狗看到骨头一样，三步并作两步跑了过去，拉起朱权的手放声大哭，哭得如丧考妣，在场的人险些莫名其妙地流下眼泪。当他确信朱权已被他感动后，开始诉衷肠："我从燕地起兵去南京，千山万水，多劫多难，什么都不图，就是为了让皇上能摆脱奸贼之手。我起兵实在是迫不得已，总不能看着老爹打下的江山落到别人手上。然而现在我的一片苦心遇到了不分青红皂白地对待，皇上居然派大军把我往死里打，我实在不忍心骨肉相残，所以想结束这场闹剧，这次来大宁，就是希望老弟你能当个中介，帮我去向皇上求情，化干戈为玉帛。我从此做个草民也心甘情愿。"

朱权很少看戏，大概不知道世界上有演戏这回事。世人传说朱棣善打，朱权善谋。可他的谋都是堂堂正正的阳谋，朱棣这招表演式的阴谋，他从未遇到过。所以，他不确定自己是否该相信朱棣。他让朱棣稍作休息，自己好有时间来思考朱棣的真假。朱棣不给他这个机会，因为正如王阳明所说，戏子的演技再精湛也是假的，假的东西最怕夜长梦多。朱棣决定引蛇出洞。他先密令他的一部分士兵化装成普通百姓混进大宁城，在宁王府附近埋伏下来。而他本人则告诉朱权，他要去南京向朱允炆负荆请罪。

朱权挽留他，说自己正在写奏疏给朱允炆，希望他能看在亲戚的分上饶朱棣叔叔一回。朱棣摇头说："我想了一下，要你做中间人，也不是太好的事，因为你也是他手下那些臣子对付的对象。我觉得表示诚意最好的办法就是去亲自见他，到时候杀剐随他，我心甘情愿承受。"

朱权一听到这话，挽留朱棣的心情更为坚定，他才真是不想看到骨肉相残的人。朱棣马上就来个一百八十度大转弯，说："既然你不愿意我死，那我就不去南京，我回我的燕地，解散军队，找个山村隐居起来。你和诸位亲王在皇上面前多向我美言，让他对我网开一面，我老死山中，这样的结局皆大欢喜啊。"

朱权实在没有别的办法，他不想看到骨肉相残，但他不能把朱棣留在大宁。朱棣说得没错，他现在还是泥菩萨过江自身难保，怎么还有闲心保朱棣。

为了尽兄弟之情，朱权要求送哥哥朱棣一程。朱棣假装想了想，说："是啊，此次一别大概是永别，你应该送我。就送我到城外吧，然后你走你的，我走我的。”

朱权被亲情冲昏了头脑，毫无戒备，只带了几百名卫士送朱棣出了城。朱棣拉着他的手，聊些闲话，朱权本想出城就返回，可碍于情面，顺从地被朱棣拉着走。走出很远，朱棣回头望了一眼，确信大宁城部队即使现在出城也无济于事后，立刻大吼一声，早已埋伏在路边的部队一涌而出，把朱权的卫队武装解除，这时他还拉着目瞪口呆的朱权的手。

朱权毕竟是见过大场面的人，很快就醒悟过来，对朱棣说：“你不怕我的七万人马？”

朱棣狂笑，说：“你少安毋躁。”

一会儿工夫，大宁城上插上了一面“燕”字大旗，朱权在城里的卫队跑出城报告朱权，府里家眷都被燕王俘虏了。

朱权长叹一声。他看向朱棣，咬了咬嘴唇，说：“你好卑鄙。”

朱棣一本正经地说：“你太不懂政治，政治无是非、无亲情，利害即是非。不过咱们是兄弟，我不忍杀你的家眷，我们现在做个交易，咱俩二人共同对付朱允炆那小兔崽子，事成之后，你我二人平分天下如何？”

朱权根本只有一个选择，就是和朱棣共进退。于是，之后的事情就是，兄弟俩合兵挥军南下，向他们的侄子发起猛攻。再后来，朱棣得到南京空虚的消息，绕过北面城镇，迂回奇袭南京大获成功，取得靖难之役的胜利。自然，帝位也被他笑纳怀中。

朱棣登基称帝后，朱权望眼欲穿地等待朱棣兑现承诺。可他很快就发现，朱棣是忘恩负义的行家里手。他不再奢望一半天下，而只是希望有个山清水秀之地养老，于是请求到苏州去当藩王。朱棣不答应，理由是，苏州不是边陲，没有设藩的必要。

朱权强忍命运对他的捉弄，再请求去杭州。朱棣还是不答应，理由是，江苏已有吴王。而且当初有人主张把吴王府设杭州，可老爹说杭州富得流油，是国家赋税重地，你也知道，藩王的经济来源就是本地百姓缴纳赋税的一部分，所以这地方不能设藩。

朱权悲愤不能自制，居然控制不了泪水，夺眶而出。朱棣看到这个饱经战争风云的老弟竟然也会哭，被遮蔽的良知突然闪现一丝光亮，人性刹那间复苏。他拿出大明帝国疆域图，扫视了一遍，说：“朕有慈悲之心，给你四个地方，你选。”

这四个地方是：福建建宁、四川重庆、湖北江陵、江西南昌。

朱权学识渊博，对大明帝国的地理成竹在胸。福建建宁在当时堪称荒山野岭；四川重庆是山城，只有鸟道通往外面；湖北江陵气候潮湿多雨，相较而言，只有江西南昌还算适宜人居住。本来朱权一直在北方，已经适应了中温带半干旱大陆性季风气候，让他到亚热带季风湿润气候区，实在是一种惩罚。

朱权只能接受这种惩罚，用朱棣的话说，我能给你个藩王已是仁至义尽，当初你不主动帮我，反而要我施展高超的谋略逼你帮我，对于不能识时务者，我的态度就是如此。你既然选择江西南昌，你的王号还叫宁王，不过要记住，你已不是从前的那个宁王了。

朱权到南昌后，为了让朱棣安心，每天把自己沉浸在公子哥的生活中，种花养鸟，读书写字。有时候会到庐山上去修行，下山时会用袋子把庐山上的雾装起来。

朱棣对朱权的监控渐渐放松，朱权以善终告别人世。但稍有头脑的人都能意识到这样的问题：朱权后半生所以在江西南昌度过，全是因为朱棣的欺骗。

宿命论者认为，人的命运天注定，无法更改。每个人一生下来就注定了他将是什么样的人生、什么样的结局。朱权的人生就是被朱棣欺骗，顶着“宁王”的帽子在江西南昌一直到死。而朱宸濠认为，他的命运就是要替祖宗向朱棣的子孙讨回这个公道，并且让朱棣的子孙兑现朱棣和朱权当年“平分天下”的承诺。朱宸濠还坚定地认为，由于这个承诺未被兑现的时间太久，所以他要收利息。这利息就是：朱棣子孙的那一半天下。

实际上，朱权有怨气，只不过他不敢发作。在他之后的宁王们每每想到这段祖宗的往事，都有点心烦意乱。不过，当时正是朱棣子孙如日中天时，他们的怨气也不敢发作，而且随着时间的推移，祖先留下的仇恨渐渐淡化，后来就成了无关痛痒的别人的故事了。

人类最悲痛的事就是遗忘，恩情、仇恨都能被遗忘，漫长的时间则是罪魁祸首。所以，春秋时期齐襄公为报九世祖被纪国人诬陷致死而攻取纪国的“九世复仇”成了不可复制的神话。

江西南昌的宁王谱系是这样的：朱权死后，他的长子朱盘烒继承宁王爵，朱盘烒死后，他的长子朱奠培继承王爵。朱奠培身体状况欠佳，他的老婆也不争气，所以直到三十一岁才得了一个男孩，这个男孩就是朱宸濠的父亲朱觐钧。朱觐钧继承宁王爵时已四十三岁，五年后，他一病而死。他的正室只生了两个女儿，他的小老婆生的是朱宸濠。

关于朱宸濠的身世，有一段恶劣的故事。据说他的母亲本是妓女，朱觐钧垂涎其美色，将她带回宁王府，后来她怀上了朱宸濠。临产那天，朱觐钧在噩梦中看到这位妓女的肚子被一条蟒蛇从里面撕开，那条蟒蛇冲出母亲的肚子后就在宁王府中掀起屠杀风暴，见人就吞噬，最后扑到朱觐钧面前，也要把他吞食。朱觐钧心胆俱裂，拼命大叫，从梦中惊醒。有人通知他，小妾生了个男孩。朱觐钧把那个噩梦和这个诞生的男孩联系到一起，确信这个男孩是不祥之物，于是把他送给山村里的百姓养活。他临死前，朱宸濠才被准许和父亲相见。但朱觐钧死不瞑目，因为他始终确信朱宸濠是把家族带进地狱的一条恶虫。

这个丑恶的故事很可能是“事后诸葛”式的编造，目的就是把朱宸濠丑化，认为他后来的叛乱是从娘胎里带来的。

据正史记载，朱宸濠天资聪颖，过目不忘，在儒家经典和历史方面是个专家，又喜欢写诗歌，和南方的知名文人墨客来往频繁。他自信、气度非凡、礼贤下士，拥有一颗慈悲之心，很多知识分子都闻名而来到南昌，见一见这位风流倜傥的王爷。那位传说比事实多出数倍的风流人物唐伯虎就不远千里来南昌城，朱宸濠和他结下了深厚的友谊。唐伯虎有一年回老家苏州，曾向他们的朋友夸奖朱宸濠，说朱宸濠是他唐伯虎有生以来见过的最温文尔雅、最才华横溢的朱家人。唐伯虎这种赞誉正如文人的夸张修辞，不必当真。如果他真如此欣赏朱宸濠，就不会在几年后发现朱宸濠有叛乱迹象时溜之大吉。

朱宸濠不但能文，而且能武。他对兵法如痴如醉，对战争跃跃欲试。和王阳明一样，他经常在他朋友们面前排兵布阵，和王阳明不同的是，谁如果破了他的阵，他就闷闷不乐。朱宸濠闷闷不乐时，就会取消一切娱乐活动，由于娱乐活动要大把花钱，而朱宸濠每次都做东，所以大家都不希望他闷闷不乐。如此一来，朱宸濠的排兵布阵天下无敌。正如王阳明所说，你不谦虚接受别人的意见，最终害的是你自己。于是，朱宸濠就成了个半吊子军事家。

他自己并不这样认为。于是，宁王朱宸濠的日子就在他经常训练他的卫队和怀抱大志中度过。而他怀抱的“大志”和他本人的性格与外人的推波助澜不可分割。

朱宸濠一直在努力

任何人的终极理想都非一蹴而就，理想的大小和当下现状有关。一个屠夫杀猪卖肉时的理想绝不会是做皇帝，他最大的理想大概是通过杀猪赚更多的钱。当如愿以偿后，他的理想可能是开个屠宰厂，杀尽天下猪。再次如愿以偿后，他的理想可能就是花钱买官，如此循序渐进，他最后的理想可能就是做皇帝，命令天下人都不许杀猪。

朱宸濠初当宁王时的理想肯定不是革命，朱棣的后人们对朱权的后人们有严格的限制，仅在卫队数量上，宁王府卫队就不得超过七千人。这可怜兮兮的七千人绝不至于催生朱宸濠当皇帝的理想。

当二十八岁的王阳明于1499年高中进士步入仕途时，二十岁的朱宸濠继承了宁王爵位，意气风发。他开始以王爷的眼光审视他的王府。朱棣当年根本就没有允许朱权建新王府，宁王府只是江西省主管民政的布政司官署，很让朱宸濠在其他王爷的王府面前自惭形秽，于是他首先在老巢上“开疆拓土”。

宁王的办法很机巧：在王府某处边缘纵火，扑灭火势后重修，修建时向外扩张地基。王府附近的百姓惶惶不可终日，因为宁王府霉运当头总失火，宁王府失火是他自己的事，本来不必担心。但诡异的是，宁王府的火势总是蔓延到周围百姓家。这群百姓认为住在宁王府附近就是住在了不祥之地，纷纷变卖房产远走。朱宸濠就用极低的价格购买了这些房产，他的宁王府像是个怪兽，四面八方吞吃，终于把自己吃成了大胖子。

按明律，私自扩建王府属于违法，但那已是老掉牙的规定。朱宸濠始终相信人际关系才是人间最大的法。他积极结交中央政府各路贪财的官员和皇帝身边的太监。他省吃俭用，把钱用车推到北京，只要有人肯和他交朋友，一大笔钱就是他朱宸濠“不成敬意”的一点见面礼。于是，虽然很多江西官员都向中央政府弹劾朱宸濠私扩王府，但朱宸濠在中央的那些好朋友们都替他遮掩过去了。

在明孝宗朱祐樘时代，朱宸濠的理想就是做一个名副其实的、在江西有不容置疑影响力的宁王爷。这一点他做得很好，他结交五湖四海的朋友，这些人四处传播他的种种美德，尤为重要的是，所有人都知道朱宸濠在中央政府有关系过硬的朋友。

在强大人脉的刺激下，朱宸濠开始把目光转向他的卫队。他需要威仪，而威仪的获得必须以军事实力为前提。他积极训练他的卫队，南昌郊区的百姓在晨光熹微中就能听到宁王府卫队喊打喊杀、震耳欲聋的声音，他招兵买马，很快就把七千人的卫队扩充到了一万五千人。

但在这方面的进取上，朱宸濠遭遇了挫折。1504年，王阳明在兵部人事司（清吏武选司）任职时，江西某匿名官员指控朱宸濠私自扩充卫队，皇帝朱祐樘忍无可忍，下令取消朱宸濠卫队。这一次，朱宸濠那些过硬的朋友没有帮忙，他们不敢。扩充卫队这种事和扩建王府有本质上的区别，后一种只是对物质的贪欲，前一种则可能是野心。对于二者的区别，他那些朋友心知肚明。

朱宸濠郁闷地度过了1504年，但到了1505年，他重见光明。朱厚照继位，刘瑾专权。朱宸濠从几年来和太监打交道的经验中得到启示，刘瑾是让他卫队重获新生的不二人选。他派人分批把两万两黄金送到刘瑾家中，刘瑾当时刚获得大权，在此之前从未见过这么多钱，所以对朱宸濠的豪爽和懂事印象深刻。朱宸濠一击即中，马上向刘瑾提出恢复他的卫队。刘瑾未加思索就同意了。朱宸濠心花怒放，暗示刘瑾在朱厚照面前替自己美言。刘瑾则很对得起朱宸濠的黄金。

很快，朱厚照印象中的宁王朱宸濠就成了江西省的圣人，集儒家经典中的美德和能力于一身，是当时他们朱家除了朱厚照之外最睿智的一人。朱厚照对家族中出了这样一位圣人级的人物表示欣慰，特意叮嘱江西省政府官员对宁王朱宸濠要多多关照。朱宸濠原本对朱厚照的关爱心生感激，但通过他安插在北京城间谍们的报告，他对朱厚照纵乐无度、昏庸无能的印象逐渐深刻起来，他的理想因此而升级。

人因性格、人生阅历和生活环境的不同，看待事物时的态度就会迥然不同。多年以前，秦始皇威风八面地出游，无赖刘邦看到后说："大丈夫就该如此啊！"而贵族项羽看到后则说："我要灭了他（"彼可取而代之"）。"刘邦性格洒脱，不拘小节，在社会底层摸爬滚打多年，所以秦始皇是他可望而不可即的，他最大理想也不过是能过上秦始皇那样的日子。而项羽身为前朝贵族，国仇家恨全拜秦始皇所赐，所以他的理想是复仇。王阳明看到朱厚照热爱玩乐高于热爱政事时，会苦口婆心地规劝朱厚照，这是因为王阳明有一颗悲天悯人的心，不想看到天下百姓因为朱厚照的胡作非为而受苦。而朱宸濠看到朱厚照玩世不恭的行径时，确信这不是块当皇帝的料，是个千载难逢"取而代之"的机会。因为他本来就是个对社稷、百姓没有太多感情的人，他身体里最多的就是持续不断膨胀的野心。

他决心取朱厚照而代之。

这在普通人眼中就是个比天还高、比海还深的理想。但朱宸濠不是普通人，以术士李自然和李日芳的专业眼光来看，朱宸濠是悄悄隐在民间的真龙，迟早有一天会乘风驾云腾飞而起。李自然和李日芳都有独门绝技。李自然精于看相摸骨，据他说他曾在龙虎山得到道教大亨张道陵的灵魂垂青，赐他相人神技。他于是走遍大江南北，不断给人看相摸骨，赚得拥趸无数。李日芳擅长风水，他也是个有故事的人。三十岁前的李日芳是个苦读理学的穷酸书生，一天晚上他梦到一个道士模样的人对他说："你是天上的星宿下凡。"李日芳从梦中惊醒，突然有了看风水的绝招。从此周游天下，也获取了大师的名号。

朱宸濠自有了那个超尘拔俗的理想后，就四处招揽人才，很快就大喜过望地招揽到了李自然和李日芳这两个不世人才。

有一点需要补充。江西在明代时术士泛滥成灾，这可能和道教大亨张道陵有关。张道陵在江西龙虎山修炼，后来白日飞升，引得无数江西人都开始钻研道教神秘难测的方术。当时的民间和官署，乃至皇帝的宫廷中到处都有江西术士的身影。有一个数据可以作为直接证据，明帝国第八任帝朱见深（明宪宗）在位的二十三年（公元1465—1487年）里，127名传奉官（皇帝直接下诏任命的官员）中有12名方士。这12名方士中有4人是江西人，其中术士李孜省以名震天下的房中术做到了教育礼仪部副部长（礼部侍郎）的位置，成为江西人的骄傲。无疑，江西在明代是道教术士们的大本营，是方术文化的重镇。在这种大背景下，朱宸濠招揽人才，招到的人才中肯定有术士。

李自然用理性的专业眼光赞叹朱宸濠：骨相天子。李日芳在南昌溜达了一圈后，用格外确定、格外敬业的口吻提醒朱宸濠：江西南昌东南方有天子气。

这二人的配合天衣无缝，从里到外给朱宸濠灌迷魂药。朱宸濠的宁王府就在南昌城的东南方，看来李日芳的风水知识相当精湛，而他多次照镜子，也发现自己的相貌异于常人，这必是天子相。看来，李自然看相摸骨的技能已经到了炉火纯青的境界。朱宸濠确信这点后，神清气爽、兴奋无边。但李日芳提醒他，有高道行的人不止我一个，万一有人看到南昌东南方有天子气，可不太好。朱宸濠马上惊慌起来，说："这可如何是好？"李日芳说："可以把气遮掩起来。"几天后，朱宸濠就按李日芳提出的方法，开始兴建"阳春书院"来遮掩天子气。

朱宸濠并非总玩这种肉麻的游戏，而是真的在为实现理想而努力实践。用王阳明心学来解释朱宸濠的行为就是，人人心中都有个"天子"，但如果你不去事上练，那就和禅宗的枯禅没有区别，而朱宸濠的“事上练”相当卖力。

他把人际交往扩大化和精深化，不但结交朝中权贵要人，还结交山贼草寇和江洋大盗。他干涉司法，从监狱里捞人。被捞出来的人为了报答他，就替他卖命，抢劫、杀人、放火，无恶不作，得到的利润统统交给朱宸濠，朱宸濠再重新分配。他在南昌城郊区建立武器制造厂，昼夜不息地打造兵器，声音能传出几公里。

刘瑾的覆灭对朱宸濠的影响微乎其微，因为很快他又攀上了代替刘瑾被朱厚照宠爱的太监钱宁。钱宁能赢得朱厚照的欢心靠的不仅仅是谄媚，他是个有本事的人，据说能双手同时开弓，百发百中。钱宁也有俗人的弱点就是爱钱。朱宸濠就对其挥金如土，钱宁寂寞，朱宸濠就把一个叫臧贤的男艺人推荐给钱宁。钱宁又把臧贤推荐给朱厚照，臧贤的机灵乖巧很快就征服了朱厚照的心，臧贤很卖力地在朱厚照面前赞扬朱宸濠这位圣人级人物，朱宸濠此时感觉更如鱼得水。

朱宸濠对朱厚照的关注已经到了这种地步：臧贤在家中建有专门的墙壁，里面可以藏人。他时常邀请朱厚照到家中做客，朱宸濠就把间谍藏到墙壁中，朱厚照在臧贤家说的所有话都被一一记录，然后命人乘快马飞奔南昌交给朱宸濠。

朱厚照对臧贤过于夸张地渲染朱宸濠的行为也有过怀疑。某次，他在臧贤家看到一别致的酒杯，臧贤说是朱宸濠送给他的。朱厚照质问：“他有好东西怎么不给我，为何要给你？”臧贤冒了身冷汗。另有一次，朱宸濠示意他在中央政府的朋友们赞颂他“仁孝”，臧贤把奏疏呈给朱厚照看时，朱厚照疑惑道：“官员仁孝，可以升官。他一个王爷仁孝，这是要干什么？难道他想做皇帝？”

臧贤这回不仅是冒冷汗，而是毛骨悚然了。

当朱宸濠发现自己太急功近利时，为时已晚。江西某匿名官员指控他扩充卫队违背律法。朱厚照下令，取消宁王府卫队。朱宸濠的人生蒙上了一层阴影。

但老天爷大概非要看一场好戏。1513年，那个对王阳明没有好感的陆完当上了兵部尚书。王府卫队理论上归兵部管，所以陆完只要开口，就大事可成。朱宸濠马上命人推了一车珠宝来到京城，通过他强大的人脉和陆完接上头。陆完见到发光的财宝后已被震得神志不清，连声答应要为朱宸濠排忧解难。陆完很快就完成了朱宸濠交给他的任务，宁王卫队再次起死回生。

朱宸濠卫队复活后，他暗暗发誓这是最后一次，决心不再招摇，而是悄悄地发展自己。他很快从历史中得到启示：自己要成大事还缺少一个关键因素，这就是谋士。

凡是想做成大事的人，身边都有谋士。刘备有诸葛亮、苻坚有王猛、朱元璋有刘伯温，就是西夏李元昊在决心和北宋帝国翻脸时，还找了两个落第秀才当谋士，朱宸濠于是加紧寻找谋士。

他找到的第一个谋士是江西的一个举人刘养正。刘举人属于神童级别，本来可以做出一番事业的，但被卡在了会试上，屡试不中，恼羞成怒之下他发誓不再去考，安心在家乡养生。他制作了别具一格的道冠道服，经常出门晃悠，惹人注目。江西有地方官曾邀请他当自己的幕僚，刘养正严厉拒绝，他说自己已是世外之人，凡尘琐事已不是他人生的题目。

刘养正的特立独行获得了广泛关注，江西各地官员以被他允许见面为至高无上的荣耀。朱宸濠认为此人就是传说中的顶级谋士，三番五次派人带着厚礼去请他出山。朱宸濠请的次数越多，刘养正的谱摆得就越大。朱宸濠想起刘备三请诸葛亮的往事，亲自登门拜访。一来二去，刘养正被朱宸濠的礼贤下士感动，来到宁王府和朱宸濠共谋大计。

朱宸濠的另一位谋士叫李士实，来历非凡。李士实原是皇帝秘书（翰林官），由于每天都在国家图书馆看书，所以逐渐懂得谋略之术，退休回江西后，朱宸濠迫不及待地邀请他再度走上工作岗位。李士实听了朱宸濠一番豪言壮志后，拍着桌子叫道：“老夫半截已入土，懊恼终生抱负不能实现，如今是苍天有眼，把你送到我面前。姜子牙、诸葛亮只配给我提鞋，他们一生所用谋略我一清二楚，你找我，没有错。”

这位千古难遇的大贤给朱宸濠贡献的第一个奇计就是：让朱宸濠的儿子认朱厚照做干爹。

朱厚照三十多岁始终没有儿子，李士实的着眼点正在此。他说，这个计划可谓是最出彩的和平演变。如果您的儿子成了朱厚照的儿子，将来朱厚照一死，您就成了皇上的亲爹。

朱宸濠不想做太上皇，因为那是个花瓶。李士实神秘地说，我这奇计分两段，第二段我现在不能说。

依常理猜测，李士实这个奇思妙想的后半段大概是，一旦朱宸濠的儿子成了皇帝，朱宸濠就把儿子搞定，自己来当皇帝。解决亲生儿子远比解决朱厚照要容易得多。

朱宸濠或许猜到了这个奇计的后半段，所以大喜过望，马上动员在京城的朋友们向朱厚照推荐自己的儿子。

朱厚照莫名其妙。他说：“我不过才三十多岁，而且身体健康良好，你们怎么就敢保证我不能生出儿子来。”不过，他又说，“宁王这份为了江山社稷的苦心真让我感动。你们要叮嘱江西的那群官员，好好照顾宁王。”

朱宸濠得到朱厚照关心的问候后，马上又主动起来。先是要求中央政府给予他管理和调动当地监军和他所在地区卫所部队军官的权力的印信。理由是，江西地区的反政府武装太多，他希望为国出力。这是一个不可能被允许的请求，但奇迹发生了：朱厚照同意了。

朱宸濠蹬鼻子上脸，又提出一个为家族分忧的请求：管理江西境内的皇族。这又是一个不可能被允许的请求，不谈法理，只从人情上而言，他就没有资格管理其他皇族。但奇迹再次发生了：朱厚照又同意了。

朱宸濠对朱厚照的昏庸印象越发深刻，他本人也越来越肆无忌惮。他坐在装修豪华的宁王府的山寨龙椅上自称“朕”，把他的卫队称为皇帝卫队，把他的命令说成是皇帝的敕令。他没有局限在自娱自乐中，而是继续去“事上练”：当王阳明在赣州和池仲容吃饭聊天时，他命令南昌各地官员以后要穿戴正式朝服随侍他。

当王阳明扫清南赣匪徒，并加紧后期重建工作时，朱宸濠的辛苦努力得到了他自认为的回报，他认为自己已控制了局面，并且信心百倍地确定了革命的具体时间。

针锋相对

在朱宸濠的革命准备阶段，最大的阻力并非来自北京，而就在他眼皮子底下——那群江西省的政府官员。王阳明只是其中之一，像王阳明这样的官员在江西至少有两个：一个是胡世宁，另一个是孙燧。

胡世宁是个善于发现问题和处理问题的行政官僚，眼睛里揉不得半点沙子，文武兼备。他到江西南昌当军事督察副督察长（兵备副使）时，朱宸濠正在为“革命”埋头苦干。胡世宁立即搜集朱宸濠和山贼土匪勾结的铁证，呈送中央，要求中央派调查组前来调查。

朱宸濠得到消息后，慌忙去拜访胡世宁。他不能像对付别的惹事官员一样对付胡世宁。因为胡世宁是兵备副使，不仅有监察当地军队的权力，还有调动军队的权力，尤为重要的是，胡世宁忠正的声名远播。胡世宁对朱宸濠的到访很冷漠，还把话说得很不好听。他说：“律法规定，亲王不得结交地方官员，宁王爷这是想干什么？我胡世宁天生就不喜欢交朋友，请宁王自重。”

朱宸濠发现胡世宁果然像传说中的那样又臭又硬，所以不想在他身上浪费时间。不过他警告胡世宁，在南昌做官，要小心。胡世宁最不怕的就是威胁，1514年，胡世宁在多次向中央政府指控朱宸濠谋反未果后，再上最后一道奏章。他沉痛地指出：“人人都认为江西现在最大的灾难是匪患，但是几个毛贼能成何大事？我确信，不久之后，江西将有大难，那就是宁王府。无论如何都要派人来调查宁王，否则后果不堪设想。”

兵部尚书陆完回复胡世宁：不要杞人忧天；之后，他又写信给朱宸濠：胡世宁诬告你多次，你二人有何深仇大恨？

朱宸濠大怒，他决心除掉胡世宁。他那张越织越密的关系网发挥了能量：胡世宁被调到福建。朱宸濠认为这不足以泄愤，连上三道奏疏指控胡世宁妖言惑众，诬陷皇族。胡世宁霉运当头，去福建上任时转道回浙江老家看望家人。朱宸濠抓住机会指控胡世宁畏罪潜逃，并且命他在浙江的朋友巡抚潘鹏把胡世宁缉拿到南昌来。胡世宁发现问题严重起来，一旦回江西必是老命不保，于是慌忙逃往北京，主动走进锦衣卫大牢。就是在狱中等待死亡时，胡世宁依然三次上书认定朱宸濠必反。朱宸濠动用他在京城的关系网想把胡世宁置于死地，但胡世宁的忠直之名拯救了他。朱厚照出人意料地认为胡世宁罪不至死，将其发配东北。朱宸濠革命失败后，胡世宁才被撤销罪名，回到京城，因多次直言朱宸濠必反的先见之明而为朝野所推重。

孙燧和王阳明是同乡，也是要好的朋友。他以都御史的身份巡抚江西和王阳明巡抚南赣的时间大致相同，但两人的遭遇却有天壤之别。孙燧机敏、正直，做事有计划，不畏强暴。去巡抚江西之前，他对朱宸濠作了详细的了解，最后确信朱宸濠造反只是时间问题，又确定了当时疑雾重重的两件事：他的两位前任王哲和董杰之死的幕后黑手正是朱宸濠。这二人在巡抚江西时都拒绝和朱宸濠合作，下场凄惨。孙燧对他的家人说：“此去凶多吉少，你们不必跟随，我只带两个仆人去就是了。你们不在，我没有后顾之忧，还可以用这条命和宁王斗上几个回合。”

孙燧一到南昌，毫不迟疑，立即将进贤、南康、瑞州的城防精细化。这是针对活跃在三处土匪的一记重拳。有情报指出，这些土匪和朱宸濠有千丝万缕的关系，甚至就是朱宸濠的属下。同时，他又强烈建议中央政府对九江兵备大力加强。按他的想法，朱宸濠一旦造反，必先攻九江，九江的城防如果完美，将成为朱宸濠出门的第一块绊脚石。

朱宸濠对孙燧如此勤于军政之事大感意外，他请孙燧吃饭。他要孙燧了解，江西有他宁王在，太平无事，你不必锦上添花。孙燧向朱宸濠陈说大义。朱宸濠对孙燧所谓的大义很冷淡，他有自己的大义，那就是“灭亲”。

孙燧见朱宸濠已是油盐不进的顽固分子，也就不费唇舌。他开始接二连三地把朱宸濠必反的奏折送向中央。此时的江西南昌到处都是朱宸濠的人，所以孙燧的奏折永远都出不了江西。但孙燧这种持续不断打小报告的行为惹恼了朱宸濠，他决心铲除孙燧。不过他是个有身份的人，所以先礼后兵。他给孙燧送去四样江西土特产：枣、梨、姜、芥，暗示孙燧“早离疆界”。孙燧的反应极为激烈，他探听到活跃在鄱阳湖附近的盗贼凌十一、吴十三、闵廿四和朱宸濠有密切往来，于是在大雨夜突袭其老巢。三人狼狈地逃到朱宸濠祖墓后突然消失。孙燧要进朱宸濠祖墓搜索，虽未如愿，但却给了朱宸濠一记闷棍。

孙燧更确信朱宸濠必反，他在给朝廷的文件中还取笑朱宸濠“不愿做王爷，甘去做盗贼，大概是做王爷的趣味不如盗贼佳”。

朱宸濠怒火攻心，当他正要对孙燧下手时，王阳明来到江西剿匪，他的注意力很快被这位心学大师吸引了。当王阳明以迅雷不及掩耳的速度解决了詹师富、以一封信的力量让龙川大亨卢珂痛改前非后，朱宸濠惊骇万分。他对两个谋士刘养正和李士实说：“王阳明果然非同凡响，希望他来江西只是剿匪。”

李士实一笑，说：“他那两下子也就能对付几个山贼而已。我听说，这人全靠忽悠成事，从不讲真话。”刘养正不同意李士实的见解。他说：“这人不可小觑，即使他来江西只是剿匪，难道会眼睁睁看着我们做大事而不干涉？”

李士实的意见是，他要阻挡历史的车轮，我们就轧死他。对付他，只需要一支机动部队。

朱宸濠批评李士实：“你呀，越老越糊涂。咱们不能无故给自己树敌，在革命之前最好把障碍全部清除。我觉得可以试着拉拢他，看他出什么价。天下没有谈不拢的买卖，只有谈不拢的价格。”

刘养正闷闷地来了一句：“孙燧就是谈不拢的买卖。”

朱宸濠冷笑：“谁说谈不拢，不过这个买卖的价格是一条命而已。”

这当然也是买卖，不过是砸锅的买卖。

当王阳明在赣州准备对付池仲容时，朱宸濠派刘养正和李士实去探王阳明的虚实。双方一见面，嘘寒问暖谈些家常，气氛融洽。刘养正向王阳明请教心学，王阳明认真地阐述他的心学思想，李士实极不耐烦地听了半天，突然插嘴，我们还是谈正事吧。这意思是，王阳明的心学不是正儿八经的事。

他不等王阳明开口，就侃侃而谈。在他激情四射的叙述里，王阳明了解到，如今整个江西，上至皇亲国戚下至贩夫走卒都知道宁王爷尊师重道，集商汤、周文的气质于一身，是正在成为圣人的人。而王阳明也鼓吹恢复圣学，所以他宁王爷特地派他最亲密的人来拜访王阳明，表达他对王阳明的欣赏之意。同时，如果王阳明不介意（你也没有资格介意），宁王就亲自来向王阳明讨教。

王阳明装出诚惶诚恐的模样，说：“我的学生虽然都是官员，但官位最高的也不过是侍郎。宁王爷身为千金之躯要做我的学生，我哪里敢当。难道宁王爷要舍弃王爵来做我的学生吗？”

李士实冷笑：“我们王爷舍弃王爵如弃掉一双破鞋，但舍弃王爵对天下苍生有何意义？当今天子闹得太不像话，政事荒废，黎民生活在大黑暗中，如果我们王爷舍弃王爵能让百姓重见天日，舍弃了又如何？”

王阳明和刘养正都变了脸色。这话实在太露骨，刘养正认为李士实太心急，不该一上来就把朱宸濠的理想全盘托出。王阳明则认为，李士实居然敢在他这个巡抚面前说这些大逆不道的话，说明朱宸濠的造反已是箭在弦上。

箭的确已在弦上。李士实见王阳明不说话，用一种沮丧的语调说：“难道当今世上就没有汤武吗？”这话明显有两层意思，朱厚照是桀纣，朱宸濠是汤武。

王阳明也假装叹了口气：“纵然有汤武，也需要有伊吕（伊尹、姜子牙）来辅佐。”

李士实虽然年纪大了，但反应仍然很快：“有汤武就有伊吕！”

王阳明不想纠缠在“鸡生蛋、蛋生鸡”的悖论中，他发挥出去：“有伊吕，就有伯夷、叔齐。”伯夷和叔齐都是前朝坚定的卫道士。

刘养正终于有了插话的机会，而且他认为自己这句话绝对可以堵住王阳明的嘴：“伯夷、叔齐后来都饿死了。”

王阳明的嘴没有被堵住，而且比上次反驳得还要快：“他们那颗忠诚的心还在！”

李士实追击：“心在有个屁用，要看既成事实。”

王阳明摇头：“人人心中都有良知，人人心中的良知都会得出一个真理。伯夷、叔齐虽然死了，但他们的良知却在每个人心中。”

两人发现再辩论下去就会踏进王阳明心学的地盘，那不是他们擅长的，所以他们当天就告辞回了南昌。

他们去时是两人，回南昌时却是三人。王阳明派了一个名为冀元亨的弟子跟他们来到南昌。冀元亨此行有两个任务，一是用心学的力量把朱宸濠拉回正途；二是，如果第一个任务无法完成，那就搜集朱宸濠谋反的证据。

实际上，第一个任务是不可能完成的任务，第二个任务已多此一举。

朱宸濠已是王八吃秤砣——铁了心要造反，即使佛祖下凡做他的思想工作也无济于事；王阳明早已对朱宸濠谋反的事实心知肚明。刘养正和李士实来之前，孙燧也来过赣州。孙燧把朱宸濠的谋反罪证一五一十地说给王阳明听。

虽然如此，王阳明还是派了自己的得意弟子冀元亨去南昌，原因恐怕只有一个：他不想随便放弃任何一个人，尤其是朱宸濠，哪怕有一丝希望，他也要争取。毕竟这是关系千万生命的大事。

冀元亨是王阳明在贵州龙场时的入室弟子，乐观向上、智勇兼备，深信王阳明心学，确信任何道理都要到实践中去验证。有一件事可以证明。他在老家湖南参加乡试时，考官出的题目是“格物致知”。朱熹已把这四个字讲得很透彻，冀元亨也知道，可他非要按王阳明解释的“格物致知”答题。王阳明派他到南昌，他居然乐不可支。王阳明提醒他，此去凶多吉少，他更是心花怒放。他向王阳明保证，倾尽全力完成任务。

冀元亨这个陌生人闯进了朱宸濠的世界，让朱宸濠和他的两个谋士疑虑重重。刘养正认为，冀元亨是王阳明出于礼貌派来给朱宸濠上心学课的。李士实却认为，这人就是个奸细。朱宸濠思来想去，最后说，留下他，看他能耍出什么花样来。

朱宸濠不怕冀元亨耍花样，就怕冀元亨讲心学。冀元亨最先给他讲的是王阳明重新诠释的“格物致知”。朱宸濠听得目瞪口呆。冀元亨讲完，他才发现这东西的确可以让他耳目一新，但和他的知识结构有很大出入。

他不认可王阳明心学，尤其不认可王阳明在《大学问》里说的“只要良知光明就能获得一切”。他反驳说，良知这玩意就是孟子说的恻隐之心，它只是一种个人品德，人如果能靠个人品德获取成功，简直天方夜谭。

冀元亨大声道：“谁说的良知只是一种品德，它是万能的。如果你不信，请先光明你的良知，你再看。”

朱宸濠较劲了：“难道你老师王阳明扫平了那群山贼靠的就是良知？”

冀元亨吃惊地喊了起来：“不靠良知还能靠什么啊！人唯一的依靠就是自己的良知啊。”

朱宸濠无论如何都理解不了冀元亨的话，问道：“你老师王阳明的良知彻底光复了吗？”

冀元亨愣了一下，朱宸濠笑了起来。

朱宸濠的笑声好不容易结束，冀元亨又不紧不慢地说开了，这次不是谈良知了，而是谈朱宸濠最感兴趣的问题。

他首先立下大提纲：君臣。君就是君，臣就是臣，臣绝不能叛君。朱宸濠在这方面的学识比冀元亨渊博。他说："商汤周武就是臣，后来成了君。"冀元亨说："那是因为桀纣都不是好鸟，孟子说，商汤杀的不是君，而是独夫民贼。"朱宸濠说："当今圣上和桀纣有何区别？"

冀元亨被朱宸濠的露骨惊骇当场，可他没有办法反击，只是使出浑身的力气吼道："为臣的就不能有谋反之举！"

朱宸濠想起家恨："成祖皇帝（朱棣）的江山是怎么来的？你们现在这群抱着儒书歌功颂德的那个皇帝的祖宗就是个谋反之臣！"

冀元亨发现自己在讲大道理上明显被朱宸濠压得透不过气来，于是他转换角度，设身处地为朱宸濠着想。他对朱宸濠的"时"与"势"进行分析，最后得出结论，你没有"时"运，没有"势"，所以，万万不可妄动。

朱宸濠说："你的分析是隔靴搔痒。我非常想把我的时势都告诉你，但这恰好是你想得到的，所以我不告诉你。"

冀元亨的第一个任务毫无悬念地失败了，而他的第二个任务根本不必用心去做，因为当时的南昌城里到处都是朱宸濠的兵马在紧锣密鼓地调动。他跑回赣州对王阳明说，朱宸濠造反只是时间问题了。

王阳明当时的分析是，朱宸濠不可能马上造反。他没有任何根据，大概是他的良知告诉他的，这是一种直觉。实际上，有时候直觉非常重要，按王阳明的说法，直觉就是你良知发动时递交给你的正确答案。

不过有时候直觉也会出错，尤其是这种直觉和我们自己没有直接关系时。

朱宸濠在1519年农历六月十五造反，是王阳明没有预料到的。而朱宸濠的造反实在是过度紧张后的做贼心虚。

实际上，和朱宸濠近在咫尺的孙燧在1519年农历六月初也没有预料到朱宸濠会如此迅疾地造反。就在六月初，他捉了几个盗贼，朱宸濠的卫队蒙面来劫狱。他捉住了一名劫犯，严刑拷打之下声称是朱宸濠所派。孙燧要朱宸濠给出解释，朱宸濠出乎意料地把已抢到手的盗贼还给孙燧，而且还亲自处决了那个招供犯。这件事让孙燧产生一种错觉，朱宸濠还未准备好。

朱宸濠的确没有准备好。他本来定在1519年农历八月十五乡试时起兵，但一件偶然发生的事，让他做出了提前起兵的重大决定。

宁王革命了

1519年农历五月中旬，退休南昌的御史熊兰对朱宸濠咬牙切齿。原因只有一个，朱宸濠很不待见他。这并不怪朱宸濠，朱宸濠正在做大事，结交各类有用的人，对于一个已经退休的御史，他显然不会放在心上。熊兰发誓要让朱宸濠付出轻视自己的代价，于是把朱宸濠谋反的事实报告给他在京城的好友御史萧淮。本来，举报朱宸濠的人前仆后继，得逞的人却凤毛麟角，萧淮也不可能违背这个定律。但是，萧淮和当时首辅杨廷和关系非同一般。他直接把控告朱宸濠的信私下交给杨廷和，并且暗示杨廷和：朱宸濠的卫队被恢复，你这个内阁首辅可是签字的，朱宸濠如果造反，你有不可推脱的关系。杨廷和是政治高手，马上发现自己已坐到了火山口，他急忙向朱厚照申请撤销朱宸濠卫队。

本来，杨廷和的申请也会像从前别人的申请一样，泥牛入海。但此时宫廷政治发生了变化，新被朱厚照宠爱的江彬与朱厚照身边的太监张忠结成联盟正在猛烈打击钱宁和臧贤。三人都知道钱宁和朱宸濠的关系非比寻常，于是抓住这个机会，在朱厚照面前煽风点火。最后，朱厚照确信朱宸濠的确有问题，所以命令驸马都尉崔元去南昌。

这里有典故。明帝国第五任皇帝朱瞻基（明宣宗）时，他的叔叔、赵王朱高燧在封地很不老实，朱瞻基就派驸马袁泰到朱高燧封地警告他不要乱来。朱高燧恐惧万分，从此安分守己。这是和平的安抚，并没有其他意思。朱厚照也是想用这一招让朱宸濠老实本分。但朱宸濠做贼心虚，一听说中央政府派驸马前来，想到的却是另一个典故。

这个典故是这样的：明帝国第九任皇帝朱祐樘（明孝宗）时，荆王朱见潇天良丧尽，把生母活活饿死，又把亲弟弟杀掉、霸占弟媳，再把堂弟活埋、霸占堂弟媳，还经常带着他的卫队与山贼到民间强抢民女。朱祐樘不能忍受家族这个祸害，于是派出驸马蔡震到朱见潇封地，将其擒获处决。

这个典故对朱宸濠的冲击力量是巨大的，他一得到驸马崔元要来南昌的消息后，马上召集他的两个谋士，问计。

李士实捶胸顿足道：“北京的官员们全是群废物，亏您给了他们那么多金钱，怎么就让事情发展到这一地步？”

刘养正认为这件事或许没有想象的那么可怕。按他的分析，朱厚照多年来对朱宸濠一直不错，派驸马崔元来南昌可能只是抚慰。朱宸濠叹息道：“即使是抚慰，肯定要取消我的卫队，所谓事不过三，这次再取消，想要恢复就难了。”

李士实拍案而起：总是要反！择日不如撞日，明天是王爷您的生日，江西官员都会来祝贺您，咱们给他们来个一窝端，愿意跟随咱们的，留下；冥顽不灵的，杀掉。

朱宸濠说：“应该师出有名。”

李士实说：“这简单，人人都说朱厚照是野种，根本不是朱家的人，我们就说奉太后命令发兵讨罪。”

朱宸濠说：“这个理由很好！”

当天夜里，朱宸濠集结部队七万余人，号称十八万，然后在长夜中坐以待旦。

1519年农历六月十四，太阳从东方升起，宁王府人潮汹涌，几乎所有高级官员都来为宁王祝寿。当宴会进行到高潮时，朱宸濠站到高台，示意众人安静，大声说：“太后密旨，要我出兵北京，讨伐伪帝朱厚照。”

群臣大骇。孙燧第一个站出来质询朱宸濠：“太后密旨何在？”

朱宸濠说：“你别废话，密旨是你想看就看的？我现在准备去南京，你等愿意保驾吗？”

孙燧跳了起来，高声叫道：“你这是谋反，天无二日，民无二王，宁王爷你好大胆子。”

朱宸濠拍手两下，帷幕后冲出了一群士兵。他看定孙燧，说：“你们这群鸟人，名义上保我孝行，背地里却告我谋反，阳奉阴违。来啊，给我把孙贼拿下！”

江西省法院副院长（按察副使）许逵厉声高叫：“孙都御使是皇上派来的钦差大臣，你们这群反贼还有王法吗？！”

朱宸濠狂笑：“什么狗屁钦差，我巴不得他就是狗皇帝本人。来啊，把许逵也给我拿下。”

孙燧和许逵被士兵刀架脖子上，大骂不已。朱宸濠见二人已经无法以死胁迫，于是成全二人让他们成了烈士。

孙、许二人的被杀在众人心中引起了冰冷的回响。在当时，人人只有两条路可以走：一条是臣服朱宸濠；一条就是走孙、许的死路。大多数人都选了第一条路，正如王阳明所说，人最难看破的就是生死关，在生死一线时，人人都求生而惧死。

朱宸濠宣称他将是明帝国未来的主人，而和他一起同生共死的人将是帝国的顶梁柱，好处不言而喻。

当朱宸濠在南昌城运筹帷幄时，王阳明也在临江镇运筹帷幄。他的弟子心惊胆战，朱宸濠可不是詹师富、池仲容这样的山贼，而是拥有精兵十几万的超级巨兽。

王阳明那支在剿匪战争中成长起来的强悍兵团由于军饷不足已解散，等于说，王阳明现在是光杆司令。况且，整个江西大部分官员都跪倒在朱宸濠的淫威下。王阳明没有帮手，只有数不清的敌人。这一严峻的情况，王阳明完全可以避免。因为他没有职责和朱宸濠对抗，他的职责是去福建平定兵变。即使他现在已到吉安府，他也完全可以撒手不管，假设有一天朱宸濠真的做了皇帝，他王阳明也对得起朱厚照的明帝国。或者可以这样说，王阳明从去福建的路上返回是抗旨不遵，不但无功反而有罪。

这些问题，王阳明根本就没有考虑。他在听到朱宸濠造反消息的第一反应就是：我必须阻止他。用他的心学理论解释就是，良知在刹那间传递给他的信息就是这个，而这个就是正确的，是有良知的表现。他如果在听到朱宸濠造反消息时的第一反应是思考，那就不是王阳明。王阳明有一颗悲天悯人的心，而朱宸濠造反势必要掀起腥风血雨，生灵涂炭，良知告诉他，必须让这些事消弭于萌芽之中。康有为说心学家都能成事，理由就在这里：他们凭良知做事。凭良知做事，首先大题目就是正确的，用今天的话来说就是，它代表的是大多数人的利益，站在正义的立场上。

1519年农历六月十六凌晨，王阳明在临江镇对几个小知县说，朱宸濠有三个选择：第一，从南昌直袭北京；第二，从南昌突袭南京；第三，死守南昌城。如果他用第一计，由于北京方面没有准备，他很可能旋转乾坤，江山社稷危如累卵。如果他用第二计，长江南北必是血流成河，他运气若好，搞不好会是南北对峙。如果他用第三计，那天老爷保佑，等政府军一到，他只能困守南昌，灭亡指日可待。

有人问王阳明，按您的猜测，朱宸濠会用哪一计?

王阳明回答："朱宸濠志大才疏。志大才疏的人胆子小，瞻前顾后，尤其是对老巢有感情。如果他知道勤王之师正在准备攻打他的南昌城，他肯定会用第三计，死守南昌。"

有人不以为然，说："勤王之师连影都没有。朱宸濠气焰万丈，肯定不会用第三计。"王阳明没有纠缠于这个问题，而是对临江镇的县令说："你这个地方离南昌太近，又是交通枢纽，朱宸濠一支部队就能把我们一窝端，所以我决定去吉安。”

当王阳明从临江去往吉安的路上时，朱宸濠已在实践他的宏图大略了。他的一支精锐兵团在1519年农历六月十六、十七两天时间里突袭南康、九江，大获成功。当王阳明在六月十八到吉安府时，朱宸濠已稳固了南康和九江的防御。

王阳明死都不想让朱宸濠实行他的第二条计策，他决心让朱宸濠死守南昌。当然王阳明要把他钉死在南昌城，必须倚靠计谋。在开始他的谋划前，他要各地还效力政府的官员招兵买马，集结起一支可以上战场的部队。

凭着这支临时凑起来的部队，王阳明开始了他的布置。首先他传檄四方，把朱宸濠骂了个狗血淋头，要天下人都知道朱宸濠造反就是和全天下人作对，和良知作对，是自寻死路；其次，他以南赣巡抚的身份要求江西各地军政长官起兵勤王。但这些只是占据了道义制高点，道义制高点是否可以产生效力，要有实力支撑；再次，他让伍文定带领那支临时凑起来的部队到离南昌六十公里的丰城敲锣打鼓，声称要进攻南昌。最后的计谋，才是王阳明用兵之策最完美的展现。

这个计谋用两个字就可以概括：造假。他伪造了各种迎接正规军进驻南昌的公文，在这些公文中最耀眼的就是正规军的人数，粗算一下，大概有十万人。公文中还声称，约定在本年六月二十合围南昌城，次日拂晓发动总攻。在另外的公文中，王阳明“回复”说，不要太急躁，为了避免重大伤亡，攻城是下策，应该等朱宸濠出城后打歼灭战。

他还伪造了答复李士实和刘养正投诚的书信。在信中，他对两人弃暗投明的态度表示深深的欣赏，并且答应两人，在平定朱宸濠后会给两人升官发财的机会。他再伪造朱宸濠手下指挥官们的投降密状，然后让人去和平时与朱宸濠结交的人相谈，在会谈结束后故意把这些公文遗落。自然，这些伪造的公文统统都到了朱宸濠手里。

有地方官员对王阳明这些造假计谋不以为然，他们问王阳明：“这有用吗？”

王阳明不答反问：“先不说是否有用，只说朱宸濠疑不疑。”

有官员不假思索地回答：“肯定会疑。”

王阳明笑道：“他一疑，事就成了。”

这位地方官当然不明白王阳明的意思。王阳明就解释说，朱宸濠虽然苦心经营多年，但他的造反不得人心，虽然有那么多官员都归顺了他，有很多人却是被形势所迫，并非是他们良知使然。也就是说，朱宸濠表面上人多势众，实际上各怀心思，所以他的失败是迟早的事。但是，如果让他出了南昌城，所过之处必是血流成河，百姓遭殃。我用了这么多计谋，无非是让他多留在南昌城一天，那么百姓就少受一天劫难。我的良苦用心，希望你们可以了解。

在场众人听王阳明如此说，都感动得要流下眼泪。

正如王阳明所预料的，朱宸濠对着那些公文，果然起了疑心。他立即派人私下打听刘养正和李士实，情报人员没有在这二人身上找到造反的证据，却在二人的家人那里得到可靠情报。他们的家人都被王阳明好心照料，二人的家里人衣食不愁、夜夜欢宴。朱宸濠又派人到丰城去查探王阳明部队的虚实，发现丰城城上果然旌旗蔽日，城里人喊马嘶，据他那心胆俱裂的情报人员分析说，丰城里的部队大概有十万人。

朱宸濠不再疑了，而是确信了下面的事实：王阳明集结了大部队准备攻南昌；政府军正从四面八方云集南昌；两个狗头军师三心二意，简直是混账王八蛋；他的部队指挥官们也是首鼠两端，准备站在胜利者一边。

朱宸濠想到这里，就大怒若狂。可我们始终有个疑问，他既然已确信李士实和刘养正怀有贰心了，为什么不杀了二人？不过在李士实看来，朱宸濠现在对他的态度比杀了他还难受。因为当他向朱宸濠分析王阳明在故布疑阵时，朱宸濠不理不睬。当他向朱宸濠建议按照原计划在1519年农历六月二十亲自带领主力直奔南京时，朱宸濠“哼”了一声，说：“你呀老眼昏花了吗，看不到现在的形势啊，政府军就要来了，咱们必须先守住南昌城才能进行下一步。”

李士实愕然，不过出于责任还是劝说朱宸濠立即领兵北上直趋南京，朱宸濠死都不听。李士实和朱宸濠结交以来第一次大失所望，他叹息、流泪，忽然就想到王阳明，狠狠地骂道：“这个王八蛋真是诡计多端！”

王阳明曾对弟子说，他用阴谋时总受到良心的谴责。按他的心学，有良知的人要做到“诚”，不能欺骗别人。哪怕你的对手是盗贼，也不能欺骗，因为人家也有良知。最正确的办法是感化他们，唤醒他们内心的良知，让他们主动认识到从前的错误，洗心革面重新做人。当初他在南赣剿灭蓝天凤后就非常自责，他对弟子们说：“蓝天凤本可以缴械投降的，我是太着急了，没有给他时间。”在对朱宸濠进行了那么多“造假”计谋后，他也对弟子说，弄虚作假不该是我等人做的事，虽然是出自善意，却和自己的良知有违背。多年以后，他的弟子们回忆王阳明时说了这样一段话：“王老师认为阴谋诡计不符良知本体，所以每次行间用计，都不详细说明。”

所以，我们在看到王阳明在战场上光芒四射的同时，更应该看到他对自己所行之事的深刻总结，那就是做人应该诚实不欺，不可弄虚作假。

除了战场用计外，王阳明的确不是弄虚作假的人，1519年农历六月十九，王阳明向中央政府递交了《飞报宁王谋反疏》。我们今天来看这道奏疏，好像看不出王阳明与众不同之处。但如果我们和当时的形势结合，就会发现王阳明的胆气直冲霄汉。

朱宸濠造反酝酿十几年，有七万精锐和一个庞大的关系网，朱厚照的胡作非为在政府官员中造成了恶劣的影响，这些官员对朱厚照已失去信心，他们或许并不希望朱宸濠造反，可一旦朱宸濠造反了，他们就采取坐山观虎斗的态度。这是朝廷的中央官员。地方上，尤其是南方各省，朱宸濠的部队用了一天时间就把江西军事重地九江攻陷，这种雷霆之力彻底把他们震住了。他们虽然不能肯定朱宸濠是否有帝王之运，但对朱厚照的前途也不确定。

于是，我们会在1519年的江西、浙江、湖广、福建、南京等地官员中看到这样一件奇怪的事：在他们反映江西情况的奏疏中，绝口不提朱宸濠造反。有的官员说，江西南昌有变；有的官员说，江西南昌十分紧急；有的官员说，江西南昌巡抚孙燧被害；还有的官员说，南昌居聚军马船只，据说有变。只有王阳明说，朱宸濠造反了。

这种不顾身家性命的胆气足以让我们折服，对于这种第一时间站出来和朱宸濠划清界限，并把朱宸濠贴上造反标签的举动，王阳明的一位弟子认为大可不必，正如那些官员一样，应该给自己留个缓冲的余地。依这位弟子的想法，王阳明不必发表什么檄文慷慨激昂地声讨朱宸濠，一旦朱宸濠真的革命成功，王阳明的这种努力非被朱宸濠诛了九族不可。王阳明批评这位弟子说："就是因为很多人都抱有这种心态，所以我辈才要反其道而行之，凭良知做事！"

他也不是没有忧虑，在写完《飞报宁王谋反疏》后，他突然忧心忡忡地说："如果朱宸濠捉了我的家人可怎么办！"

幸好，朱宸濠当时被他的"造假"计谋搅得心烦意乱，没有想到去捉王阳明的家人来要挟王阳明。几天后，朱宸濠就更不会想到这件事了，因为他已经发现了王阳明在虚张声势。

安庆保卫战

朱宸濠在1519年农历六月末得到可靠消息：根本就没有中央军来，王阳明在丰城的部队才几千人。出人意料地，他对中了王阳明的诡计这件事超然度外，反而还当着李士实的面称赞王阳明果然是非凡人物，险些把自己吓死。

李士实却没有朱宸濠这样的胸襟，他先是咒骂王阳明诡计多端，然后预测说大势恐怕已去。朱宸濠问原因。李士实分析说："您和南康、九江的部队约定六月二十二从南昌出发去南京祭拜太祖皇帝朱元璋的墓后继位，可现在过去很多天，您却迟迟不出。不必说南康、九江部队，就是南昌城的部队也已人心沮丧。他们错把王阳明的虚张声势当成事实，人心离散，无心攻斗。我听说已有小股部队正走在投降吉安府的路上。"

朱宸濠认为李士实是杞人忧天。他说："我有精锐部队十八万，可以不费吹灰之力席卷江南，王阳明仅靠几个虚假宣传就能乱我军心，世界上可从来没有这种事。"

说到这里，朱宸濠猛地一拍脑门："我应该派人去招降王阳明！"这真是个奇异的想法，但朱宸濠真的做了。被派到吉安府去招降王阳明的人叫季敩（xiào）和赵承芳。

季敩曾是南安府知府，在王阳明领导的桶冈、横水战役中立下大功。南赣匪患平定后，季敩被任命为广西政务长官（参政）。1519年农历六月十五，霉运当头的季敩携带家眷到广西上任路过南昌，听说是宁王生日，就跑去为朱宸濠庆生，结果被扣。据季敩自己说，他当时宁死不屈，可朱宸濠用他家人的性命威胁他，他只好屈从。而赵承芳则是南昌府教育局局长，属于自发投靠朱宸濠的人。

季敩心知肚明，来招降王阳明是个不可能完成的任务。所以他一见了王阳明，就把自己面临的困境说给王阳明听，而且把他所知道的南昌城和朱宸濠的所有情况汇报给王阳明。王阳明终于得到确切消息：朱宸濠要出南昌奔南京。王阳明还得到一个看似千真万确的消息：如果季敩的招降不成功，朱宸濠将和叶芳夹攻吉安府。

叶芳本是南赣地区的造反首领之一，后被王阳明招降，在桶冈之战中身先士卒，立下汗马功劳，很得王阳明的赞许。南赣匪患平定后，叶芳在惠州府政府工作，不过他仍然拥有精兵一万人，是当时朱宸濠积极拉拢的对象之一。如果这个消息属实，那王阳明将陷入绝境。吉安府恰好在朱宸濠的南昌和叶芳部队驻扎地中间，二人夹攻，王阳明纵是吴起、韩信再世也无济于事。

但王阳明认为叶芳绝不会和朱宸濠连成一气。他以深邃的洞察力告诉惊慌失措的弟子们："山贼草寇们都以茅草建筑房屋，但凡叛乱都会把房屋烧毁，以示破釜沉舟的决心。可我曾路过他大本营，见他们用上好的原木为房屋的建筑材料，如此重视家园的人，肯定不反。"

后来的事实证明，叶芳的确不会反，而且还在王阳明平定朱宸濠的战争中出力不小。

1519年农历七月初二，朱宸濠带着他的主力部队开出南昌城，目的地：南京。他根本没有理会季敩去招降王阳明的成败，也许在当时的他看来，一个手无精兵的人，即使他是用兵如神的王阳明，也不会构成什么威胁。所以，他毫无顾虑地去实现他的理想。

王阳明更加忙碌起来，他命令各地仍然效忠中央政府的官员集结所能集结到的一切部队，在本年七月十五会合于离南昌九十公里的临江樟树镇，他将在此地集结兵力后向北对南昌城发动总攻。

随后他很担心中央政府对朱宸濠的造反认识不清，又连上两道奏疏，在其中一道奏疏中，他提醒朱厚照："您在位这十几年来，屡经变难，民心骚动，可您却四处巡游，皇室谋动干戈不止。我告诉您，觊觎您龙椅的又岂止宁王一人？天下的奸雄又岂止在皇室？如果您不易辙改弦，罢黜奸谀，以回天下豪杰之心，绝迹巡游，以杜天下奸雄之望，那么会有无数个宁王站出来。我一想到这里，就心寒彻骨。如果您真的能像汉武帝那样有轮台之悔，像唐德宗那样有罪己之诏，天下人必被感动，天下人心必被收服，那真是江山社稷之幸。"

朱宸濠可没有王阳明那份"愚忠"的心，他倒巴不得所有的皇帝都像朱厚照那样昏庸。皇帝昏庸，他才有机会。可不知为什么，朱宸濠感觉这次革命的开头就不怎么顺利。虽然有攻陷南康和九江的成绩，但他被王阳明的虚张声势耽误了近半个月，这让他很不爽。另外，在他水军誓师那天，出了个天大的意外。本来是万里无云的天突然变化，云气如墨、暴风骤雨、电闪雷鸣。他的舰队先锋官被雷击。一艘军舰瞬间起火，很快就烧成了灰烬。朱宸濠对这一晦气的预兆很不开心，更不开心的是，他睡梦中看到自己照镜子，里面的他白发如霜。惊醒之后，他沮丧地叫来解梦专家。解梦专家看到他那半死不活的架势，赶紧安慰他："您现在是亲王，而梦到头发白，'王'字上面一个'白'，乃是

‘皇’字，此行必轻取皇位！”

这个解释真是千古一绝！朱宸濠重获青春的活力，命令水陆大军全力向前，取那命中注定的皇位。

朱宸濠兵团一路沿江北上，过九江后又势如破竹，推进到安庆附近。朱宸濠命人去安庆招降，结果安庆知府张文锦不吃这套，还给朱宸濠带了口信，诅咒他必死在安庆城下。朱宸濠七窍生烟，决心攻陷安庆活剥了张文锦。我们从地图上可以看到，南昌、九江、安庆和南京是在南北向的一条直线上，四个城市都在长江边，所以去南京必通过安庆，但通过它和攻占它不是一回事儿。按李士实的意思，朱宸濠没必要和安庆较劲，应该迅速通过安庆以最快的速度去攻南京。朱宸濠看着李士实苍老而红通通的脸，试图找到他居心叵测的证据，可惜没有找到。

他对李士实说：“如果不把安庆拿下，我们攻打南京又不顺利，安庆部队断了我们的后路，我们就插翅难飞了。”

李士实说：“安庆城易守难攻，我们会在这里浪费太多时间，南京方面一旦有了准备，那我们可真是插翅难飞了。”

朱宸濠说：“就是因为我们浪费了太多时间，所以南京城肯定早就有了准备，我们应该稳扎稳打，如果真的打不下南京城，还能有个退路。”

李士实跌足道：“都到了这个份上，还要什么退路。南京是帝国的第二心脏，攻取南京，太祖坟前登基，南方就是我们的了。不直趋南京而攻安庆就是不要西瓜捡芝麻。”

朱宸濠不理李士实，命令他的兵团猛攻安庆城。安庆城和它的主人张文锦开始经受严峻考验。

安庆城诞生于南宋初年，它被筑于长江北岸的目的就是为了防御从海上进攻的蒙古兵团，由此可知，它必定是易守难攻。张文锦到安庆担任知府后，江西巡抚孙燧曾多次给他写信，要他把安庆防御进一步精细化。张文锦也认为朱宸濠肯定会闹事，于是勤恳专业地料理安庆防御工事。当1519年农历七月份朱宸濠来到安庆城下时，他看到的是一个固若金汤的城池，他还看到城墙上摆满了防守军械。

朱宸濠猛攻安庆城的第一天，张文锦就把消息传给了王阳明。王阳明祈求老天保佑张文锦能守住安庆城。王阳明对张文锦并不了解，他只是知道这位知府是个忠正之士，曾受过刘瑾的制裁被迫回家养老。刘瑾死后，张文锦被重新起用，到陕西负责税务工作。据可靠消息，张文锦为官清廉，忠贞不贰。可这只是个人道德素质，它并不能证明张文锦的能力。

张文锦很快用实际行动证明了他的能力。安庆城正规军不到一千人，预备役（民兵）也只有几千人，张文锦发挥他突出的演讲能力，动员安庆城所有百姓有力出力、有钱出钱。他又发挥出色的管理能力，让每个登城者携带一块大石，石积如山，安庆城更加高大坚固。他发布命令说，每个登城者防守的时间必须坚持到一个时辰。一个时辰后，没有受伤的歇息一个时辰再来；轻伤的可以休息半天；重伤的不但无限期休息，还会得到物质奖励。

用王阳明的说法，真正的作战高手打的都是心理战，张文锦深以为然。他命人在城上架起大锅煮茶解暑。当时正是伏天，南方的伏天简直比炼狱还可怕，朱宸濠的攻城部队眼睁睁地看着对手喝茶解暑，而自己却是挥汗如雨，气得直跳。

开始时，他们用云梯攻城，被张文锦的卫兵用大石头砸得痛不欲生。后来他们又推出云楼，那玩意儿比安庆城墙高出一大截，他们想从云楼上跳到安庆城里。张文锦以毒攻毒，就在城上制造云楼，恰好比他们的高出一截。双方士兵在云楼中面对面，可朱宸濠的士兵只有大刀长矛，而张文锦的士兵有滚烫的热水，热水浇身，堪称火上浇油。

朱宸濠七窍生烟，可让他五脏俱裂的是，张文锦居然趁夜派出敢死队缒城而下袭击他的舰队。

在经过多轮的较量后，朱宸濠失去信心，说："一个安庆都不能攻陷，还说什么南京城啊！"

李士实又适时地发话，他始终认为应该放弃安庆直奔南京。朱宸濠一生中从未遇过如此挫折，发毒誓要拿下安庆，否则他死不瞑目。经常有人说，遇到挫折时如果不能解决就绕过它，这叫拿得起、放得下。其实，世界上唯一能拿得起放得下的只有筷子。特别是从未遇过挫折的人突然面临困境时，要么退缩，要么死钻牛角尖。

如果没有王阳明，朱宸濠的毅力还是会取得效果。无论是张文锦还是王阳明都深知，安庆城抵抗不了多久。在朱宸濠丧心病狂的攻击下，安庆城正呈加速度的战斗性减员。吉安知府伍文定劝说王阳明，应该改变七月十五围攻南昌的计划而去援救安庆。因为人人都知道，安庆一下，南京就在朱宸濠眉睫。南京的防御工事多年来从未升级，根本抵挡不住朱宸濠的虎狼之师。如果朱宸濠拿下南京称帝，大明必将是另外一番景象。

王阳明沉思片刻，就说出了他的见解："九江、南康都已是朱宸濠的了，据可靠消息，朱宸濠留了一万精锐在南昌城。如果我们去解救安庆，必走长江，必过南昌、九江、南康，这都是朱宸濠的地盘，危机四伏，谁也不敢保证我们是否能顺利到达安庆。即使我们顺利到达安庆，朱宸濠必掉头来对付我，他号称十万精锐，我们如何能对付？纵使我们和朱宸濠旗鼓相当，可他的九江部队一旦割断我们的运输线，到那时必是大势已去。”

伍文定问：“那我们该怎么办？”

王阳明说：“执行原计划，七月十五全力攻南昌。一旦攻陷南昌，朱宸濠必会从安庆城下撤兵。这是一箭双雕：解了安庆之围，南京再无危险；朱宸濠失去老巢，必魂飞魄散，大功可成。”

1519年农历七月十五，各路部队在樟树镇会合。三天后，王阳明在樟树誓师，并向南昌城推进。农历七月十九，王阳明部队攻陷了距南昌城二十公里的南昌县。当夜，王阳明调兵遣将，确定在第二天拂晓对南昌城发动总攻。王阳明针对南昌城七个城门把攻击部队分为十三路。

第一路指挥官兼副总司令官伍文定，领官兵四千四百二十一人，进攻南昌城广润门，事成之后径直到布政司屯兵，分兵把守宁王府内门。

第二路指挥官泰和县知县李缉，领官兵一千四百九十二人，和第一路指挥官伍文定夹攻广润门，事成后直入王府西门屯兵。

第三路指挥官赣州府知府邢珣，领官兵三千一百三十人，进攻南昌城顺化门，事成之后径直入城到镇守府屯兵。

第四路指挥官吉安府推官王暐（wěi），领官兵一千余人，夹攻顺化门，事成之后直入南新二县儒学屯兵。

第五路指挥官袁州府知府徐琏，领官兵三千五百三十人，进攻南昌城惠民门，事成之后径直入按察司察院屯兵。

第六路指挥官临江府知府戴德孺，领官兵三千六百七十五人，进攻南昌城永和门，事成之后径直到都察院提学分司屯兵。

第七路指挥官瑞州府通判胡尧元，领官兵四千人，进攻南昌城章丘门，事成之后径直到南昌卫前屯兵。

第八路指挥官新淦县知县李美，领官兵两千人，进攻南昌城德胜门，事成之后直入王府东门屯兵。

第九路指挥官吉安府通判谈储，领官兵一千五百七十六人，夹攻德胜门，事成之后直入南昌左卫屯兵。

第十路指挥官抚州府通判邹琥，领官兵三千余人，夹攻德胜门，事成之后撤出城在天宁寺屯兵。

第十一路指挥官中军赣州卫都指挥余恩，领官兵四千六百七十人，进攻进贤门，事成之后直入都司屯兵。

第十二路指挥官万安县知县王冕，领官兵一千二百五十七人，夹攻进贤门，事成之后直入阳春书院屯兵。

第十三路指挥官宁都县知县王天与，领官兵一千余人，夹攻进贤门，事成之后直入钟楼下屯兵。

在发动总攻前，王阳明做了一件让指挥官们心惊胆战的事。王阳明命人把十几个穿着低级军官制服的人当着那群指挥官的面处决，鲜血淋漓、触目惊心。王阳明平静地对这些指挥官说，这几个人在攻打南昌县城的战役中不听命令，得此下场罪有应得。你们明天作战，必须要严格按我的命令进行。如果我发现有士兵不听命令，就斩士兵的长官；你们的手下不听命令的，就斩你们；如果你们不听命令，我就斩你们的司令官伍文定。

众人汗流浃背。实际上，王阳明所斩的都是俘虏。王阳明的权术高深莫测，这只是一个并不显眼的证明。

令人大为惊诧的是，南昌城兵团指挥官对王阳明从1519年农历七月十五到七月十九的情况毫不知情。王阳明的神速是其中一方面，不过也同时证明朱宸濠南昌兵团指挥官的低能。直到七月二十凌晨，王阳明的部队已经敲起战鼓时，朱宸濠南昌城守卫兵团才大梦初醒，南昌城里顿时像被踢翻的蚂蚁窝一样。

决战朱宸濠

1519年农历七月二十日凌晨，王阳明对南昌城下达了总攻令。据后来被俘的宁王部属交代，他们对王阳明的用兵如神早有耳闻，当时得知王阳明来攻南昌城时吓得魂飞魄散。尤其是看到南昌城外围兵力顷刻瓦解崩溃退回城内后，他们对守卫南昌城已不抱丝毫希望。

世界上最坚固的城池绝不是铜墙铁壁，而是人心。南昌城原本就是南中国壮丽的大城，又被朱宸濠经营多年，几乎坚不可摧。城上常年架设着滚木、灰瓶、火炮、石弩等现代化守城军械，朱宸濠临走时又留下一万精锐和五千预备役（土匪流氓），而王阳明的杂牌部队才三万人，兵法说“围五攻十”，包围敌人要用五倍于敌人的士兵，攻击敌人就要用十倍于敌人的士兵。如果南昌城死守，王阳明绝讨不到半点便宜。问题是，王阳明之前的宣传战（各地勤王军正源源不断赶来）和他迅雷不及掩耳地扫除南昌外围防御的阵势吓住了南昌城守军。

当伍文定攻城部队率先攻打广润门时，广润门守军一哄而散，伍文定几乎未遇任何抵抗就进了广润门。广润门一失，其他各门扔掉武器大开城门，王阳明的攻城部队就这样几乎兵不血刃地占领了南昌城。

王阳明一进南昌城就马不停蹄地忙碌起来：首先是张贴安民告示，对百姓没有支持朱宸濠守军表示欣慰，要他们各安生业，就像是什么事都没有发生过一样。同时打开朱宸濠的粮仓，大放粮食；其次是扑灭宁王府大火。宁王府的人一听王阳明围城就开始放火，王阳明进城时，宁王府已浓烟滚滚，火光四射，殃及周围的百姓房屋；再次是整顿部队纪律。王阳明的部队是从各地征召来的，其中难免有地痞无赖，这些人进城后奸淫掳掠，搞得南昌城居民苦不堪言。王阳明就捉了几个闹得最凶的斩首示众；最后，王阳明整编朱宸濠留在南昌城的部队，同时张贴告示，所有胁从人员只要自首，一律不问，虽主动投靠朱宸濠但现在只要改邪归正，写份保证书，也既往不咎。南昌城很快秩序井然，于是朱宸濠的老巢换了主人。

当王阳明把朱宸濠的大本营重新恢复为明政府治下的一个城市时，朱宸濠早已得到南昌城失守的消息，他嚼着无声的怨恨，痛苦地流下眼泪。朱宸濠下令回师夺回南昌，李士实和刘养正都不同意。

李士实认为，一旦从安庆撤军回南昌，军心必散。朱宸濠冷冷地说：“南昌是我们的根基所在，怎能不救？”刘养正说：“男儿四海为家，况且您可是顶天立地的大男儿，安庆城指日可下。拿下安庆，调遣九江、南康部队，再救南昌也不迟。”

朱宸濠咆哮起来，大骂二人：“你们两个站着说话不腰疼的东西，你们的家人被王阳明好生照料着，我的家人却在南昌城受苦，要我不回南昌，除非我死。”

两人万分错愕，解释说：“这是王阳明的诡计，他在离间我们。”

朱宸濠冷笑：“我现在倒希望他也对我使用诡计！”

李士实和刘养正突然发现自己的脖子已放到了朱宸濠的屠刀下，他们沉默起来。没有了谋士的朱宸濠奋起雄威，下令把军队从安庆城下撤到阮子江。一到此地，朱宸濠就制订了夺回南昌城的作战计划。作战计划是这样的：先锋部队二万人乘战舰南下，直逼南昌城，他随后跟进。

1519年农历七月二十二，朱宸濠回师的消息传到南昌，王阳明召集他的指挥官们开会商议对策。所有指挥官都认为，朱宸濠那支虎狼之师最近这段时间战无不胜攻无不取，只在安庆城下小遇挫折，如果不是我们取了他南昌逼他撤兵，安庆城早被他拿下了。面对这样一支强悍之师，最好的办法就是闭门坚守，等待援兵。

王阳明厌恶被动防守，他认为最佳的防守就是主动出击。况且，朱宸濠造反已一月有余，勤王之师连个影儿都没见到。谁敢保证他们死守南昌城就一定能等来援军？南昌城粮食本来就不多，很大一部分又分给老百姓，一旦粮食吃完，援军又不来，到时岂不成了瓮中之鳖？

王阳明的分析是从“心”的角度开始的。他说，朱宸濠自造反以来，兵锋所向的确锐不可当。而现在我们占了他的老巢，他又不能打下安庆，处于进不能攻、退不能守的尴尬境地。出师才半个月又要回师，这对他部队的士气是个严重的打击。我们不如雪上加霜，出奇兵一鼓作气挫了他先锋的锐气，他的兵团必不战自溃。三军可夺气，将军可夺心。

这分析和解决方案从理论上说，非常绝妙。没有人否认朱宸濠的士兵现在已是方寸大乱，朱宸濠部队的大部分士兵都是南昌人，家人都在南昌城，家里换了主人，换作是谁都会方寸大乱。一个人内心已动，就必然心不在焉，心不在焉的人必然会失败。

可有个问题：战场情况瞬息万变，王阳明凭什么就确定他的“奇兵”能一战而成？

王阳明没有给出肯定的答案，而是小心翼翼地布置战场。伍文定仍然是他的头马：领兵五百从正面迎击朱宸濠的先头部队；赣州卫都指挥余恩领兵四百作为伍文定的增援；赣州知府邢珣领兵五百绕到敌人背后；袁州府知府徐琏和临江府知府戴德孺在敌人左右埋伏。伍文定把敌人诱进埋伏圈后，总攻开始。

在布置完战场后，王阳明又命人制造免死木牌数万块。有人问他缘由，王阳明笑而不答。

1519年农历七月二十三，朱宸濠先头舰队乘风破浪抵达樵舍（江西新建县樵舍镇）。王阳明的探子心惊胆战地回报：风帆蔽江，战鼓雷动，传出几公里。王阳明下令伍文定等人进入战场。七月二十四，朱宸濠先头舰队直逼离南昌城15公里的黄家渡（属南昌县南新乡）。王阳明下令伍文定和余恩迎击。

九百人对两万人，小舰艇对大战舰，只有天绝其魄的人才敢在这样绝对劣势的情况下主动进攻。朱宸濠先头舰队的指挥官看到几艘足足落后三代的战舰迎面冲来，愣了一下。不过他很快就回过神来，他认为敌人这是在自掘坟墓。

伍文定和余恩果然有自掘坟墓的征兆，两人并驾齐驱，遥遥领先，把自己的舰队远远地甩在后面。朱宸濠先头舰队指挥官发现世界上还有如此呆鸟，大喜若狂，也从他的舰队群中鲁莽地冲了出去。他冲出去时，他的舰队没有得到是跟进还是原地待命的命令，所以张皇起来。后面的军舰不知道前面发生了什么事，所以就想开到旁边看看。大家都这样想也都这样做，朱宸濠的先头舰队自己先乱了，横七竖八地趴在江面上。指挥舰和伍文定已经交战，后面的舰队还不知道怎么回事。

就在此时，赣州知府邢珣的军舰已经悄悄地绕到敌人的后方，王阳明得到消息后下令前后左右同时进攻，三路舰队猛地切进了朱宸濠的先头舰队，朱宸濠的战舰上都配有巨炮，但前后左右有敌人也有同僚，所以不敢轻易开炮。而王阳明的小军舰上每个士兵都配备了小火枪，在乱哄哄中，小火枪正好派上用场。一阵混战后，朱宸濠先头舰队完败，死在水里的士兵不计其数。此时，朱宸濠主力舰队刚到八字脑（今属南昌县塘南镇），听说先锋舰队溃败，心胆俱裂。

他急忙召开紧急军事会议，会议上，人人都保持沉默。李士实和刘养正想说话，但朱宸濠不给他们机会。朱宸濠没有任何方案，因为第二天，王阳明舰队就向八字脑发动进攻。朱宸濠这才有了方案：抵抗。

朱宸濠的顽强抵抗出现了奇迹，王阳明舰队被逼退数十次，最后没有人敢再向前。不过也有坏消息，有人告诉朱宸濠，士兵在大量逃亡。他们从江中拾到写着“免死”的木牌，都投奔王阳明去了。朱宸濠气得哇哇怪叫，他奢望能失之东隅，收之桑榆，借着击退王阳明舰队的数次胜利失而复得的锐气命令他的舰队反攻。

以当时的情势，王阳明舰队恐怕抵挡不了朱宸濠的反攻。王阳明收到伍文定迟迟无法突破朱宸濠防御的战报时，正在给学生讲课。他讲课时聚精会神、神态从容，仿佛外面根本就没有他亲自指挥的战役一样。每当前线送来消息，他就抱歉地对弟子们笑一下，然后起身到外面看军情报告，轻声细语地发布命令。伍文定在八字脑毫无进展，让王阳明动了杀心，他处斩了几个冲锋不力的人，可仍然没有进展。

不久，伍文定和赣州知府邢珣各送来两封信。伍文定说邢珣不听从他的指挥，而邢珣则说，伍文定的打法有问题。朱宸濠舰队一字排开，伍文定也让舰队一字排开冲锋，本来双方舰队数量对比悬殊，这是以卵击石。他的建议是应该采取中央突破战术，找到朱宸濠舰队防御弱点，集中主力迅猛插入，然后左右展开。

王阳明回复二人道：“采用什么战术不重要，重要的是大家齐心合力，奋勇冲锋，不要在地域上画圈圈（邢珣是赣州知府，伍文定是吉安知府）。你们二人的行为已经触犯军法，我本该现在就处置你们，可如今正是用人之际，希望你们好自为之。”

伍文定和邢珣对这个仿佛藏了刀锋的回复心惊肉跳，二人握手言和，齐心协力。伍文定改变战术，试图在江面上捕捉朱宸濠的指挥舰。他虽然没有找到朱宸濠的指挥舰，却找到了朱宸濠的副舰。伍文定高兴得跳了起来，因为他的战舰上有当时最先进的武器——佛郎机铳，这一武器是王阳明的崇拜者林见素贡献的。

林见素是1478年的进士，进入官场后以敢于谏诤出名，后来到沿海地区做官，和外国的商人们结下友谊，佛郎机铳大概就是他从葡萄牙人那里得来的。据说，当他知道朱宸濠叛乱后，第一时间把一尊佛郎机铳运送给王阳明。伍文定大展神威，把佛郎机铳对准朱宸濠的副舰，开出了山摇地动的一炮，朱宸濠的副舰像纸糊的一样被打成碎片。

意料之中的，朱宸濠的指挥舰就在那艘倒霉的副舰后面，副舰被炸碎后，朱宸濠的指挥舰也被震荡得左右摇晃。副舰燃烧的碎片击中了他的指挥舰，他惊慌失措，弃舰逃到岸上。

众人一看王爷跑了，哪里还敢恋战，纷纷溃退。伍文定指挥舰队一阵猛冲，朱宸濠损失惨重，退到了黄石矶。那天夜里，朱宸濠神情沮丧，心不在焉地问身边的卫兵：“这是什么地方？”卫兵急忙显摆学问：“‘王’失机。”（南方人讲话，黄、王不分）朱宸濠提起十二分的精神咆哮道：“你敢咒我！拉出去砍了。”

朱宸濠身边的人看到王爷已是神经错乱，叹息着偷偷潜逃。朱宸濠望向江面，江面死气沉沉，如他当时的心。他突然想讨个吉利，命舰队退避樵舍，召开紧急军事会议，商量对策。有人提议，调集九江、南康部队和王阳明拼死一搏。朱宸濠认为这也是个主意，立即派人去调动他在九江、南康的部队。

王阳明不给他这个机会。当朱宸濠心急火燎地南下时，王阳明就已派出两支部队绕过朱宸濠的主力，直奔南康和九江。

仍然是攻心战。他命人在南康、九江城外散播朱宸濠已在南昌附近被擒的消息，南康、九江守军人心浮动。当他们绝望升级时，这两支部队突然发动进攻。南康、九江被克复，朱宸濠的两万精锐部队弃械投降。

朱宸濠得到这个消息后，如五雷轰顶。他不得不承认，王阳明真是个厉害角色。他也不得不向李士实和刘养正请教。李士实也无计可施，刘养正却有个主意：主力舰队受损不大，如果把战舰连成一体，完全可以抵御王阳明的进攻。王阳明的部队都是杂牌，只要我们挡住他几轮进攻，然后找准机会反攻，仍能反败为胜。

“连舟”这种事，有两个英雄人物做过：一个是三国时期的曹操；一个是元末的陈友谅。二人的结局都是惨败。刘养正肯定知道历史上有这两个反面案例，但他还要坚持用这一招，而朱宸濠又毫不犹豫地同意，说明这一招肯定有它的优点。

把单个战舰连成一体，会让舰队不被一一击破，而且无数只战舰连成一体，无论是防御还是进攻，都会给敌人造成排山倒海的气势，实际也有这种威力。

朱宸濠立即下令用铁索把所有军舰连起来，同时搬出他所有金银财宝，鼓励他的将士们，如果能杀回老巢南昌，这些财宝就属于那些奋勇杀敌的人。

每个人都喜欢财富，但更爱惜生命。虽然的确有为了钱不要命的人，但大多数人在二者之间都会选择后者。朱宸濠兵团的人心已散，失败已成定局，没有人可以拯救他。因为拯救人心是世界上最难的一件事。

1519年农历七月二十六，王阳明和朱宸濠决战的时刻到来。朱宸濠用“铁索连舟”，王阳明就用“火攻”。这是最简单的智慧：借鉴历史经验。

王阳明下令把战舰换成轻便灵活的小舰艇，装备炮火、全线进攻。伍文定立于船头指挥放火，身边射出的火箭把他的胡子都烧着了，他纹丝不动。“铁索连舟”的致命缺陷此时暴露：一舟着火，舟舟起火。朱宸濠的庞大舰队成了王阳明放火的试验场，朱宸濠在冲天的火光中确信大势已去。

此时，他突然回忆起南昌城里他的王府。据说，王府已被烧成灰烬，和他眼前的舰队一样的下场。他回忆这一个多月里所走的每一步，试图找出走到今天这一地步究竟错在哪里。结果发现，他自起事后就已不能行使自己的意志，他就像是王阳明的木偶，让他跳，他就跳；让他跑，他就跑。最后他总结出失败的罪魁祸首：王阳明。

王阳明还没有抽出时间来总结，他在给学生讲授心学。当伍文定彻底摧毁朱宸濠主力的军情报告送来时，他和往常一样向学生们抱歉地笑了笑，然后走到外面，看了看报告，思索了一下，神色如常地回到学生们中间。有人问他，宁王可是败了？

他点了点头，回答：“败了，但死伤太重。”

说完，又平静地继续讲他的心学。弟子们由衷地赞叹：“王老师真是不动如山的大圣人啊！”

费心为哪般

朱宸濠决心给世人留下“虽败犹荣”的印象。他和他的妻妾们说，我现在就想一死了之，无奈担心你们的将来。妻妾们说，不必担心，我们先走。说完，纷纷投河自尽。朱宸濠看到这些弱女子在水里挣扎哀号的痛苦模样，马上就收回他的决心，换了身平民衣服，跳到一条摆渡船上，悄悄地逃出了混乱的战场。

王阳明似乎未卜先知，在决战开始前就命令一支机动部队埋伏在战场之外的芦苇丛中，当朱宸濠的摆渡船经过芦苇丛时，这支机动部队迅速开出，挡住了朱宸濠的去路。由于他们不是官军打扮，引起了朱宸濠的误会。他认为这是天老爷扔给他的救命稻草，急忙捉住，对在为首的船只中的指挥者说：“我是宁王，你们送我到岸上，我必有重谢。”

王阳明的机动部队指挥官几乎要狂笑了，不过不忍心在此时摧毁朱宸濠的希望，于是装作惊讶地问道：“你真是宁王爷吗？如何重谢我们？”

朱宸濠指着摆渡船上的几个箱子说：“里面是金银珠宝，上岸后全归你们。”

那位指挥官强忍住狂喜，说：“来来来。”

朱宸濠大喜过望，跳到他们的船上，要他们赶紧划船。船上所有的人都狂笑起来，朱宸濠正想对这种没有礼貌的举止做一番评价时，发现船并没有划向岸边而是直奔战场。朱宸濠预感大事不妙准备跳船，可上了贼船的人很难轻易下去，他立即被人摁倒，五花大绑。

就在贼船上，朱宸濠王爷得知他的军队全军覆没，他的文武百官也统统被俘。1519年农历七月二十七，朱宸濠被押进南昌城见王阳明，此时他仍不失王爷气派，他站在囚车里，向王阳明投去冷冷的一笑，说：“这是我们朱家自己的事，你何必费心如此？”

这是一句实事求是的话。明帝国是由朱元璋创立，并由他的家族统治的，国事和家事很难分得清。以朱宸濠的思路，他造反是造他们朱家的反，和国家没有关系。况且，中国古代根本就没有国家的概念，只有“天下”的概念。

王阳明并不同意朱宸濠的见解，但他的确拿不出反驳的有力话语。朱宸濠给了他一个机会。他说：“我愿意撤销卫队，降为庶民如何？”

王阳明回答："有国法在。"

朱宸濠干笑起来，以一种"狗拿耗子"的姿态仔细审视王阳明。王阳明下令处置朱宸濠的伪臣，朱宸濠换了一种声调，说："娄妃是个好女人，希望你能厚葬她。"

娄妃是王阳明理学入门导师娄谅的女儿，多次劝阻朱宸濠不要造反，朱宸濠始终不听。投河自尽前，娄妃还对朱宸濠进行过思想教育，朱宸濠仍然无动于衷。现在，他进入囚车，才开始懊悔不该不听娄妃的劝告。

有些人，你用言语劝告根本不起作用，必须让他亲身经历失败，他才会得到真知。这可能就是王阳明心学强烈主张"事上练"的良苦用心。

从朱宸濠起兵（1519年农历六月十五）到被俘（1519年农历七月二十七日），王阳明平定他只用了四十三天，四十三天的时间还不够燕子从北飞到南，还不够牡丹花彻底绽放，而王阳明却只用了这么点时间就把一场震荡大江南北的叛乱轻而易举地平定，堪称奇迹。

本年农历七月二十八早晨，王阳明起床洗漱完毕，恰好他弟子在侧，就恭维他："老师成百世之功，名扬千载啊。"

王阳明笑了笑："功何敢言。自从宁王造反以来，我就没睡过一天安稳觉，昨天晚上这一觉真舒服啊！"

上午讲课时，有弟子问王阳明，用兵是不是有特定的技巧（"用兵有术否"）？王阳明回答："哪里有什么技巧，只是努力做学问，养得此心不动。如果你非要说有技巧，那此心不动就是唯一的技巧。大家的智慧都相差无几，胜负之决只在此心动与不动。"

王阳明举个例子，说："当时和朱宸濠对战时，我们处于劣势，我向身边的人发布准备火攻的命令，那人无动于衷，我说了四次，他才从茫然中回过神来。这种人就是平时学问不到位，一临事，就慌乱失措。那些急中生智的人的智慧可不是天外飞来的，而是平时学问纯笃的功劳。"

一位弟子惊喜道："那我也能带兵打仗了，因为我能不动心。"

王阳明笑道："不动心岂是轻易就能做到的？非要在平时有克制的能力，在自己的良知上用全功，把自己锻造成一个泰山压顶色不变，麋鹿在眼前而目不转的人，才能不动心。"

弟子又问："如果在平时做到不动心，是否就可以用兵如神？"

王阳明摇头："当然不是。战场是对刀杀人的大事，必须要经历。但经历战场非是我心甘情愿的。正如一个病入膏肓之人，用温和疗养的办法已不能奏效，非下猛药不可，这猛药就是杀人的战场。我自来江西后，总在做这种事，心上很有愧啊。”

不喜欢打架，却把打架上升为一种艺术，这就是王阳明。

他的心思没有几个人可以明白，他的弟子对老师创造的震动天地的奇功非常感兴趣，但王阳明很少提及用兵之术。他的精力是在学问上，让每个人光复良知成为圣人，才是他最喜欢做的事。

当朱宸濠在囚笼里沉浸在往事中时，王阳明隐约感觉到这件事还没有完。他在1519年农历七月三十连上两道报捷书，一是报告收复了南昌城，二是报告活捉了朱宸濠。他把两件事分开写，就是想提醒皇上朱厚照，不是为了夸耀功劳，而是强调他王阳明所以如此舍身涉险建下这番功劳，就是希望皇上能改弦更张，不要再自私任性。

他如此费心费力，希望能避免的一些事情，还是发生了。

第一个把朱宸濠造反的消息送到北京的是巡抚南畿（辖今江苏、安徽两省、治所南京）的都御史李克嗣。和很多人一样，李克嗣在奏折中也没有明说朱宸濠造反，只是说南昌必有惊变。王琼得到消息后，立即要求朱厚照召开紧急会议，对朱宸濠造反这件事进行认定。王琼一口咬定朱宸濠肯定是反了。但其他朝臣有的是朱宸濠的朋友，有的则采取观望态度，都认为朱宸濠不可能造反。他们还举出证据说，南方各省的官员都有奏疏到京，没有一个人说朱宸濠造反了，只是说南昌城有变。“有变”和“造反”可有天壤之别，不能乱说。

朱厚照这次突然有了智慧，他把钱宁和臧贤下锦衣卫狱，严刑拷打，两人招供：朱宸濠的确有造反的心，所以南昌城有变，应该就是谋反了。

朱厚照猛地吃了一惊，王琼要他不必多虑，因为王阳明在江西。他当初让王阳明到江西剿匪的终极目的就是担心有今天这件事。按他的见解，朱宸濠是个钉子，王阳明就是锤子。王阳明以雷霆速度剿灭南赣土匪的例证让朱厚照吃了颗定心丸。在王琼的提醒下，他立即发布命令，要王阳明担任江西巡抚，平定朱宸濠叛乱。

很快，王阳明的两道明言朱宸濠谋反的奏疏也陆续到京，朱厚照这次确信，朱宸濠真造反了。

朱厚照这回出人意料地不吃惊了，他对身边的亲信江彬和张忠说：“宁王怎么敢造反啊，太让我生气了，我真想和他短兵相接，手刃此贼。”

说者无心，听者有意。张忠小心地探询：“不如您御驾亲征？”

朱厚照眼睛放光。江彬趁势说：“当初您出居庸关亲征蒙古小王子，天下人都对您的英雄事迹直竖大拇指。”

张忠继续挑逗朱厚照：“江南风景如画，美女如天仙，皇上从未去过吧？”

朱厚照眼前立即出现一番美女如云的幻境，他发情得跳了起来：“好，亲征！”

众臣哗然。几年前，朱厚照以“威武大将军朱寿”的名义跑到关外去和蒙古小王子打了一架，据说他以滴水不漏的指挥调度和身先士卒的无畏精神取得了那场战役的胜利，击毙蒙古人几百人，在民间传为美谈。但他是偷偷出关的，他后来回到北京时，所有大臣都向他发难，指责他穷兵黩武，以尊贵之躯陷危险之地，根本就不符合皇帝的身份。朱厚照为了解决这些烦恼，还动用廷杖，打了很多人的屁股。不过他在那时就明白，皇帝去战场艰难异常。所以之后的两年内，他虽然对战场如痴如醉，但在众臣的压力下再也没有出去过，只在紫禁城的各个皇家娱乐场所度日。据他自己说，虽然娱乐场所里有野兽有美女，凡是满足人欲的应有尽有，但与惊心动魄的战场相比，实在味同嚼蜡。

实际上，发生在1517年朱厚照和蒙古兵团的应州战役名不副实。朱厚照是在带着少量卫队出关游玩时偶遇蒙古兵团南下，朱厚照就以他的卫队为诱饵，引诱蒙古兵团发动攻击，然后以皇帝的命令调集各路边防部队。蒙古兵团在进入他设置的埋伏圈后，双方开战，蒙古兵团大败而逃。

一些人煞有介事地说，这次战役充分显示了朱厚照的军事才能。其实，人人都能诱敌，朱厚照能有应州战役的小胜，全是因为他以皇帝的身份调动增援部队，增援部队哪里敢耽搁片刻，而且有的边防部队根本未接到命令就跑来救驾。这是一场十倍于敌的战役，却让蒙古兵团主力冲出重围，简直是丢脸到家了。

按王阳明的看法，平时吃喝玩乐不肯静养良知的人，遇到战事时绝不可能取得胜利，因为他们做不到“不动心”。他们的心被物欲所牵引，一直在躁动。这样的人怎么可能镇定自信地指挥千军万马？

固然，明帝国的文官们都反对战争，更反对皇帝亲自参加战争。一部分原因是儒家本身对大动干戈就有排斥心理，一部分则因为，很多人都认识到朱厚照这个皇帝不过是个花花公子，根本就不是战神。

朱厚照深知，想要去江南必须先摆平他的文官们。擒贼先擒王，朱厚照决定先堵住内阁首辅杨廷和的嘴。他找来杨廷和问：“宁王造反，可曾派大将？”杨廷和说：“正在选将。”朱厚照一挥手：“选什么将啊，我亲自去。”

杨廷和立即发现1517年的往事要重演，他说：“区区一个宁王造反，王琼说有王阳明在，何必劳您大驾。”

朱厚照说："社稷有难，我焉能坐视不理？"

杨廷和一下就戳穿了朱厚照的嘴脸："皇上是想游览江南吧？"

朱厚照怒了，尤其是他发现杨廷和说的是对的时候，更是恼羞成怒。他拿出杀手锏，斥责杨廷和："宁王造反，你们内阁有不可推卸的责任。他的卫队被恢复，就是你的主意，我现在是替你收拾残局。你不感谢我，居然还无中生有地污蔑我。"

杨廷和马上意识到杀机四伏，急忙换了腔调："恐怕众臣不允啊。"

朱厚照笑了，说："这就是我来找你的目的。你去说服他们，告诉他们，我势在必行。"

杨廷和无奈地叹了口气，萎靡地离开皇宫。他一回到家，就把大门紧闭，任是谁来求见都不开门。文官们虽然没有杨廷和的领导，但都自发地跑到宫门号啕大哭，宣称皇帝亲征万万不可，在他们的哭声和诉求中，朱厚照听出了这样的意思：一旦亲征，江山社稷将有危险。

朱厚照对付这群危言耸听的人，唯一办法就是廷杖。他把哭得最响亮、最狼狈的几个大臣摁倒在地"噼里啪啦"地打。可很快就有大臣接替了前辈的位子，而且青出于蓝而胜于蓝，哭声震荡屋瓦、树叶飘零、天空变色。朱厚照只好说，我不以皇帝的身份出征，出征的是威武大将军朱寿。

文官们就说，活了一大把年纪，为朱家王朝效力了半辈子，从没有在皇族里听过这个名字，此人是谁？有何奇功？能带兵出征？

朱厚照说："这人你们不记得了吗？就是两年前在应州打得蒙古兵团鬼哭狼嚎的那位天才军事家啊。"

文官们继续闹，朱厚照不理睬，到他的娱乐场玩乐去了。他不必准备，自有人替他准备出征事宜，这个人自然是朱厚照最亲近的朋友江彬。

江彬原来是大同军区的一名低级军官。1511年，北京郊区发生群体性暴力事件，随之席卷全国，江彬的部队在本年奉调维稳。在维稳行动中，江彬神勇非常，大有明朝版城管之气魄，和变民对抗时身中三箭，拔出再战。这件英雄事迹传到中央，政府的官老爷想要树立个典型，就把江彬吆喝到了北京。于是，江彬得到了朱厚照的亲切接见。

朱厚照未接见江彬之前，政府老爷们命令江彬把包扎的箭伤暴露在外，那时正是春末夏初，乍暖还寒。江彬凭仅有的一点医学常识告诉政府老爷们，箭伤未痊愈，如果暴露在外，容易得破伤风，破伤风在当时可是很难攻克的医学难关，人得了后十有八九会没命。

但江彬的死活是江彬的事，政府老爷们对别人的事向来漠不关心，他们只关心这个典型在皇帝面前的表现。所以，江彬露出三处箭伤，跪在朱厚照脚下，心里想着一旦得了破伤风，该去找哪位医生医治。

朱厚照一见江彬，大吃一惊，江彬的三处箭伤分布在身体的不同部位：阑尾、胸口、耳根。由于被政府老爷训令必须体现箭伤，所以江彬的打扮很古怪：裸着上身，裤子褪在阑尾下，有些当时少数民族风格的打扮。换作任何一位靠谱的皇帝，江彬的衣衫不整可是大不敬，但现在的皇帝是朱厚照，吃惊过后，连呼“壮士”。就把江彬的伤口仔细研究了一回，让江彬穿上宫中官服，也就是说，江彬被升官了。

江彬懂军事，朱厚照喜欢军事，两人一拍即合，在大内搞军事演习，朱厚照暗暗发誓要和江彬成为一生的朋友。

江彬是个伶俐的人。据很多人说，他如果想和你结交，一顿饭的工夫就会让你把他当成知己。同时，他心机极深，不甘心做朱厚照身边的一条哈巴狗。在给朱厚照组织军队的同时，他其实也在给自己组织军队。

江彬和朱厚照极为亲近，有一件事可以证明。

朱厚照喜欢下棋，江彬也喜欢下棋，所以两人经常下棋。朱厚照是臭棋篓子，江彬也是。但两个臭棋篓子相遇，更臭的那个总是输，所以朱厚照总是输。

朱厚照不但棋臭，棋品也臭，总悔棋。对这种人最好的办法就是，不跟他玩。可朱厚照是皇帝，江彬只好陪着玩。

这一次，朱厚照已经悔棋了十几次，最后时刻，江彬已稳操胜券，朱厚照又要悔棋，而且是三步。

朱厚照刚要去棋盘上抽子，江彬按住了朱厚照的手，说：“皇上，您这哪里叫下棋，简直是耍无赖。”

朱厚照笑嘻嘻的，当时在场的锦衣卫官员周骐却血向上涌，一直冲到脑门，冲破了理性，但他认为这是忠心的体现。他大喝一声：“江彬，你是什么东西，敢不让皇帝棋子，敢说皇帝是无赖，敢按着皇帝的手！”

三个排比句如三道巨浪，把江彬打得冷汗马上就下来了。他急忙把手从朱厚照手上拿下来，跪下说：“该死，我该死。”

朱厚照哈哈一笑，让他起来，并且训斥周骐：“我们在玩，搞那么多事干什么，你真是多事！”

周骐只好哑口无言。

江彬为朱厚照的南征所做的准备工作很快完成，京城卫戍部队和临时从北方几大军区抽调来的部队十几万人集结完毕，朱厚照以威武大将军朱寿的身份在北京城外誓师，然后浩浩荡荡地向南方开拔。

王阳明的倒霉日子倒计时。

真诚的权变：最难不过斗小人

朱厚照这次南下场面宏大，人才济济。除了威武大将军朱寿之外，还有挂将军衔的江彬、许泰，宦官张永、张忠，朱厚照还特意带了两个史官以记录他将来的丰功伟绩。

朱厚照于1519年农历八月二十二从北京出发，四天后走到河北涿州。北京紫禁城距涿州直线距离五十五公里，讨伐叛逆应刻不容缓，可朱厚照大军每天才走十多公里，这说明他根本就没有把讨伐朱宸濠放在心上。据小道消息称，朱厚照所以走得这样慢，是因为他在和一个叫李凤姐的安徽美女游山玩水。

就当他在涿州和李凤姐欣赏祖国大好河山时，王阳明的两道捷报到了河北，第二道捷报中是这样说的：我知道您一听说宁王造反，必然御驾亲征。可很多事您并不知道，比如：宁王朱宸濠曾训练了一批杀手埋伏在北京通往江西的路上，这些人唯一的任务就是刺杀您。只不过宁王失败得太快，您还没有来，所以他的奸计并未得逞。但这些杀手还在路上，而且他们是宁王忠诚的死士，如果您来，他们肯定会继续执行刺杀您的任务。且不说他们，光朱宸濠溃败后的余党就有无数隐藏在民间，他们在暗您在明，一旦他们发作，后果不堪设想。所以我请您千万别来！

朱厚照毫不理会这一提醒，却把王阳明的捷报当成瘟疫，暴跳如雷，说："王阳明如此心急，真让朕愤怒，宁王这废物怎么如此不堪一击！"他发了一通邪火之后，就召集他的将军们讨论。张忠献上一计：扣住王阳明的捷报，不发北京。同时派人带着圣旨快马加鞭到江西和王阳明谈交易。交易的内容是，要王阳明把朱宸濠放到鄱阳湖上，皇上要亲自和他打一架，并且创造奇迹活捉朱宸濠。

朱厚照认为这是一条开天辟地的奇计，可使自己流芳百世。于是，命令张忠和许泰去江西和王阳明做交易，命令张永到人间天堂——杭州，为自己捉住朱宸濠后放松一下的生活做铺垫。

张忠能排除万难一路混到朱厚照身边并且成为朱厚照的红人，显然不是个简单的角色。他性格阴阳兼备、笑里藏刀、阴鸷易怒，连大太监张永都让他三分。而许泰出身将门，还是武状元，因有功封为伯爵，但品德烂污猥琐异常，和张忠勾搭成奸，在当时炙手可热。

两人一面向江西飞奔，一面派出锦衣卫拿着威武大将军的手牌去见王阳明。锦衣卫的速度惊人，1519年九月初，锦衣卫到达南昌城，并且向王阳明呈上威武大将军的手牌，命令王阳明和他见面。王阳明确信，朱厚照真的来南方了。

王阳明的弟子们说："很明显，威武大将军就是皇上。他的手牌和圣旨到没有区别，应该赶紧相见。"

王阳明说："圣旨是圣旨，手牌是手牌，怎可同日而语？大将军的品级不过一品，况且我是文官，他是武官，文武不相统属。我为什么要迎他？"

王阳明的弟子们大骇："他明明就是皇上，老师您这是想瞒天过海，恐怕要得罪皇上。"

王阳明叹息道："做儿子的对于父母错误的言行无法指责时，最好的办法就是哭泣，怎么可以奉迎他的错误呢！"

王阳明的属下苦苦相劝。王阳明只好让一名属下代替自己去见那名锦衣卫。锦衣卫发了一通火，更让他不爽的是，按规矩，王阳明需要孝敬锦衣卫一大笔财物，可王阳明只给了五两金子。锦衣卫决定第二天返回张忠处，让王阳明吃点苦头。

第二天，王阳明出现了。他说他亲自来送锦衣卫上路，然后拉起锦衣卫的手，满怀深情地说："下官在正德初年下锦衣狱很久，和贵衙门的诸多官员都有交情，但您是我见过的第一个轻财重义的锦衣卫。昨天给您的黄金只是礼节性往来，想不到就这么点钱您都不要，我真是惭愧得要死。我没有其他长处，只是会做点歌颂文章，他日当为您表彰此事，把您树立成典型，让天下人膜拜。"

锦衣卫先是错愕，接着就是感动。他让王阳明握着手，说："本来这次来是让您交出朱宸濠的，可我看您也没有这个意思，虽然我没有完成任务，但您的一番话让我心弦大动。我提醒王大人，还会有人来。"

王阳明装出一副惊异的样子，问："为何要朱宸濠？朱宸濠既被我捉，本该我献俘才对啊。"

锦衣卫不语，转身跳上马背，一溜烟跑了。

王阳明不让朱厚照来，朱宸濠的杀手组织只是一个借口。唯一的理由是，朱厚照不会是一个人来，十几万大军就如漫山遍野的蝗虫，所过之处人民必定遭殃。他们仅以搜索朱宸濠余党这一堂而皇之的理由就能让无数百姓家多年的积蓄化为乌有。

现在，王阳明只有一条路可以走，那就是押着朱宸濠急速北上，在半路堵住朱厚照，让他没有理由再来南方。1519年农历九月十一，王阳明把朱宸濠等一干俘虏装进囚车，从水路出发去堵朱厚照。

张忠和许泰一路猛追，终于在广信追上王阳明，再派两位高级宦官去见王阳明，声称是奉了皇上朱厚照的圣旨，要王阳明把朱宸濠交给他们。

王阳明这次面对的不是锦衣卫，而是东厂太监。锦衣卫还有点人性，东厂全是兽性，王阳明用对付锦衣卫那套办法对付东厂太监，显然是胶柱鼓瑟。他对弟子们说，对付恶人，千万别引发他的恶性，你不能和恶人直来直去地对着干，要懂得斗争的技巧。恶人也不是天不怕地不怕的，他们最怕的就是丧失利益。对付他们，只需要给他们摆清利害关系，他们就会知难而退。

王阳明热情地接待了两位高级宦官，两宦官请王阳明不要废话，立刻交出朱宸濠。王阳明慢条斯理地问："这是皇帝的意思还是你们老大张忠的意思？"

两宦官冷笑："当然是皇上的意思。"

王阳明又问："皇上如此急着要朱宸濠，想要干什么？"

两宦官再度冷笑："我们做下人的，怎敢去擅自揣摩圣意！"

王阳明就讳莫如深地说："我大概知道皇上如此急迫想要干什么。"

两宦官以为王阳明发现了他们的阴谋，脸色一变，不过很快就恢复平静，问王阳明："王大人难道是皇上肚里的蛔虫吗？"

王阳明说："我能猜出个一二。宁王造反前在宫中府中朋友无数，天下人谁不知道，宁王交朋友靠的就是金钱。本来，这是宁王人际交往的一个方式，可他现在既然造反，就是叛逆，用金钱交朋友那就是贿赂。我进南昌城后在宁王府中搜到了一箱子账本，上面详细地记载了他给了什么人钱，给了多少钱，这人又为他谋取了多少好处。"

说到这里，两位宦官早已面无人色，因为朱宸濠的朋友里就有他二人。王阳明见二人已没有了刚见面时的傲慢，马上就清退身边的所有人，然后从袖子里掏出两本册子，一本是账簿，另外一本则夹着二人和朱宸濠来往信件。这些信件完全可以证明二人和朱宸濠的关系非同一般，而且在朱宸濠造反的准备工作中给予了很大帮助。王阳明把两本册子都递给二人说："我仔细搜检了一番，只有这两本册子和二位有关，所以就都拿来，你们早做处理，以免后患。"

两人又惊又喜，对王阳明感激不尽。王阳明借势说："我准备北上亲自献俘，二位可愿跟随？”

两位宦官急忙说：“不必，我等回张公公处报告。王大人放心，我等绝不会在您面前出现第二次。”

两人装出一副沮丧的表情回报张忠，说王阳明的确不好对付，取不到朱宸濠。张忠发誓事不过三。他再派出一个东厂太监中的狠角色，要他无论如何都要拿到朱宸濠。

这一次，在张忠看来，连神仙都不能阻挡他。王阳明的弟子们也认为，张忠第三次来取朱宸濠，势在必得，恐怕再用什么计谋也无济于事。王阳明内心平静如古井之水，特意在广信多留一天，等待张忠的奴才到来。

这位东厂宦官抱定一个信念：不和王阳明说任何废话，必须交人，否则就把王阳明当场法办。在东厂眼中，王阳明不过是个都御史，他们的祖宗刘瑾连内阁首辅都办过，何况区区王阳明！

让他意外的是，当他提出要取朱宸濠时，王阳明没有和他针锋相对，而是马上同意。这位宦官正在沾沾自喜时，王阳明突然让人摆出笔墨纸砚，然后指着窗外说，朱宸濠的囚车就在外面，只要您写下下面的话：今某某带走朱宸濠，一切后果由我某某承担。然后签字画押，马上就可以领走朱宸濠。

这位宦官呆若木鸡，他不敢签字画押。他和张忠都知道这样一件事：朱宸濠绝不能出意外，但意外很可能会发生。朱宸濠余党隐藏在江西各处，如果这些人头脑一热，劫了囚车，自己就是有十个脑袋也不够朱厚照砍的。

他试图让王阳明明白这样一个道理：张公公无论取什么，都不需要签字画押。

王阳明说：“那就请张公公亲自来！”

张忠不能来，有两个原因：第一，他早听闻王阳明不是个省油的灯，他怕出丑，一旦出丑就有了第二个原因，在朱厚照身边的江彬或张永会乘虚而入，取代他在朱厚照心中的位置。

他的人虽未去见王阳明，但却向王阳明扔了一把匕首。这把匕首涂上了一目了然的剧毒：他给朱厚照写信说，王阳明和朱宸濠的关系很异常，有两件事可以证明。第一件事是孙燧未巡抚江西前，朱宸濠曾给中央政府写信推荐人选，谈到王阳明时说过“王守仁（阳明）亦可”的话；第二件事是王阳明曾派了得意弟子冀元亨到宁王府，还许诺借兵三千给朱宸濠。至于证据，只要把王阳明扔进审讯室就能得到。最后，张忠用“墙头草”来归纳王阳明征讨朱宸濠这件事：他所以调转枪头揍朱宸濠，是他的良知发现朱宸濠难以成事。

王阳明得此消息时已过了玉山，正在草坪驿歇息。这个消息就如一颗炸弹在他头顶“轰”的一声爆开，他预想过张忠等人会用卑劣的手段对付自己，却从未想到会如此卑劣，居然把他和朱宸濠生拉硬扯上关系！

可他并未愤怒，诋毁来得越强烈，越需要冷静。愤怒能让自己阵脚大乱，良知不能发挥力量。他明白朱厚照即使相信他是清白的，可架不住朱厚照身边那群小人的吹风。他确定不能再向前走，向前走即使不是死路，也绝不是一条顺畅之路。良知告诉他，现在迫在眉睫的一件事就是要找到他和朱厚照之间的桥梁，这个桥梁很快就被他发现了，那就是闲居在家的前首辅杨一清。

杨一清自和太监张永联合搞掉刘瑾后，在张永的帮助下青云直上，最后进入内阁担任首辅。1512年，钱宁来到朱厚照身边并迅速得宠，张永迅速失宠。作为他的好友，杨一清自然紧随其后被排挤出中央政府。

王阳明见到他，把张忠等人的行径轻描淡写地说了一遍，希望杨一清能发挥余热，给他指条明路。杨一清先是赞赏王阳明的功绩，又夸奖了王阳明忠君爱国的那颗心，然后遗憾地摇头说：“人走茶凉，我不在体制内混已好多年，哪里还有什么余热。”看到王阳明虽遇风波却不焦不躁，不禁暗暗称赞。于是他话锋一转说：“你可以找张永。”

张永张公公此时正在杭州为朱厚照的“工作视察”做准备。王阳明披星戴月来到杭州见张公公。张公公不见。

张永不见王阳明的心理基础是，王阳明已得罪了朱厚照身边的群丑，这种情况下，和王阳明交流是件极度危险的事。

但王阳明必须要让张永和他见面，他在门口扯起嗓子喊道：“我王守仁千辛万苦来见公公，为的是国家大事，公公为何不见我！”

孔子说，真正聪明的君子，要么不言，言必有中。王阳明对当时的其他太监说“国家大事”都不可能打动对方，却能打动张永。因为张永有良知，是个把国家大事当成自己事的好太监。

这是王阳明心学的一个独到之处：说服对方的成功率，在于见什么人说什么话的能力。有一次，王阳明的弟子们出外讲学回来，都很沮丧，王阳明问原因。弟子们说，那些老百姓都不相信您的心学。王阳明回答：“你们装模作样成一个圣人去给别人讲学，人们看见圣人来了，都给吓跑了，怎么能讲得好呢？唯有做一个愚夫笨妇才能给别人讲学。”

王阳明喊的那句话就是找准了张永的频率。张永把王阳明请进来，单刀直入问道：“你说的国家大事是什么？”

王阳明语重心长地说："江西百姓先遭盗匪荼毒，后又遭朱宸濠蹂躏，已奄奄一息，如今皇上又要来。朱宸濠余党听说皇上来，肯定会给皇上制造麻烦，到那时岂不是刀兵又起？皇上安危是问题，江西百姓有可能会被逼上梁山，如何是好？"

张永叹息道："我何尝不知道，可皇上身边那群小人蛊惑皇上非要来，皇上又喜欢出宫，我也没办法阻拦。我这次主动跟随，就是为了保护皇上，在力所能及之内劝阻皇上不要闹得太厉害，其他，就不是我所能管得了的了。"

王阳明向前一步，拉起张永的手握紧了，声音微颤："公公您必须要管啊！"

张永认真审视王阳明，在那张憔悴的青黑色脸上充盈着焦虑，那是在为南方百姓担忧，为皇帝担忧。张永很是敬佩眼前这个老学究，两人很快就惺惺相惜起来。张永关心地问道："王大人啊，你这颗忠君爱民的心让我好生佩服，难道你不知道你自己身处险境吗？"

王阳明无奈地一笑："我知道，有人在皇上面前诬陷我私通朱宸濠，不过我已将生死荣辱置之度外，只希望公公能拯救南方苍生和皇帝的安危。"

张永惊讶地问道："你真不想知道他们为何要构陷你？"

王阳明摇头。他当然知道，但他向来不以最大的恶意来揣测别人，尤其是评说别人。

张永多费唇舌道："这些人为了给皇上增添乐趣，要皇上南下。但皇上南下必须有个由头，现在朱宸濠被你擒了，皇上如果继续南下也就名不正言不顺，这群无耻小人当然不可能让皇上不开心，而且他们本人也想趁乱捞点油水，所以逼你交出朱宸濠放到鄱阳湖上，让皇上去擒拿，这样就师出有名了。可王大人你三番五次地不交朱宸濠，那群小人当然不开心，构陷你，也就在情在理了。"

王阳明借梯就爬："我这次来的其中一个目的就是为此事，我一身清白却被人无端泼脏水，真是悲愤。希望张公公能代我向皇上解释。"

张永陷入沉思，有句话他不知该说不该说，不过他还是说了："你呀，把朱宸濠交给我。当然，我要朱宸濠和那群人要朱宸濠本心不同，我得到朱宸濠就可以面见皇上，向皇上说明你的忠心。"

这是王阳明最希望听到的，朱宸濠现在就是个烫手山芋，他爽快地答应了张永。这个张忠费尽心机都未得到的宝贝，张永却唾手而得。这不禁让人想到一句格言：命里有时终须有，命里无时莫强求。

王阳明和张永分开后，并未回南昌而是到杭州净慈寺休养起来。原因有二：他的健康状况的确很差需要休养；皇上还未对他释疑，他必须在半路等着皇上的意思。

王阳明忙里偷闲，张永却忙碌起来。他以最快的速度推着囚车来到南京面见朱厚照，申明两点。第一，朱宸濠是王阳明主动交给他的，这样就减少了张忠等人对他的嫉妒。第二，他严正地指出，王阳明是忠贞之士，绝不可能和朱宸濠有关系，他基本上是毫不利己专门利国，可现在还有人想要利用剿宁王这件事大做文章陷害他。如果这群小人真的得逞，以后朝廷再遇到这类事情发生，谁还敢站出来，朝廷还有什么脸面教导臣下为国尽忠？

朱厚照被这番话打动，张忠和许泰仰头看天，不以为然。他们再出奸计，对朱厚照说："王阳明就在杭州，离南京近在咫尺，为何他不亲自献俘，说明他心中有鬼。如果皇上您下旨召见，他必不来。"

朱厚照点了点头说："传旨，要王阳明来南京。"

王阳明接到圣旨，就要启程。他的弟子们不无忧虑地说："皇上始终没有召见过您，这次召见肯定是皇上身边那群小丑的奸计，这一去必是羊入虎口。"

王阳明正色道："君召见臣，臣不去，这是不忠。"

弟子们苦苦哀求老师不能去，王阳明笑道："我没那么傻，你们想想，那群小人真会让我和皇上见面？他们这是在试探我，你们看着吧，我在半路上就会被原路打回。况且，张公公肯定为我说了不少好话，如果我不去，不是把张公公给卖了！"

王阳明果然料事如神，他才离开杭州郊区，圣旨就来了：王阳明可在杭州养病，不必来南京。

他的弟子们正钦佩老师的神断时，王阳明却来了倔脾气。他对弟子说："皇上不见我，我却要去见他。"弟子们吃了一惊，王阳明说："我要给他讲讲良知，不要再胡闹下去。"说完这句话，他不顾众人的反对直奔南京，走到京口时，杨一清把他拦下了。

杨一清对行色匆匆的王阳明说，不要去南京，去了也是白去。

王阳明一旦有了定见，十头牛都拉不回来，他坚定自己的主张。杨一清悄声对他说："张忠和许泰已经去了南昌。"

王阳明惊问："他们去南昌做什么？"

杨一清笑道："当然是想从朱宸濠之乱中捞点油水，你以为他们去普度众生吗？"

王阳明半天不说话。

杨一清看着别处，唉声叹气道：“南昌城的百姓要受苦了。”

王阳明“腾”地站起来，大踏步冲出门。

杨一清喊他：“去哪儿？”

“回南昌！”声音还在，人已不见。

张忠和许泰的确已到南昌，正如杨一清所分析的那样，他们到南昌城是为了捞点油水，人人都知道朱宸濠有大量财宝，包括朱厚照，所以当张忠和许泰暗示朱厚照去南昌城会有莫大的好处时，朱厚照一口同意，还给了他们几万政府军。张、许二人就打着“扫清朱宸濠余孽”的旗子如鬼子进村一样进了南昌城。

两人一进南昌城，马上把城里的监狱恢复，一批批“朱宸濠余党”被拖了进来，接受严刑拷打，只有一种人能活着出去：给钱。

没有了王阳明的南昌城已如地狱，鸡飞狗跳，声震屋瓦、怨气冲天。幸好，王阳明马不停蹄地回来了，1519年农历十一月末，王阳明以江西巡抚的身份进了南昌城。百姓们箪食壶浆迎接他，惹得张太监醋意大发。他对许泰说：“王阳明这人真会收买人心。”许泰说：“人心算个屁，谁说得民心者得天下，兵强马壮才得天下。”

这是错误的历史观和价值观，很快将得到证实。

百姓对王阳明越是热情，王阳明的压力就越大。他必须拯救南昌城的百姓于张、许二人的水火之中。如果有机会，他还想拯救两人的良知。

他分两步来走，第一步，树立权威，必须让张、许二人知道这样一个事实：他王阳明才是南昌城的一把手，而不是别人。他回南昌的第二天，穿上都御史的朝服去了都察院。张忠、许泰正在都察院琢磨朱宸濠的财宝去向，看到王阳明昂首独步而来，存心要他难堪。张忠指着一个旁位给王阳明看，意思是，你坐那里。

王阳明视而不见，径直奔到主位，一屁股坐上去，如一口钟。张、许二人目瞪口呆，王阳明才假装反应过来，示意他们坐下——旁位。

许泰冷笑，看着王阳明说：“你凭什么坐主位？不知高低！”

王阳明盯准了他，说：“我是江西巡抚，本省最高军政长官，朱宸濠叛乱，都察院没有长官，依制度，我顺理成章代理都察院院长，这个主位当然是我的。况且我是从二品，你等的品级没我高，你们不坐旁位坐哪里？”

这番话说得有理有据，张、许二人，包括头脑灵敏的江彬都无法反驳。王阳明发现自己取得了第一步的胜利，于是乘胜追击：“咱们谈谈朱宸濠余孽的事吧。”

没有人和他谈，三人拂袖而去。

确立权威后，王阳明开始第二步：切断张、许二人捉拿朱宸濠余孽的来源。他命人悄悄通知南昌城百姓以最快的速度离开南昌城，等风平浪静后再回来。但很多人都走不了，因为家里上有老下有小，故土难离。所以，张忠一伙人每天仍然忙碌不堪，监狱里鬼哭狼嚎。

张忠等人也有计划，模式是剥洋葱。他们不敢直接对王阳明动手，所以从外围突破捉来王阳明的头马伍文定，严刑拷打，要他承认王阳明和朱宸濠的关系。伍文定是条硬汉，死活都不让他们得逞。

这一计划流产了，他们又生奇计：派一批口齿伶俐的士兵到王阳明府衙门前破口大骂，这是泼妇招式。王阳明的应对策略是，充耳不闻。他和弟子们专心致志地讨论心学，在探讨心学的过程中，整个世界都清静如海底。

王阳明的淡定让张忠团伙无计可施，正如一条狗面对一个蜷缩起来一动不动的刺猬一样，无从下口。

王阳明发现他们黔驴技穷后，发动了反击。反击的招数正是他最擅长的“攻心”。

1520年春节前夕，南昌百姓开始祭祀活动，城里哭声震天。王阳明趁势发布告示，要南昌城百姓在祭祀自己的亲人时也不要忽略还有一批不能和父母相见的孩子，那就是被张忠带来的中央军。中央军的战士们看到告示后流下泪水。张忠等人还没有拿出反击的办法，王阳明趁热打铁，再发布告示说，中央军的弟兄们不远万里来南昌，万分辛苦，他代表皇帝犒师。实际上，王阳明的犒师搞得很简单，他只是让百姓们端着粗茶淡饭在大街小巷等着，只要看到中央军士兵就上前关怀，这些武夫们个个心潮澎湃。王阳明本人也亲自上阵，每当在街道上遇到郁郁寡欢的中央军士兵时，都会嘘寒问暖一番。这就是将心比心，永远都不会过时，必能产生奇效。

很快，张忠这伙人就得到极为不利的消息：军营中的绝大多数士兵已开始念叨王阳明的好，同时对自己在南昌城里做过的坏事忏悔。许泰敲着桌子气急败坏地说：“完了完了，军心散了。”张忠默不作声，江彬眉头紧锁。许泰絮絮叨叨起来：“姓王的给这些人灌了什么迷魂汤，让他们如此是非不分。”

江彬缓缓地伸出两指，说：“俩字，攻心。”

张忠把拳头捶到桌子上，咬牙切齿道：“姓王的太善玩阴的，我们真是玩不过他。”

江彬冷笑道：“每个人都有弱项，我们找到他的弱项，给他点颜色看看。”

许泰冷冷道：“我听人说姓王的是圣人，无所不能。”

江彬指了指墙上挂的一张弓，吐出一个字：“弓。”

许泰没明白，张忠一点就透，拍着大腿跳起来，喊道：“他王阳明弱不禁风，看他这次不出丑才怪！走，请王阳明去校场。”

校场人山人海，都是张忠组织起来的士兵，王阳明施施然来了。

张忠扔过一张弓来，向王阳明说：“懂射箭吗？”

王阳明看了一眼弓，笑笑说：“略懂。”说完，就从旁边的箭筒里抽出一支箭搭到弓上，看向远处的箭靶，缓慢而有力地拉弓，二指一松，“嗖”的一声，箭如流星飞了出去，正中靶心。箭杆犹在震颤，王阳明的第二支箭已在弓上，略一瞄，二指一松，这支箭的箭杆在靶心上震颤得更厉害。张忠惊讶得来不及张嘴，王阳明的第三支箭已飞了出去，又是正中靶心。三支箭的射击一气呵成，王阳明脸不红心不跳，场上响起了雷鸣般的掌声和叫好声。

王阳明向士兵们微微一笑，把弓扔回给张忠，一拱手：“献丑了。”说完转身就走。张忠团伙垂头丧气，这是他们唯一能想到的反击王阳明的招数，可惜惨败。

射箭事件后，张忠团伙的所有成员都发现他们的队伍不好带了，执行力下降，有些士兵甚至还跑到王阳明那里去听课。他们一致确定，王阳明是南昌城的真正主人，而他们现在唯一能做的就是夹着尾巴走人。

南昌城百姓用最热烈的仪式欢送他们，每个人都在心中祈祷，瘟神来南昌只此一回。王阳明没有祈祷，他知道祈祷也没用，因为张忠团伙对他的攻击必有下文。

的确有下文，张忠等人一到南京见到朱厚照，马上就七嘴八舌地议论起王阳明来。

张忠说：“王阳明平定朱宸濠功劳一般，实际上是知县王冕（前面提到的活捉朱宸濠那位）擒了朱宸濠。”

朱厚照“哦”了一声，许泰立即跟上：“王阳明拥兵自重，将来必占江西造反。”

朱厚照“啊”了一声，张永在旁边冷笑道：“您有什么根据吗？”

许泰是能发不能收的人，幸好江彬接过话头：“王阳明在南昌城用小恩小惠收买军心，我们的士兵几乎都被他收买了。如果您不相信，现在下诏要他来南京，他肯定不敢来。”

朱厚照笑了，说：“下旨，要王阳明来南京。”

诏书一到南昌，王阳明立即启程。可当他走到安徽芜湖时，张忠团伙又劝朱厚照，王阳明是个话痨，来了后肯定要你别这样、别那样。

朱厚照点头说："下旨，要王阳明回南昌。"

王阳明现在成了猴子，被耍来耍去，还没有申辩的机会。他不想当猴儿，所以没有回南昌，而是上了九华山。

江彬派出的锦衣卫如狗一样跟踪而至。王阳明知道有狗在身后，所以他每天都坐在石头上，闭目养神，仿佛和石头合二为一了。

锦衣卫得不到任何有价值的信息，只好回报江彬：王阳明可能得了抑郁症。

抑郁症没有，但王阳明的确得了病。他三次上书朱厚照，要回家养病，同时看一下入土多时的祖母。朱厚照在张永的阻拦下三次不允，王阳明在九华山上对弟子们说，这可如何是好，我现在是如履薄冰，不敢多走一步，很担心被张忠等人拿了把柄去。

弟子们说："老师也有退缩的时候啊。"

王阳明回答："谁喜欢身在诬陷的漩涡里！"

弟子们问他："那您现在该怎么办？"

王阳明不知道下一步该怎么办，直到南京兵部尚书乔宇的到来。

乔宇本是北京民政部的副部长，因得罪江彬而被排挤到南京坐冷板凳。可能是这件事对他的打击很大，突然有一天他认定江彬要谋反。没有人相信他，他却矢志不移地向别人灌输这个信念。朱厚照南下，他捶胸顿足，认定江彬可能要在这个时候动手。可还是没有人相信他，他于是找到王阳明，说了自己的担忧。

王阳明也不太相信，乔宇就说了一件事证明自己的判断。这件事的经过如下：几日前，朱厚照和江彬到郊外打猎，某日宿营突然发生夜惊，士兵们纷纷到皇上军帐前保卫，想不到皇上居然不在军帐。找了许久，才在一个山洞找到狼狈不堪的皇上，和皇上在一起的就有江彬，江彬紧张兮兮。

王阳明没有乔宇那样丰富的想象力，不过他曾在给朱厚照的信中谈到过朱厚照南下面临的风险，朱宸濠余党还在江湖上，皇上又不肯回北京，如果真的发生不测……

王阳明不敢想下去，他的良知也没有再让他想下去，而是让他马上行动起来。1520年农历六月，王阳明集结军队在赣州郊区进行了一场声势浩大的军事演习。演习准备期间，王阳明的弟子都劝他不要如此高调，因为张忠团伙贼心不死，搞演习就是授人以柄。

王阳明说：“我之所以这样做当然有苦衷，我要警告那些别有用心的人，不要打皇上的主意。话说回来，即使我不搞军事演习，那群人想找麻烦就一定能找得出来。既然横竖都是被人盯着，何必畏畏缩缩，如果有雷就让它打吧，有电就让来闪吧。”

仁者所以无惧，是因为做事全凭良知。

为了表达自己的这一想法，王阳明作了一首《啾啾吟》：“丈夫落落掀天地，岂顾束缚如穷囚！千金之珠弹鸟雀，掘土何烦用镯镂？君不见，东家老翁防虎患，虎夜入室衔其头？西家儿童不识虎，抱竿驱虎如驱牛。痴人惩噎遂废食，愚者畏溺先自投。人生达命自洒落，忧谗避毁徒啾啾！”

这是王阳明经历张忠团伙的诽谤和构陷后豁然开朗的重新认识，超然、自信、不惑、不忧的人生境界跃然纸上。

让人惊奇的是，朱厚照对王阳明大张旗鼓的军事演习毫无意识，所以当江彬向他进谗言说王阳明别有用心时，朱厚照一笑置之。朱厚照现在最迫切的想法是让朱寿大将军名垂青史。几个月前，他真把朱宸濠放到了鄱阳湖上，派给朱宸濠一群士兵，这群士兵的唯一工作就是擂鼓和挥舞旗帜。朱厚照英勇神武，身穿重甲，站在船头指挥作战，朱宸濠毫无还手之力，缴械投降。这是一场完全有资格载入史册的战事，朱厚照决心要把这件事和他当初的应州大捷写入他的人生，这叫双峰并峙。

他的这一想法给王阳明制造了难题。王阳明曾向中央政府连上两道捷音书，天下人都知道是王阳明捉了朱宸濠。现在要把这一客观事实改变，解铃还需系铃人，王阳明想躲也躲不开。

朱厚照明示张永，要他暗示王阳明，重上江西捷音书。

张永哭笑不得地暗示王阳明：只要把张忠团伙和朱厚照写进平定朱宸濠的功劳簿里，此前种种，一笔勾销。王阳明也哭笑不得，他是个有良知的人，不能撒谎。即使面对种种构陷也不愿意撒谎。

张永对王阳明的高洁品格印象深刻，他只好拿出最后一招，也是王阳明最在意的一招：如果按皇上的要求重写江西捷音书，皇上马上回北京！

王阳明片刻没有迟疑，马上按照要求重写。张永成功了，因为他知道王阳明不在乎自身安危，却在乎皇上和天下百姓。皇上在南方多待一天就多一天危险，而当地百姓也会早日解脱，要知道，皇上和他的军队每天吃喝的钱可都是民脂民膏啊！

1520年农历七月十七，王阳明献上修改版平定宁王报捷书，朱寿大将军、张忠、许泰、江彬成为功勋，王阳明屈居功臣第二梯队。

朱厚照果然说话算话，1520年农历八月下旬，朱厚照从南京启程回北京。王阳明得到消息后大松了一口气。有弟子问他：“老师您受到如此不公正待遇，却还心系皇上，这是良知的命令吗？”

这个问题问得非常刁，所以王阳明被问住了。

人生在世，难免遇到不公正的待遇。可当遇到不公正待遇时，我们该怎么办呢？王阳明时常教导弟子，为了自己相信的正义要勇敢去拼，不要做缩头乌龟，否则就是活千年，不过是千年的禽兽。如果王阳明知行合一，他就应该在面对张忠团伙的无耻和朱厚照的昏聩时勇敢地说“不”，他应该抗争，而不是畏畏缩缩地被人牵着鼻子走，到头来贡献了力量却没有得到荣誉，任何人的良知都不会教导他，这样做是对的。

王阳明思考了很久，终于说出了一个可以让人接受的答案：“应视功名利禄如浮云，要勇敢地去做事，不必计较事成之后的荣耀。有荣耀是我幸，无荣耀是我命，这就是良知给我们的答案。”

致良知

直到1520年农历九月前，王阳明始终把“存天理去人欲”作为他心学的终极目标。每当有人问他应该如何成为道德圣人时，他给出的方法也只是“存天理去人欲”，但经历了张忠团伙处心积虑地谗诬构陷而能毫发无损后，王阳明的心学来了一次飞跃，这即是“致良知”的正式提出。从此后，王阳明什么都不提，只提“致良知”。

有人考证说，“致良知”早就被南宋的理学大师胡宏提出过，我们已无从得知王阳明是不是抄袭了胡宏，还是根本不知道胡宏而自创出来的，无论哪种情况，在今天，“致良知”和“王阳明”已成一体，不容置疑。

“致良知”其实很容易理解，就是用良知去为人处世。按王阳明的话说则是，由于良知能分清是非善恶，所以它就是天理，致我心的良知于万事万物上，万事万物就得到了天理，于是皆大欢喜。

“致良知”的运行原理是什么呢？王阳明和弟子陈九川的一段对话是最佳的答案。

陈九川向王阳明提出这样一个困惑：“心学功夫虽能略微掌握些要领，但想寻找到一个稳当快乐的地方，倒十分困难。”

王阳明告诉他：“你正是要到心上去寻找一个天理，这就是所谓的‘理障’。此间有一个诀窍。”

陈九川就问诀窍是什么。

王阳明回答：“致良知。”

陈九川问：“如何致良知？”

王阳明回答：“你的那点良知，正是你自己的行为准则。你的意念所到之处，正确的就知道正确，错误的就知道错误，不可能有丝毫的隐瞒。只要你不去欺骗良知，真真切切地依循着良知去做，如此就能存善，如此就能除恶。此处是何等的稳当快乐！这些就是格物的真正秘诀，致知的实在功夫。若不仰仗这些真机，如何去格物？关于这点，我也是近年才领悟得如此清楚明白的。一开始，我还怀疑仅凭良知肯定会有不足，但经过仔细体会，自然会感觉到没有一丝缺陷。”

据此，我们可以知道，“致良知”就是“格物致知”里的“致知”，它的运行原理就是按良知的本能（能分是非善恶）指引去为人处世。

我们现在可以追溯王阳明如神的用兵事迹，他对付江西土匪和朱宸濠未败一战，一个显而易见的原因是：他在多方面考察和大量资料搜集后，一旦定下战略就绝不更改。这恰好就是“致良知”的力量。

由上面的论述可以知道，王阳明心学认为人心中有个能分是非善恶的良知，所以人不必靠典籍，也不必靠其他外在的方面来证明，良知刹那间一发作，那就是正确答案。但千万不能有第二次发作，也就是在一件事上不要反复思考，记住你面对事情时脑海中的第一个解决方案，那就是最佳方案，这也就是真正的致良知。一个出色的军事家就应该致良知，相信自己良知的力量，按良知的指引做出决定，这样才不会疑虑和悔恨。

没有确凿的证据证明王阳明是在1520年农历九月的哪一天提出了致良知的心学思想，我们只是知道，王阳明心学又被称为“良知学”，可见，致良知在王阳明心学中的分量。

据王阳明自己说，提出“致良知”还要特别感谢张忠团伙，如果没有他们对他进行的百般构陷使他每天都在生死一线徘徊，他就不可能在这极端恶劣的人为环境中提出“致良知”。

王阳明对良知的评价非常高，他曾在给弟子的书信中说，考察人类历史和神鬼历史，发现“致良知”三字是圣门正法眼藏，能规避灾难、看淡生死。

人如果能致良知，就如操舟得舵，纵然无边风浪，只要舵柄在手，就能乘风破浪，可免于沉没。

听上去简洁明快的“致良知”真的有如此神奇？王阳明的回答是坚决的肯定，不过他也有担忧，说：“就是因为致良知如此简捷，很多人会不太重视，走向歧路。实际上，我的致良知之说是从百死千难中得来，真不可以轻视。”

王阳明这种担忧是必要的，多年以后，王阳明心学的衰败就是他这种担忧成了事实。我们也无从明白，王阳明怎么会把“致良知”看得如此重要，并且预见性地认为人们在学习良知学时会走歪路。

依我们之见，致良知无非是用良知去为人处世而已，这有什么难的？可王阳明却说，人人都明白，但很少有人能真的做到。一件坏事到眼前，良知明明告诉你不要去做，可无数人还是违背了良知的教导。这就是王阳明为什么说“致良知”看似简易，其实艰难的原因：知行不一。

按王阳明的意思，如果我们做每件事都按良知的指引去做，那就能获得不动如山的心和排忧解难的智慧。他在张忠团伙的非难中能安然度过，除了一点点运气外，靠的就是这种不动如山的心和排忧解难的智慧，而这两种东西，必须长时间地坚持致良知才能获得。

王阳明心学无非如此！

它难就难在我们很多人都不能持之以恒地致良知，如果真能坚持到底，那超然的心态和超人的智慧就会不请自来。遗憾的是，我们很多人都不能把致良知坚持到底，所以我们缺乏不动如山的定力和解决问题的智慧，烦恼由此而生。

1520年农历九月后，王阳明开始向弟子们讲授“致良知”。第二年五月，王阳明在白鹿洞书院大事声张“致良知”，并且声称，他的“致良知”学说并非空穴来风，而是直接从孟子而来，也就是说，圣学到孟子后就戛然而止，赖天老爷垂青，终于让他接下了孟子手中的棒子。这种说法，韩愈、程颐、陆九渊、朱熹都用过，并无创新。王阳明还煞有介事地说，他提出的“致良知”是千古圣贤尤其是孟子遗留的一点血脉。对于那些讥笑和反对他学说的人，他长叹说：“这些人顽固得很，就是滴血认亲得到证据，他们也不会相信。”

王阳明显然在睁着眼睛说瞎话。孟子所谓的“良知”纯粹立足于人的情感上，也就是道德上，恻隐之心、羞恶之心都属于道德，属于善恶之心。而王阳明提的“良知”则除了关于道德的善恶之心外还有关于智慧的是非之心，这一点一定要注意。

在王阳明弟子越来越多的同时，他的学术敌人也越来越多。这些人攻击王阳明的致良知学说是枯禅，理由是，禅宗主张直指本心，人人都有佛性，佛在心中坐，不去心外求。而王阳明的心学和禅宗异曲同工，无一例外的，他的学术敌人都是朱熹门徒，发誓有生之年和王阳明心学不共戴天。

王阳明的反应很让这些人愤怒，他不但未有所收敛，反而变本加厉。1521年农历八月回浙江余姚后，他居然肆无忌惮地扩招门徒，搞得天下人都知道浙江余姚有个王阳明在讲心学。在他的敌人看来，王阳明明知道自己的学说是荒谬的，应该痛哭流涕地向他们忏悔。可王阳明不但不知悔改，还拿圣人孟子当挡箭牌，这真是恬不知耻。

攻击谩骂王阳明的声音在整个明帝国成了学术界的主旋律，上到中央政府高级官员下至地方小吏，王阳明的敌人满坑满谷。当然，对他顶礼膜拜的人也是浩如烟海。王阳明大有不管不顾的气势，用他的话说，我只相信自己的良知，其他一概不理。

他曾和弟子们谈论过这样一件事：为什么王阳明自平定朱宸濠后，他的学术敌人像雨后的狗尿苔一样层出不穷。有弟子说，因为先生立下与天地同寿的奇功，所以很多人都嫉妒先生，因妒生恨，这应该是真理。还有弟子说，这是因为先生的学说影响力已如泛滥的黄河一发不可收拾，而那些朱熹门徒自然要站出来反抗让他们耳目一新的学说。更有人说，先生创建了动摇山河的功勋，所以尊崇先生的人越来越多，根据辩证法，那些排挤阻挠先生的人也就越来越卖力。

王阳明说："诸位的话有道理，但并不是根本。最根本的原因应该是这样的，未发现良知妙用之前，我对人对事还有点乡愿的意思，也就是言行不符。可我确信良知的真是真非后，就发现只要我按照良知的指引去为人处世，心情非常愉快，由此就养成了'狂者'的胸襟。即便全天下人都讲我言行不符也毫无关系。这就是自信，真正的自信就是相信自己的良知！良知告诉你什么时候该做什么事，那就去做，不必顾虑、不必计较。"

如果说，王阳明在龙场悟道的"格物致知"是王阳明心学的基调，那么，他后来提"知行合一""存天理去人欲"则是探索模式。1520年，他提出"致良知"，由此给了王阳明心学的灵魂。到他1521年这次和弟子谈话后，王阳明心学第一次在他身上有了成果：超狂入圣。王阳明心学的主张就是要成为圣人，先要成为狂者，然后才能循序渐进，进入圣人殿堂。

所谓"狂"，就是在相信真理的前提下时刻坚持真理、践履真理，其他一概不管。或者说，和真理无关的事就不是我的菜，对于不是我的菜，我不需伪饰，只要本色表现就可以了。

王阳明年轻时就是个狂放不羁的人，坚持建功立业的真理。为了这个真理，他废寝忘食苦读兵法，不屑众人的嘲笑在饭桌上用果核排兵布阵，这就是狂。因为他本是个狂人，所以他英雄相惜，他也喜欢别人是狂人。1520年他收服王艮就是个典型例子。

王艮原名王银，出生于儒家大本营江苏泰州，父亲靠煮盐维持全家生计，王艮七岁开始学习理学，四年后辍学继承父业，二十五岁时成为当地富翁。由于经济条件许可，王艮重新回归理学，他的天分和刻苦成就了他，二十九岁的某天夜里，他从梦中惊醒，浑身大汗如雨，突然感觉心体洞彻、万物一体，确切地说，他悟道了。

其实，即使朱熹本人，也不可能在四年时间里悟透理学之道，王艮的悟道只是他没有深厚的理学基础，没有基础就没有思想负担，一番胡思乱想后就很容易让自己误以为悟道了。王艮自悟道后，就四处讲学，他的讲学有个特点：不拘泥陈说旧注，而是根据自己的心理、以经证心，以悟释经。说白了，就是望文生义，但因为可以言之成理，所以他的听众越来越多。三十七岁时，王艮已在泰州声名大振，他把自己塑造成超级特立独行的人物：按古礼定制了一套冠服，帽子叫“五常冠”，取儒家仁义礼智信五常之义，衣服是古代人穿的连衣裙“深衣”。穿戴完毕，他捧着笏板，行走时迈的步子经过精致的测量，坐时一动不动，和死人唯一的区别就是还有气息。

王艮还有一特立独行之处，就是嗜酒、嗜赌如命。1520年他到江西挑战各路理学大家并且百战百胜。他最后狂傲地宣称，天下没有人可以当他的对手。当有人告诉他，江西有个叫王阳明的在学术上很厉害时，他冷笑。

王阳明听说有这样一个人后，派人隆重地去邀请。王艮没有时间，他正在喝酒赌博。王阳明不停地去请，王艮不停地在喝酒赌博。

王阳明的弟子劝王阳明：“这种人还是算了，他既然不想来，强求不得。”

王阳明说：“据说这人很有‘狂’气，我非要他来见我不可。”

弟子们问：“难不成去绑架他？”

王阳明笑了笑，找出几个学习能力强的人专门学习喝酒赌博。这几名弟子学成后就跑到王艮面前，先是喝酒，把王艮喝得大醉三天，又和王艮赌博，王艮输得一塌糊涂。王艮大为叹服，对方却告诉他，我们不是自学成才，而是有名师指导。王艮问是何人，他们就把王阳明的名字告诉了王艮。

王艮大吃一惊，说：“想不到王阳明这老儒还会这些东西。”

这些赢家就说：“我们老师非腐儒，而是能灵活变通的圣人。”

王艮打了几个酒嗝，推开牌局，说："那我要去见见他。"

王艮戴上了他的复古帽，穿上了他的非主流衣服，捧着笏板来见王阳明。二人开始了一段有趣的对话。

王阳明："你戴的是什么帽子？"

王艮："舜帝的帽子。"

王阳明："穿的什么衣服？"

王艮："春秋道教创始者老莱子的衣服。"

王阳明："为什么穿这样非主流的衣服？"

王艮："表示对父母的孝心。"（舜和老莱子都以孝著称）

王阳明："你的孝道贯通昼夜吗？"

王艮："当然。"

王阳明："如果你认为穿这套衣服就是孝，那你脱掉衣服就寝时，你的孝还在吗？"

王艮："我的孝在心，哪里在衣服上！"

王阳明："既然不在衣服上，何必把衣服穿得如此古怪？你是想把孝做给别人看？"

王艮："……"

王艮："咱们来谈谈天下大事吧。"

王阳明："君子思不出其位，天下事可不是你这样的人应该管的。"

王艮狂傲道："我虽是个草民，但尧舜君民之心，没有一天忘记过。"

王阳明："当年舜是平民时在山中和野兽玩乐，快乐得忘记了还有天下这回事。"

王艮："那是因为上有尧这样的圣君。"

这回轮到王阳明答不上来了。王艮说得对，上有尧那样的圣君，作为平民的舜才没心没肺地忘记还有天下这回事。可如果上有朱厚照那样的混蛋，作为一个有良知的平民，是否还应该没心没肺呢？

我们可以看出，王阳明和王艮在后者着装上的谈话已经透露了王阳明"心即理"的心学核心，而王艮的回答恰好符合了这个心学的核心。王阳明发现，这是一个可塑之才，大喜之下，连忙给王艮脑子里灌他的心学思想，从"格物致知"谈到"诚意"，再谈到"存天理去人欲"，最后谈到"致良知"。王艮听得一愣一愣的，深深拜服。王阳明最后说，其实你已有了"狂"的灵魂，但有点跑偏，你应该静下心来，专心致志地得到"狂"的真谛，这就需要你致良知。你的名字“银”边是个金字，金乃狂躁流动之物，把它去掉，名为王艮，字“汝止”。这是提醒你自己：要静止，不要太流动。

王艮同意王阳明的见解，从此专心地学习起心学来。王阳明后来说，我收服王艮比我平定朱宸濠还有满足感。但也正是这个王艮，后来把王阳明心学的这只巨舟驶入狂傲不羁的禅宗海洋，让王阳明心学的敌人们有了攻击的话柄，从而导致了心学在明代被围剿，直致没落。

当然，这是后话了。

从王阳明的角度来看，王艮犯的致命错误就是，全力渲染良知的效用，而不注重光明良知。王阳明说，因为我心中有良知，良知能辨是非善恶，所以我只要按良知的指引去做事就一定符合天理。问题是，良知能分是非善恶，是因为良知光明。如果良知不光明，在是非善恶上，它的作用就会微乎其微。王阳明一直主张，你固然有良知，可别人也有良知，只有大多数人的良知认定同一件事是对的或者错的，那才叫心即理，否则就不是。

王艮和他后来的弟子都有这样的思路：良知告诉我，五花肉好吃，那不管什么场合面对什么人我都吃。可如果我们面对穆斯林时吃猪肉，那就是大不敬，这种行为就不符合天理了。也就是说，这个时候，你的良知分清的就不是“是”或者“非”，它完全拧了。

不过这大概也不能怨王艮，王阳明在对待良知能分清是非的问题上，也刻意强调良知的作用。曾经有个叫杨茂的聋哑人向王阳明请教如何对待“是非”，王阳明用笔和他交谈。

王阳明：“你的耳朵能听到是非吗？”

回答：“不能，因为我是个聋子。”

王阳明：“你的嘴巴能够讲是非吗？”

回答：“不能，因为我是个哑巴。”

王阳明：“你的心知道是非吗？”

杨茂兴奋起来，手舞足蹈，拼命点头。

王阳明最后写下这样的话：“你的耳朵不能听是非，省了多少闲是非；口不能说是非，又省了多少闲是非；你的心知道是非就够了。”

人人都有良知，所以人人心中都知道“是非”，但耳朵不听是非，口不说是非，那也不是知行合一。

王阳明说他已进入狂放不管不顾的境界，其实这只是他的一厢情愿，至少他在良知指引下的狂放境界就不能绝对地解决下面的问题——对朱厚照的评价。

伟大的杨廷和

人人都知道王阳明在平定朱宸濠中居功至伟，人人也都知道，王阳明最终闹了一场空。他的全体弟子都为他抱不平，但无济于事。甚至是退休在家的杨一清也为王阳明抱不平，也无济于事。整个1520年，王阳明成了一把扫帚，扫完朱宸濠这堆垃圾后就被人放到墙角，中央政府所有高官显贵都故意不想起他。

1521年农历三月，王阳明的光明时刻看似到来。因为朱厚照死了，环绕在他身边的垃圾群如冰山消融，首当其冲的自然就是江彬。

1520年末，朱厚照一行到达通州，江彬提醒朱厚照不要回紫禁城，因为一旦回紫禁城再出来就很难。江彬设法让朱厚照相信，在通州完全可以处置宁王余孽，完事后可以去他在大同建造的行宫。朱厚照欣然同意，就在通州，审讯朱宸濠同党。钱宁和吏部部长陆完被拖到他面前，朱厚照对二人恨得咬牙切齿，因为他们以谋反来回报他对他们的信任。他以恶作剧的方式来惩治这两个罪犯：把二人剥得一丝不挂，五花大绑，站在严寒天气中让士兵向他们身上吐口水。凌辱完毕，他命令把二人凌迟处死。至于朱宸濠，他显示了家人温情的一面：允许朱宸濠自尽，不过朱宸濠自尽后，他命令把朱宸濠的尸体烧成灰烬。

虽然朱宸濠已灰飞烟灭，但朱厚照相信江彬的说法，所以对中央政府官员要他回京的请求置之不理。但他的身体已不允许他再胡闹。两个多月前，他在江苏淮安的清江浦独自划船时，船莫名其妙地翻了，他喝了好多口水才被人救起。也就在那时，他经常会感到寒冷，不停地咳嗽，到通州时，他给人的感觉已是有气无力。

他其实特别想去大同行宫，可紫禁城来到通州的御医告诉他，如果不回北京进行一番正规的疗养，那后果不堪设想。朱厚照听到这句话时很遗憾地看了看江彬，江彬欲言又止的神情让朱厚照如坠云里雾里。

1520年农历十二月初十，朱厚照终于病体沉重地回到紫禁城。虽然如此，他还是进行了一番夸张的表演：几千名捆绑着的俘虏排列在通往皇宫的路旁，他则骑着高头大马，穿着军装耀武扬威的“检阅”俘虏们，由于身体原因，这场表演很快结束了，这是他人生中最后一次表演，有点失败。

三天后，他勉强从床上爬起到天坛献祭。在群臣的惊呼声中，他当场晕倒，被抬回紫禁城时，气若游丝。皇家御医们虽然保住了他的命，却没有恢复他的健康。1521年农历二月初二，他带病和一位宫女进行质量不高的性生活，之后，病情加重，只有躺在病床上回忆往事。1521年农历三月十四，朱厚照一命呜呼，享年三十一。

一直以来，人们对朱厚照的评价都不高。大家普遍认为，朱厚照是一位自私任性的皇帝。倘若用王阳明心学来评价他，应该有两种评价：作为普通人，朱厚照无疑是很出色的，因为他能创造心灵的自由，他不被那群腐朽的老臣订立的规则所左右，只活最真实的自己；但作为皇帝，他是极不合格的。朱厚照在享受皇帝权力带给他快乐时却很少履行皇帝应该尽的责任。按王阳明心学的解释，朱厚照的心中应该有这样的天理：我要为江山社稷负责，要为黎民苍生负责。可事实证明，他没有。他心中的“天理”就是：我行我素，让自己成为一个“将军—皇帝”式的皇帝。如你所知，这和大多数人（儒家门徒）对皇帝心中应该具备的天理的共识背道而驰。

天理是什么，其实就是有良知的大多数人对一个道理达成的共识。显然，身为皇帝，朱厚照没有按他的良知去行事。

江彬也没有按自己的良知去行事。朱厚照在残存于世的那两个月里，江彬一直在违背良知。他明知道朱厚照已病入膏肓，却还要求朱厚照去大同行宫，目的只有一个：朱厚照死时，他能在身边，将来的事就都好办了。

但朱厚照忽然变得聪明起来，回到北京紫禁城，这让江彬的计划泡汤。他明知道伪造圣旨不是臣子应该做的事，可还是在1521年农历三月初九伪造了一道“要江彬担任北京郊区边防军司令”的圣旨。

北京郊区的边防军是江彬几年前在得到朱厚照许可的情况下调动的大同军区部队，这是一支训练有素、久经沙场考验的部队，能以一敌百。江彬希望这支军队能为他的前途保驾护航。他接下来唯一要做的事就是守在朱厚照病榻前，只要朱厚照一死，他可以再伪造朱厚照的遗命，而他江彬则将名标青史。至于怎么名标青史，江彬的答案是：造反。

这一计划险些就成功了，但最终还是功亏一篑：1521年农历三月十四朱厚照咽气时，江彬不在朱厚照身边，历史由此转向。

朱厚照死时，身边除了几名宫女外，只有两个与大局无关的司礼太监，两名太监记下了他的临终遗言：朕疾至此，已不可救了。可将朕意传达太后，此后国事，当请太后（张太后）与内阁定夺。从前政事，都由朕一人所误，与你等无关。

相当一部分人认为，朱厚照的遗言是伪造的。那两个宦官很担心朱厚照死后政府官员找他们算账，所以添加了“从前政事，都由朕一人所误，与你等无关”这一句。即使这句是伪造的，但前面几句话肯定是真的，因为它是口语，反映了朱厚照实际说话的情态。

朱厚照把后事完全交给皇太后和大学士，说明他临死前已变得清醒。如果他再混账一点，把后事交给江彬，后果不堪设想。

出色的政治天才、内阁首辅杨廷和勇担重任。他要做的第一件事就是寻找新皇帝，朱厚照一生没有儿女，而且也没有过继的子嗣，所以必须要从朱家重新挑选一位。这件事不必临时抱佛脚，杨廷和早在朱厚照卧床不起时心中就有了人选，而且曾向朱厚照暗示过，但朱厚照认为自己可以起死回生，所以没有答复。当杨廷和第一时间得知朱厚照归天的消息后，马上跑进太后宫中，提出了他心目中的人选：设藩于湖广安陆（湖北钟祥）的兴王朱厚熜（时年十三岁）。

杨廷和的理由是：朱厚熜天生明敏、温文尔雅，后天受到良好的教育，有明君的气度。张太后同意了。杨廷和立即向群臣宣布这件大事，群臣哗然。

兵部尚书王琼第一个强烈反对。他的理由是，皇上朱厚照还有很多叔伯，让一个十三岁的孩子来做皇帝，这太玩笑了。杨廷和老谋深算地祭出朱元璋制定的《皇明祖训》说，这里有“兄终弟及”的规定，我是按规定办事。

王琼又反对说，“兄终弟及”的“弟”必须是嫡长子，而朱厚熜是他老爹朱祐杬的次子，这不符合规定。

杨廷和冷笑说：“朱祐杬的长子已死多年，我们去哪里请他？”

王琼再反对说，无论如何都轮不到朱厚熜，益庄王朱厚烨（设藩江西抚州）今年二十三岁，生性恬淡，生活简朴，而且是嫡长子，他更适合。

杨廷和冷笑：“别忘了，江西可刚出了个宁王朱宸濠。你提江西的朱厚烨，什么意思？”

王琼惊骇万分，突然发现这场廷议杀机四伏，马上闭起了嘴。没有人反对，因为该反对的理由都被王琼说尽了。

杨廷和为什么非要违背《皇明祖训》选朱厚熜而不选朱厚烨，从二人的年龄上就可以得到答案：朱厚熜十三岁，还是个小孩子，容易控制，而朱厚烨已经二十三岁，具备了独立意识，杨廷和控制起来会非常麻烦。

迎朱厚熜继位的大队人马刚出北京城，杨廷和立即着手第二件事：解决江彬。

1521年农历三月十七日，杨廷和正式发布朱厚照遗诏，江彬大摇大摆地来听遗诏。他不担心杨廷和，因为他来之前就已经和他的部队商量好，只要在约定的时间内没有见到他出宫，他的部队将采取行动。杨廷和当然明白江彬是有备而来，所以绝不会在这时对他动手，但还是伪造了朱厚照的遗诏，命令江彬指挥的边防军撤出北京回大同军区。

命令于发布的那一刻开始就开始执行，边防军陆续北返。江彬的幕僚们怂恿他立即采取行动，可江彬根本就不是成事的料，犹豫不决。大概是边防军撤出北京一事严重地打击了他，他已乱了方寸，甚至派人去打探杨廷和的态度。

杨廷和发现自己已掌握了主动权，内心狂喜。不过表面上他还是设法让江彬相信，他对江彬不会采取任何行动，对江彬的处理是未来皇帝的事，他一个首辅没有这个权力。

江彬得到这一消息后，如释重负。他不知道这是杨廷和的缓兵之计，只要等边防军全部撤出北京，杨廷和就会翻脸无情。由这件事可以推断，江彬不过是个庸人，他最擅长的只是谄媚和构陷，对政治，他一窍不通。

江彬的幕僚们看到主子忽然悠闲起来，不禁扼腕叹息。1521年农历三月十九日，边防军全部撤出北京，江彬现在成了孤家寡人。他的幕僚们出于对主子的爱护，劝他立即离开北京。江彬拒绝，他不但拒绝这一善意的提醒，反而就在当日跑到皇宫里参加坤宁宫的落成典礼。在典礼进行到最高潮时，江彬突然发现露天礼堂周围多了很多士兵，一股冷汗顺着头皮就流了下来。他推开众人想要逃跑，杨廷和大喝一声，早已准备多时的士兵把他拿下，送进了锦衣卫大牢。

等待他的只有死路一条。

解决江彬后，杨廷和凌厉地开始第三件事：涤荡朱厚照在北京城内的一切痕迹。撤销朱厚照的皇家娱乐场所，遣散仍逗留在宫中的僧侣、异域美女、演艺人员。把朱厚照豢养的野兽统统拉到郊区，或是放走，或是杀掉。

看上去，紫禁城恢复了它本来的庄严。

杨廷和现在成了明帝国当之无愧的主人，成了一个伟大的人。一个月后，朱厚熜来到北京郊外，伟大的杨廷和指示有关人员：要以迎接太子的仪式迎接朱厚熜。

杨廷和是想给朱厚熜一个下马威，要朱厚熜意识到他的龙椅是怎么来的。朱厚熜不领这个情，他传话给杨廷和：我不是先帝的儿子，所以不是太子，我是来继承帝位的，所以我是皇帝，要用迎接皇帝的仪式迎我进城。否则，我就打道回府。

杨廷和想不到这个十三岁的孩子这么较真，他只能同意朱厚熜的意见。本年农历四月二十二，朱厚熜以皇帝的身份被迎进北京城，杨廷和先败一局。

朱厚熜继位的第五天，礼部接到这位小皇帝的命令：拿出适合于他父母的大礼和称号的意见。

这是朱厚熜注定要面临和解决的问题：他不是先皇朱厚照的儿子，他有自己的亲生父母。他既然做了皇帝，那按常理，他的父母必然是太上皇和皇太后。

可正如杨廷和所说：当今圣上的父母不能是太上皇和皇太后，因为他的帝位是从朱厚照那里得来的。朱熹说过，继承别人的皇位后，就要称此人为父，这是天理。而对于亲生父亲，就不能称为父，可以称皇伯、叔父。朱熹总结说，如此一来，正统就明了，天下人对皇帝的尊崇就到达极限，天理就昭昭了。

杨廷和拿出自己的见解：朱厚熜应该效仿北宋赵曙（宋英宗）称呼父母的方式。

赵曙是北宋第五任帝，他前任是赵祯（宋仁宗）。赵祯一生无子，就把兄弟的儿子赵曙认作义子，赵祯死后，赵曙继位。按儒家家法，他应该称亲生父母为伯父，称赵祯为亲爹，理由是：赵曙是从赵祯那里继承的皇位，而不是从亲爹那里。

在伟大的杨廷和的指示下，礼部建议朱厚熜："称您亲爹为皇伯，而称朱厚照的父亲（朱祐樘）为亲爹。"

朱厚熜大为不解，他说："我和赵曙的情况不一样，他是早已入继赵祯膝下的，赵祯活着时，赵曙就已经称赵祯为父，而且还当过太子。可我从未入继过朱祐樘，也从未被立为太子，所以我不必遵守儒家理法。"

杨廷和认为这是件严重的事，如果朱厚熜真的称亲生父亲为父，那就预示着皇帝的位子不必一系相承，朱宸濠要做皇帝，也无非是想从旁系进入皇帝这一系。如果朱厚熜真如愿以偿，将来皇系以外的皇族各系都会对皇位虎视眈眈。

还有就是，朱厚熜如果真称亲爹为爹，那就是断绝了朱祐樘一系的正统。这属于内部革命，无论如何都不成。

朱厚熜非要称亲爹为爹，而杨廷和和他的朱熹门徒同僚们强烈反对，双方由此展开了空前的激战，这就是明代历史上最动人心弦的"大礼议"。

那么，远在浙江余姚的不同于朱熹理学的异端王阳明的态度是什么呢？

不许来京

无须推测，我们就能知道王阳明对“大礼议”的态度必然和杨廷和背道而驰。朱熹理学主张孝道，王阳明心学更主张孝道。所不同的是，王阳明心学对事物做出判断依靠的不是外界的规定，而是内心的良知。任何人的良知都会告诉他，亲生父母就是父母，不可更改。难道朱熹和杨廷和的良知不知道这一点吗？当然知道！但他们自认为那些儒家的规定能保证正统，所以他们违背良知的告诫，做出莫名其妙的事情来。然而在他们看来，这是很严肃的事，认为他们莫名其妙的人才莫名其妙。

朱厚熜的抵抗是强烈的。1521年农历四月到六月，朱厚熜统治下的明帝国最大的政治事件就是“大礼议”。杨廷和带领全体官员向朱厚熜施加压力，要他称自己的父亲为皇伯。朱厚熜单枪匹马，靠着皇帝至高无上的权力顽强抵抗。1521年农历六月，一个叫张璁的新进士让本无希望再抵抗的朱厚熜神奇般地转守为攻。

张璁的运气一直不好，连续七次参加会试才终于在第八次的1521年过关，这一年他已四十六岁。张璁一进入政坛，就遇到“大礼议”事件，他发现这是个旱地拔葱的机会，决心站在朱厚熜一边和整个帝国的官员们作对。

张璁向朱厚熜表明了自己的主张，他认为杨廷和挑选的典故并不适用于当今皇上，皇上应该称自己亲爹为父。朱厚熜心花怒放，把这个唯一盟友的奏疏转给杨廷和看。杨廷和傲慢地在奏疏上批下自己的意见：一介书生晓得什么大体？

十三岁的朱厚熜火冒三丈，把奏疏摔到地上，他有点沉不住气地要和杨廷和翻脸。他从湖广带来的幕僚群提醒他，和杨廷和翻脸是极不明智的。从私人角度讲，杨廷和是您的恩人；从政治角度讲，杨廷和控制着政府，皇帝新来乍到，在力量不足时绝不能和杨廷和控制的政府作对。

朱厚熜问计，有幕僚提到大量引进外援，比如王阳明。依这名幕僚的见解，王阳明思想开通，而且依靠他的哲学思想和不可置疑的军功建立了卓著的声誉和广泛的人脉，他将是抗衡杨廷和的最佳人选。朱厚熜转怒为喜，下旨给王阳明：你当初能剿平乱贼，安靖地方，朝廷新政之初，正是用人之时，你速速来京，我要封赏你，并委你重任，不得迟疑。

1521年农历六月二十一，圣旨到达江西南昌时，王阳明正和他的弟子们在游山玩水中探讨学问。

他接到圣旨后，心中波澜起伏。客观地说，王阳明的仕途并不顺。开始时王阳明是没有用武之地，后来有了用武之地，却永远都是无名英雄。朱厚照剥夺了他的一切荣誉，他并不沮丧，因为他看淡了这一切。

但他只是看淡这一切，而不是推托。当一个可以施展抱负的机会来到他面前时，他绝不会拒绝。他对弟子们说，新帝上任，朝廷风气面目一新，此时正是施展我抱负的时机，我应该去京城。

弟子们对老师的深明大义表示赞赏，但有弟子犀利地指出，此一时彼一时。当初您到江西剿匪能功成名就，是因为兵部尚书王琼。也就是说，您上面有人。可王琼在一月前已被杨廷和清除出中央，您现在是孤家寡人，皇上又是个初出茅庐的后生，中央政府里情况暧昧不明，此事还是慎重为好。

王阳明一听到“王琼”这个名字，心上不禁一颤。王琼是他一生中最重要的贵人，没有之一。如果不是王琼，王阳明的一生将失色很多，从我们今天的角度来说，如果没有王琼，王阳明不过是个哲学家，不可能在军事家中拥有一席之地。

王琼在朱厚熜未进北京时就被杨廷和排除，罪名是：私通钱宁、江彬等乱党。这个罪名从王琼的行为上看是成立的，王琼和钱宁、江彬的关系的确很紧密。可他有不得已的苦衷，当时的中央，想要做成大事必须通过朱厚照身边这两位红人，王琼之所以主动结交他们，就是为了让王阳明在江西百无禁忌，否则，一旦派去监军，王阳明将会束手束脚、难以成事。

结交皇帝身边的红人是一个政治家变通的智慧，多年以后的张居正能让半死不活的明帝国重获生命力，靠的就是和宫中的大太监冯保的友谊。但对于朱熹门徒的那些君子来说，君子和小人势不两立，你就是和那群小人打个招呼都是罪过。

法律专家杨廷和排挤王琼只和政治有关。自朱厚照死的那天开始，王琼就对杨廷和的自作主张非常厌恶，杨廷和清醒地认识到，必须要把这块石头搬走，他才能控制政局。

王阳明弟子们的担忧不仅于此。有弟子说，几乎所有的政府官员都是朱熹门徒，对王老师您的心学深恶痛绝，您进中央政府和进龙潭虎穴有何区别？纵然朝廷上有为王老师您讲话的人，那也是位卑言轻之辈，王老师您虽然有良知在身，能乘风破浪，可咱们在江西待得好好的，为什么要去经历大风浪？

还有弟子小心翼翼地问：“王老师难道有官瘾？”

王阳明瞪起眼睛来，说："胡说！我怎么会有官瘾？我早就教导过你们之中进入仕途的人，仕途如一张网，进入后就会被沾上不得转身，所以千万不要沉浸在里面，要懂得站在网上看。但也不是要你不作为，是要你看明白，然后进入网中去做，做完就赶紧撤出来，这样才能不被仕途牵引，不被功名利禄所累。"

说完，他叹息一声说："皇上此时正是用人之际，我虽然能力有限，但皇上既然能想到我，说明我还有利用的价值，我应该去。"

有先见之明的弟子说："恐怕去不了京城。"

王阳明问原因。

弟子回答："杨廷和是朱熹忠实的门下走狗，绝不容许您这样的异端。"

王阳明说，不能以恶意推测别人，杨廷和是识大体的人，不会为难我。

这可能是心学的一个缺陷：绝不要先以恶意去推测别人，否则自己就先恶了，一旦如此，就是丧失良知的表现。那么，不要先以恶意去推测别人，该如何防止别人的恶意（以欺骗为例）呢？比如有弟子就向王阳明提过这方面的担忧："人情诡诈多变，如果用诚信应对它，经常会被它欺骗。很多骗子行骗成功就是利用了人们的厚道和诚信。但是，如果想不被骗，必须事先能察觉，可事先察觉的前提必须是把每个人都当成潜在的骗子。可这样就违反了孔子'不要预先猜测别人欺诈自己，不要预先揣度别人不诚实'的忠告。也就是说，我这样做，就把自己变成了那种不诚实、不厚道的人了。"

王阳明告诉他："这是孔子针砭时弊而言的，当时人们一心欺诈别人，做不诚信的事，而深陷于欺诈和不诚信的泥潭中；还有人不会去主动欺诈别人，但是缺乏致良知的能力，而常常又被别人所欺诈。孔老夫子并非是教人事先存心去体察他人的欺诈和不诚信。只有心怀不轨的人才事先存心，把别人看成是骗子。可即使他时刻防备，也很难不被欺骗。原因很简单，他把别人当成骗子，就证明他也是骗子。他总是防备别人，心力交瘁，偶一疏忽，骗子就乘虚而入了。"

也就是说，只要我们苦下致良知的功夫，就可以避免被人欺骗，更可以避免别人的攻击。问题是，攻击和欺骗的主动权不在我们手中，而在对方的手中，比如杨廷和，他即使知道王阳明没有把他当成坏人，也不会撤销阻挠和攻击王阳明的行动。

王阳明绝不能来中央政府，这就是杨廷和给他自己和他所控制的政府定下的基调。杨廷和和王阳明结怨已久。王阳明当初在江西剿匪，不停地给王琼写信报捷，信中只字不提内阁，杨廷和这位首辅面子上当然过不去。王阳明在这件事上做得的确有些失误。人人都知道，他王阳明虽然是兵部推荐的，但内阁位于兵部之上，王阳明至少应该提一下内阁才对。另外，杨廷和在思想修为上和王阳明也是水火不容。所以杨廷和对臣僚们说："皇上要王阳明来京肯定是寻找外援，王阳明的主张必然和我们的相反，所以他绝对不能来京。"

有人认为王阳明来到京城后无依无靠，他的弟子都聚集在政府下层，无关大局，杨廷和是不是有点小题大做了。

杨廷和严肃地指出："王阳明非同小可，不说他那野路子的学说，只看他在江西短时间内创建的军功就能说明这是个狡诈多端的人。这种人，不能让他来京城。"

其实，杨廷和还有一点忌讳没有说，那就是，王阳明和王琼的关系非常密切，他担心王阳明来京后皇上会重新重用王琼。

他对朱厚熜提出自己的意见，朱厚熜的娃娃脸阴沉下来："我是皇帝，任用一个人还需要你的许可？"

杨廷和吃了一惊，他发现皇上对他的不满已溢于言表，不过他明白皇上对他的不满还只停留于言表，他说："先皇才驾崩，此时不宜行封赏之事。"

朱厚熜跳了起来："这是哪门子规定？"

杨廷和是法律方面的专家，这种规定他随时可以找出一百条。他就站在那里，看着地面，仿佛地面有法律条文一样，滔滔不绝。

朱厚熜发现在这方面他远不是杨廷和的对手，摆手示意他停下。他知道自己这次请外援的行动失败了，但他还抱有一线希望："我是皇帝，君无戏言，如今已宣王阳明来京，难道要我食言？"

杨廷和早已为他想好了王阳明的结局，这想法是非常随意的：可让他返回江西南昌，继续担任他的江西巡抚。

朱厚熜深深地鄙视起杨廷和，因为这实在不是对待一位功勋卓著的高级官员的态度。可杨廷和眼睛盯着他，一眨不眨，这让他如芒刺在背。

必须要扳倒杨廷和！这是朱厚熜当时最真实的想法。但现在，他只能忍耐：那就按你的意思去做吧。

王阳明走到钱塘，杨廷和的圣旨来了：国丧期间不宜进行封赏事，王阳明立即回南昌履行江西巡抚之职。杨廷和还擅作主张，免去王阳明南赣巡抚的职务，由他指定的人选担任。

王阳明百感交集，几乎要仰天长啸。他如掉进冰窟窿里，浑身冰凉。他没有赞赏那位有先见之明的弟子，而是看向钱塘江，此时还不是钱塘江大潮来的时候，但他分明感觉到潮水互相冲击的巨响。他忽然想家了。

1521年农历七月，王阳明向中央政府告假，杨廷和允准。一个月后，王阳明回到阔别已久的浙江余姚。他的父亲王华喜极而泣拉着他的手诉说："当初朱宸濠造反，有传言说你也参加了，我却对人说，我儿向来在天理上用功，知道是非对错，绝不会做此愚昧之事。后来又有传言说你和孙燧等人遇害，我悲伤过后是欣慰，因为你做了忠臣。再后来我听说你讨伐朱宸濠，原来你还活着，我高兴得手舞足蹈，每天都焚香祷告你能马到成功。再后来，我听说皇上身边的那群小人拼命地想把你置于死地，我每天所做的事还是为你祈祷，希望你能化险为夷。而我也知道，公道自在人心，你必能全身而还。如今你回来了，可见世上的确有天理这回事啊！"

父亲的一番话让王阳明流下愧疚的眼泪，说："让父亲总为我牵肠挂肚，真是不孝！"

王华说："我之所以担心你，是因为你在名利场中，不过现在我不必为你担心，当我见到你第一眼时就发现功名利禄在你眼中已是浮云了。"

知子莫若父，王阳明的确早已看淡功名利禄。有一天早上醒来，王阳明对弟子说："昨日穿着蟒玉（江西巡抚的官服），大家都说荣耀，可脱衣就寝，只是一身穷骨头，何曾添得分毫？所以，荣辱不在人，人自迷耳。"

酒不醉人人自醉，色不迷人人自迷。酒、色、荣辱都是心外之物，如果心外无物，何尝能为物所迷？！

然而有一样东西是人无法不迷的，那就是亲情。它和我们的良知一样，与生俱来。王阳明曾指着他当年出生的那个阁楼，心情沉重地说："我的母亲五十年前在这里生下了我。阁楼还在，我还在，母亲大人早已不在了。"当他看到年迈的父亲和荒草萋萋的祖母坟墓，不由下泪。

有耍小聪明的弟子问道："老师您曾教导我们不要随意动心，此时为何而动心？"

王阳明擦掉泪水说："此时此刻，不能不动心！"

对于亲情，很少有人不会动心，这是人良知的表现之一，正如朱厚熜非要给他父母正当名分一样，就是良知。令人齿冷的是，杨廷和和他控制的政府非要朱厚熜泯灭良知。对于朱厚熜而言，杨廷和简直丧尽天良。

对于丧尽天良的人，朱厚熜唯有抗争到底。1521年农历八月，朱厚熜命令礼部去湖广迎接他的亲娘。杨廷和命令礼部：以王妃的礼仪迎接，不能以皇太后的礼仪。朱厚熜的母亲大怒，拒不进京。

朱厚熜七窍生烟，脱下龙袍，声言要回湖广，而且马上收拾行李。杨廷和慌了，这是明摆的事实，一旦朱厚熜真的走了，他杨廷和就有不可推卸的政治责任。他终于退后一步：迎接朱厚熜的母亲可用皇太后礼仪。但在称呼上，不得变更。

杨廷和退一步，朱厚熜自然就进了一步。只要在前进，那就必能抵达胜利的终点。朱厚熜是这样想的，忽然又想，如果有人助力，那就更好了。

像是老天爷听到了他热切的希望，“助力”翩翩而来。

再见，杨廷和

来的“助力”当然不是王阳明，他正在余姚置办父亲王华的丧礼，全身心沉浸在父子之情的漩涡中，心无旁骛。1522年农历二月，王华安详地离开人间，享年七十七岁。

王华是王阳明一生中最敬慕爱戴的人。他年轻时和父亲王华常有冲突只是性格使然，王阳明内心深处始终把父亲当成一个伟大的人，心里无时无刻不在挂念着父亲。王华同样如此，他亲眼看着王阳明从一个叛逆少年成长为国家栋梁，到后来，他几乎深深地佩服起自己的儿子来。当他离开人世前的最后一刻，朱厚熜第二次封王阳明新建伯的使者们到达余姚，王华在病榻上对王阳明说：“不能有失礼之处，扶我起来迎接使者。”使者走后，王华问王阳明：“有失礼否？”王阳明回答：“没有。”王华颔首，闭上眼睛，离开人世。

王阳明号啕大哭，像个孩子。大家都以为他会哭得神志不清，可半天工夫，王阳明就从伤悲中恢复过来，投入到葬礼的筹办中去。像是排兵布阵一样，王阳明把门下的弟子们按照素质的不同分工，比如他让一个谨小慎微的人负责出纳，让平时非常注重卫生的人负责厨房，让嘴巴灵活的人负责接待客人。余姚风俗，葬礼非常奢华，有肉有酒，连桌椅都要置换新的，王阳明把这一风气革除，一切从俭。

不过几天后，他又吩咐厨房烹饪几样荤菜。他对弟子们说：“你们这些人啊，平时就有酒有肉的，突然吃素，肯定受不了，所以我为你们添个荤菜。而那些来客大都是浙江余姚人，不添加荤菜，就会和他们的习俗产生冲突，这是权宜之计，也就是致良知。”

任何时代，提倡俭朴都是天理使然。不过也要实事求是，王阳明的这一举动并未违反天理，相反，他在处处为别人考虑，恰好符合了天理。杨廷和如果懂得这个道理，就不可能有“大礼议”事件。而正因为他不懂这个道理，才会有懂这个道理的人出现，这就是朱厚熜所希望的助力。

助力来自三个人，第一个是曾大力邀请王阳明到贵阳讲学的席书，此时正以都御史的职务在巡抚湖广（湖北南部、湖南及广东北部地区）；第二个是王阳明最忠诚的弟子、吏部官员方献夫；第三个则是王阳明最聪明的弟子之一、南京刑部主事黄绾。三人将心比心地认为朱厚熜应该听从良知的指引认亲生父亲为皇考，同时也就认定杨廷和一党的行为违背天理良知。

朱厚熜看到三人的上书后，心花怒放，马上重新提出要认自己亲爹为皇考的问题。杨廷和坚守阵地，寸步不让。1522年农历十一月，朱厚熜祖母去世。按礼，皇帝的祖母去世，朝廷应该披麻戴孝三个月，可杨廷和让礼部下达命令：披麻戴孝十三天。朱厚熜的肺都快要气炸了，他私下指使被杨廷和驱赶到南京的张璁联合各种力量反击。1523年农历十一月，张璁、南京司法部主事桂萼、席书、方献夫、黄绾联合上书请求朱厚熜坚持立场。朱厚熜以迅雷之势召集朝中官员要他们议论这份上书，同时发布命令，调张璁、桂萼进京任职，其他三人也被重用。

当杨廷和准备动用他的政府力量阻止时，为时已晚。杨廷和心惊肉跳起来，他发现这个小皇帝的手腕比他想象的还要强。1524年春节刚过，杨廷和向朱厚熜提出辞职，同时命令他的党羽们上书朱厚熜挽留他。朱厚熜见到雪片一样请他挽留杨廷和的上书，只好不同意。杨廷和发现自己先赢了一局，马上乘势追击，故伎重施，再提辞职。朱厚熜早有准备，反应极为凌厉，他的辞职信才上，朱厚熜只看了前面几句话，立即批准。当杨廷和的党羽们把请挽留杨廷和的信件送来时，批准杨廷和辞职的诏书已公布于众。杨廷和就这样稀里糊涂地“被辞职”了。

杨廷和的悲愤可想而知，临走前，他的同伙问：“您走后，谁能领导我们？”杨廷和茫然若失地答道：“蒋冕吧！”

蒋冕是内阁第二大学士，杨廷和一走，他自动升为首辅。但他没有杨廷和的威望和魄力，所以他虽然带领群臣给朱厚熜制造了很多小问题，却远未形成大麻烦。在坚持了三个月后，1524年农历五月，蒋冕退出。按资历，大学士毛纪硬着头皮顶上，可他连蒋冕的十分之一都不如，苦撑了两个月后，提出辞职。大学士费宏接过毛纪的棒子时，“大礼议”已接近尾声。

费宏不是坚定的杨廷和主义者，朱厚熜和他的顾问们也发现了这一事实，于是在1524年农历七月，朱厚熜邀请费宏和他在内阁的同僚参加茶话会。会上，朱厚熜委婉地说，他要称亲生父亲为皇考。费宏等人没有反对也没有赞成，朱厚熜就认定这件事成了。可费宏回到内阁后，在杨廷和主义者们的逼迫下不得已发表声明反对皇上的自作主张。

朱厚熜立即把费宏找来，斥责他阳奉阴违，拿皇帝当猴耍。费宏吓得浑身发抖，慌不择言地答应朱厚熜将在四天后为朱厚熜的亲生父母上“帝”“后”尊号。

朱厚熜只高兴了两天，第三天早朝结束后，200多名官员不愿意散去，跪在阙下，向朱厚熜提出抗议。朱厚熜当时正要进行斋戒，发觉有骚动，就派宦官去查看。宦官回报说，官员们跪在那里不肯散去，除非皇上明天改变初衷。朱厚熜再让宦官去传递要官员们散去的命令，可这些官员说，没有书面命令，他们就跪死。朱厚熜马上就拿出书面命令，可大臣们食言，仍不肯散去。

张璁和桂萼适时地向朱厚熜进言说，带头的人正是杨廷和的儿子杨慎，他最近这段时间像是疯了一般。他还挑唆那些愚蠢的臣子说：“国家养士一百五十年，仗节死义，正在今日。”于是有些臣子就跟着起哄说：“万世瞻仰，在此一举。”

这些臣子的确有名垂青史的意愿，在阙下伏跪时，大声喊叫朱元璋和朱祐樘的帝王称号。很多人在这场运动中因夸张的政治表演脱颖而出，他们用拳头捶打膝盖下的砖石，吼起来连雷公都要退避三舍的声音，放声大哭。有人发现如果不这样做就会面临不忠不孝的指控，所以使尽浑身气力紧紧跟随。一时之间，紫禁城在哭声中晃动起来。他们一致认为，如果朱厚熜不悬崖勒马，那国家命脉就毁于一旦。

朱厚熜气得直跳脚，他对张璁说，大同正发生兵变，这是国家大事，他们不关心这些，却盯着我这点家事，如今还想把紫禁城哭塌，真是天理不容。他下达命令：“把哭声最大的扔进锦衣卫监狱，杖刑伺候。”于是，一百多人被扔进了锦衣卫领了杖刑。

第二天，朱厚熜成功地为自己的父母上了尊号。至此，绵延达三年多的“大礼议”事件暂时结束。我们由此可以看出，有些事根本就不是“议”出来的，而是打出来的。

王阳明对待“大礼议”的态度如何？除了我们前面的猜测外，倒是有两件事实作为他态度的证据。

当他在余姚讲学时，有弟子问他对“大礼议”的态度，王阳明没有回答。有一天夜晚，他坐在池塘边，忽然想到“大礼议”，于是写了两首诗。

第一首是这样的：

一两秋凉入夜新，池边孤月倍精神。潜鱼水底传心诀，栖鸟枝头说道真。莫谓天机非嗜欲，须知万物是吾身。无端礼乐纷纷议，谁与青天扫旧尘。

第二首则是：

独坐秋头月色新，乾坤何处更闲人。高歌度与清风去，幽意自随流水春。千圣本无心外诀，六经须拂镜中尘。却怜扰扰周公梦，未及惺惺陋巷贫。

这两首诗实际上就是王阳明对待“大礼议”的态度，他显然是站在张璁、桂萼一边，以为天理当出于人情，朱厚熜当尊自己的亲生父亲为皇考。

还有一件事能直接证明王阳明的态度。他的弟子陆澄开始时是杨廷和思想的参与者，后来他问王阳明。王阳明说：“父子天伦不可夺，皇上孝情不可遏，众多大臣的话未必是对的，张、桂诸位大贤的话未必是不对的。”

这已是明显表态，他和张璁、桂萼不谋而合。尤其是他的信仰者席书和弟子方献夫在向朱厚熜表明态度时，其思想出发点就是王阳明心学的出发点。

几年后，“大礼议”事件重新爆发，这一次双方势均力敌。而王阳明在官场中的很多弟子都站在了张璁、桂萼一面，肆无忌惮地攻击朱熹理学的卫道士们。很多人都认为，这是王阳明心学和朱熹理学的正式较量。不过我们应该注意张璁，他不是王阳明的弟子，甚至激烈反对王阳明心学。他在“大礼议”中支持朱厚熜只是因为他是个敏锐的政客而已。真正服膺王阳明心学的人，都没有登上权力的之巅。所以，王阳明只能在余姚当他的教育家，权力核心对他而言，遥不可及。

那么，作为他其中一个最光芒的身份——军事家呢？

第四章
王阳明如何做到知行合一之广西戡乱

万人齐捧王阳明

1527年，王阳明重出江湖到广西剿匪。能有再次展现他军事光芒的机会，是各种合力的结果，其中最重要的就是王阳明的影响力催生的众人齐捧。

1524年，“大礼议”尘埃落定。御史王木迫不及待地向朱厚熜举荐王阳明和赋闲在家的杨一清。王木在举荐信中指出，想要天下大治，非此两人不可。遗憾的是，王木的举荐信如同投入墓道，毫无声息。1525年农历二月，席书也上书举荐王阳明和杨一清，席书把二人推崇到了极致：“生在我前者有一人，曰杨一清；生在我后有一人，曰王阳明，我只敬佩这二人，所以应该要他们来中央政府担当重任。”但这封举荐信又如泥牛入海。四个月后，并未死心的席书再上书举荐王阳明和杨一清。这一次，朱厚熜给了回复：杨一清可来，至于王阳明，稍等。

席书很快就明白了为什么杨一清能来，而王阳明要稍等。因为张璁和桂萼两人对王阳明的心学始终抱有成见，他们“以言废人”，自然就对王阳明不待见。

但他们努力遏制王阳明的行动终归会成为泡影。因为王阳明多年播撒的心学种子开始生根发芽，心学门徒们要他出山的呼声已震动朝野。

1525年农历七月，应天巡抚吴廷在他的治所苏州向中央政府递交一份举荐王阳明的信。吴廷曾到王阳明的课堂上多次听讲，很快就迷上心学。王阳明用人格魅力打动了他，让他疯狂地迷恋上了心学。在苏州办公时，他想到王阳明的思想和其创建的不世之功，确定王阳明是帝国最需要的伟大人物，于是向朱厚熜举荐王阳明。吴廷比较幸运，他等到了答复：朱厚熜告诉他会认真考虑王阳明。不过，这只是个书面答复，吴廷等了很久，也没有等到朱厚熜的行动。

九月，退休司法部部长（刑部尚书）林俊通过他的老部下们向朱厚熜谈到王阳明，林俊也是王阳明的门徒，在活了一大把年纪后突然认识到程朱理学的弊端，感觉到了王阳明心学对心灵的冲击。林俊知道几年来举荐王阳明的人都以沮丧而结束，所以他没有向朱厚熜举荐王阳明当官，而是希望朱厚熜能让德高望重的王阳明到皇帝身边当秘书。朱厚熜身边的秘书已经多如牛毛，况且，朱厚熜身边最让他欢喜的秘书是道士们，而不可能是德高望重之人。所以，林俊也只能收获失望。

十月，监察御史熊爵向中央政府推荐王阳明担任兵部尚书。熊爵喜欢办学，自从和王阳明相识后，到处主持办学事宜，传播王阳明心学思想。他尤其对王阳明用兵感兴趣，但王阳明很少和他提用兵韬略。这是王阳明的苦衷，他不希望别人学他在战场上的诈术，诈术和良知是水火不容的。

熊爵的举荐被朱厚熜狠狠驳回，朱厚熜还训斥熊爵，身为监察御史，不好好监督百官，反而夜以继日地搞学校、设讲座，真让我这个做皇帝的寒心。熊爵立即发现自己要官职不保，马上敬业起来。

在众人费尽心机地齐捧王阳明时，王阳明倒是很自在。他在浙江余姚守孝期间唯一的事就是讲学，对于别人诋毁他的学说，他无动于衷。

他在余姚老家讲学的这几年，抨击他学说的风浪此起彼伏。1522年末，中央政府的两个御史突然向朱厚熜提出禁止王阳明讲学，他们认为王阳明心学会让圣学（朱熹理学）蒙尘。王阳明的弟子陆澄马上反击，提出王阳明心学才是圣学。王阳明得知这件事后，给陆澄写信说，从来没有靠辩论制止诽谤的事，天下学问岂止是程朱理学一门，如果有人说你的学问是邪道，你就去辩驳，那会活活把你累死。况且，学问的好坏岂是辩出来的？你认为哪门学问好，就专心地去学习实践，只要它能带给你心灵上的安宁，它就是好学问。

这封信表面上是让陆澄专心于学问而不是去辩驳，实际上是王阳明暗示弟子陆澄：千万不要把你自己和你的老师我卷进政治斗争的漩涡中。因为一旦你辩驳就证明你出手，你出手肯定就有人接招，然后还手。王阳明最大的希望就是自己的学说能普及天下，他渴望学术上的成就，而不希望被卷进政治的漩涡。

1523年进士考试，出题者显然是个朱熹门徒，所以《策问》的内容是这样的：朱熹和陆九渊的学说是泾渭分明的，但现在有学者却认为二者殊途同归，这就是抬高了陆九渊贬低了朱熹。这种险恶用心和南宋时期的何澹、陈贾有什么区别（何澹、陈贾都是攻击朱熹理学的学问家）？这个学者现在到处蛊惑人心，以售卖他那低级的思想，是不是应该把他的书烧掉，把他的思想扼杀？

显然，“这个学者”指的是王阳明，这是一道赤裸裸攻击王阳明的考题。王阳明弟子徐珊在考场中看到这道考题时，叹息说：“我怎么可以不顾良知而迎合错误的言论！”于是放下笔，走出考场，主动落榜。和徐珊不同，王阳明的弟子欧阳德、魏良弼则用王老师的心学主旨回答了这个问题。让人疑惑的是，这二人居然高中进士，王阳明的得意弟子钱德洪也用王老师的心学主旨答了问卷，却落了榜。钱德洪见到王阳明后，恼恨时事之乖。王阳明却大喜过望道：“圣学可以从此明也。”钱德洪认为王老师糊涂了，问：“连考题都反对您的学说，怎么能说圣学可以明了呢？”

王阳明说：“你反过来想，连进士的考题都质问我的学说，那不就是说我的学说现在已被天下士子们了解了吗？它以为它在攻击我，实际上是在变相地宣传我啊。如果我的学说是错的，那经过这样的宣传，肯定有人会找出对的学说；如果我的学说是对的，那必将被有识之士认可，咱们应该大肆庆祝一番。”

钱德洪对王阳明这种乐观态度表示钦佩，并自愧不如。大概也正是这次进士考试的考题，让王阳明心学风靡整个中国，连朱厚熜请来的炼丹道士都对王阳明心学表示出极大的兴趣，在朱厚熜面前时不时地提到几句。朱厚熜当时有个疑惑，王阳明的心学应该是自我修炼的学说吧，那他的弟子们应该找个在深山老林里隐居，锻造道德和智慧才对，为什么要跑出来参加科举考试？

王阳明早就说过：圣学无妨举业。

这句话起源于王阳明的弟子和自己老爹的谈话。这位弟子的老爹曾问去拜访王阳明多日的儿子：“去学习心学，可曾温习理学？你可是要科举的啊。”这个儿子神秘地说：“虽然没有温习朱子学，但时刻都不曾荒废。”老爹说：“我知道王阳明心学可以触类旁通，可它和朱子学到底还是有差别的。”这个儿子严肃地告诉老爹：“用我的良知去读朱熹，就如同打蛇打到了七寸上，每击每中。”老爹认为这是儿子走火入魔，请教王阳明。

王阳明欣喜地说：“这是对的啊。良知无所不能，学习良知学，正如治家，产业、第宅、服食、器物就是良知，欲请客，这就是要参加科举考试，而你就有了请客的资本。当送客后，这些产业、第宅等物还在，还能自己享受，这就是终生之用。可今天的读书人，就如平时不积累家财（他的心学），到了请客（科举考试）时，到处借物件，虽然侥幸混过关，可客人走后，这些物件还要还给别人，家里仍然空空如也。学我的心学不但不妨碍举业，而且还是举业成绩的源泉，科举考试的人怎么能不学我的良知学呢？”

这段话至少告诉我们，王阳明心学是入世创建功业的学问，想要入世找到一个大平台，就必须进行科举考试，因为天下最大的平台是国家设置的平台。没有这个平台，能力再强大也无用武之地。

值得注意的是，王阳明的心学思想所以在短时间内受万人瞩目，一方面是其学说的灵动，另一方面是王阳明颇具灵气的教育方法。1524年正月，浙江绍兴府知府南大吉来向王阳明请教政事。南大吉曾是程朱理学忠实门徒，但其天赋灵性总让他在一本正经的朱熹理学殿堂中受到煎熬。自听闻王阳明心学精髓后，南大吉就如飞蛾扑火般奋不顾身地喜欢上了王阳明心学。

那一天，南大吉向王阳明发问：“我为政总有过失，先生为何没有说法？”王阳明反问：“你有什么过失？”南大吉就把自己为政的过失一一说给王阳明听。王阳明听完说：“你这些过失，我都指点过你。”

南大吉愣住了：“您说过什么？”

王阳明接口道：“如果我没有说过，你是怎么知道这些过失的。”

南大吉恍然：“良知。”

王阳明点头微笑，南大吉也笑了。

几天后，南大吉又来见王阳明，叹息说：“如果身边有个能人经常提醒我，我犯的过失可能会少点。”

王阳明回答：“别人的提醒不如你自己良知的提醒。”

南大吉的心灵又受到一次洗礼。

又几天后，南大吉来问王阳明：“行为上有了过失可以改变，心上有了过失可如何是好？”

王阳明看了他一眼，说：“你现在良知已现，心上不可能有过失，心上没有过失，行为上也就不可能有过失，当然这是从理论上来讲，实践中，还需要刻苦修行。”

南大吉的心灵被洗得稀里哗啦。

然而，王阳明当时所能做的也只能是给那些相信他心学的人，或者说是良知未泯的人的心灵给予洗礼。有弟子说：“如果皇帝和他的亲信张璁、桂萼认可您的心学该多好啊。”

王阳明反问：“有什么好？”

弟子瞪着眼睛回答：“那您就可以入朝为官，造福天下百姓了。”

王阳明笑笑："心学无非是让人认可自己的良知，你怎么知道他们不认可自己的良知呢？况且，圣人行事如明镜，物来则照而已，世间任何事都不要强求。"

"物"很快就来了。

李福达案

1528年农历二月王阳明重新出山，除了举荐他出山的震耳欲聋的呼声外，还有个重要原因：中央权力的再分配和桂萼的用人不当。

杨一清能被重新起用，是张璁和桂萼以及王阳明弟子方献夫等"大礼议"胜利派共同努力的结果。杨一清一进入内阁，就联合张、桂二人排挤了首辅费宏，这是痛打落水狗的前奏，目的是要把杨廷和的势力连根拔除。1526年农历五月，杨一清继费宏之后担任首辅。张璁和桂萼都得到了高额回报：两人仍然在内阁任职，张璁被推荐为都察院院长，桂萼被推荐为吏部尚书。内阁大学士兼尚书，这已是官场中的顶级荣誉。与此同时，王阳明的弟子方献夫也到大理寺担任首长。众人都占据了重要部门，张璁认为清洗杨廷和势力的时机已到。

双方开战的时机是到了，但杨廷和势力却抢先一步发动了进攻。1526年农历六月，一名御史揭发武定侯郭勋有叛逆行为，证据是他府中一个叫李福达的人曾是两年前大同军区叛乱的军官，郭勋和这位失势的军官关系密切，而且这名军官的身份被发现后，郭勋居然还要求御史把这件事暗暗抹去。李福达的人生经历很丰富，年轻时从江湖术士那里学过巫术，后来到大同军区服役，由于太辛苦就开了小差重入江湖，在一群流氓地痞煽动下，李福达发动了叛乱，失败后就跑到京城，改名换姓以巫师的身份进了武定侯郭勋府中，并且很快得到郭勋的信任。

李福达被人告发做过反政府的事时，审讯官正是杨廷和势力的人，他们马上把李福达和郭勋联系到一起。杨廷和势力中的一名御史上书朱厚熜，声称郭勋有谋反的嫌疑。看一下郭勋的关系网就可知道他们这样做的原因，郭勋是张璁与桂萼的坚定支持者，张、桂二人能在"大礼议"中大获全胜，郭勋功不可没。

张、桂二人一得到李福达案的消息，马上反击。首先张璁以都察院院长的身份要求他管理的御史们上书指控那名御史诽谤郭勋，桂萼则以吏部尚书的身份开除那名御史，方献夫则以大理寺首长的身份要求案件由他们大理寺重新审理。

案件很快就有了结果：李福达从来没有参加过反政府武装，他的罪名只有一个——在武定侯府上施行巫术。郭勋马上出来作证说，有一段时间他腰酸背痛腿抽筋，大概就是这个巫师搞的鬼。

案件结果一公布，杨廷和的势力根基翰林院像开了锅一样，他们急吼吼地上书要求朱厚熜下令重新审理此案，并且认定，此案在审理中被人动了手脚，有的上书已经指名道姓说是张璁和桂萼。他们没有指责杨一清，大概是向杨一清示好，想把杨拉到自己这一方来。

杨一清此时的态度突然暧昧起来，或许他是不想卷进这个无聊透顶的政治事件中，或许是他认为案件的确受到了张璁等人的影响。杨一清模棱两可的态度给了杨廷和势力极大鼓励，政府中潜伏的杨廷和势力成员纷纷跳出，指控张璁、桂萼践踏法律，扰乱司法公正。

张璁和桂萼又惊又喜。惊的是，杨廷和势力居然如此强大；喜的是，被杨廷和势力利用来攻击他们的李福达案居然成就了他们的一招计谋：引蛇出洞。

二人马上向朱厚熜汇报他们的分析结果：杨廷和人走茶未凉，朝中势力还很大，如果不把他们消灭，“大礼议”将重新启动。朱厚熜下令杨一清彻查此案，当然，其实就是想让杨一清消灭杨廷和势力。杨一清突然迟疑起来，张璁和桂萼抓住这个千载难逢的机会对朱厚熜说，杨一清不肯行使皇上您的意旨，此人的立场有问题。朱厚熜立即下令：杨一清滚开，首辅由张璁接任。

张璁大权在握，对扫灭杨廷和势力不遗余力。在短短的几天时间里，就把五十余官员卷了进来，这五十余人结局悲惨：十余人被廷杖致死，四十余人被发配边疆。在各位官员家属凄惨的哭声中，张璁把都察院和六部的杨廷和势力一扫而空。

这还没有完，张璁和桂萼抱着“除恶务尽”的人生信条，开始清整翰林院。翰林院一直以来是出产皇帝秘书和内阁成员的人才库，张璁绝不能容许这里有杨廷和的势力。清整的方式是：对翰林院官员进行考核，考官自然是他。几天后，二十多名翰林院官员没有通过考核，按规定被清出翰林院。一批人离开翰林院后，又一批张璁指定的人进入翰林院。如果一切顺利，将来的年代里，内阁将全是张璁的人马。

张璁和桂萼的凌厉发展让朱厚熜警觉起来，他绝不允许有第二个杨廷和出现。张璁很快接到通知：交出首辅的位子给费宏。

费宏是老大不愿意，但在朱厚熜的淫威下只好硬着头皮上。结果可想而知，几个月前的故事重演：他再被张璁和桂萼联合杨一清排挤出内阁。1527年农历二月，杨一清再度成为首辅。张璁和桂萼当面笑脸相迎杨一清，背后却举起了刀子。然而，他们的刀子才举了一半，注意力就被另一件事吸引过去了。这就是“姚镆事件”。

姚镆是1493年的进士，曾在广西做官，成绩斐然。1522年“大礼议”进入高潮时，身为工部侍郎的他倾向于张璁和桂萼。这次站队给桂萼留下了深刻印象，很快他就成了张璁、桂萼的鹰犬。1525年，广西地区局势不稳，朱厚熜要人去巡抚，桂萼马上就想到了姚镆。因为看上去，姚镆是当时最合适的人选，他有在广西的行政经验，了解当地情况。所以，姚镆很快被任命为都御史，提督两广军务并担任两广巡抚。

广西局势不稳，全因为田州的领导人岑猛。广西是个诸多少数民族聚居之地，而且远离明帝国的权力中心北京，在这种少数民族的地区，明帝国执行的是历代王朝的“土官”政策。“土官”是相对于“流官”而言，是中央政府封赐的独霸一方的能世袭的官员或统治者。

在广西诸土著民族中，岑氏势力最大，堪称是当地土著的王中王。岑氏自称是东汉建立者刘秀的后代。朱元璋建明后，岑家当家人岑伯颜主动献出他的地盘田州向朱元璋表示效忠。朱元璋为了嘉奖他的热情，设置田州府，岑伯颜则为知府。岑家不但有家族卫队，还对表面上效忠明帝国的田州军队有唯一的指挥权。所以说，岑氏家族就是个隐蔽的割据军阀。一百多年后，岑氏传到第五代岑猛这一代。岑猛本是他老爹的第二子，没有继承权，但他用谋杀父亲的手段取得了继承权。朱厚照统治的初年，岑猛用重金贿赂刘瑾取得成效，于是，他被任命为田州知府，成为田州货真价实的领导人。

和他的祖辈不同，岑猛野心勃勃，他想扩展自己的势力统治整个广西。在大肆贿赂北京的特派员后，他几乎吞并了周边所有土著居民的地盘。北京政府对这种情况一无所知，因为那些特派员封锁了消息。江西匪患严重时，岑猛发现这是扩充军队的好机会，他声称要去剿匪而大肆扩招士兵。当地政府对岑猛的行为表示赞赏，但岑猛也提出条件，那就是剿匪过后，他需要更大的官职来增强他的权威。可剿匪结束后，明帝国的官员没有兑现承诺。岑猛大失所望时，心怀怨恨。他把他控制的行政边界不停地向四面八方推移，有些警觉的官员立即出面制止，岑猛却毫无收敛，但这还不是他惊动北京的根本原因。根本原因是，岑猛拒绝再向明帝国到广西的特派员们行贿，这些官员怒了，纷纷上书指控岑猛正在谋反。朱厚熜得到消息后和张璁等人商议，张璁理性地指出，从来没有听过岑猛要谋反，怎么突然之间就能谋反，难道他有横空出世的能力？

桂萼却认为这是他作为吏部尚书出政绩的机会，立即推荐了姚镆。于是，姚镆奔赴广西战场。姚镆巡抚广西和王阳明巡抚江西南部时截然不同。王阳明是先到江西后才调集部队，而姚镆从北京出发前就已经调动了部队，他带着一批年轻气盛的指挥官，率领八万士兵分道进入广西，进逼岑猛。

岑猛想不到中央政府的反应如此迅疾，他本以为中央政府会先派人和他谈判，慌乱之下，他组织部队抵抗。姚镆完全用铁腕手段，绝不给岑猛任何申诉和投降的机会。两个月后，姚镆部队攻陷了岑猛的基地田州，并扫荡了岑猛辛苦多年取得的其他地盘。岑猛英雄气短，逃到老岳父那里，祈求老岳父向中央政府求情保他一条命。他的老岳父拍着他的肩膀要他放心，大设酒宴为女婿以及他的残兵接风。宴会达到高潮时，岳父偷偷地对女婿说："你的士兵都被我的士兵灌多了。"岑猛顿时酒醒，看到岳父一张笑里藏刀的脸，听到老岳父在说："中央军正全力追捕你，我无论如何都无法庇护你，你自己应该有个打算。"说完，岳父指了指一杯新端上来的酒向岑猛推荐："这里有毒酒一杯，可免你我二人兵戎相见，多温馨啊。"岑猛发出末路穷途的长叹，饮下毒酒，痛苦而死。他老岳父未等岑猛尸骨变冷，就割了他的首级送给了姚镆。

姚镆成了英雄。他把报捷书送到中央的同时已开始在广西树立不必要的权威。他下令处决一切投降的造反者，禁止少数民族五人以上的聚会，按他自己的意志制定地方法规，要人严格遵守，他把广西田州变成了南中国执法最严厉的地区。早就有清醒的人提醒过他，在这个地方不适合用这种高压的办法，不然会适得其反。姚镆认为这种论调是消极的，仍然坚持他的恐怖统治。1527年农历五月，广西田州风云再起。

掀起风暴的是岑猛当初的两个将军卢苏和王受。岑猛败亡后，两人逃进了安南国。他们本以为会孤独地老死在安南，想不到的是姚镆的政策帮了他们。当他们听说姚镆去了广西桂林后，就偷偷潜回田州这个一触即发的火药库，只是扔了一点星星之火，马上就形成燎原之势。当姚镆在桂林得到田州又起暴乱的消息时，卢苏和王受的部队已达五万人，声势浩大，所向披靡。

姚镆丝毫不认为这是自己的过错，他请求中央政府再调集部队入广西，由他再来一次轰轰烈烈的剿匪。

这就是桂萼当时遇到的麻烦。按许多御史们的指控，姚镆上次剿岑猛就靡费了大笔军费，这次肯定还要用钱，中央政府哪里有那么多钱够他花！

还有御史攻击姚镆是个愚不可及的行政官，他以毫无用处的高压手段统治广西田州，现在不但田州没有了，思恩也被叛乱武装夺去，损失相当惨重，应该将他正法。但姚镆能展示他的愚蠢，是桂萼给的机会，所以桂萼应该负“荐人不当”的责任。

桂萼现在只有一个办法：将功补过，举荐一个并不愚蠢的人代替姚镆。

有请王阳明

桂萼和张璁不得不讨论代替姚镆的人选，商量了一天，也没有答案。两人又找方献夫，方献夫拍掌叫道：“还用商量吗，我老师王阳明啊！”

张璁和桂萼互相看了一眼。方献夫没有死皮赖脸地向二人推销王阳明，只是说：“如果你们心中还有合适的人选，那就当我没说。”两人当然没有，桂萼咬了咬嘴唇，坚定地说：“就用王阳明吧。”

但是，张璁对方献夫说：“你可要提前给你老师通风，这次剿匪没有多少钱，因为剿匪资金都被姚镆用光了。”方献夫说：“有一点就成。我老师当初在江西南部剿匪，也没用多少钱啊。”

桂萼小心翼翼地试探方献夫：“你老师如果能马到功成，我们是不是要保举他来中央？”

方献夫一眼就看穿了两人的疑虑，纵声大笑：“你二人不必多虑。我老师是淡泊名利的人，他只会专注于军事，并不关心政治。”

两人放下心来，去找首辅杨一清商议。杨一清听了二人举荐王阳明的建议，立即冷笑起来，他说：“朝廷难道只有一个王阳明是剿匪人才？”

桂萼本来对王阳明出山的想法并不坚定，但听杨一清这么一说，火气就上来了。而且，他急于想将功补过，所以马上质问杨一清：“你说还有什么人才？”

杨一清不紧不慢地说：“姚镆平定岑猛的成绩天下人有目共睹，广西又起叛乱，就是因为姚镆急功近利，我们现在要做的不是派军事人才去广西，而是要派个行政专家。只要再给姚镆一个机会平定叛乱，让行政专家来治理广西，就万事大吉。”

杨一清的说法很有道理，充分展现了出色政治家的犀利眼光。但张璁却说：“姚镆现在被攻击得体无完肤，皇上根本不可能再给他上战场的机会，除非你能说服皇上。问题是，你能吗？”

杨一清被问住了。他的确不能，但要王阳明出山，一旦王阳明立下大功，肯定会挑战他的地位。一个政治家绝不能给自己培养敌人。他沉默起来，大概是他的良知最后打败了他的私意，他终于同意了要王阳明出山的建议。

朱厚熜也同意，他此时唯一的想法就是，尽快让广西恢复秩序。1527年农历五月末，中央政府任命南京兵部尚书王阳明兼都御史，征讨思恩、田州。

张璁和桂萼竭力淡化王阳明的重要性，所以在让王阳明出山的同时，也让在边疆做苦工的王琼出山，提督三边（从延绥到宁夏，直至河西走廊嘉峪关外）军务。王阳明和王琼，同时在明帝国的南北缔造辉煌。

王阳明在1527年农历六月初收到中央政府的新任命时，也收到了他弟子方献夫和陆澄的信。两位弟子向王阳明祝贺，王阳明回信告诫他们："你们啊，以后不要如此积极地推荐我，这会给别人造成不必要的压力。而这种压力会让我无论做出多么大的事都会被他们抹去。我倒不是争那点功劳，可我不想身在政治之外，却总被无缘无故地卷进政治之中。"

这正是王阳明的老到之处，或许也是他多年来致良知产生的超人智慧。他那些弟子们对他越是百般吹捧，他越会受到权势人物警惕的关注。别人对他越是关注，他就越容易被卷进当时复杂的政治中来。他不是没有能力玩政治，只是没有这个兴趣。

而对于那份新任命，王阳明给出了真心实意的回答："我不想去。理由有三：第一，我健康状况每况愈下，根本无法承受广西的恶劣气候，如果我真的病倒在广西，岂不是耽误大事；第二，广西形势还没有到最危急时刻。卢苏和王受只是当地居民，他们和土匪不同，因为有家有业，所以只要采用和缓的行政措施，他们必会放下武器；第三，如果非要让人去广西，我有两个人选，一个是胡世宁，另外一个是李承勋。他们都比我强，保证能完成任务。"

胡世宁自朱宸濠垮台后就被朱厚照重新起用。1525年，胡世宁在兵部做副部长（侍郎），他的才能王阳明最了解。李承勋是个出色的行政专家和军事天才，一直在南京任职，曾多次参与地方上的剿匪，练就了一身本领，后来做到南京刑部尚书，和王阳明是最亲密的好朋友之一，王阳明对他的能力也心中有数。

杨一清、张璁和桂萼收到王阳明的辞信后，不知是真是假。他们大概都模糊地认为，几年来王阳明可能暗示他的弟子在中央政府掀起要他出山的巨大呼声，只是因为他们的百般阻挠才未得逞。可有机会到他面前时，他居然不屑一顾，而且还自作聪明地推荐起人来。

张璁说："王阳明这是在玩欲迎还拒。"桂萼说："如果我们用了他推荐的人，那我们的价值何在？"杨一清不说话。

桂萼说："必须要王阳明去广西。"张璁表示赞同。杨一清看着桂萼，意味深长地笑了笑。桂萼被笑得心神不宁，连忙问杨一清："你这笑是怎么回事？"

杨一清说："王阳明说得没错，他举荐的两个人在我看来也的确能胜任。我只是不明白你为什么非要王阳明去不可。难道，还有其他事？"

桂萼突然发现杨一清的眼神具有某种洞察力，惊慌起来："还能有什么事，广西的事就是最大的事。"

桂萼很可能是说谎了。

现在已没有证据证明桂萼是否亲自和王阳明本人有过书信往来，或许有，那就是桂萼通过王阳明弟子方献夫或其他王阳明弟子明示过王阳明：你去广西还有另外一件事，那就是解决安南问题。

安南国就是交趾国（越南北部），秦朝时称为象郡。秦末，这里宣布独立。直到汉朝雄才大略的皇帝刘彻（汉武帝）时，它才被中央政府平定，并设置交趾、九日、日南三个郡。东汉初年，这里出了悍妇级的两姐妹造反，王阳明最崇拜的偶像之一马援率军平定，并且和越南南部划清国界。北宋初期，开国皇帝赵匡胤对交趾总是闹事头疼得很，于是索性承认它为王国，安南国正式登上历史舞台。元朝时，忽必烈要安南国国王来俯首称臣，安南国王置之不理。忽必烈一怒之下命令远征军进入安南国，虽然屡战屡胜，但因为补给线问题只能撤军，默认了它的存在。朱元璋建明帝国后，安南国国王来朝贡，宣称效忠朱元璋，朱元璋很高兴，也承认世界上有安南国这回事儿。

不过，安南国本身并不牢固，不停的血腥争斗始终损耗着它的国力。1403年，国王陈日炜被他的女婿、丞相黎季犛（lí）所杀。黎季犛再接再厉，把陈姓王族斩草除根。然后宣称自己是大舜后裔胡公满的子孙，于是改名为胡一元，让他的儿子胡苍当皇帝，他自己则当太上皇和摄政王。他上奏章给中国皇帝朱棣说，陈氏王族不知什么原因已全部灭绝，而他儿子胡苍是公主之子，请中国政府允许他当安南国王。

朱棣当时正全力对付北方的蒙古人，没有精力对此事的真伪进行调查，就册封胡苍为安南国王。胡一元和儿子胡苍正在庆贺胜利时，陈氏王族一个漏网的王子陈天平跋山涉水跑到南京（当时明帝国的首都是南京）向朱棣控诉胡一元的恶行。朱棣不想卷入安南政治中，于是拒绝相信陈天平的身份。可巧的是，当时正好有胡一元的使节到南京，他们见了陈天平后，愕然下拜，陈天平的王子身份已毫无疑问。朱棣出于宗主国的立场，只好扛起这份责任。

1405年，朱棣命令胡一元迎接陈天平回国继位。胡一元满口答应，中国政府派遣一支军队护送陈天平回国。第二年，中国政府军和陈天平进入安南国境，沿途欢迎人员表现得既热情又恭顺，这让中国部队指挥官放松了警惕，所以走到山路险峻、树林茂盛的芹站（富良江北岸）时，他们中了胡一元的埋伏，陈天平被杀，中国部队损失惨重。

朱棣大怒，他发现如果不给这个小国一点血的教训，他们就不明白世界上还有宗主国这回事。三个月后，中国远征军在军事天才张辅的率领下强行进入安南境，胡一元摆出象阵抵抗，张辅大破他的象阵，活捉了胡一元和他儿子胡苍。

朱棣对胜利大喜过望，宣布取消安南国把其领土并入大明版图，设置交趾省。但是，中央政府派遣到交趾省的官员都是贪鄙之人。几年后，这些官员靠贪赃枉法、欺压当地百姓，意料之中地激起了土著的造反，其中一支由黎利领导的造反队伍脱颖而出。1427年，中央政府派出的远征军在倒马坡（越南同登）遭到黎利的埋伏，全军覆没。黎利现在有了谈判的资本，于是向明帝国第五任皇帝朱瞻基（明宣宗）请求册封陈氏王族的陈皓为安南国王。这无疑是要明帝国把二十多年前吞下的交趾再吐出来。

中央政府进行了激烈的讨论，有人主张坚决不能丧失祖宗留下的国土，有人则坚信中央政府根本没有能力控制交趾，朱瞻基审时度势，同意后一种主张。于是，明政府册封了那个不知是否确有其人的陈皓为安南国国王，明帝国势力退出交趾。

几月后，黎利写信给朱瞻基说，陈皓突然死亡，要求他来继承安南国国王的位置。朱瞻基明知黎利在耍花招，可已经没有能力再发动战争，只好同意了黎利的请求。黎利独立后，并没有和中国对抗，而是采取了侍奉大国政策，两国邦交更为敦睦。

两国的友谊持续到1522年，安南国的权臣莫登庸控制了黎氏王族，1527年，也就是姚镆重新把广西变成叛乱者乐土时，莫登庸羽翼已丰，他杀掉了五年前就已控制在手的黎氏国王，自己称帝。但黎氏王族在安南经营多年，拥有军队的成员多如牛毛。莫登庸必须要经过一场大的内战才能站稳脚跟，也就是说，安南国现在处于大乱状态。

桂萼敏锐地看到了这一点，他派王阳明到广西的一个最重要的任务就是趁安南国局势大乱时把安南重新并入明帝国版图。

实际上，早在1480年黎氏王族窝里斗得最凶时，明帝国第七任帝朱见深（明宪宗）的西厂领导人汪直就怂恿朱见深收服安南。全体政府官员都强烈反对，他们的论调是朱棣的顶级大学士解缙早就说过的："交趾就是个不安分的恶棍，和他保持关系的最佳方式是承认它作为国家的存在，让它按时进贡即可。它那地方的地理情况没有设置郡县的条件，把它纳入版图只是平添烦恼。”

朱见深不是雄图大略的君主，所以他唯一一次拒绝了汪直的请求。此后明帝国对安南的态度，解缙的那番话始终是基调。但对有些雄心壮志，并了解帝国历史的人来说，安南始终是他们心上的一个痛点。

桂萼就是这样的一个人。桂萼不但有这样的雄心壮志，而且还有犀利的政治眼光。他认为莫登庸打内战至少要打上三五年。这三五年间，中国军队完全可以先帮黎氏打垮莫登庸，最后再消灭黎氏。

桂萼大概和朱厚熜提过这个计划，但朱厚熜一口就否决了。打仗需要钱，而现在中央政府没钱。这从王阳明在江西南部剿匪时，官员们竞相上奏章盛赞王阳明就能看出，很多奏章都重点指出，王阳明的功绩不仅仅剿灭了多年的匪患，还因为他只花了很少的钱。

桂萼虽然遇到挫折，却没有放弃这一想法。他后来强烈建议起用王阳明，无非是想让王阳明平定广西匪患后乘追击残匪之机南下，收服安南。杨一清看透了桂萼的想法，同时也确信王阳明不可能执行桂萼的计划。很简单，王阳明是个极能审时度势的人，绝不会打没有把握的仗。一旦真的进入安南战场，王阳明没有必赢的把握，到那时，本来就受到多人非难的王阳明，肯定成为众人的靶子。王阳明不会做这种蠢事。

桂萼认为自己的权威会对王阳明产生影响，所以他让朱厚熜在1527年农历六月下旬再向王阳明发出旨意：必须立即启程去广西！

王阳明接到圣旨后，无可奈何地叹气。他转身对弟子们说：“看来广西是非去不可了，不过你们看我的身体，还有活着回来的机会吗？”

弟子们的鼻子一酸。王阳明开始剧烈地咳嗽，整个伯爵府的一草一木都能感受到那来自他肺中的疼痛。

走在成圣的路上

王阳明在1527年农历七月初接到中央政府要他去广西的圣旨，直到十一月二十才到达广西梧州，险些走了五个月。从浙江余姚到广西梧州在有路可走的情况下，距离大概是1600公里，一天即使走二十公里，三个月也足够了。王阳明走得这样慢，大概有三个原因：第一，他的身体状况不允许，当他离开浙江余姚时随身带着一位医生，他当时已不能骑马，只能坐轿，他在这段时期给弟子们的信中经常提到他患了可怕的痢疾，厕所成了他待的时间最长的场所之一；第二，他在沿途各地都做了停留，和他的弟子们聚会讲学；第三，多年对他不公正的风风雨雨消磨了他的斗志，他已不可能拥有当年去江西南部剿匪时的朝气，急如星火地上路。

他离开余姚前，发生了王阳明心学史上最光彩夺目也是最后的一幕：四句教的解析。“四句教”全文如下：“无善无恶心之体，有善有恶意之动；知善知恶是良知，为善去恶是格物。”他的两位弟子各持己见，王阳明详细地向他们做了解析。

很多王阳明心学研究者都认为“四句教”是王阳明心学继“致良知”后的又一次升华，不过我们不必看王阳明的解析，只在这二十八个字上望文生义，就可以发现，它可能仅仅是王阳明致良知的一个程式，也就是面对一件事时如何“致良知”。用一种不客气的话来说，“四句教”被后来王阳明心学的服膺者们极不明智地夸大了。

我们以一个例子来说明下。假设我们坐在天空下，只是没有目的地望着天空，这个时候，我们的心就是“无善无恶”的。但当天空一颗陨石正坠向一个熟睡的人时，我们的心马上就会动起来，这是“意之动”。我们的心动起来会产生两种“意”，一种是善意，一种是恶意，所以这时就有了“善恶”，善意是，及时提醒那个即将被砸的人，恶意是，看热闹。这两种“意”，是善是恶，我们是如何区分的呢？我们凭什么说看热闹那个意就是恶的，提醒那个意就是善的呢？原因很简单，因为我们每个人都有良知，良知能知善知恶。那么，我们下面要做的事就是“为善去恶”，如果只是知道善意和恶意，却不去行动，那也不是致良知。所以，我们必须提醒那个睡觉的倒霉鬼，有石头要砸你，赶紧起来。这就是“格物”，也就是王阳明说的“炼心”，它炼的就是我们那颗慈悲的心。我们要经常实践自己的善意来炼心，把自己的心炼成仁者的心。长此以往，我们就会成为伟大的人，因为孟子说了，仁者无敌。

“四句教”解析在王阳明心学史上被称为“天泉证道”。王阳明一生中共证了三次道：一次是贵州龙场证出了格物致知的灵动之道——心即理；第二次是在江西南昌证出了“致良知”；第三次就是这次在浙江余姚证出了“四句教”。实际上，三次证道都是在加强它心学的“良知”宗旨，异曲同工，根本谈不上是飞跃或者是变道，尤其是“四句教”只是王阳明心学的一个可有可无的补充。

王阳明这次去广西可以看成是他对自己心学的一次检阅和对往事的回首。1527年农历九月中旬，他抵达钱塘江，拖着病体游览了吴山、月岩、严滩。在游览浙江桐庐县南十五公里的钓台时，他感慨万千。钓台位于富春江畔，东汉初期，大能人严子陵和东汉开国皇帝刘秀关系密切。刘秀请他辅佐自己，但严子陵婉言谢绝，隐居富春江畔以钓鱼为乐，这就是钓台的来历。

七年前，王阳明押解朱宸濠和他的余党路过钓台时，非常想游览此地，可当时的局势紧张，他没有时间。七年后他如愿以偿来到钓台，想到严子陵的高士之风，又想到刘秀对严子陵的体谅，于是自然而然地想到了当今圣上对他这个病夫的态度。他写诗道："滔滔良自伤，果哉未难已。"

不过我们感到奇怪的是，据王阳明自己说他当时患有严重的肺病、痢疾，还有足疾，可他还到处游玩。他年轻时求仙访道，甚至还设想通过导引术使自己长生不老。可他不但没有长生不老，反而大半辈子都处在病患之中。在他游览当时以道士闻名的浙江常山时，对道家的强身健体思想表现出了极大的质疑。他在《长生》中写道："长生徒有慕，苦乏大药资。名山遍探历，悠悠鬓生丝。微躯一系念，去道日远而。中岁忽有觉，九还乃在兹。非炉亦非鼎，何坎复何离？本无终始究，宁有死生期？彼哉游方士，诡辞反增疑；纷然诸老翁，自传困多歧。乾坤由我在，安用他求为？千圣皆过影，良知乃吾师。"

我们一定要特别关注这首诗，因为他是王阳明在人间的最后时刻对道家养生术的体验式总结，同时他还暗示了我们很多事情。

王阳明大半生都信奉道家思想和养生术，他后来和道家只是在思想层面划清界线，王阳明一生中有很多道家朋友，而占绝大多数的是锻炼外丹的道教术士。据史料记载，王阳明在发配龙场之前就已经在服用这群道士给他的丹药和谨遵他们给的药方。比如有一个药方就是少量的砒霜，王阳明一直在服用，目的是治疗他的肺病。

肺病是王阳明一生中最大的心理和生理疾患，他千方百计想要祛除它，可我们都知道，在没有青霉素的时代，肺病就是不治之症。为了消除痛苦，王阳明选择服用术士们锻造的所谓仙丹。众所周知，道士的仙丹里含有大量剧毒化学成分"汞"和"铅"。偶尔服用不会有问题，可长时间服用就会积累毒性。明帝国中期的皇帝大都没有活过四十岁（朱瞻基三十七岁、朱见深四十岁、朱祐樘三十五岁、朱厚照三十岁），和他们长期服用这种化学药剂有直接关系。

也许王阳明服用仙丹是迫不得已，他有病在身。不过在他人生的最后一年，他终于发现靠道教的养生术达到长生不老，甚至是最基本的强身健体也是痴心妄想。所以他才写了这样一首诗。

他说，“九转还丹”根本不在道士的手中，而是在我们的心中，它就是“良知”：“乾坤由我在，安用他求为？千圣皆过影，良知乃吾师。”

1527年农历十月初，王阳明抵达江西广信。三十多年前，他在这里拜见理学大师娄谅，由此步入理学之门。三十多年后，对娄谅而言，创建自己心学多年的王阳明已是他的逆徒。远在天上的娄谅可能永不会想到，正是这个逆徒才让他娄谅的大名传播得更广。没有王阳明，娄谅充其量不过是个理学研究者而已，因为他指点了王阳明，才一跃而成为理学泰斗。师傅靠弟子成大名，娄谅是个典型。

王阳明一进入江西，他的心学光辉史来临了。不但他在广信的弟子蜂拥而至，就连远在贵州的信仰者也跑来向他请教。王阳明早就听说广信的弟子们已为他设下接风宴，他不想太高调，所以就在船上陆续接见他的弟子们。由于弟子太多，他发现在船上接见他们有危险性，所以就传话说，等他从广西回来再和他们长谈。弟子们抱着希望，恋恋不舍而散。不过他后来失约了，回到广信的是他的肉体，他的灵魂登上了天堂。

对广信当地的弟子，他可以呼唤散去，可对从遥远的贵州来的弟子，他就不忍心了。

一个叫徐樾的弟子在岸边如信徒朝圣一样虔敬地希望和王阳明见面，王阳明答应了。徐樾还处于王阳明心学的初级阶段——静坐，他确信在静坐中理解了王阳明心学，得到了真谛。王阳明就让他举例子说明，徐樾就兴奋地举起例子来，他举一个，王阳明否定一个，举了十几个，已无例可举，相当沮丧。王阳明指点他道：“你太执着于事物。”徐樾不理解。王阳明就指着船里蜡烛的光说：“这是光。”在空中画了个圈说，“这也是光。”又指向船外被烛光照耀的湖面说，“这也是光。”再指向目力所及处，“这还是光。”徐樾先是茫然，但很快就兴奋起来，说：“老师我懂了。”王阳明说：“不要执着，光不仅在烛上，记住这点。”徐樾拜谢而去。

王阳明连夜出发，第二天抵达了南浦。南浦沸腾了。南浦是王阳明当年和朱宸濠决战的战场之一，南浦百姓为王阳明能解救他们于水火之中已感恩戴德多年。王阳明在南浦受到的欢迎和广信不同。广信欢迎他的大都是弟子，而在南浦，欢迎他的更多是老百姓。老百姓欢迎王阳明的理由不仅是王阳明给他们带来了稳固的秩序和新生活，还有一个重要原因：他们对王阳明心学很感兴趣。

王阳明心学本来就是简易灵动的学说，只要有心，贩夫走卒也很容易就能成为王阳明心学门徒。南浦的百姓把王阳明请到岸上，把他扶进轿子里，你争我夺地去抬王阳明的轿子，一直抬进了衙门。当时街道上已出现了严重的交通拥堵，百姓们纷纷想近前看一眼他们人生中的导师王阳明。王阳明让他的弟子们妥善安排，他自己坐在大厅正中，开了东西两个门，大家排好队，从东门入再从西门出。这些人和徐樾一样成了虔诚的朝圣者，次第朝拜王阳明。

当时一个叫唐尧臣的人对这一场面万分惊愕。唐尧臣几年前曾听过王阳明的课，但他无法理解王阳明心学，所以半路退学。不过自我修行后，渐渐感悟出王阳明心学的真谛，于是又跑来向王阳明学习。他看到南浦的壮观而神圣的场面时，不仅发出感叹："孔孟之后从来没有这样的气象啊！"王阳明的其他弟子取笑这位迷途知返的羔羊："逃兵又来投降了？"唐尧臣反唇相讥："只有王老师这样的人才能降服我，你等岂有这样的能耐！"

王阳明在南浦引起的轰动还未降温，南昌城再掀高潮。1527年农历十月中旬，王阳明抵达南昌，南昌百姓近乎疯狂。据王阳明的弟子们说，南昌城百姓在得知王阳明到来前，不经当地政府同意，就自发地带着水果和新出炉的主食，出城分列迎接王阳明。

王阳明受到的接待是帝王般的规格。这并不奇怪，南昌百姓在朱宸濠的统治时期没有过过好日子。同时，南昌城中的王阳明心学门徒遍布大街小巷，王老师重返南昌，他们想不疯狂都不能。

据说，南昌城百姓超规格迎接王阳明一事传到北京时，张璁和桂萼愕然惊叹，他们对王阳明又是佩服又是嫉妒。杨一清以超级政治家的素质让二人不必大惊小怪。杨一清说，普通百姓哪里有这样自发的能力，这肯定是在南昌城中的王阳明弟子们组织的。老百姓是群最健忘的人，对一个人的记忆不会超过三年。你对他坏和对他好，都是如此。

无论杨一清是在玩"阿Q精神"，还是他真是就这样认为的，王阳明在南昌城中受到热烈的欢迎和顶礼膜拜却是事实。

虽然南昌城百姓苦苦挽留，但王阳明还是婉言谢绝了大家的好意，带着病体南下。当他到达当年平定宁王的指挥基地吉安时，吉安百姓的欢迎同样如海洋般将他淹没。他在吉安大会诸友和弟子，指导他们说，炼心一定要刻苦努力持之以恒，尧舜是生而知之的圣人，还不忘困知勉行的功夫，你们比尧舜差得很远，必须要顽强地学习做圣人。

而对于吉安的普通百姓们，他则留下这样一段话：致良知的功夫就是简易真切，越真切就越简易，越简易就越真切。

这段话无非是告诉那些人：你们在生活中只要简易地按良知去真切地为人处世，那就是圣人气象。真心实意地对待自己的父母，安分守己地工作，这是多么简易的事，你把这些简易的事真切地做明白了，每天都会感到心是充实的。我的心学也不过是让你们内心充实，没有烦恼。

这次讲学大概是王阳明的最后一次讲学，也许是他的良知在警告他，时日无多，也许是老天的安排，这次讲学，可看作是他对其心学最透彻、最直接的一次论述。他抛弃了那些思辨的理论，单刀直入告诉世人，要学会王阳明心学非常简单：只要按良知的指引去真切地为人处世，并持之以恒，圣贤的境界就在眼前。

1527年农历十一月十八，王阳明抵达肇庆，这里离广西的梧州只有一天的路程。他的足疾开始发作，几乎不能站立，当地潮湿、瘴疠肆虐的气候也让他的肺病加重。跟随他的弟子们已能清晰地听到王老师呼吸时发出的只有蜥蜴才有的“咝咝”声。在肇庆过夜时，他有一种很不好的感觉，我们说这是预感，王阳明说这是良知正在发挥作用。

王阳明感觉自己时日无多，他眼前突然出现广西梧州的办公衙门变成了阎王殿，在噩梦的持续侵袭中，他总是大汗淋漓地惊醒。在给浙江余姚的弟子的信中，他叮嘱弟子们要帮他的家人谨慎处理他的家事。几年以后，他的弟子钱德洪回忆说，1527年远在肇庆的王阳明给他写信，他在积极乐观的字里行间隐约能感觉到老师的内心不安。他当时还在想，经过千锤百炼的王老师的心怎会如此大动，他认为这是自己的错觉。可事实是，王阳明在肇庆已半梦半醒地感觉到了自己的归宿就在不远的将来。

两天后，王阳明终于抵达他在人间创建事功的目的地：广西梧州。梧州是当时两广的政治、经济、军事、文化的中心，在南中国，它是万众瞩目的重镇。王阳明的到来让梧州的身价猛增，直到近代，梧州在诉说它的历史时，总会大肆渲染王阳明曾来过这里，而且建下赫赫功勋。

谢谢诸位

1527年农历十一月二十，王阳明到达广西梧州正式办公。和当初他到赣州一样，开始了实地调查。这一调查是全面的，不仅仅包括卢苏、王受的详细履历，还有他们作乱的情况，更有这个地区的历史沿革，他想知道发展到今天这样一发不可收拾的局面到底是什么原因造成的。在进行这样的全面调查后，王阳明向皇上朱厚熜呈上了《谢恩疏》，他要谢谢朱厚熜能委他以重任，这只是一笔带过，他最想告诉朱厚熜的是他在田州叛乱上的态度以及方法。

王阳明承认，田州、思恩（今南宁以北及武鸣县西北，百色市及田阳、田东）的地理位置相当重要，因为它是防御安南国的最后一道屏障。如果帝国无法控制田州、思恩，就等于向安南国主动打开了大门。有些书生看着地图认为，这里是蛮荒区，可有可无。王阳明却认为，田州在帝国地理位置上的重要性并不比北方抵御蒙古人的军事重镇宣府、大同差。如果不是安南国正在自相残杀，他们完全可以利用田州的叛乱而兵不血刃地进入中国本土。可为什么这样一个重地，却成了今天这副模样？

王阳明考察了岑猛的造反史后总结说，岑猛本人固然有狼子野心，可那是被活生生逼出来的。我曾查阅广西部队远征南赣的记录，岑猛多次带领他的部队参与政府军的军事行动，但事后却没有得到任何奖赏。岑猛本就心怀不平，地方政府官员又向他索贿，这自然激起了他的反意。

其实，地方政府官员，甚至是来广西巡抚的中央政府官员都没有注意到，广西的政府部队作战能力极弱，岑猛一起，即成摧枯拉朽之势。姚镆耗费巨资，带数万部队来对付岑猛，全凭一腔热血，虽然消灭了岑猛，却在后期治理上陷入错误的泥潭，导致形势更加恶化，王受、卢苏就是这一错误的产物。

王阳明说，中央政府让流官来统治广西的效果远没有让土官治理好。广西田州本是荒蛮，没有人愿意来这里做官，大多数官员都是抱着怨气来，指望他们负起执政的责任，显然不可能。他们这些人来到广西田州只有一个目的：尽快离开。毫不负责之外，他们还贪赃枉法，欺压当地少数民族。这种行为注定将引起暴乱。

王阳明有份数据，自广西行政取消土官使用流官以来，少数民族（瑶族）造反超过八次，而土官管理广西时，造反次数只有两次。这份数据一目了然地证明：流官不适合广西。虽然中央政府想把田州直接纳入帝国行政区划内的心情可以理解，但现实不允许。靠一厢情愿去行动，就不是知行合一，自然就不是致良知。

王阳明最后对朱厚熜说："我要谢谢皇上您能信任我，要我担负如此重任，虽然我身体状况不佳，但我会竭尽全力让田州乃至广西恢复秩序，保境安民。"

在呈上这道《谢恩疏》之前，王阳明提笔在一张白纸上沉思了很久，他要写信给内阁的大学士们。王阳明必须要写这样一封信，他虽然是被内阁推荐来的，可内阁的诸位仍然谨慎地监视着他，因为他一旦建下功勋，就会对内阁产生压力。要王阳明来内阁的呼声振聋发聩，可不是一天两天了。王阳明必须要让内阁成员放心，让他们同意自己在广西自作主张、大施拳脚，只有这样，他才能心无挂碍，行动无阻地付出。

但这封信写给谁，他必须慎重。本来，他的举荐者是桂萼，可桂萼希望他能解决安南问题，如果主动给桂萼写信，固然可以得到他的全力支持，可如果他不解决安南问题，那会被桂萼连根拔起。张璁在举荐他的问题上意见不多，给他写信是事倍功半，那么只剩下一个人，就是首辅杨一清。

王阳明从前对杨一清的印象不错，这缘于杨一清不顾身家性命地铲除刘瑾的正义感，还有八年前向他推荐了太监张永，正是杨一清的帮助，才使王阳明摆脱了朱宸濠这颗定时炸弹，又在张永的维护下全身而退。不过自杨一清重回政坛后，据他在中央政府的弟子们透露给他的，杨一清似乎变成了另一个人：功利性十足的政客。

给人的感觉是，杨一清在想方设法地排挤他的同僚们，以使自己成为一言九鼎的人。据王阳明的弟子们说，王老师不被召入中央，杨一清的意见举足轻重。这可能是王阳明弟子们认为的真相，可当我们站在杨一清的角度来看，这一真相甚为荒唐。

杨一清始终对国家和政府怀抱炽热的责任心。当他重返中央政府后，他发现这个皇帝和先皇朱厚照在本质上没有什么区别。朱厚照好动，喜欢扮演英雄，是有着不可遏制的表现欲的那类顽主。朱厚熜给人的感觉是很安静，但在安静的背后却是他的顽梗，他对“大礼议”那么上心，固然有孝道之心，更多的却是他性格中的阴沉。他当上皇帝没几年，就安静地躲在后宫中很少露面，原因是沉溺在道家的长生之术上。

杨一清总想把权力掌握在自己手里，目的是希望把朱厚熜拉回正轨。他对张璁和桂萼一味纵容朱厚熜的性格非常鄙视，身为前朝重臣，他不希望再出现另一个版本的朱厚照。大多数时候，人们的想法都是好的，但现实却总让人们失望。直到他被迫辞去首辅时，都没有实现这个理想。

杨一清的确在千方百计地阻止王阳明来中央政府，但绝不是世上所传言的他嫉贤妒能，而是他恐惧王阳明的学术思想会把皇上带入万劫不复的深渊。朱厚熜在宫廷中不但有技术上的道士，还有理论上的道士，这些道士向他不停传授异端思想，但这些道士的异端思想和王阳明思想一比，简直是小巫见大巫。

在杨一清看来，身为皇帝必须遵循理学规范，在这些规范的作用下，成为圣君。外在的规范作用相当重要，而王阳明恰好忽视外在的规范作用，认为所有的规范都在我心。朱厚熜本来就是个我行我素的人，如果王阳明再为他灌输这种思想，后果不堪设想。

所以，他必须阻遏王阳明。我们无从得知王阳明是否理解杨一清的苦衷，不过从他给杨一清的信中我们可以知道，他应该是把杨一清当成了世人传言中的人物。

他首先把自己能身负重任的功劳堆到了杨一清的头上：合格的朝臣报效祖国的方式就是举荐贤能，杨公你为朝廷举荐了那么多人才，我王阳明是佩服得五体投地的。如今您举荐我，真让我受宠若惊，我何德何能，不过我相信您的眼光。等我料理了广西的事情后，希望杨公能向皇上推荐我做个闲差，我感激不尽。这是我最真实的想法，因为我身体状况太差，不能再过度劳累。

这封信情真意切，乃王阳明用良知写成。杨一清非常感动，甚至还叹息，如果王阳明不创建他的心学该多好！

在自信内阁不会牵绊他后，王阳明又给当时的兵部尚书李承勋写了封信。王阳明为什么要给兵部尚书李承勋写信，需要稍作补充明帝国的上层政治情况。

在朱元璋和朱棣之后，明帝国的政治领导层就由三部分构成。一部分是宦官，和汉唐的宦官不同，明帝国的宦官都有行政编制，派到各地的监军在行政级别上就是当地的军政二把手，宦官左右明帝国政局的事时常发生，导致土木堡之变的王振、朱厚照时的“立皇帝”刘瑾就是典型。第二部分则是内阁大学士，注意，内阁严格意义上来讲不属于政府部门，它是皇帝的私人秘书团，所以他们和宦官构成了皇帝的内廷。第三部分则是外廷，代表部门就是大名鼎鼎的六部。

明帝国的皇帝们始终是在用内廷控制外廷，所以内廷凌驾于外廷之上。但外廷也不是吃素的，尤其是明帝国中期，内部盗匪和外部蒙古人的军事骚扰使得帝国的军事成为政治主题，于是，兵部尚书的地位变得举足轻重起来。明帝国的兵部有不需通过吏部任用将军的权力，这个部门叫武选司，王阳明就曾在这个部门待过。

不但如此，兵部尚书还有一项特权：如果某地有叛乱，在内阁或是吏部任命该处巡抚时，他有给这位巡抚提督军务的权力。王阳明当初在江西南部剿匪，王琼就通过这一权力让王阳明提督军务。也就是说，兵部尚书对去有军警之地巡抚的人有监督权，兵部尚书和提督军务的巡抚如果合作无间，那将是再好不过的事，当初王琼和王阳明的合作就是例子。反之，那将是糟糕透顶。

所以，王阳明必须给李承勋写信，要他在中央政府支持自己。李承勋明大义，又是王阳明的朋友，他让王阳明把心放在肚子里。他说，虽然我没有王琼那样的本事，但肯定竭尽全力支持你。

王阳明还是不太放心，他又写出第三封信，信的接收人是他的弟子黄绾。他提醒黄绾，也让黄绾提醒他在中央政府的弟子和崇拜者们，不要再拼命地推荐自己，一定要把王阳明这个人淡化，最好是让中央政府的官员们忘记有个王阳明在广西剿匪的事。他对黄绾说："我现在的注意力全集中在广西，你们如果在中央政府总是谈到我，肯定会引起某些人的不安。他们也会把注意力集中到广西来，到那时，我就不好做事了。"

他同时还叮嘱黄绾，举荐人一定要慎重，要多方考察。否则不但这个人会坏了事，你身为举荐人也脱不了干系。

他又谈到了一件往事，就是平定宁王后的赏赐问题。他说："这件事过去七八年了，很多当时立下功劳的人等赏赐等得已近绝望。我一直想向中央政府提这件事，可这个时候提，有些人会认为我在要挟政府。所以，你们如果有时间有精力，应该把这件事当成重中之重。"

最后他要弟子们放心："广西的叛乱头目不过是小疾病，比当年江西南部那些造反大佬们差远了，所以你们不必为我担心。你们要担心的是政府内部的政治斗争，这才是心腹之患。"

朝中高层的政治斗争不是黄绾和他的另一位身居高位的弟子方献夫能解决的，即使预防，二人都不能胜任。所以王阳明的这番训诫，不过是证明他深邃的眼光而已。

1527年最后的一个多月，王阳明始终没有采取任何军事行动，原因只有一个：他之前调集的湖广和福建、广东的部队没有到达。三处的行政长官和军事长官们给出的借口都是一样的：正在集结军队，筹措军饷。

王阳明苦笑，连连发信催促。几支部队终于在1528年正月抵达梧州，而王阳明仍然没有采取军事行动的意思。

实际上，他心中早已有了解决问题的方法，那就是招抚。按他对王受和卢苏资料的了解，这两人武装暴动完全是政府官员逼出来的。而他们后来攻城略地，并没有独立的意思，只是想增加和政府谈判的筹码。

这是王阳明要解决的问题，他不想让对方的筹码变得有价值。所以刚过了元宵节，王阳明组织几万人的部队进驻南宁，就在南宁郊区进行了大规模的军事演习。这场军事演习把王受和卢苏惊到了，他们急忙加紧战备，应对王阳明。

王阳明和他的指挥官们开会商议，有人说既然部队已来了，就应该打。王阳明却说，王受和卢苏的实力不可小觑，田州和思恩的防御都被他们加固，短时间内根本打不下来。用军事手段，耗费金钱不说，还会死成千上万的人，得不偿失。

有人想不到别的办法，这缘于他们的一根筋。在他们心中，对付少数民族的叛乱就应该用铁血手段，和他们摆事实、讲道理是对牛弹琴。非我族类，其心必异，没有沟通的可行性。另外，部队已经集结，如果不打，那在面子上也说不过去啊。

王阳明说："除了打，还有很好的方法，即招抚。"

广西的地方官们强烈反对，他们举出一个例子来说明这种想法的不切实际。在姚镆灰头土脸地走人之前，曾招抚过王、卢二人，可两人开出的条件不可理喻。只要稍懂成本核算的人都知道，打比招更节省成本。

王阳明说，他们所以提出那些苛刻的条件是因为他们手中有筹码，姚镆和他们谈判时，手上没有军队，人家当然会狮子大开口。可现在我们大军云集，那场军事演习就是给他们看的，目的是要让他们明白我们的实力，提示他们，我们是先礼后兵。

与会众人被王阳明说服，但他们口服心不服。尤其是湖广军队的指挥官们，他们千里奔波来到广西，目的是建立军功。如果王阳明招抚，那他们就是无功而返。他们决定从中作梗，让王阳明的招抚计划流产。

阴谋悄无声息地进行着。在王阳明的使者还未到达王受和卢苏基地时，王、卢二人便收到可靠消息：王阳明的招抚不可信，王阳明是想通过这一方式向你等索贿，而且数额巨大。如果你们不能满足王阳明，后果可想而知。

王、卢二人对此深信不疑。因为两人的前辈们都曾遇到过前来剿匪的巡抚向他们索贿的经历，两人赶出了王阳明的使者，拒绝去见王阳明。

王阳明陷入了困境。这和他当初在江西南部剿匪时面临的情况截然不同。他当初在彻底清除了山匪隐藏在政府中的内鬼后，整个政府上下一心。如今，本该是他朋友的人却成了他的敌人。有人建议他整顿政府军内部，他没有同意。他总感觉自己时日无多，而治理整顿是耗费时间的事。在考虑了几天后，王阳明决心用良知这一武器直攻王受和卢苏。

他亲自写信给王受和卢苏。首先是站在他们的立场来考虑问题，对他们当初的遭遇表示深深的同情，重点指出，你们现在的错误实际上是政府有错在先；其次，他真诚恻怛地向二人保证，只要两人放下武器，将来绝不会再发生

“官逼民反”的事，他保证会给他们生命和自由，把广西建成一个他们心目中的理想家园；最后，王阳明严肃地说，你们投降对你们和我都有好处，大家可以免掉兵戎相见的尴尬，你们的决定会存活很多人，活人一命可是最大的功勋。

这封信并没有取得意想中的效果，因为王受和卢苏有顾虑。

平定思田

王受对卢苏说：“王阳明这老头是出了名的不靠谱，江西那群笨蛋都是这样栽到他手里的。”

卢苏说：“岂止是他不靠谱，我看中国的所有官员都不靠谱。咱们老大岑猛就纯粹是被这群狗官逼反的。”

王受和卢苏不再说话，看上去正在思考人生大事。两人沉默了很久，最后异口同声地说：“要不，咱们试试？”

王受接着说：“我听说王阳明这老头只对十恶不赦和不思悔改的人才动杀机。”

卢苏说：“我也听说了。咱二人属于十恶不赦那类人吗？”

王受摇头：“也不属于不思悔改的那类吧。”

卢苏说：“肯定啊，咱二人根本就不想反，或者可以这样说，咱二人一直在等着朝廷出个明白事理的官员来和咱们谈谈。”

王受说：“据我所知，我总感觉王阳明这老人家还不错。”

卢苏说：“我觉得也是。”

两人最后说，派个不重要的人去和他谈谈。

王阳明热情地接待了王、卢二人派来的不太重要的人。这人带来王、卢二人的意思：我们早就想放下武器，回归祖国的怀抱，可有许多官员总是欺诈我们，我们的好多同道中人放下武器后会遭到屠杀，或者是我们提出的很多改善我们自由的条件被漠然置之。

王阳明要王、卢二人放心，送走这位使者后，他就命令湖广部队回老家，只有广西一支没有规模的部队驻扎在南宁。

王受欢喜地对卢苏说：“王阳明这是真心实意啊。”

卢苏想起王阳明在江西对池仲容的所作所为，谨慎地说：“还是看看再说。”

王阳明知道他们在犹豫，所以派人给他们送去了免死牌，声称这要他们投降，既往不咎，并且要给他们理想的生活。

王受催促卢苏，咱们的架子也摆得差不多了，不能让人家王大人以为他是在热脸贴冷屁股。

卢苏想知道王受的想法。王受说："咱们还能等人家上门来劝降？应该主动去投降啊。"

卢苏沉思了一会，有了主意。他传信给王阳明：我们可以去南宁，但南宁的防务要我们来维持，诸如城上的士兵，衙门口的站岗卫兵，还有南宁城中的巡逻队。

王阳明的弟子、广西省的高级官员王大用失声叫了起来："这不就是换防吗？万一他们趁此机会向咱们动手，咱们可就是瓮中之鳖。"

王阳明教训他：怎么可以把别人想得那么坏，你的良知呢？通知他们，就按他们的意思办。王阳明最后又看着各位官员，一字一句地说：要干净地办，不要耍小动作。

1528年阴历二月中旬，王受和卢苏再把南宁城的部队都换成自己人后，慢慢地进了南宁城。卢苏发现眼前的南宁城和他想象中的不一样，街道被打扫过，还洒上了清水。街市繁华，行人如流。王阳明在南宁的临时衙门口张灯结彩，像是在欢迎贵客。他远远地就看到衙门口的卫兵是他的人，在整个南宁城的武装部队中，他没有见到陌生人。这回，他彻底放下心来。他想的是，即使和王阳明谈砸，就凭他在南宁城中这么多武装部队，他和王受也能全身而退。

王受很开心，他看到此情此景时，当即确定从前在刀口上的日子已经成了遥远的噩梦，新生活的曙光已经越过地平线正照耀着他的心。在南宁衙门门口，他和卢苏停下来，按之前二人的约定，随从们把他们反绑，并在两臂之间插上一支荆条，这就是失传多年的"负荆请罪"。

王阳明坐在上面，仪态威严。王受和卢苏跪在地上，请求王大人对他们的过失进行责罚。王阳明对二人说，本来你们主动来降，不应该责罚你们。可是，你们造反是事实，违法乱纪，冲击政府，这是有罪，如果不惩罚你们，会让更多的人抱有侥幸之心，所以，我要惩罚你们。

王受和卢苏吃了一惊。王阳明马上接着说，你们可穿上生平最厚重的盔甲，让我揍你们二百军棍。

说完就让人托着军棍给二人看，二人险些乐出来：军棍是空心的，好像一根半死不活的竹子。对于这一明目张胆的"造假"，二人开心地同意了。他们穿上厚重的盔甲，由于不能走路，所以被人抬到王阳明面前，二百“军棍”执行完毕，王阳明走下来，命人把他们的盔甲脱掉，拉着二人的手说：“两位深明大义，对我深信不疑，我真的很感动。既然二人对我如此真心，我也就不客气了，有件事需要二人帮忙。”

王受激动得手直抖：“王大人但说不妨，我哥俩万死不辞。”卢苏用眼神支持王受的话。

王阳明点了点头说：“很好，我希望二位能帮我稳定广西。”

王受拍着胸脯说：“这事包在我哥俩身上。我二人有武装部队七万，能扫平一切王大人要扫平的人。”

王阳明笑着摇头：“你们呀，我之所以招安你们就是想让你们过平静的生活，让你们离开血雨腥风的战场，怎么可能会再把你们推到沙场上去呢。”

卢苏疑惑不解：“那王大人如果让我帮你稳定广西？”

王阳明再笑道：“很简单，解散你们的部队，回家安分守己地过日子，这就是帮了我最大的忙。而且我答应诸位，官府一定不会再发生欺压你们的事。”

二人恍然大悟，跪拜王阳明。

王阳明仅凭几封信就把广西最大的叛乱武装化解得无影无踪，这种能力在当时已知的世界上，恐怕只有王阳明才有。

无论是在江西还是广西，王阳明的战场不在外而在心上。他最擅长的实用心理战既简单也不简单。说他的心理战简单，不过是用真情实意感动对手，或是用虚虚实实、真真假假的招数让对手晕头转向，然后发出致命一击。说他的心理战不简单，是因为他的心理战表面上看没有规律可循。什么时候该用招抚，什么时候该采取军事行动，看似随心所欲，其实背后都有一个复杂的分析过程。

对于王受和卢苏的情况，王阳明曾做过多方面的材料收集和分析。最终他得出的结论是，这二人并无野心，而且是无法忍受当地政府官员的欺压才奋起反抗。当他们具备一定实力后，也没有再扩展，这就足以说明，他们的本心还是倾向于和政府谈合作。他们的良知依然光明着，心肠没有变成铁石，对于这类人，用招安就最合适不过。而对有些冥顽不灵的人，比如江西叛乱大佬池仲容，就毫无效果，所以唯一的办法就是采取虚虚实实的军事打击。

王阳明的一位弟子对老师这次不费一兵一卒、不发一箭一矢就解决了思恩、田州的事夸张地评价说：这比多年前大禹治水有过之而无不及。

事情的确刚刚开始，因为“平”和“定”是两回事，王阳明现在只做到了

"平"，怎样才能让南宁地区"定"，这才是关键。

他把当初向中央政府提交的治理思、田方案迅速执行：第一步是改流为土，让当地有责任心和能力的政府官员担任军政一把手，让类似王受和卢苏这样的少数民族首领担任军政二把手和行政秘书。这样一来，军政大权在政府手里，而少数民族因为参政获取了荣誉感。双方互相监督互相砥砺，其乐融融。

第二步，把"十家牌法"在广西如法炮制。

第三步，也是最重要的一步：拯救人心，通俗的说法就是思想教育。世界上最不稳的就是人心，只要人心静了，世界也就静了。百姓心中有了道德基石，才能遵纪守法，才能做个好人。普及伦理道德的场所在学校，王阳明自己出钱兴建学校，邀请百姓免费来听他和他弟子们关于良知的讲课。

据他的弟子后来说，南宁百姓听了王阳明心学课程后，心灵受到极大的洗礼，对自己从前浑浑噩噩的日子直唾弃，决心此后为人处世必以良知为师。

王阳明心学能在最短的时间里迅速传播开，缘于心学的简易明快，更缘于王阳明在教学方法上的理念：因材施教，不以主观凌驾别人，顺着对方的思想。用心学术语来讲就是"不执"。

下面这件事就是证明。

田州城外河边有块怪异巨石，形状如乌龟，更使人惊奇的是，"乌龟"静卧不动时，田州太平无事，当它如长了脚远离河边时，田州就有刀兵。这有事实为证，岑猛造反前，"乌龟"很老实地待在河边；岑猛作乱不久，"乌龟"就离开了河边；岑猛被平定后，"乌龟"又神奇地回到河边；王受和卢苏造反时，它又离开了河边。王阳明招降了王、卢二人后，大概是乌龟的信息不灵，所以还没有回到河边。

当地百姓都确信一件事：这块石头是治乱的风向标，他们都希望这块石头永远待在河边，不要跑来跑去，背后的意思就是，希望和平，不希望动乱。

这当然是典型的迷信，不过王阳明却认为这是当地的传统，他没有理由不尊重别人的传统。所以当百姓来请他对付那块石头时，他煞有介事地在河边举行了一场巫术表演。

这场表演的步骤是这样的：首先把石头抬回原处，然后他趴到石头上假装和石头谈话，再然后又假装听石头说话，最后他站起来指着石头大喝一声："你敢作乱，不怕我毁了你？"

说完，就命人取来纸笔，写下：田石平，田州宁，千万世，巩皇明。然后让人把字刻到"乌龟"身上，百姓们被这场面震住了，坚信王阳明已经搞定了这个祸害，顿时欢呼雀跃。

王阳明能搞定“神龟”，却搞不定自己的身体。在南宁操劳四个月后，1528年农历六月，他一病不起，万不得已要出去办事必须要躺在宽大的轿子里。他向中央政府提出退休的要求，桂萼死活不同意，要王阳明必须在安南的事情上给他交代。

王阳明情绪低落地对弟子们说：“广西要成我葬身之地啊。”

弟子们安慰他：“吉人自有天相，肯定能渡过难关。”

王阳明摇头叹息：“生死关容易过，可心上的关却难过。”

弟子们问原因。王阳明说：“桂萼让我进攻安南，这是异想天开，他只分析了别人的缺点，却没有检讨自己的缺陷。安南的确在内乱，可广西全境有几处是安宁的？如果我不照他的做，这次广西之行的功劳又是竹篮打水一场空。如果我照他的做，可能会引起更多事端。”

有弟子疏阔地说：“那咱们就回余姚，管他什么桂萼和吏部！”

王阳明听到这句话，怦然心动。如果不是发生了下面这件事，他可能真的就提前违抗中央政府的命令回余姚了。

这件事和两个地名有关，一个是断藤峡，另外一个是八寨。

雷霆扫穴

断藤峡原名为大藤峡，位于广西桂平境内浔江两岸，注意，是江的两岸。两岸之间有一条粗藤，身手敏捷的人可以攀附着这条大藤来回两岸。浔江两岸高山夹峙，山势巍峨，犬牙交错，尤以大藤两岸附近的地势最为险峻恶劣，是为大藤峡。

明帝国第七任帝朱祁钰（景泰帝）在位时，此处发生了以侯大苟为首的大规模瑶族叛乱。他们把大藤峡当作基地，并建立数个寨子（军事据点）巩固基地。由于此地易守难攻，所以政府焦头烂额。大藤峡叛乱的同时，八寨（广西红水河南岸的思吉、周安、剥丁、古卯、罗墨、古钵、古蓬、都者等八个寨堡）也凑热闹般地和政府势不两立，一时之间，广西境内烽烟四起，民不聊生。

1465年农历十一月，中央政府派官员韩雍到大藤峡剿匪。韩雍文武双全，带领十万人马进入广西，以秋风扫落叶的气势一鼓荡平大藤峡匪患，当他视察胜利战场时发现了那根藤，他认为这根藤是不祥之物，于是命人砍断，改“大藤峡”为“断藤峡”。接着又扫灭了八寨之贼，凯旋而归。

韩雍离开广西时，曾向中央政府建议说：“瑶人的性情，最不喜欢面见官吏，最鄙视官吏。如果还像从前那样以流官镇抚其地，肯定还会产生动乱。我以为应该用当地有影响力的少数民族首领作为他们的父母官，不必去改变他们的风俗习惯，也不必用我们的伦理去要求他们，让他们自治，只要不闹事，制度是可以改变的。”

韩雍的建议得到中央政府的认可和执行，因韩雍的政策，断藤峡安静了四十多年。韩雍提出的政策的确有优点：减少了政府官员对当地瑶人的欺压，让瑶人自己治理自己，充分尊重了他们的权利。这是一种变相的民主。但也有显著的缺点：由于管理者本身就是瑶人，同宗同族的原因，他会在很多地方偏袒本民族的人，律例不能很好地执行，自然而然地就养出了一群刁民。这群刁民不务正业，靠着政府对他们管理上的松懈就做起了盗匪。

由于地方政府和中央政府的联合不作为，这群盗贼胆子越来越大，1510年，那根大藤被他们衔接上，于是“断藤峡”就成了他们的基地，盗贼们很快就控制了浔江上下数百里的广大地区。八寨紧跟其后，也死灰复燃，广西境内又成了百姓痛不欲生之地。

让人奇怪的是，近二十年的时间里，没有人把断藤峡盗匪当成一个重要事情来谈。即使是王阳明来广西前，也不知道广西境内居然还有这样一股力量雄厚的土匪。

1528年农历七月初，王阳明在南宁和一群当地的士绅聊天。士绅们首先对王阳明能还他们南宁一个太平世界感恩戴德。不过之后，他们就陷入惆怅。王阳明就问原因。他们对王阳明说，对广西而言，田州叛乱是雷声大雨点小，真正让百姓生不如死的是断藤峡和八寨的盗贼。他们好像人人都有反社会倾向，烧杀抢掠无恶不作，简直是天理难容。

王阳明打起十二分的精神倾听老士绅们的倾诉。当老士绅们走后，王阳明两眼茫然、沉思不语。许久，他的弟子才轻轻地打断他，问：“老师在想什么？”

王阳明叹了口气，说：“我一想到百姓受苦，心里就很不是滋味。”

弟子又问：“是否是断藤峡和八寨的盗贼？”

王阳明点头，剧烈地咳嗽了一会儿，说：“不解决他们，我良心不安。”

弟子急了：“您的身体都这样了，还是赶紧回余姚休养吧。况且，中央政府也没有让您解决这两处的盗贼。如果您擅自做主，恐怕会被人抓住把柄攻击您！”

王阳明看着弟子，笑了笑："我只凭良知做事，管不了什么规定不规定。我的良知告诉我，这两处的盗匪必须解决掉，这就是天理。我怎么可以逆天理而行。"

"可您的身体啊！"弟子们焦急起来。

王阳明摆了摆手："不要紧，如果进展顺利，一个月足够了。"

王阳明说干就干，他召集广西方面的所有高级官员，包括新归附的王受和卢苏，研究解决断藤峡和八寨的盗贼计划。

广西省省长（布政使）林富是王阳明的狱友，王阳明当初被刘瑾扔到锦衣卫大牢中，林富也因得罪刘瑾在里面关押。林富就给王阳明讲《易》经，两人从此结下深厚友谊。林富多年来一直关注着王阳明，对王阳明的用兵如神印象深刻。尤其是他亲眼见到王阳明不费一兵一卒就降伏了王受和卢苏后，更是叹服王阳明的能力。所以他的意见就是：一切听王阳明的。

王受和卢苏的意见是，应该招抚他们，这缘于他们是同类。广西副省长（参议）汪必东认为应该剿抚并用，这是说起来最容易的办法，也是最不容易见效的办法，因为立场不坚。

王阳明通过查阅大量的资料后，对众人说，无论是八寨还是断藤峡的盗匪，都被政府招安过，可他们屡降屡叛，已丧失了重新做人的想法。对付诸如此类良知被遮蔽的人，用招抚的办法只能让他们登鼻子上脸，认为政府好欺负，所以只能用剿。这正如花园里长满了杂草，谁也没有能力让它们变成花，必须毫不犹豫地铲除，还花园一个干净世界。

另一位广西省副省长（广西按察使）、王阳明最忠诚的弟子王大用拿出了他的方案：先攻断藤峡，后攻八寨，这叫先难后易。

王阳明不认可。他说，八寨是两广地区的心腹之患，断藤峡只是外疾。八寨是该地区盗贼的源泉，断藤峡不过是羽翼。先攻断藤峡，八寨自会顽强死守，我们消耗不起。所以，要同时出击。

众人大惊失色。因为此时王阳明能调动的部队只有一万五千人，还包括王受和卢苏未遣散的杂牌军。没有人知道断藤峡和八寨盗匪数目的确切数字，不过有一点很清楚：断藤峡和八寨的盗匪数量绝不止一万五千人，而他们又有地利，也就是说，王阳明的兵力显然处于绝对的劣势。

有人拿当年韩雍剿灭断藤峡的例子来说明，韩雍动用了十几万部队，经过一个多月强攻才消灭断藤峡盗匪，王阳明的确比韩雍厉害，可还不至于厉害到这个地步：用低于韩雍十倍的兵力去同时攻击两个断藤峡！

王阳明并未把这看成是了不起的障碍，因为他有剿匪的超级武器：不靠谱。用军事术语来讲就是：虚虚实实，进示以退，攻示以守。总之，就是先把你弄得晕头转向，在你神经错乱时，他发出致命一击。

王阳明开始使用他的超级武器。他当初来广西时，断藤峡和八寨的盗贼早就闻听过他的大名，所以马上紧张起来。由于过度紧张，他们紧闭寨门，大门不出二门不迈，作息时间极度不规律，大白天坐在椅子上就开始出现幻觉。一个多月后，他们听说王阳明不发一箭就收服了王受和卢苏，更变得神经质起来。断藤峡缺粮多日，他们也不敢下山抢劫，只靠山中有限的植物充饥，又一个多月后，他们两眼通红，几乎成了兔子。

再过一个多月后，他们探听到王阳明正在南宁办学，才放下心来。按他们有限的智慧，他们以为王阳明来广西只是对付田州，解决了田州后，王阳明就会拍拍屁股走人。于是，他们又活跃起来。

1528年农历七月，王阳明制订了对付他们的计划后，开始放出消息：他要在五日内对断藤峡和八寨采取军事行动。盗贼们又恢复紧张，五日过后，什么事都没有发生。他们去打探王阳明的情况时得知，王阳明正在养病，而且已得到可靠的情报：王阳明正准备回浙江休养。盗贼们大都一根筋，马上就相信这是真的。而即使稍有头脑的人也会相信，王阳明已是个卧床不起的病夫，怎么可能还有精力对付他们。

几天后，盗贼们又得到消息说，王阳明来广西的确就是对付田州贼的，他的任务栏里根本就没有断藤峡和八寨。盗贼们彻底放下心来，为了犒劳自己多日以来绷紧的神经，他们大肆庆祝，守卫松懈到了平时水平线以下。

王阳明向早已部署完毕的两路指挥官发出了总攻令，这两路部队都在八千人以下，悄无声息地摸到了断藤峡和八寨的边缘。第一路指挥官林富，攻八寨，王受和卢苏担任主攻。第二路指挥官汪必东，攻断藤峡，王大用担任主攻。

八寨战役第一个打响。王受和卢苏率领一大批敢死队猛攻八寨的前哨石门。石门不仅是八寨的前哨阵地，还是八寨的门户。拿下石门，八寨的防御指数就会急速下降。所以，石门是个很难啃的骨头。由此可以知道，王阳明安排王受和卢苏主攻石门的意图：二人刚归顺，急需立功献上投名状，所以必然倾尽全力。尤为重要的一点仍然是王阳明剿匪智慧的体现：以贼攻贼，因为贼最了解贼。

王受和卢苏果然不负众望，只用了半天时间就敲开了石门。指挥官林富把部队推进到八寨的第一个寨子前。王受和卢苏依然担任主攻，但对手的抵抗很有质量。林富按王阳明事先的指示，一面命王受和卢苏继续进攻，吸住敌人的兵力，一面分兵从侧面进攻。八寨的第一个寨子很快被攻陷，如同起了连锁反应，八寨的其他寨子虽然进行了有效抵抗，可由于神兵突降的震慑力把他们吓傻了，只是抵抗了一会儿，就纷纷缴械投降。

八寨战场进入尾声时，断藤峡战场刚刚开始。汪必东完全按王阳明的指示指挥战斗，实际上这次战斗方略王阳明模仿了韩雍，首先是用人猛攻，然后是放火烧山。当时是七月，郁郁葱葱，生机勃勃。如你所知，一旦放起火来，就是浓烟滚滚，断藤峡如陷于烟雾迷茫的妖魔世界，伸手不见五指。

作为主攻，王大用并未发挥超绝的能力。他本是文人，没有在战场上历练过。王阳明用他作为主攻，原因不明，大概是想让他在“事上练”。可一个从没有经历过刀光剑影的人，突然把他扔到战场上磨炼，显然高估了人心的力量。王大用的主攻迟迟不能产生效果，但攻击部队的偏师却发挥了重大作用。他们很快就攻破断藤峡的前哨，并且用火箭和长矛开路。战斗进行到一半时，王阳明派人送来口信，说八寨方面已结束战斗，并且要嗓门大的士兵齐声高喊。

这是心理战，立竿见影。断藤峡盗贼一听八寨的同志们已经被全歼，原本就并不坚强的抵抗意志瞬间瓦解，他们一直向山顶溃逃，哭爹喊娘。然而他们是幸运的，王阳明不是韩雍，没有用残酷的方式对付他们。王阳明同意他们的投降，只要放下武器，王阳明的部队都会优待俘虏。

断藤峡战役虽然不是最先开始，却是最先结束的。当断藤峡战役结束时，八寨最后的据点仍在顽强抵抗，尤其是他们看到断藤峡方向浓烟滚滚直冲霄汉时，更坚定了困兽犹斗的决心。他们以为王阳明放火烧山，像是烧荒一样把他们的同志都烧死了。他们也知道自己罪大恶极，不可能得到宽恕，于是在临死前发挥全部力量，抱着“杀一个够本，杀两个赚一个”的格言玩命搏斗。

人在绝境之中的奋力一搏会产生奇迹。林富发现在他们改守为攻的情况下，他的攻击部队先是停滞不前，接着就是后退，即使是王受和卢苏带领的敢死队也只能被迫转攻为守。

林富虽然没有慌，可却不知道如何应对这种突变。王受和卢苏在关键时刻发挥了作用。他们扯起震天动地的嗓门喊道：“杀啊！”“冲啊！”“完事回去吃肉啊！”在这种充满激情的口号煽动下，政府军先是顶住压力，然后一步一步地向前推进，最终，完全把敌人的气势压垮。

王阳明继续扩大成果，命令所有部队全力扫荡各处巢穴的盗贼。决战只用了一天，而扫荡却用了一个多月。1528年农历八月，王阳明宣布，断藤峡和八寨盗贼已全部消灭。这是两场最值得大书特书的战役，虽然纯粹从军事上的战果来看，王阳明的部队只消灭了三千人，成果可怜兮兮，但如果我们对断藤峡和八寨，以及对王阳明这次用兵的成本稍作了解后，就会发现王阳明不是进行了两场战役，而是进行了一次奇迹的创造。

自明帝国以来，两广的稳定与否主要取决于安南和八寨、断藤峡是否平静。尤其是广西，由于多山多洞的复杂地理，一旦有盗贼作乱，必然就是旷日持久的消耗战。明帝国政治清明时，政府是有力使不出，政治不清明时，是心有余而力不足。所以断藤峡和八寨的叛乱一直隐隐约约地存在，两广所以能局势表面上稳定，全是因为他们力量不足，尤其是没有和安南联合，一旦他们内外联合，后果不堪设想，这就是王阳明所谓的八寨是两广心腹之患。

八寨之贼也曾被明军反复征剿过，但每次都以失败而告终。唯一的一次成功发生在朱见深时代，当地少数民族首领岑瑛带领他的本族部队和政府派遣的雇佣军联手攻寨，而成绩也很寒酸：斩杀二百余人，仍未斩草除根。

如果对明帝国中后期的军事制度不了解，就会认为无论是韩雍还是岑瑛，所耗费的钱财只是单纯的军费开支，其实绝不是这样的。

明帝国在军事上的“卫所制”在朱棣后期已经失效，原因很简单：卫所制是朱元璋指望军队能自给自足，不必靠帝国的财政过活。所以，身在卫所制的士兵们大部分时间是在务农，训练时间非常少，再加上卫所长官们对士兵的压迫和剥削，所以卫所士兵逃亡的情况非常严重。有数据表明，很多卫的规定人数是5600人，但实际上真正的士兵不足此数的一半。

1449年，朱祁镇（明英宗）带领从卫所抽调出来的帝国主力四十万人去迎击蒙古兵团，最终在土木堡被全歼，这件事证明了一点：卫所制培养出来的士兵已不能打仗。朱祁镇之后的朱祁钰（景泰帝）在民族英雄、兵部尚书于谦的建议下，改革军事制度，但收效甚微。于是，政府采用了另外一种方式让军队更富有战斗力，那就是雇佣制。各地方组织民兵，一旦有战事，就雇佣他们上战场，当然，政府雇佣他们不是给他们现钱，而是抵消他们本该缴纳的赋税。还有一种雇佣军则是少数民族武装，王阳明在江西剿匪时有人建议使用的广东狼兵就是少数民族武装。先前韩雍剿匪动用的十几万兵力除了卫所提供的少得可怜的兵力外，其他都属于雇佣军，比如河南的精于使用匕首的爬山高手，各地强悍善战的矿兵，善于使用长棍把人当成狗打的山东兵，单兵作战能力强的佛教寺庙的和尚，福建泉州的拳师。很明显，这个成本相当大。

再看王阳明。王阳明所动用的兵力共为一万五千人，这里还有王受和卢苏的几千人。而这一万人是他用来平定田州和思恩的，也就是说，纵然这一万人是雇佣军，他们已经领了工资，而且田州和思恩的战役并没有打响，王阳明是顺水推舟，二次利用，除了必需的军费供应外，王阳明没有费国家一文钱。与韩雍相比，王阳明就是在创造奇迹。

几个月后，当王阳明的报捷书传到北京时，高级官员霍韬用对比的方式对朱厚熜说，王阳明在断藤峡与八寨之战中为朝廷省了数十万的人力、银米。他的前任（姚镆）调三省兵若干万，梧州军门支出军费若干万，又从广东布政司支用银米若干万，战死、得瘟疫而死的官兵若干万，可如此巨大成本的付出换来的却是田州不到两个月的安宁。王阳明的作战成本已低到不可思议的地步，而且把八寨、断藤峡这样的积年鬼树连根拔起，纵然是神仙下凡，恐怕也只能做到这种地步吧。

王阳明在广西没有考虑作战成本的问题，他病怏怏地投入到善后工作中。他希望中央政府能同意他所提出的处置八寨、断藤峡的意见。第一、把广西的一处叫南丹的卫所迁到八寨，震慑当地的刁民；第二、把思恩府城迁到轩豁秀丽、便于贸易的荒田，这是希望当地百姓从闭塞的环境中走出来，不封闭，就不会乱想；第三、调整基层布局，要各地的县长深入乡村。这个办法和朱元璋的政策是抵触的。朱元璋对基层的政策是：乡村可以完全自治，县长和县长的吏员们不许下乡村。他的出发点可能是好的，不允许地方官员骚扰百姓。可问题是，广西这地方的百姓受到的教化不多，朱元璋希望全靠乡村里德高望重的人教化百姓而高度自治显然不适用于广西乡村，所以王阳明认为应该让县长的权威抵达乡村，可以起到监督的作用。

让王阳明死不瞑目的是，他的这三条建议都未被中央政府采纳。实际上，他对广西地方行政管理层面的建议根本没有人关心。王阳明在和广西官员接触了几个月后，发现了一个大问题：这些官员集体素质不高，无论是道德还是行政能力，都难以在广西这个复杂的地方担任要职。他希望中央政府能把各种人才派到广西来，而中央政府对他的提议置若罔闻。王阳明离开广西前，让林富和王大用暂时分别代理军事长官（都指挥司）和行政长官（布政使），可他也知道，这二人是道德有余能力不足。这实在是无可奈何的事，一方面，广西再无可用之才；一方面，他已没有气力再培养人才。他必须离开广西，回浙江，最好能去趟北京，见见他从未谋面的那个神秘的皇上。

追忆祖先

1528年农历九月，王阳明已决心离开广西。一方面，他认为在八寨、断藤峡的善后工作已经做到位了；而最重要的一方面则是，他的生命已近尾声。在他给皇帝朱厚熜的一份辞职信中，他以平静的笔调诉说了他每天要面对的肉体之苦，而我们读来却是异常伤感。从这封辞职信中，我们知道了下面的事。

从浙江余姚启程时，王阳明的肺病就已严重恶化，夜里持续的咳嗽而无法入睡，脸色越来越难看，青黑得犹如鬼魅。以今天的医学角度看，他可能已是肺癌早期，或是中期。除了几乎是与生俱来的肺病之外，王阳明在江西剿匪时又染上了炎毒。炎毒又加重了他的肺病，使剧烈的咳嗽和他形影不离。只有在凉爽季节，他的咳嗽才会好一些，如今来了广西，更是雪上加霜。

王阳明从余姚来广西时，曾带了一位医生。想不到这名医生来广西才一个月，不但没有伺候好王阳明，反而自己先因水土不服而病倒。医生可以拍拍屁股走人，可他王阳明不成。炎毒持续发作，导致他遍体肿痛，咳嗽成了他呼吸的一部分。在从浙江余姚出发前，他的脚因为长了疮而无法走路，后来更吃不下饭，每天只能喝几勺粥，稍多一点就会呕吐腹泻。

王阳明就是用这半条命上岩入洞，穿越瘴气逼人的森林，确定了他在广西的一系列方针。然而，他将用这半条命换来的方针政策送交中央政府后，得到的却是杳无回音。从他招抚王受和卢苏的1528年农历二月开始，他持续不断地向中央政府递交他的方略，可直到本年九月，才得到一个回复：朱厚熜送来了奖状：田州的事做得很好，奖你五十两白银。而对于其他的方略申请，朱厚熜和内阁只字未提。

王阳明在辞职申请中说，他实在没有力量再在广西多待一天，现在的他一直在船上静卧，他希望中央政府能尽快批准他的请求。

让人气愤的是，仍然没有回音。

就在他等待中央政府的意见时，他支撑着病体在弟子们的守护下参观了伏波庙（东汉马援庙）。他年轻时曾在梦中来过广西南宁，并见到了这位平叛英雄的庙，如今亲眼所见，不禁想起自己轻狂的少年。那时，他的血液始终沸腾着，萦绕在心的只有建功立业。他渴望血战沙场，保卫边疆。他仍然钦敬马援，可总有那么点苦涩的味道。自他1516年走向战场后，他已建下了遮天蔽日的功勋，完全实现了“建功立业”的理想，然而他一点都不开心。他发现建功立业远不如他对建功立业的想象带来的快感大，他一方面要对付战场上的敌人，一方面还要对付他所效忠的中央政府的敌人，心力交瘁。用他的话说，如果不是有心学支撑，他早就撒手人寰了。

1528年农历十月的某一天，他到增城（今属广东）祭祀了他的一位祖先，这位祖先叫王纲，曾为朱元璋效力，后来到两广剿匪，死在回去的路上。看到这位祖先的塑像，王阳明第一次有意识地踏进了回忆祖先的河流。

王阳明的祖先可追溯到晋朝名人、孝悌楷模王览。王览和亲爹、亲妈以及同父异母哥哥王祥生活在一起。他的亲妈经常对王祥非打即骂，王览总为哥哥解围。有一次，他的亲妈在酒里投毒，准备谋害王祥。王览事先得知消息，从他哥哥手里抢过酒杯满眼含泪要一饮而尽。他的亲妈惊慌地夺下酒杯，发现了王览的苦衷。从此后，这位母亲奇迹般地变成了慈母。

朝廷知道这件事后，就任命王览为禄大夫（政府名誉顾问），王家成了官宦人家。多年之后，王览的一个曾孙，大名鼎鼎的书法家王羲之的后代把家搬到浙江会稽。又过了好多年，王阳明的二十三世祖王寿把家迁到浙江余姚，直到王阳明为止，王家就始终在余姚繁衍生息。

王家更精彩故事的上演始于王阳明六世祖王纲。王纲生活在元王朝后期，曾得到一个神奇道士传授法术和养生术。当他在幽静山林中修炼时，朱元璋后来的军师刘伯温和他一见如故，相谈恨晚。刘伯温出去辅佐朱元璋时对王纲说，将来我若有了大好前程，必关照你。

想不到几年后，刘伯温真就帮助朱元璋夺取天下，建立大明朝。刘伯温果然说话算话，就把王纲介绍给了朱元璋。王纲当时已70多岁，但看上去却像中年人。朱元璋大为惊异，立即任命他为兵部高级官员。

王纲还未准备好过官瘾，两广地区发生叛乱，他被指定为后勤部长，向叛乱发生地运送军需物资。在一次运送物资的途中，他中了山贼的埋伏一命呜呼，跟随在他身边的儿子王彦达也被活捉。王彦达宁死不降的气节让山贼也很敬服，于是放走了他，王彦达就用一张羊皮把老爹的遗体背回帝国都城南京。不知什么原因，政府没有给王纲半分抚恤金。王彦达一怒之下，又用羊皮把老爹的遗体背回老家，并立下家法：凡我王家子孙绝不许做明帝国的官。

王彦达的儿子王与准谨遵家训，埋头钻研《周易》，很快就成为当地家喻户晓的奇人异士。政府知道后来请他，王与准一面背诵家法一面逃进深山老林，政府就跟踪他也进了深山老林。王与准一咬牙一跺脚，把一条腿摔到石头上，医生确诊为骨折，即使康复后也会是个瘸子。官员要有威仪，不能是残疾人，政府这才放过了他。

王与准的下半生在犹豫中度过，因为他不知道祖宗定的这条家法是否符合天理。临死前，他对儿子王世杰说，你以后想做什么就凭良心，别的都是小事。

王与准之所以说这样的话，是因为王家的经济状况越来越差。王世杰为了家庭生活能有所改善，真的违背祖训参加了科考。可当他进考场前发现每个考生都要被搜身，血管里流淌的高傲血液沸腾起来，他和当年陶渊明面对五斗米俸禄时一样地高傲道："我怎么可以为了做官而让一群俗人在我高贵的身体上摸来摸去。"说完就愤然离开。

王世杰再也没有参加科考，临死前，他对儿子、王阳明的爷爷王天叙说："我的遗产够你受用一辈子的了。"王天叙一本正经地继承了他的遗产：几大箱子王世杰的著作。

王天叙果然受用了一辈子，他就是靠父亲的这些著作把自己锻造成了超凡脱俗的人物。他才华横溢、性情恬淡、与世无争；他思想开放，告诉儿子王华，要想扬名立万，必须走科考这条路；他道德至上，常教导儿子王华要做一个道德完人。王华也正中其下怀，从小就拥有中华传统美德。

有一次王华在河边捡到一袋金子，他就在那里坐等一天。当失主喜极而泣地拿到金子准备给他一点报酬时，王华拒绝说："如果我贪图报酬，你的一袋金子都是我的，何必在这里等你！"另外一则故事说说，王华对不该亲近的女色从不动心。他曾到他富裕的朋友家做客，夜晚，一位妙龄女郎走进他的房间，声称是奉了主人之命伺候他就寝。因为主人不育，而王华已高中状元，是个读书种子，女郎羞答答地对王华说："欲借人间种"。王华请女子离开，他的回答是："恐惊天上神。"

有史料指出，王阳明被下锦衣卫大狱时，刘瑾曾向王华暗示过，如果王华能站到他这一边，他可以考虑对王阳明从宽发落。刘瑾和王华相识，王华中状元后到翰林院工作，后来偶尔被调到东宫给太子朱厚照讲课，刘瑾在那时和王华结下了友谊。好学的刘瑾曾多次向王华请教哲学和历史知识，王华倾囊相授。刘瑾曾说，王华是拥有横溢的才华和无懈可击的道德的好人。然而，当刘瑾暗示王华可以用他的立场来交换儿子的前途时，王华断然拒绝。他说："如果我真的这样做了，即便史书原谅我，我儿子无论如何都不会原谅我。这就是为人的基本准则，每个人都有这样的准则，它没有是非对错的区别，只有适合不适合的分别。"

1528年农历十月，王阳明站在广东增城王纲的庙前，短暂地回顾了他的祖先们，他发现，他和他的祖先没有什么不同，尤其是和他的父亲王华，有一个显著的共同点。那就是：坚持良知，雷打不动，风雨不改。

赏还是罚，这是个问题

如果说人间真有一条亘古不变的人生准则，那肯定就是良知。理论上，人应该把自己的良知当成唯一的人生准则，可现实是，很多人向来都不听从良知的命令，逆天理而行。桂萼就是这样的人。

王阳明的平定报捷书送到中央政府时是1528年农历四月，直到本年农历八月末，朱厚熜和他的大学士们才商定派人去广西奖赏王阳明。拖了这么长时间的原因很简单：杨一清认为对王阳明封赏会给王阳明带去更大的荣耀，荣耀会让王阳明那群上蹿下跳的弟子们重新呼吁王阳明来北京，这是他最不愿意看到的事。而桂萼一直在拖奖赏王阳明的事，是因为他希望王阳明能进攻安南，王阳明不进攻安南，他就有十万个理由让荣誉不要落到王阳明头上。

至于朱厚熜为什么又在1528年农历八月末同意派人去奖赏王阳明，是因为张璁在一旁出了力。张璁帮王阳明说话不是他一时的感情用事，而是政治角逐的结果。

张璁的政治直觉甩出桂萼和杨一清几条街，他当初和桂萼走得那么近，而且心甘情愿把自己和当时籍籍无名的桂萼拴到一根绳上，就是因为他感觉利用桂萼能成大功。他和桂萼联手排挤杨廷和以及杨廷和的代理人费宏，用尽全力，是因为他感觉到从这个方向努力必有回报。再后来，他和桂萼联合举荐杨一清，又联合压制杨一清，都是因为他能预感到事情的成败。当桂萼推荐王阳明去广西时，他悄无声息地和桂萼分道扬镳。因为他预感王阳明不可能遂了桂萼的心去进攻安南，而且，他对战场毫无兴趣。他和桂萼分离后不久马上意识到这是个错误，因为桂萼和杨一清走到了一起。

杨一清和桂萼在对待王阳明态度上出奇一致，使得两人成为战友，在1528年的大半年时间里，张璁能明显感觉到两人的权势蒸蒸日上，他的压力由此而生。

前面我们说过，政治无非是处理各种关系的一种能力，政治没有是非，利害即是非。张璁权衡利弊后，发现如果不寻找新盟友，他的现在和将来会是一片迷雾。但核心领导层中，没有人能与杨一清分庭抗礼，何况又多了个桂萼。

在张璁的准盟友名单上只有两个外人能担当重任，一个是正在北方巡抚的王琼，另外一个就是在广西巡抚的王阳明。

张璁认真地衡量了二人的潜力后，发现王阳明更适合当他的盟友。原因很简单，一直有声音呼唤王阳明来京城做大学士，他只需要推波助澜就可以；另外一个原因是，杨一清和桂萼对王阳明长时间的抑制，王阳明心知肚明。张璁甚至想过，他根本不必去主动争取王阳明，王阳明就会站在他这一边。

1528年农历七月，王阳明递交给中央政府关于如何稳定田州的行政报告，杨一清和桂萼置之不理，张璁便适时地开始他的计划。他和王阳明在中央政府的弟子们谈话，对王阳明表示出浓厚的兴趣，暗示这些弟子上奏折请求恩赏他们的老师。弟子们得到当时炙手可热的大学士张璁的支持，心花怒放，连连上奏折请求对王阳明进行封赏。由于张璁这次计划的隐秘和迅速，杨一清和桂萼被打个措手不及，朱厚熜下令要内阁研讨奖赏王阳明。杨一清和桂萼用尽招数拖了两个月，终于不能再拖。于是，新任吏部尚书、王阳明的弟子方献夫被任命为犒赏王阳明大使前去广西。

人人都以为，这次吏部尚书亲自出马的犒赏实际上就是请王阳明来京，王阳明的弟子们几乎要提前庆祝。但就在1528年农历九月初，王阳明平定断藤峡和八寨的报捷书来到京城，桂萼像是在家徒四壁的屋子里发现了黄金一样，狂呼乱叫起来。

他马上去见朱厚熜，当他出来后，满脸春风，笑得花枝乱颤地对方献夫说："不必去广西了。"

方献夫万分惊愕，问原因。

桂萼说："王阳明违抗命令，私自对断藤峡和八寨采取武装行动，不但不能赏，还要罚。"桂萼以一副权谋家的嘴脸说，"这是擅权，居功自傲，时间一久，必是尾大不掉。"

方献夫惊叫起来，他无论如何都想不到桂萼居然会有这样的想法，这简直是昧着良心在栽赃陷害。方献夫气得浑身发抖，咬牙切齿地稳下情绪来，说："当初要王阳明去广西，皇上已许可王阳明有'便宜行事'的权力，断藤峡和八寨的盗贼，人人得而诛之。王阳明只是做了他该做的事，怎么就要扣上居功自傲的大帽子？！"

桂萼以一副委屈万状的语调说："这又不是我扣的帽子，而且这也不是帽子啊，你老师就有这样的行为，皇上最忌讳的就是这种行为。"

方献夫发现桂萼脸上升起一股无耻的神韵，便冷冷地质问桂萼："那准备怎么惩罚王阳明？”

桂萼恨恨道：“先削了他的爵位再说。”

方献夫终于不能忍住他对桂萼的鄙视，狂笑道：“抚招田、思二州，未动政府一兵一卒；平定断藤峡和八寨，未费财政一文钱。有功如此反而严惩，你们就不怕天下人耻笑？”

桂萼这种人根本不怕天下人耻笑，所以他气定神闲地站着。

方献夫死盯着他的眼：“桂大人，这桩公案，不用说日后，就是今天的史官该如何书写，你这不是给史官出难题吗？！”

桂萼换了一副腔调：“即使不罚，也不能赏。”

方献夫又是大笑：“尔等的目的恐怕就是如此吧！”

桂萼冷漠地看着扬长而去的方献夫，吐出了两个字：“不错。”

对王阳明深表同情的人都会谴责桂萼包括杨一清的行为，但如果让桂萼为自己辩护，他的辩词足以让人心服口服。他举荐王阳明的终极目的是突袭安南，而不是揍几个小盗贼。王阳明没有按他的意愿行事，这让他很下不来台，即使他的想法没有几人知道，他还是认为王阳明蔑视了他的权威。一个权谋家最憎恨的就是：你根本没有资格蔑视我的权威却蔑视了，那你就是我最大的敌人。

如果用王阳明的良知学来解读桂萼，桂萼的良知已被权力和威严这些外在的物质所遮蔽。他明知道那样做对王阳明不公正，却非要去做，这就是知行不能合一，也就是不能致良知。桂萼的人生准则和活在人世的许多人的人生准则一样——唯利是图。

张璁的人生准则不一定是唯利是图，但也绝不是良知。他也明知道王阳明受到了不公正待遇，可当方献夫来找他希望他能站在良知一边时，他转身了。他发现桂萼扣到王阳明头上的那顶帽子非比寻常，想要为王阳明摘掉这顶帽子要远比不管不问容易得多。他对方献夫说：“事已至此，已无办法，还是听天由命吧。”

方献夫这一天来听到的奇谈怪论太多，几乎要精神崩溃，他呆若木鸡，愣愣地看着张璁。张璁没有看他，事情好像已成定局，王阳明等待的不是奖赏而是惩处。

方献夫和他的师弟们当然不能眼睁睁看着老师走向灰暗的前途，他们四方奔走，最终得到了杨一清的同情。杨一清表示：“不赏也不罚。”这并非是杨一清良知光明了，而是他知道王阳明不可能再来京城，痛打落水狗对他毫无意义，可能还会落个骂名，所以他做了个顺水人情。

而正当王阳明的弟子们要感谢他时，王阳明又给这群弟子们出了个难题：他未得到任何命令，擅自离开广西回浙江了。

桂萼兴奋得一跳三丈高，叫嚣道："如果再不惩治王阳明，国法何在？！"

王阳明的弟子们大为懊恼，他们远在京城，恐怕永远都不知道此时王阳明老师面临的境况。王阳明不能不离开，他已清醒地意识到自己将不久于人世。

有一点值得补充，王阳明不能来京，表面上看，杨一清和桂萼是罪魁祸首，实际上他们只是推波助澜，真正的问题在朱厚熜身上。

朱厚熜开始时想要王阳明来京，那是因为他有大麻烦，杨廷和把他压得抬不起头。但他在"大礼议"中胜出后，他很快就摆正了自己的立场：王阳明不能来京。根由是，同行是冤家。

朱厚熜是个自以为是的半吊子儒家知识分子，他年轻时曾受过儒家专业教育，做了皇帝后喜欢经常推出自己的思想，当然，他的思想还是在朱熹理学中打转转。在身边一群擅长阿谀奉承的人全力吹捧下，朱厚熜断定自己哲学的造诣已深厚到难以想象的境界。

1526年，朱厚熜用他有限的智慧写下了哲学文章《敬一箴》，被翰林院的那群腐儒吹捧为"帝王传心之要法，致治之要道"的人间天书。朱厚熜马上扬扬得意地让工部建敬一亭，并命令翰林院摹刻于北京和南京的各个学院以及地方学院的校门前。两年后，当王阳明在广西等待他的召唤时，敬一亭建成了，群臣争相祝贺，朱厚熜沾沾自喜却还是装出少有的谦虚说："我也只是学有粗得，但这却是我自己所悟的哲学，非比寻常。"

实际上，他的所悟是照着朱熹画瓢。他既然画瓢，当然绝不能容忍别人居然能制造瓢。王阳明的心学就是王阳明自己制造出来的瓢，朱厚熜对王阳明显然有羡慕嫉妒恨的情结。他不但嫉妒王阳明，而且嫉妒所有和自己的哲学有抵触的学说。1529年农历三月，有臣子献上《大学中庸疑》，朱厚熜暴跳如雷，说："朱老夫子的东西你都敢疑，给我烧了。"

有这样的皇帝，自得之学的王阳明心学显然不会受到礼遇，连带着王阳明也就不会受到朱厚熜的青睐。

这是王阳明的不幸，也是整个中国文化的不幸。

此心光明，亦复何言

王阳明大概是1528年农历十月末离开广西的，一路走得异常缓慢。有两个原因：其一，他的身体状况实在不能适应远途劳顿；其二，他还是抱着一丝希望，他希望能等到皇帝的关心和许可他退休的命令。遗憾的是，当他已进入江西地界时，还是什么都没有来。

在王阳明人生最后也是最宝贵的时光里，他仍不忘谆谆告诫弟子们要好好“致良知”。他强撑着病体给他的弟子聂文蔚写信，申明“事上磨炼”的真谛。他说：“人做学问，一生也只是为了一件事。自小到老，从早到晚，不管有事无事，也只是做这一件事，这件事就是致良知。所谓‘事上练’也不过就是‘致良知’，但这里有个诀窍，要勿忘勿助，不要忘记你时刻要致良知，但也不要拔苗助长。致良知是个循序渐进的生命过程，要一步一步来。伟大的都城北京不是一天建成的。我们必须要遵循下面的原则：事情来的时候，尽我的良知应付。没有事情来的时候，也不要去找事，只要在心上时刻想着致良知就对了。”这就是古典儒家所谓的“必有事焉”，在你心上，一定会不停地有事，而这个事就是光明你的良知。事上磨炼，并不一定非要没事找事，当你静坐并光明你的良知时，这也是事上磨炼。

他又给他在浙江老家的弟子们写信，信中总是在追问弟子们的学业是否有进展，同时谈到了他的病。弟子回信说很担心他。他苦笑了一下，当他到达江西梅岭时，世间所有的一切都变得模糊起来。王阳明意识到这不是好现象，他对一直从广西跟随过来的弟子王大用说：“你知道诸葛亮托付姜维的故事吗？”

王大用马上哽咽起来，他不敢去看王老师那张已变成青紫色的脸，拼命地点了点头。王阳明咳嗽了一会儿，似乎是用了浑身的力气吸了一口气说：“两广地区稳定性差，想要真的太平无事，必须要以良知对待本地居民，将心比心，否则还会大乱。”

王大用明白，王阳明用诸葛亮临死前托付姜维的故事是明示他：两广将来就靠你了。可王大用没有姜维的能力，几年后，广西再度爆发民变，王阳明那时已在天上，只有叹息的份了。

王大用此时此刻想的只有一点：“老师快不行了。”他向王阳明告辞，去找木匠加班加点地打造棺材。

1528年农历十一月二十五，王阳明乘船抵达南安。岸上已有多名弟子在等候他，但他没有上岸。并非他不想上岸，他现在最想做的事就是舍筏登岸和弟子们探讨心学。可惜，他几乎已到了寸步难移的地步，只能萎靡不振地躺在船中。他的弟子、南安地方官周积和张思聪被叫到船上，两人一见王老师的模样，鼻子一酸，流下泪水。

王阳明缓缓地摇头，说："不要这样，你们近来的学业如何？"

周积擦了擦眼泪，简单地说了说自己在工作中如何致良知，王阳明微合双眼，听了一会儿就缓缓地点头。

张思聪已不知该说什么，憋了半天，才声音打战地问："老师身体还好吧？"

王阳明挤出笑容来，正要回答，一阵剧烈的咳嗽袭来。周积和张思聪急忙上前，一个轻拍他的背，一个则安抚他的胸口。王阳明好不容易才停了下来，用尽全身力气说道："所以还没有离开你们，只是一口元气在。"

周积像个孩子一样哭出声来，王阳明握住他的手劝慰他说："不必难过，要时刻注意学问的增长。"

说完这句话，王阳明就闭上了眼睛，呼吸悠长。人们小心翼翼地划桨，桨拍到水上无声无息。船好像自己在前进，拖着旖旎的水光静静地驶向天堂。

直到此时，王阳明才第一次有时间追忆他的人生。他的这一生应该是无怨无悔的，年轻时他曾纵容自己的性格去做那些被别人所讥笑的事，他在精神上的艳遇让他早年的内心世界放荡不羁。一个人如果在年轻时代不释放自己最本真的性格，他这一生将是不完美的。因为人到中年，就必须负起社会所赋予他的责任。这个时候，就需要内敛，有时候应该委曲求全，有时候应该忍辱负重。无论是年轻时的浮夸还是中年以后的老成，王阳明都做得很好，因为他在凭良知做事。

他创造了很多人都不可能创造的人生成绩，散发了很多人都不可能散发的光辉，他的人生价值得到了最极限的体现。完美的人生，就应该是这样：尽可能在良知的指引下创造引以为傲的人生价值。

1528年农历十一月二十八夜，王阳明从一个美得出奇的梦中醒来，他问弟子："到哪里了？"

弟子回答："青龙铺（今大余县青龙镇赤江村）。"

王阳明又问："船好像停了？"

弟子回答："在章江河畔。"

王阳明笑了一下："到南康还有多远？"

弟子回答："还有一大段距离。"

王阳明又是一笑："恐怕来不及了。"

他让人帮他更换了衣冠，倚着一个侍从坐正了，就那样坐了一夜。第二天凌晨，他叫人把周积叫进来。周积匆忙地跑了进来，王阳明已倒了下去，很久才睁开眼，看向周积，说："我走了。"

周积无声地下泪，问："老师有何遗言？"船里静得只有王阳明"嗞嗞"的呼吸声。

王阳明用他在人生中最后的一点力气向周积展现了一个微笑，说："此心光明，亦复何言？"

他的眼睛开始迷离，慢慢地闭上，呼吸停止，船不易察觉地晃了一下。王阳明离开人世，时间是农历十一月二十九日辰时（即阳历1529年1月9日，早上七点至九点）。

王阳明被装入棺材，一路向浙江。他的肉体和精神在南康、赣州、南昌受到史无前例的缅怀。他的弟子们和崇拜者哭声震天，让整个南中国山摇地动。这是人们对一个慈悲人物和神奇人物最具敬意的膜拜，在整个明代乃至中国历史上，能与他分庭抗礼的人几乎没有。

普通百姓为他哭泣，是因为他为百姓做了好事；弟子们哭他，是因为他的人格魅力和心学思想已深入他们的骨髓。他们哭王阳明，其实就是在致良知。

只有那些良知被遮蔽的人才不会哭，杨一清和桂萼，包括那个已开始服用道家丹药的皇帝朱厚熜。1529年农历二月，王阳明去世的消息传到北京，桂萼突然产生一种失落感，这可能是他人性中光芒的一闪，但稍纵即逝。他恢复了权谋家的本色，向朱厚熜提出要严厉惩治王阳明，理由是，王阳明开小差。杨一清得到王阳明去世的消息后，如释重负地笑了。他对人说，即使王阳明在世，我也要把他的心学扫进垃圾堆。

伴随王阳明去世而来的是他弟子在北京政府大批被驱逐，黄绾、陆澄等人都被请出了中央政府到南京去坐冷板凳。他们沉浸在老师离世的忧伤中，而且也没有了为老师说话的权力。于是，迟到的也是注定的对王阳明的处分来了：削夺新建伯爵位。

用桂萼恬不知耻的话来说："这已是皇恩浩荡了。"

王阳明如果在天有灵，绝不会对这样的惩罚动心。因为他受不公正待遇已经习惯了，他的后半生一直就在不公正待遇的泥潭中遨游。他只对人类的不能致良知而动心，但这又是他所不能操心的了。

1529年农历十一月十一，王阳明被葬于浙江绍兴兰亭洪溪（浙江绍兴市兰亭乡花街村）。

王阳明离开人间的整四十年后的1568年，明帝国第十二位皇帝朱载垕（hòu，明穆宗）追封王阳明为新建侯，谥文成。从伯到侯是个提升，但恐怕在天上的王阳明仍然不会动心。即使他是喜欢追逐名利的人，迟来的封赏也会让人的兴奋大打折扣。

尤为重要的是：一个此心光明的人最希望得到的奖励就是良知给予的奖赏，其他，亦复何言！

外二篇

外篇之一

心学对我们有什么用——强大内心的终极武器

我是自己的上帝

众所周知，王阳明心学是人类历史上少有的简易明快的哲学之一。无论是它的思想，还是表达思想的语句都让人一目了然。王阳明心学又是一门实用的哲学，它告诉了我们极易被我们忽略的真理，同时也为我们每个人规划出了一张完美的、直观的人生路线图。王阳明心学对我们有什么用，答案已不言自明。

它首先告诉我们的是这样一个极易被我们忽略的真理："人人平等。"

有一天，那个个性极强的王艮出游归来，王阳明问他："都见到了什么？"

王艮以一副异常惊讶的声调说："我看到满街都是圣人。"

我们应该注意，王艮这句话别有深意。王艮来拜王阳明为师前就是狂傲不羁的人，拜王阳明为师后，也未改变"傲"的气质，王阳明多次说："人人都可以成为圣人。"王艮不相信。他始终认为圣人是遥不可及的，所以他说的"我看到满街都是圣人"这句话，是在讥笑王阳明的言论："你瞧，那些在大街上的凡夫俗子都是圣人，我怎么就不相信，天下会有这样多圣人啊。"

王阳明大概是猜透了王艮的心意，于是就借力打力："你看到满大街都是圣人，满大街的人看你也是圣人。"

王艮尴尬地一笑："都是圣人。"

王阳明点头说："对！人人都是圣人，谁也不比任何人差。"

他的另外一名弟子叫董萝石的也出游归来，同样兴奋地对王阳明说："今日见一怪事。”

王阳明问：“什么事？”

董萝石兴奋地说：“见满大街都是圣人。”董萝石和王艮不同，他是真的悟透了王阳明“人皆可成圣”的思想，所以王阳明只是淡淡地回道：“这算什么怪事，常事罢了。”

无论是对不怀好意的王艮，还是发自肺腑的董萝石，王阳明的训导只有一条：人人确实都是圣人。

那么王阳明凭什么说“人人都是圣人”呢？

在他的文章《书魏师孟卷·乙酉》中，他给出了答案。魏师孟是王阳明弟子魏良辅的弟弟魏良贵，他的几个哥哥都拜到王阳明门下，学习心学，对于王阳明“人人都是圣人”的论点，他觉得不可思议。1525年，他来请教王阳明：您说人人都可以成为尧舜那样的人，可尧舜是如此伟大，凡夫俗子怎么可能成为他们那样的圣人呢？

王阳明解释说：每个人心中都有个良知，良知能知是非善恶，“是非”属于智慧，“善恶”属于道德，圣人也不过是既有智慧又有无懈可击道德的凡人，而你一出生就具备这两种素质，所以你就是个潜在的圣人。只要你按良知的指引去思考做事（**致良知**），那就是圣人了。自然而然致良知的，是圣人；勉强自己而致良知的，是贤人；不肯去致良知的说明他的良知被遮蔽了，那就是愚人。虽然愚人的良知被遮蔽了，但他的良知却仍然存在。如果能致良知，那和圣贤就没有区别。也就是说，圣愚的良知是一样的，只要肯“致”，那就是“人人皆可为尧舜”。

在《传习录》中，王阳明重点指出，良知在人，永远不可能消失，即使是盗贼，你喊他贼，他也不爱听，这就是良知永远存在的体现。那些不肯致良知的人，只是良知被物欲所遮蔽，并不是说他没有良知了。正如乌云遮蔽了太阳，你能说太阳消失了吗？

关于“盗贼也有良知”这个论点，王阳明并非信口开河，而是有事实依据的。据说他在庐陵担任县令时，抓到了一个罪恶滔天的大盗。这个大盗冥顽不灵，面对各种讯问强烈顽抗。王阳明亲自审问他，他一副死猪不怕开水烫的架势说：“要杀要剐随便，就别废话了！”王阳明于是说：“那好，今天就不审了。不过，天气太热，你还是把外衣脱了，我们随便聊聊。”大盗说：“脱就脱！”过了一会儿，王阳明又说：“天气实在是热，不如把内衣也脱了吧！”大盗仍然是不以为然的样子：“光着膀子也是经常的事，没什么大不了的。”又过了一会儿，王阳明又说：“膀子都光了，不如把内裤也脱了，一丝不挂岂不更自在？”大盗这回一点都不“豪爽”了，慌忙摆手说：“不方便，不方便！”王阳明说：“有何不方便？你死都不怕，还在乎一条内裤吗？看来你还是有廉耻之心的，是有良知的，你并非一无是处呀！”

这就是良知中的羞耻心，连无恶不作的大盗都有，何况普通人！

为什么王阳明要不厌其烦和矢志不移地倡导“人人都是圣人”的观点，他到底想告诉我们一个什么样的真理呢？

这个真理其实就是人人平等。王阳明是想告诉我们，良知可致圣贤，无所不能。所以人人都是平等的，任何人都没有资格充当别人的上帝，任何人也就不可能有资格控制别人。在这个世界上，只有一个人才有权力控制和支配你，那就是你自己；只有一个人能主导你的人生，那也只能是你自己。

“人人平等”思想的背后其实就是主张人的“自尊”。王阳明心学在某种意义上而言，有“骄傲”的成分，既然我有能知是非善恶的良知，既然我是圣人，那我就是自信的，我就是独尊的。

有弟子问王阳明：“老师您说过，人心与物同体，我不太明白。固然，我的身体里血气畅通，所以能称同体。可我和别人，那就是异体了，至于您说的与禽兽草木同体，简直就是儿戏啊。”

王阳明回答：“岂止禽兽草木，就是天地也是与我同体的，岂止是天地，如果世界上有鬼神，那鬼神也是与我同体的。”

这名弟子大惑不解。

王阳明问他：“你看看在天地之间，什么东西是天地的心？”

弟子回答：“圣人说，人是天地的心。”

王阳明又问：“人又把什么东西称为心？”

弟子回答：“恐怕是那个良知吧。”

王阳明见已把弟子带进了门里，就满意地笑了笑，解释说：“这就很明白了，充盈天地之间的，唯有这个良知。人只是具有形体，从而把自己与其他一切都隔离开了。我的良知就是天地鬼神的主宰。”

他的弟子急忙打断他：“等等，老师，您说人能主宰天地鬼神？”

王阳明很吃惊的反问：“难道不是吗？”

弟子也吃惊：“怎么可能啊。”

王阳明说：“那我问你，天高不高？”

“高！”

“地厚不厚？”

“厚！”

“你是怎么知道天高地厚的？”

弟子回答：“天高是我看到的，地厚是我感觉到的。”

王阳明追问：“你是用什么感觉到的？”

“当然是用良知啊。”

王阳明更为满意了：“好。天如果没有我的良知，谁去看它的高？地如果没有我的良知，谁去感觉它的厚？天高地厚，只是因为你用良知去看它感觉它了。我们可以继续发挥，鬼神如果没有我的良知，谁去分辨它的吉凶福祸？即使是石头，如果没有我的良知，谁去感觉它的坚硬？如果这一切离开了我的良知，你认为它们还存在吗？”

弟子正在琢磨，他总感觉哪里不对劲。王阳明已接着说了下去：“但是我的良知如果离开了天地鬼神万物，也就是说，我的良知不工作了，那么，良知也就不存在了。”

弟子琢磨出了哪里不对劲，他以高尚的唯物主义的身份质问：“天地鬼神万物是客观存在的，为何认为没有我的良知它们就不存在了？”

王阳明：“你去问问那些死人，他们的天地鬼神万物何在？”

实际上这段话和唯心唯物思想没有一毛钱关系，它是王阳明强烈主张人“自尊”的终极演绎。我们每个人都应该成为天地鬼神万物的主宰，而不应该成为他们的奴隶，这种情况是终我们一生的。

如果世界上真有上帝，那上帝就在我们心中，就是我们自己。我们不必求神拜佛，因为我们本身就是神佛。

所以，在我们的人生中，我们不要做任何人和事物的奴隶，只俯首于自己那颗拥有良知的心，就可以了。

只俯首于自己的心

只俯首于自己的心，实际上是要求人们要蔑视权威、追求自由，崇尚独立人格，这是王阳明要告诉我们的第二大人生真理。

王阳明说，一切真理都在我心中，所以不需外求。既然所有的真理都在我心中，那外在的说教，无论它有多么权威，只要和我心中的真理不相符，就是错的。程颐曾说，“天理”这两个字可是他自己揣摩出来的，王阳明也说，“良知”二字也是他自己揣摩出来的。这两位超级思想家这样说并非炫耀，而是想告诉人们，无论是学问还是人生的道理，都要“自得于心”。只有“自得于心”的才是最适合你的，对你而言，也是最有用的。

在和他最得意的弟子徐爱谈话时，王阳明举例子说：“孔子有两个高徒，子夏和曾子，前者笃信圣人经典，后者读完圣人经典后，反躬自省。假设圣人说的全是对的，那子夏只是个复读机，而曾子则是榨汁机。被人像喂鸭子一样灌输的正确学问远不如自己从内心深处感悟出来的学问真切。”

所以王阳明说，“至圣先师”孔子说的话，如果它不能和我的心相符，那就是错的，就不是真理；而贩夫走卒说的话，如果它能和我的心符合，那就是对的，就是真理。所以说，一切真理都在我心中，我们只需俯首于自己的心，因为世界上唯一的权威只在我心中。

于是，“自得于心”肯定会蔑视权威。我们都知道，权威普遍存在于人类政治、经济、文化、思想的各个领域，它们是大人物为了控制普通人的行为和思想而苦心孤诣构想出来的。既然是出于“控制”的目的，显然就违反了王阳明“我是自己上帝”的思想，而王阳明对权威发起挑战的目的只是为了让人获得更多的自由，诸如生存的自由、言论的自由，做一个独立自主的人。

要成为一个独立自主的人，最根本的就是不要做自己的心的奴隶。让你的心不要迷信权威，不要人云亦云，吠声吠影，更不要违背自己的良知，逆来顺受，甘心做“权威”的牺牲品。当然，王阳明所谓的独立自主的人，是建立在良知的基础上，不是要你胡作非为。所以当我的良知认为我受到了不公正待遇时，就要勇于抗争。

孔夫子曾说：“真可以称之为人的（志士仁人），向来是杀身以成仁，从来不求生以害仁。”王阳明的一位弟子问王阳明，这话该如何理解？

王阳明叹息道：“志士仁人何其少啊。为什么会这样少，就是因为世人将性命看得太重，所以遇到不公正待遇时，良知明明告诉他不要忍受，他却非委屈地以求保全性命，这就是丧失了天理的表现。一个人如果忍心伤害天理，还有什么事干不出来？如果违背了天理，那就和禽兽无异了。即便在世上苟且偷生成百上千年，也不过做了成百上千年的禽兽。”他举出两个没有伤害天理的人来：“比干、龙逢，只因他们看得清楚，因此，他们能成就他们的仁。”

比干是商纣王的大臣，因规劝商纣王改邪归正而被挖心，关龙逢则是夏桀的大臣，因让夏桀注意到了自己暴虐的政治而被炮烙，两人都是儒家阵营中被交口称赞的圣人。王阳明说两人遇到“不公”时会奋起反抗，杀身成仁。当然，这种“不公”是宽泛的，圣人以百姓心为心，商纣和夏桀对百姓不好，所以他们为百姓争取权益就是在反抗不公。

王阳明的这段话其实是想告诉我们，人活在世上遇到不公正待遇时如果不争，就是伤天害理。这话乍一听简直莫名其妙，我当鸵鸟和乌龟是我自己的事，怎么就伤天害理了呢？

其实，读懂王阳明心学就能明白这个逻辑。王阳明说，因为我有可以分清是非善恶的良知，所以天理就在我心中。而当我遇到不公时，良知是知道的。良知是个直性子，对于不公，它给出的答案就是：马上反抗。可很多人却违背了良知的指引，做了缩头乌龟。他本人违背良知时他是知道的，因为他受到不公正待遇未反抗时心里会很难受，心里受到了伤害。由于“心即理”，心里受到伤害，天理也就受到了伤害，所以说，你没有按良知的指引去做事，就是没有致良知，没有致良知，就是伤害了天理。

中国人经常说，一忍百忍，百忍成金。问题是，这句话不是规律，而只是某些人信口开河的格言而已。勾践忍辱负重甚至吃屎而咸鱼翻身，毕竟是少数，而且忍耐过后心理扭曲，成了一个良知被蒙蔽的人。如果人人都在面对不公时采取忍受的态度，那后果可想而知。

王阳明无非是想告诉我们，你对不公正的忍让和你杀人放火本质上没有不同，都是在伤天害理。一个拥有良知的人应该是在遇到压迫时，即使前面是刀山火海，即使屠刀架脖，即使不能成功，也要奋勇向前。这是为你的道、你的信仰、你的责任和你的良知必须付出的牺牲，这就是“杀身以成仁”和“无求生以害仁”。

由于天地万物和我是一体的，所以当我们在替自己抗争时，同时也是在为别人抗争，而有时候为别人抗争时，其实就是在为自己抗争。波士顿犹太人屠杀纪念碑上有这一段话，一针见血地说明了不能致良知的恶果：“他们来抓犹太人，我没有说话，因为我不是犹太人；他们接着来抓工会会员，我没有说话，因为我不是工会会员；他们再来抓天主教徒，我没有说话，因为我是新教教徒；他们最后来抓我，这时已经没有人替我说话了。”

王阳明说人反抗不公就是致良知，这里还有个成本核算的问题。当我们遇到不公正未反抗时，我们的心灵就会受到煎熬，实际上这是良知给你的惩罚，因为你没有听它的命令。这种代价是高昂的，远比你听从良知的命令去做出自己的选择要高得多。所以，权衡之后，你应该选择后一种，而不应该选择做乌龟。

这就是王阳明告诉我们的真理：人人平等，自己是自己的上帝，要做一个独立自主、勇于反抗的致良知的人。

去心中贼之私情

王阳明曾说，破山中贼易，破心中贼难。我们心中的贼有很多，不过不出七情六欲（**七种情感：喜、怒、哀、惧、爱、恶、欲；六种欲望：色、声、香、味、触、法**）。在心学家们看来，王阳明心学的目标就是祛除心中贼的学说，所以虽然难，但王阳明还是给出了很多心法。

在七情中，我们最容易犯的就是哀伤忧愁。因为人生在世，不如意事十之八九。面对不如意时，很少有人能保持平衡的心态。《传习录》中记载了这样一件事，是王阳明为哀伤忧愁开出的药方。

王阳明的弟子陆澄有一天收到一封家信，信上说，他的儿子病危。由于鞭长莫及，所以陆澄很哀愁。

王阳明发现了这一情况，问明原因后，问陆澄："你这样忧愁，对你儿子的病有什么帮助吗？"

陆澄惨然一笑："当然没有帮助。"

王阳明于是说："那你应该快乐一点。"

陆澄几乎要跳起来，儿子病危，不哭也就罢了，居然还叫我快乐，这不是狼心狗肺吗？

王阳明看出了陆澄的心理，说："我经常要你们在事上练心，这正是个好机会，你如果错过这样的机会，平时把心学思想说得头头是道只能算穷嚼烂谷子！"

陆澄愕然，问："那我此时该如何练心？"

王阳明就讲解道："父亲爱儿子，这是良知的意思，良知认为对的就是天理。不过，'天理'之所以称为'天理'就是因为它有个中和处，一旦过了就是私心，就不符合天理了。"

陆澄说："我的良知就是要求我现在应该哀伤啊，我觉得我没有'过'。"

王阳明笑笑："你和很多人的认识是一样的，以为面对不幸时就应该忧愁哀伤，而且还认为这就是良知的意思。可你不知道，此时你的良知已被你过分的情感所遮蔽，没有完全展现，所以它的意思可能是错的。一般而言，人们在七种情感中表露‘过’的多，‘不及’的少。我刚才要你快乐，这不是真话，如果你真的快乐，那就是‘不及’，同样不符合‘天理’，可你太‘过’就更不好了。不过，人人都这样，父母去世，做儿女的都哭得死去活来，口吐鲜血。但《孝经》上说：‘不能过分悲伤而失去本性’，‘本性’就是天理。”

陆澄恍然：“其实只是要掌握个度。”

王阳明点头。

陆澄问：“这个度该如何掌握呢？”

王阳明想了一下，然后说：“理论上我已经解释得很清楚，这个需要你自己去感悟。有一个掌握度的方法是这样的，哀伤忧愁是心理的病痛，如果它不能影响到你的健康，那就是掌握了度。人不能因为哀伤忧愁而病倒。当然，每个人的承受能力不同，所以这个度的把握也不同。”

陆澄懊恼道：“人为什么要有七情啊，做个无情的人该多好，就不必因遇到不幸的事而哀伤忧愁了。”

王阳明正色道：“话可不是这样说。那群朱熹门徒就是你这种心态，希望能把七情从我们的心灵中驱赶出去。可是，七情是人心与生俱来的，所以它的存在就是合理的。只是你应该用你的良知来清醒地认识它们，不要被它们控制。如果良知是太阳，那么七情就是浮云。太阳是移动的，不可能总停留在一处，无论何处，只要有一线光明，就全是阳光所在。天空即使布满乌云，可你还是能看得清，这就是良知的妙用。而这妙用无非是掌握一个度罢了。按你所说的，因为云能遮日，就要抹去天生的浮云了么？”

陆澄沉默。

王阳明接着说，其实在伤痛的情绪上掌握好一个度，无非是要你在这上面不要太认真，用书面语来讲就是“不执”。有些事必须认真，而有些事绝对不能认真，哭完了就拉倒，不要时刻都把哀伤、忧愁放在心上。你要是真这样做了，那就是太认真了。认真就会“过”，就不符合天理。

除了那些有事没事就喜欢寻愁觅恨的矫情之人外，绝大多数人的悲伤都有显而易见的理由：有人生计无着会忧愁，有人被恋人甩了会哀伤，有人损失了一大笔钱会难过，有人则因为失去亲人而伤心。但这些哀愁必须要有个度，生计无着而忧愁可以，可你不能一直忧愁下去，要去奋斗；失恋了哀伤也可以，可你不能每天都萎靡不振，这是作践自己；失去亲人当然要伤心，可死者已矣，你的心不要随死者而去。

王阳明说，七情只是浮云不是太阳，谁如果在浮云上较真，不但傻而且还伤天害理。

人在情感上的措置最傻的还不是过度忧愁哀伤，而是愤怒。

有人可以不哀伤过度，但从来没有人不会愤怒。它在人类的七种情感中排在第二位，说明了它地位的举足轻重（婴儿三个月时就懂得愤怒），我们会因为别人的挑衅而愤怒，会因为对某些事物不满而愤怒，会因为愿望不能达成而愤怒，会因为行动受挫而愤怒。总而言之，这个世界上一切事物都能引起我们的愤怒。

有一种论调说，愤怒，就是拿别人的错误来惩罚自己。这种惩罚是相当残酷的。生物学家曾通过实验得出这样的结论：一个人生气十分钟所耗费的精力不亚于进行了一次3000米长跑，而且人在愤怒时的生理反应非常剧烈，同时会分泌出许多有毒性的物质，这些毒素甚至可以毒死一只小白鼠。也就是说，愤怒和慢性自杀只是名称不同而已。

王阳明认为，愤怒在我们心中不可能没有，但却是我们最不应该有的。因为“一个人在忿怒时，就会感情用事，有时会怒得过分，就失去了心的本体。因此，有所忿怒，心必然不会中正”。

既然愤怒是我们心中固有的，当我们愤怒时该如何不失去心的本体呢？

王阳明的理论是：“只要顺其自然，不过分在意。”他举了这样一个例子，“出门看见有人打架，对于错误的一方，我心中当然很愤怒。不过虽然愤怒，因为这事和我无关，所以我不会怒火攻心。如果你对别人有怒气时，你可以这样想，这件事和我无关，虽然我生气，但不会因怒火丧失理智。”

这种方法乍一看上去大有阿Q的神韵，其实不是这样。王阳明提倡的这种消除愤怒的方法不是逃避，而是规避，把当事人巧妙地变成旁观者。不过很多人无法知行合一：虽然明白这一点，却无法做到。毕竟我们和别人起冲突时，为了面子、利益难免要愤怒，很多人不可能放弃面子和利益而抽身退开变成旁观者。

可如果你认真思考后就会看清王阳明对待愤怒的理论源泉：我们愤怒的原因往往是因为别人挑战了我们外在的一些东西，诸如身份、地位、名利、面子。这些外在的东西在王阳明心学中是不值一提的，王阳明真正关注的是内心的良知，每个人只有在面对良知时才是当事人，面对其他一切外物时，就是个旁观者。

愤怒来袭时，我们可以是旁观者，那么，恐惧呢？

人人都会恐惧，人类最基本的恐惧就是怕鬼。

还是那位曾因儿子病危陷入忧愁中的陆澄问王阳明："有人晚上怕鬼，如何是好？"

王阳明回答："这种人，平时不肯行善积德，内心有所欠缺，所以害怕。若平时依良知做事不违神灵，坦荡光明，又有什么可怕的？"

旁边一个叫马子莘的弟子摇头道："您说的那些是正直的鬼，谁做了坏事，它们自然会去找当事人。可世界上有种可恶的鬼，不分青红皂白，找到谁算谁，这种鬼，肯定要怕的。"

王阳明坚定地说："我从未听邪恶的鬼能被致良知的人撞上。如果真有人怕这种鬼，那就是心邪，还是没有完全致良知。"

两个弟子都无话可说，因为王阳明这种回答，实在让人无可反驳。正如你虔诚信佛，可总遇到倒霉事，你问佛祖，佛祖说："你呀，还是信得不坚定。"

致良知"致"到什么程度才算是"完全"，本来就没有标尺。

不过王阳明下面的话却说明了人恐惧的根源："比如你好色，就会撞到色鬼；你贪财，就会撞到财鬼；你总发怒，就会撞到怒鬼；你不能发挥良知的力量而总处于恐惧之中，那就会撞到惧鬼。"

也就是说，我们怕的鬼不在外而在内，是我们的心养出来的鬼。我们怕的是"鬼"这个概念，而不是鬼本身。同样，我们恐惧，也是如此。恐惧不是真实的，它只是对未来的一种自我暗示，是我们心灵的产物。虽然危险是真实存在的，但恐惧与否是你的选择。面对危机时，你可以选择恐惧，也可以不选择，这是你的自由。

遗憾的是，很多人都不曾拥有这种自由。原因正如王阳明所说，你经常去追寻外在的声色货利，这些声色货利占据了你的头脑，遮蔽了你的良知，当它们一旦出现异常情况时，你就会做贼心虚，马上恐惧起来。归根结底，我们之所以没有选择是否恐惧的自由，就是因为我们不能时刻致良知的缘故。

通过违背良知而得到的名利权势，会时刻牵引着你的心，你总会担心失去它们，恐惧自然而然就产生了。人必须在良知的指引下去争取你应得的东西，才有可能拥有选择是否恐惧的自由。这就是王阳明心学告诉我们的破除心中贼的一个道理。

去心中贼之私欲

什么是私欲，过了的基本欲望就是私欲。或者说，良知认为错的欲望就是私欲。人不可能没有欲望，一个人如果没有欲望，那和僵尸差不多。问题是，我们的欲望应该控制在一个合适的度内，而不能让它像野草一样野蛮生长。

先来看人们最容易也是最严重的“私欲”——好名（爱慕虚名）。

人人都喜欢追逐虚名，这是“表现欲”的极端。王阳明有个叫孟源的弟子就有这种毛病，王阳明曾多次让他改正，他也总是说会改，可一旦有机会表现，他总是奋不顾身地抓住。

有一天，王阳明刚教训完他，有个弟子谈起了近来学习心学的心得，说还有不明处。孟源把身子向后一仰，大笑道：“你这毛病可是我当年犯过的，哈哈。”

王阳明看了他一眼，语气冰冷：“你坐正了吧！”

孟源发现自己的确坐没坐相，赶紧坐正了。王阳明说：“你的老毛病又犯了。”孟源很无辜的样子，要争辩。王阳明马上止住他，开导道：“好表现的人必是自以为是的人，这是你人生中最大的缺点。我给你打个比方吧。在一块一丈见方的地里种一棵大树，雨露的滋润，土地的肥沃，只能对这棵树的根供给营养。若在树的周围栽种一些优良的谷物，可上有树叶遮住阳光，下被树根盘结，缺乏营养，它又怎能生长成熟？所以只有砍掉这棵树，连须根也不留，才能种植优良谷物。否则，任你如何耕耘栽培，也只是滋养大树的根。”

那棵大树就是“好名”之病，一旦有了这棵大树，其他一切优良谷物（品德和能力）都无法生长。原因很简单：一个“好名”的人，非常喜欢和人争辩，而且他一定认为自己是正确的，对方是错的。当他确认这一点时，那么他就把自己看成是君子，对方是小人。于是，所有和他意见不同的人都成了小人，自然，那些意见，他也就不会入耳了。没有任何意见可以进来，良知就会被这种妄自尊大遮蔽，后果可想而知。

人为什么会有表现欲？就是为了贪图虚名，而贪图虚名的最终目的是获得利。这就是为什么老祖宗把“名利”放在一起谈的缘由。人贪图名利，眼睛直盯着名利，必然会做出违背良知的事。所以王阳明说：“人生在世，最大的弊病就是好名。”

他的弟子薛侃接口说：“是啊，闻誉而喜，闻毁忧郁，就是好名的毛病在发作。但是该怎么治疗这种病呢？”

王阳明给出了方法：“名与实相对。务实的心重一分，求名的心就轻一分。若全是务实的心，就没有一丝求名的心。如果务实的心犹如饥而求食，渴而求饮，还哪里有时间和精力好名？”他接着说道，“过度追求‘名’就会把‘实’忽视，名和实不相符，活着的时候还可以弥补，如果死了那就真来不及了。”

“好名”还有一种表现，那就是把抱怨和指责别人当成是一种生活。王阳明有位弟子就是这样的人。王阳明和他谈话，认为必须改掉这种毛病：“真正的修行之道应该经常反省自己。如果一味地去指责别人，就只会看到别人的错误，而对自己的缺点视而不见。如果能返身自省，才能看到自己有许多不足之处，当你看到自己有那么多缺点时，你还有时间去指责别人吗？”

这位弟子听了这番话，露出惭愧的样子来。王阳明知道他虽然有认识，可未必能实践，所以又叮嘱道：“你今后只要不去议论别人的是非，在要责备别人的时候，把它当作自己的一大私欲加以克制才行。”

批评、指责、抱怨，都是我们疯狂生长的表达欲和表现欲在联合作怪。没有人想过这样一个问题：当我们批评、指责、抱怨他人时，就会把自己的缺点和成见掩盖起来，我们如同在玻璃后面辨认犯罪嫌疑人，只看到别人的罪过，却看不到自己。

况且，抱怨和毫无理性地批评、指责别人，是毫无效果的。现代心理学家指出，当一个人遭受批评时，心跳会加速，然后防卫本能就会出现。为了维护面子，他必然会采取反攻的手段。这样看来，批评和指责只能造成更多的冲突，冲突就意味着可能到来的风险。所以说，当你批评别人、指责别人时，就是在冒一种风险。一个基本的人性常识是：即使你的批评和指责是出于善意，但对方因为自尊受到伤害，明知道错了，也要为自己辩护，死不认错，情绪激烈时，他必会和你针锋相对。

在《书王嘉秀请益卷·甲戌》这篇文章中，王阳明说，人人都喜欢凤凰麒麟，人人都厌恶毒蛇猛兽。所以，你不能把毒蛇猛兽放到别人怀里，也不能要求别人厌恶凤凰麒麟。方法就是“己所不欲，勿施于人”，自己不喜欢的，不要强让别人喜欢。这是良知的要求，良知所以能辨别是非，就是因为好恶。你不喜欢吃狗屎，就不能强让别人吃。你特别喜欢获得金钱，你就不能让别人破财。有一天，你发现很多人都讨厌你，也许并非你具备了毒蛇猛兽的心，但肯定是具备了毒蛇猛兽的形。这种形就是“己所不欲，强施于人”。你明明不喜欢痛苦，可听说了别人痛苦的往事后，却当成笑料，毫无悲悯之心，这就是自己不想要的，却希望发生在别人身上。如果在社会生活中遇到这样的人，最好敬而远之，如果你本人就是这样的人，最好马上改正。

人的私欲看似有六种，实际上只有两种，那就是名利之欲和生存之欲。关于“名”，王阳明论述得很多，而关于“利”，王阳明只有一段论述。

有弟子叹息说：“既然我们要祛除私欲，那对于财富的追求肯定是不对的了。因为古人说了，小人才经常谈利。”

王阳明正色道：“我什么时候说过不要争取富贵？只是你争取富贵的时候要凭良知的指引，不能违背良知。你只有好好光明你的良知，才能在富贵逼人时坦然面对，不被它控制，而是要控制它。只要你做到用良知去发家致富，那就符合天理，谁说君子不能谈利？！”

王阳明又说：“要祛除声色货利的私欲，就要在静坐时把那些好色好名好利的祸根都搜寻出来，然后祛除。”

有位弟子灵光一闪，摇头晃脑地问王阳明：“老师，那些祸根是疮，你剜了它们是好事，可剜掉的地方不是又有了新疮，这不是剜肉成疮吗？”

王阳明险些被噎了个跟头，因为这个弟子的问话太厉害了。厚黑教主李宗吾扬扬得意地说：“王阳明的意思是，我们见了一星之火，就要把他扑灭，虽然不会有烧房子之事，请问拿什么东西来煮饭呢？换言之，即是把好货之心连根去尽，人就不会吃饭，岂不饿死吗？把好色之心连根去尽，就不会有男女居室之事，人类岂不灭绝吗？”

王阳明的那位弟子和李宗吾的看法一样，实际上，这是不懂王阳明。王阳明的意思是，那些私欲正如我们身上的疮，它是有害的，必须要除去。剜肉补疮，不是剜肉，而是剜有病的疮。而新长出来的肉看上去是疮，但没有危害，这是不得已而为之的事。

王阳明对这位自作聪明的弟子训斥道：“这是我为人治病的药方，能完全铲除人的病根。即使他的本领再大，十几年之后，依然用得上。如果你不用，就收起来，不要败坏我的药方。”这位弟子发现王老师发怒了，急忙道歉。

实际上，学习心学，本身就是自己领悟的问题，失之毫厘就会谬以千里。很多弟子都向王阳明请教如何铲除私欲的具体方法。王阳明被问得很烦，于是说：“我没有其他的办法可以讲。从前有位禅师，别人向他请教佛法，他只把拂尘提起来。有一天，他的徒弟把拂尘藏了起来，看他还有什么办法。禅师因不能找到拂尘，只好空手做出提拂尘的样子。我要你们祛除私欲的讲解就是启发人的拂尘，除此而外，还有什么可提的？”

过了一会儿，有位弟子小心翼翼地问祛除私欲的关键。

王阳明幽默了一把，侧过头去，看着旁边问：“我的拂尘在哪儿？”

众人恍然，都笑起来。

私欲在王阳明看来，是人不能充分发挥良知的一个根由，良知被种种私欲遮蔽，虽然有是非善恶之心，但因为受私欲的诱惑而无法去致良知。长久以往，我们的智慧和道德渐渐销声匿迹，留给我们的只是一个腐烂的躯壳。

而关于生存的欲望，王阳明说得很沉重：“人生在世，可能对一切声色名利和嗜好，都能摆脱殆尽。但如果仍有一种贪生怕死的念头存留在心，就不能和整个本体融合。人的生死之念，原本是从生身命根上带来的，因此不能轻易去掉。如果在此处能识得破、看得透，这个心的全体才是畅通无阻的，这才是符合天理的表现。”

人可以没有名利之心，但不可能没有生存的欲望，蝼蚁尚且惜命。所以谁能真的看淡生死，谁就真的成为圣人了。

闲思杂虑也是私欲

有段时间，王阳明的弟子陈九川表现出了抑郁的气质。他对王阳明诉苦：“自从跟了老师后就开始厌恶泛览博观，常常想独自静坐，以求摒弃闲思杂虑。可让人恼火的是，不仅未达到目的，反而更觉得心神不宁，我这是怎么了？”

王阳明笑道：“你这是痴心妄想啊，闲思杂虑怎么可能祛除？只能让它归入正轨。”

陈九川又惊又喜：“您的意思是，人不可能没有闲思杂虑的时候？”

王阳明点了点头。

陈九川起了疑惑：“既然如此，为什么圣人们要说‘静’呢？”

王阳明回答：“‘静’不是让你一动不动，动也并非不静。戒慎恐惧（对一个人喜怒哀乐情感及思想未发作时的一种警觉，有防患于未然的意思）就是念头，为何要区分动和静？”

陈九川又问：“那为什么周敦颐说，没有私欲就能静。按这种说法，您说不能静，看来我们还有私欲？”

王阳明回答：“没有欲望当然能静，但这个静是‘定’的意思，定的是什么？不是心，而是‘意’。戒慎恐惧是在你心里流动，是活泼泼的，这就是所谓‘上天赋予人的命运，悠远深邃，永不停歇’。你说上天动了什么？可它一直在动。如果你的心真不动了，那就是死人。如果你的心乱动，而不是为了戒慎恐惧，那就是私念，就是不静了。”

这段问答的意思其实是这样的：思虑是人固有的。王阳明说，除非是死人，否则人人都有思虑。但要看你胡思乱想的内容是什么，如果内容是色、利、名，那就是私欲。

对于这个问题，陆澄很不明白。他问王阳明：“好色、好利、好名等心，固是私欲，可闲思杂虑，怎么也称为私欲？”

王阳明回答：“闲思杂念，到底是从好色、贪财、慕名这些病根上滋生的，自己寻求本源定会发现。例如，你自信绝对没有做贼之想，什么原因？因为你根本就没有这份心思，你如果对色、财、名、利等想法，似不做贼的心一样都铲除了，完完全全只是心之本体，还哪里有闲思杂念？这便是‘寂然不动’，便是‘未发之中’，自然可以‘发而中节’，自然可以‘物来顺应’。”

也就是说，我们平时的“闲思杂虑”并非是闲的、杂的，而是有所指的。人在胡思乱想时可能会想好的，也可能会想坏的。人人都会想自己发财，人人也会想自己可能会碰上倒霉事。这些胡思乱想的背后，其实都是我们对名利的奢望和怕失去的担忧，它们都属于非分之想。如果你真看淡名利，如果你真看透生死，你就不可能在平时胡思乱想。

当然，王阳明所以说闲思杂念也属于私欲，还因为闲思杂虑只存在于我们的脑海中，还没有被实现。所以我们思虑的善恶、是非，并非如白昼和黑夜那样容易分辨。我们以为正在对未来憧憬，实际上却是贪欲。我们以为正在勾勒当一个伟大的人，实际上却是好名的私欲。在这些真假难辨的闲思杂虑中，很容易会让良知无法判断，最终会遮蔽良知。

所以王阳明说，一定要根除闲思杂虑，唯一的办法就是把那些影响闲思杂虑的私欲给克掉。但这又是个难题，谁不喜欢名利，谁不垂涎美女，谁不爱听靡靡之音，谁不对生猛海鲜大吞口水？

正如王阳明的另一位弟子萧惠所担忧的：“想念私欲的心真是难以克除啊。”

萧惠说这句话时，仰面朝天，一副看透宇宙玄机的样子。王阳明让他坐正了，向他伸出手掌做要东西状。

萧惠茫然："您要什么？"

"把你想念私欲的心拿来，我替你克！"

萧惠很尴尬，扭捏起来。

王阳明接着说："人必须要有为自己着想的心方才能克除想念私欲的心（克己），能够克除想念私欲的心，才能成就自己。"

萧惠马上接口："为自己着想的心我有啊，可就是不知为什么不能克己？"

王阳明笑道："你说说你那颗为自己的心是怎样的？"

萧惠沉思起来，沉思了好久叹息道："我也一心要做好人，便自我感觉很有一些为自己的心。如今想来，也只是一个空有躯壳的我，并非真实的自我。"

王阳明摇头："你这是玩和尚那一套，没意思。真正的我怎能离开身体？你所说的'空有躯壳的我'，岂不是指耳、目、口、鼻、四肢吗？"

萧惠连连点头说："正是为了这些。眼睛爱看美色，耳朵爱听美声，嘴巴爱吃美味，四肢爱享受安逸。因此便不能克己。"

王阳明语重心长地解说道："老子说过，美色使人目盲，美声使人耳聋，美味使人口伤，放纵令人发狂。所有这些对你的耳目口鼻和四肢都有损害，怎么会有益于你的耳目口鼻和四肢呢？如果真的是为了耳目口鼻和四肢，就要考虑耳朵当听什么，眼睛当看什么，嘴巴当说什么，四肢当做什么。只有做到'非礼勿视，非礼勿听，非礼勿言，非礼勿动'，才能实现耳目口鼻和四肢的功能，这才真正是为了自己的耳目口鼻和四肢。'非礼勿视，非礼勿听，非礼勿言，非礼勿动'，并非你的耳目口鼻和四肢自动不看、不听、不说、不动，这必须是你的心在起作用。你心的视、听、言、动通过你的眼、耳、口、四肢来实现。如果你的心不存在，就没有你的耳目口鼻。

"所谓的心，并非专指那一团血肉。所谓的真正的心，是那能使你视、听、言、动的'性'，有了这个它，才有了生生不息之理，也就是仁。性的生生之理，显现在眼时便能看，显现在耳时便能听，显现在口时便能说，显现在四肢便能动，这些都是天理在起作用。因为天理主宰着人的身体，所以又叫心。这心的本体，本来只是一个天理，原本无非礼存在。这就是你真实的自我。它是人的肉体的主宰。如果没有真我，也就没有肉体。你若真为了那个肉体的自我，必须依靠这个真我。做到戒慎于不视，恐惧于不闻，害怕对这个真我的本体有一丝损伤。稍有丝毫的非礼萌生，有如刀剜针刺，不堪忍受，必须扔了刀、拔掉针。如此方是有为己之心，方能克己。你现在正是认贼为子，反而说什么有为自己的心，但为何不能克己呢？”

这通大道理让萧惠俯首。

它是王阳明心学传授给我们铲除私欲的指导思想，也是做“真我”的大方针。

人生在世，不可拘泥常规

王阳明的弟子黄省曾向王阳明请教说：“《论语》上说，‘君子对于天下的人和事，没有出于私利的厚薄亲疏，只是按照义去做。’世间的每件事都要这样吗？”

王阳明回答：“当然，不过需要一个‘主宰’才可。‘义’，也就是良知，是适宜的意思。明白了良知是主宰，才不会拘泥固执。例如，接受别人的馈赠，有今天应该接受，而改天不该接受的情况，也有今天不该接受而改天应该接受的情况。你若固执地认为今天该接受的就统统接受，或者今天不该接受的就统统拒之门外，又岂能称作‘义’呢？”

孟子也说，真正的大丈夫，言不必信，行不必果，唯义所在。这和王阳明的意思相差无几，都是告诉人们：千万别被一些传统和常规所束缚，你要与时俱进，随时而变，大丈夫不能被诺言、世间的规矩所控制。只要是良知认为“适宜”的事，大胆去做，勇敢地去打破常规。

王阳明非常赞赏《周易》，他说，“易”就是变，随时随地而变化、变通，如此才是真正拥有智慧的人。

中国历史上发生过两件事，曾让活在常规窠臼里的人大为头疼。第一件事是舜没有通知家长，就娶了老婆；另一件事是周武王未处理完老爹的丧礼就去攻击商纣王。

这些人不无懊恼地指出，舜和周武王都是圣人，怎么可以不遵守当时的规矩呢。又有些人对孟子也颇有微词，因为孟子认为舜和周武王做的是对的。

有弟子就问王阳明，孟子说舜和周武王做的是对的，那两人肯定遵循了当时的规矩吧。

王阳明摇头说，那时哪里有常规可供他们遵循？舜娶老婆前，根本就没有“不告而娶”的规定。周武王出征前，根本就没有“不葬而兴师”的规定。可他们这样做了，而且丝毫不影响他们的圣人地位，原因就在于，他们遵守了内心的成规。这个成规当然就是良知。舜娶老婆前，他的良知就告诉他，不孝有三，无后为大，必须娶妻生子了；周武王正在处理老爹的丧事时，他的良知也告诉他，商纣王统治下的百姓正倒悬于水火中，你还有时间在这里哭丧？还不去解救百姓！

两人都认为这是适宜的，所以就去做了。你如果非要说世界上有成规，那这个成规就是你的良知。

不拘泥常规，说起来容易做起来很难，我们生活在社会中，总会自觉或不自觉地寻找行事的参照物，这些参照物有时是传统道德，有时则是法律法规，我们不可能不遵守这些。

王阳明的弟子陆澄就向王阳明请教说："您提到必须要在人情事变上下功夫，这里恐怕要有些规则吧？"王阳明回答："当然有规则啊，那就是'致中和'：调节自己的思想和行为，使之符合我心中良知所知道的准则。如果一个规则你调节来调节去都不被你的良知认可，那就是错的，你为何要遵守？如果一个规则你调节后被你的良知认可，那就是对的，你必须要遵守。不过一定要注意，这个被你调节后的规则并非外在的，因为是你良知认可的，所以它是内在的。"

人生在世，准备遵循任何外在规则和违反任何外在规则前，首先要问自己的良知是否合适，因为常规不在外，就在你内心中。

我们该追求什么

人的一生应该追求什么，人人都有自己的说法。有人说是功名利禄，有人说是安居乐业，也有人说是用无限的知识充实自己。不论是哪种追求，都需要用心。专心做事才有可能实现追求。

那么，王阳明认为一个完美人生的追求是什么呢？

他的弟子陆澄有一天问他："什么才算是用心呢？比如，读书就一心在读书上用功夫，接客就一心在接客上用功夫，这能否称为用心呢？"

王阳明反问："迷恋美色就一心在女人身上用功夫，贪爱财物就一心在财物上用功夫，这能算是用心吗？"

陆澄吃了一惊，问："那这算什么？"

王阳明回答："这叫逐物。人最应该追求的是追求天理。天理在我心，说白了，还是追求良知的光明。”

什么是“逐物”呢？王阳明有两个很有意思的比方。

第一个比方是这样的：我们的良知就是一位国君，他只需要端坐拱手，六卿各司其职，天下一定大治。而良知统领五官，也须如此。如今眼睛要看时，心就去追求美色；耳朵要听时，心就去追求美声。这就如同君主要挑选官员，就亲自到吏部；要调遣军队，就亲自去军营一样。这样，不仅君王的身份荡然无存，六卿也不能尽职尽责。

第二个比方是来自佛家：一只小狗被主人耍得团团转。原因是，主人向远方扔东西，小笨狗只盯着东西，主人扔什么，扔多远，它虽然能叼回来，可累个半死。按王阳明的意思，小狗最应该盯着的是主人，即良知，而不是那些东西，即外物。

我们应该努力追求光明良知，其实是一劳永逸的事。只要良知光明，我们就拥有了智慧和道德，那么，还有什么追求是不能到手的呢？

如何对付恶

人生在世，要和各种各样的人打交道，这各种各样的人中就有恶人。所谓恶人，未必就是十恶不赦的人。按王阳明心学的观点，凡是那些我们良知不肯承认的人都是恶人。如何与这样的“恶人”打交道呢？

王阳明曾以身说法过。在他晚年，某天有乡下父子二人诉讼，请王阳明判案。王阳明三两句话，父子二人抱头痛哭，和好离去了。王阳明的弟子大为惊讶，问王阳明是如何办到的。

王阳明神秘地笑道：“我对他们说，舜是世上最不孝顺的儿子，他的父亲瞽叟是世上最慈祥的父亲。”

他的弟子已经出离了惊讶，变成惊骇了。

关于舜和他老爹瞽叟的故事，需要做简单介绍。舜的老爹是个瞎老头，老婆死后，他又续弦。这个女人后来又生了个儿子叫象，当时的社会传统可能是这样的：家产都要由长子继承，所以舜理所当然是瞎老头家产的继承人。但是他老婆和象不允许这样，瞎老头也不希望舜能继承，于是就和老婆还有最小的儿子象联合要置舜于死地。他们想出谋杀舜的方法很多，比如要舜挖井，当舜下到井中后，瞎老头团伙就把井口封死。舜死里逃生，因为他挖井时就知道父亲要谋害他，所以在井壁上挖了条通向地表的隧道。瞎老头又让舜去修理房顶，当舜登上房顶后，瞎老头就把火把扔到房顶，那上面都是茅草，舜要么被烧死，要么就跳下来摔死。但舜又死里逃生，因为他上房之前藏了一把梯子，所以安然无恙地落到地面。对于这两件事，舜都假装不知道，瞎老头见舜是个机灵鬼，又见舜没有责怪自己，所以从此再也不谋害他了，还和他恢复了父子亲情。

关于这个肥皂剧，像是三流编剧的作品。不过儒家门徒都硬着头皮说，这是事实，舜就是这样孝顺。所以王阳明的弟子才表现出了惊骇之情。

王阳明就解释说："舜常常自以为是最不孝的，因此他能孝；瞽叟常常自以为是最慈祥的，因此他不能慈爱。瞽叟只记着舜是他养大的，而如今舜为什么不让他快乐？他不清楚他的心已被后妻迷惑而改变了，还自以为能慈爱，因此他就更不能慈爱。舜总是记着小时候父亲是多么爱他，而如今之所以不爱了，是因为自己不能尽孝。舜每天想着自己不能尽孝之处，因此他就更加孝顺。等到瞽叟高兴时，他只不过是恢复了心中原本就有的慈爱的本体。所以，后世之人都称舜是一个古往今来的大孝子，瞽叟也就变成了一个慈祥的父亲。"

这段解释正是王阳明心学思想赤裸裸的体现：凡事都要从自己身上找原因，只要在自己身上找到原因并且修正，就能让对方也改邪归正，符合自己良知的要求。

从自己身上找原因，在王阳明心学中就是要自我克制。王阳明接着说："像象这样的人，就是我们平常所见的恶人，他们的常态是文过饰非。所以千万别去责备他们的过错，如果这样的话，不但于事无补，反而会激起他的恶性。"

他的弟子们不明白。

王阳明说，象和瞎老头要三番五次地谋害舜，估计是舜责备了他们的过错，激起了他们的恶性。这就是舜要象向善的心太迫切了。可能舜注意到了这个问题，所以明白了功夫只在自己身上，不能去怪罪恶人，于是他开始默默地忍受陷害，最终换来了瞎老头和象的改邪归正。

在王阳明看来，和恶人打交道只要记得一条：试图改变他的恶性，往往会适得其反。所以，尽量不要揭发他的恶性。当然，王阳明也不主张"恶人自有恶人磨"的观望态度。他主张进取，用你高尚的道德和完美的智慧（**舜的提前挖洞和架梯子**）来不停地暗示他：不要以为我好欺负，我只是不跟你一般见识。

有恶人自然就有恶行，在我们遇到的恶行中，毁谤是最流行也最让人无法忍受的一种。有弟子疑惑地问王阳明："《论语》中说，孔子也经常受到毁谤，孔子可是完美无缺的大圣人，怎么会受到毁谤？即使真有，难道圣人就不能避免吗？”

王阳明无可奈何地回答：“毁谤是从外来的，圣人也无法避免。我们虽然无法控制外来的毁谤进攻，但我们可以在无声无息中消灭它。这个方法就是：注重自身修养，克制自己（**控制自己的情绪，降低情绪波动的干扰，也就是要情绪稳定**）。若自己的确清白方正，纵然世人都毁谤他，又不能说倒他，能将他怎么样？这就如同浮云遮日，如何能损坏太阳的光辉？若自己是个外貌恭敬庄重，而内心空虚无德的人，纵然无人说他坏话，他隐藏的恶终有一天会暴露无遗。因此，孟子说，‘有求全之毁，有不虞之誉。’毁誉来自外界，岂能躲避？只要能加强自身修养，外来的毁誉算得了什么？”

在一篇《答友人·丙戌》的文章中，王阳明淋漓尽致地发挥道：面对外来评价，尤其是毁谤时，非但不要动怒心，而且还要把它当成是磨炼强大内心的机遇。平时感觉不会被毁誉所动的人，在此时能不为所动，那才是真本领。即使现在要动心，也要强烈控制自己的情绪。只要在情绪最激烈时控制住，一切都好说。如果你没有这样的定力，那后果可就难以想象。世上有无数人，听到对自己的赞誉，马上手舞足蹈。听到对自己的毁谤时，马上就气冲斗牛。这种闻誉则喜，闻毁而怒或是戚戚然的人，是不是像个被人控制的木偶？而外在的评价就是它的主人。主人要他笑，他就笑；要他怒，他就怒。可能要跳也可，要他爬也可；要他死，甚至都可能实现。

一个被外物所控制的人，他的自我在哪里呢？

不要被外来的毁谤所击倒，因为这不值得，也说明你太脆弱了。王阳明心学是一门要人自信的学问，自信自己，就不会受到外来毁谤的侵蚀。而做到自信，必须时刻光明你的良知，让它拥有道德和智慧。

对付恶人和一些恶行，终极的解决方案无非如此。

不要操心

王阳明对人生有别致的看法，他的弟子问他：“那些伟大人物能做出惊天动地大事业，是不是预先都有计划啊？”

王阳明回答：“怎么可能有计划。他们的良知光明，守株待兔而已。事情来了就做，事情不来也不去找事，不过是随感而应罢了。”

也就是说，王阳明相信人生是多变的，没有人可以预料下一步将发生什么。“操心”的事，是愚蠢的人干的。你只要顺其自然就好。

冯友兰对那些经常“操心”人提出告诫说：“你最好不要操心。你的根本错误就在于找个道理打量计算着去走。若是打量计算着去走，就调和也不对，不调和也不对，无论怎样都不对；你不打量计算着去走，就全对了。人自然会走对的路，原不需你操心打量的。遇事他便当下随感而应，这随感而应，通常是对的。要于此外求对，是没有的。”

不要操心，并不是指你真的什么事都不干。王阳明评价孔子时说：“孔子气魄大，只要是帝王的事业，他都能从心上一一加以体会。例如一棵大树，无论有多少枝叶，也只是从根本上用培养的功夫，因此枝繁叶茂，并不是从枝叶上用功去培养根本。学者向孔子学习，若不在心上用功，只匆匆忙忙地学那气魄。如此，只是将功夫做颠倒了。”

由此可见，我们最应该在根上操心，也就是光明良知，而光明良知的一个主要途径就是去事上磨炼。

有弟子向王阳明抱怨说：“平时无事的时候觉得自己的修为很好，心境也不错，总想着遇到一件事后就能把它处理得很好。可一遇到事情就不同了，心乱导致手忙脚乱，什么事都做不成。”

王阳明说告诉他：“这是因为你只知道静养，而没有在实际事情上用‘克己’的功夫。只知道静养，就会养成好静的毛病，这样面对突如其来的事情，心态就会乱，事情就会处理不好。所以呢，人必须通过做事来磨炼自己的心志，磨砺自己的心境，这样面临事情时心才不会乱，处理事情才能从容不迫，游刃有余，才能做到‘静时心也定，动时心也定’。”

我们之所以在平时端坐如圣人，说起话也头头是道，是因为我们未遇事时，情绪始终处在平静状态。但一遇事来时，情绪就会发生波动，在这个时候，如果你能控制住情绪，让它恢复到你平时无事的状态，就能把事做好。王阳明要人到事上磨炼内心，实际上就是让每个人的内心都成为一块冰，而不是湖水。湖水在未受外物冲击时是平静的，可一受外物冲击就会起涟漪，而冰则不会。

王阳明告诉他的弟子们：平时无事时有多么从容的风度都是扯淡。人真正的风度应该是遇到变故遭遇屈辱时，在这个时候，平时愤怒时到此能不愤怒，惊慌失措者到此能不惊慌失措，始是能有得力处，亦便是用力处。

不要操心你的人生，但要操心你的良知。这就是王阳明心学，它高屋建瓴，直指终极密码。

获得幸福的方法：不要和外物对立

所谓幸福，就是长久的快乐。在很多人的印象中，获取幸福的方法很多，我们都耳熟能详。比如保持乐观的心态，要懂得知足，有追求幸福的决心并付诸实践。

理论上，这些方法不错，可真实践起来却很难。仅以知足为例，世上没有几人可以做到知足，甚至连这个意识都没有。和很多哲学一样，王阳明心学的终极目标也是让人获得幸福，不过它的方法却是釜底抽薪的。

《传习录》中有这样一个故事，就是王阳明心学对获取幸福的一个简单有效的方法。

王阳明的弟子薛侃有一天在花园中除草时，大概是疲惫不堪，所以哀叹道："为什么天地之间，善难培养，恶难铲除？"

王阳明当时就在花园中赏花，听到薛侃的叹息，发现说教的机会已到，接口道："你就没培养善，也没有铲除恶。"

薛侃莫名其妙，因为他劳碌了大半天，铲除了很多棵草，而且他经常浇灌花朵，这怎么能说是没有培养善，没有铲除恶呢？

王阳明发现了薛侃的疑惑，却没有继续深入这个话题，而是转到另外一个问题上去了："你呀，如此看待善恶，因为从形体上着眼，错误在所难免。"

薛侃这回如坠云里雾里，更不知王老师的话是什么意思了。

王阳明马上解释说："天生万物和花园里有花又有草一样。哪里有善恶之别？你想赏花，花就是善的，草就是恶的。可如有一天，你要在门前搞个草坪，草又是善的，草里的花就肯定被你当成恶的了。这种'善恶'都是由你的私意产生，所以就是错误的。"

薛侃吃惊地问："这不就是无善无恶了吗？"

王阳明正色道："天下任何事物本来就没有善恶，它所以有善恶全是你强加给它的。我问你，黄金是善还是恶？"

薛侃搓着手兴奋地说："黄金这样的好东西，当然是善的。"

王阳明问："这要看黄金在什么地方。它在你手上，肯定是善的，可如果它在你胃里呢？"

薛侃摇头道："那这就是恶的了。"

王阳明又问："粪便是善的还是恶的？"

薛侃肯定地回答："那玩意儿肯定是恶的。"

王阳明笑了："粪便可以让庄稼生长，在老农心中，它就是善的。所以说，天下的万事万物哪里有善恶之分？都是人强行加到它上面的。同样是一座大山，旅游的人就认为它是善的，有急事要翻越它的人就会认为是恶的。同样一个人，在朋友心中是善的，而到了他的敌人心中，他就是十恶不赦的。"

薛侃思考了一会儿，说："老师您的这种观点听上去很有趣，可没有实用性啊，这种观点能对我们的生活有什么帮助吗？"

王阳明说："当然有用，它能让你获得幸福。"

薛侃请教。

王阳明就解释说："人为什么会常常感到不幸福？表面看是因为我们的身体总受到束缚，精神也不能自主，我们受到了客观条件的种种限制。实际上，我们之所以受到客观条件的限制，是因为我们和外物产生了对立。我们所以和外物产生对立，是因为我们总是以自己的标准来衡量外物，于是，就有了是非好恶之情。当我们对外物有了是非好恶之情，就是给外物贴上是非善恶的标签。一旦你给它们贴上标签，它们就有了生命，反过来干扰你。也就是说，我们被客观条件所限制，全是我们自己搞出来的。"

薛侃茫然。

王阳明就举例子说："比如你刚才对野草发出的感叹，你就是给它贴上了'恶'的标签，对于'恶'的东西，人人都会动气，一动气，心情就受到干扰，你心情不好，还谈什么幸福！不仅仅是被你评价为'恶'的事物会对你产生干扰，就是被你评价为'善'的事物也会对你产生干扰。比如被你评价为'善'的黄金，表面上看是你喜欢它，你拥有它，实际上，当你喜欢上它时，它已经控制了你，时刻干扰你。它在你手里，你就过度兴奋，可当它遗失时，你必然过度地忧伤，你已经成了它的木偶和奴隶，你如果被这样一个'善'的东西所左右，失去自主力，也是没有幸福可言的。"

或许有人会问，如果我们对任何事物都没有善恶之分，那岂不成了不必奋斗就可衣食无忧的和尚？薛侃就问王阳明："您说的无善无恶和佛家的无善无恶有什么区别吗？"

王阳明严肃地说道："当然有区别。佛教把'无善无恶'看得太重，总拿出来讲，而且他说完'无善无恶'后就什么都不管了。比如他说粪便没有善恶，哪怕床边就有一堆，他也不扫除。而我们心学说'无善无恶'，是不要刻意为善，更不可刻意为恶。”

薛侃好像有所领悟，点头说：“既然草不是恶的，那么，我就不拔除了。”

王阳明吸了口气，说：“我才说完这是和尚的意思，你怎么就来实践了？如果草有妨碍，你就应该把它除掉。”

薛侃被王阳明弄得晕头转向说：“这样不就是在有意为善、有意为恶了吗？”

王阳明说：“我说不刻意为善去恶，并非说全无‘好恶’，如果全无好恶，没有是非之心，那连和尚都不如，你就会成为一个麻木不仁之人。所谓‘不刻意’，就是说‘好恶’全凭天理，再无他意，就是不要刻意和事物对立。你现在是为了保持花园，花园里有草，这就妨碍你了，它妨碍你，你就该把它拔除。如果没有拔除干净，你也不要放在心上。比如你今天拔了一天草，可还没有拔完，那你也不要晚上想着草，一想草，就会想到它是恶的，如此，你就和草对立起来，它主导了你的情绪。你不能控制情绪，自然会被情绪所控制。”

薛侃这次好像真的明白了，说：“看来，善恶全然与事物无关了。”

王阳明说：“当然。善恶在你心中，遵循天理即为善，为气所动即为恶。”

其实王阳明的意思只是想告诉我们，想要获得幸福，只要不和外物的对立就可以了。不以自己的好恶来评价外物，让外物按照它们自己的规律去发展。比如你被雨浇成了落汤鸡，不必恼火，因为雨就是要落到地上的，这是它的规律；比如你被别人诽谤，也不必愤怒，你不理它，它自然就按它的规律慢慢消亡；大风起的时候，要顺风走，不要逆风行，你要遵守风的规律，这就是顺应万物，不要和万物对立。

财富、名声、地位自有它们的规律，你不要给它们加上标签，让它们来指挥你，你不必把它们放在心上，只需要向前努力就是了。

当我们做到不以自己的私意来衡量外物时，我们就不会受到外物的限制和支配，我们就可以支配自己，使自己的心灵得以安放，达到幸福的境界。

很多人和外物对立，归根结底，是因为有“出人头地”的野心。“出人头地”固然重要，但不能为了“出人头地”而丧失掉人本应具有的最宝贵，也是我们最容易获得的东西：幸福感。

在这个世界上，有太多的人都希望能拥有功名利禄。的确，功名利禄是可以让人产生幸福感，可问题是，人有一样东西是和别人无法平等的，这就是天赋。儒家把人分为三等：只需要稍加学习就能成为圣人的人（**生知安行者**），通过刻苦的学习可以成为圣人的人（**学知利行者**），最后一种是被动的刻苦学习才有可能成为圣人的人（**困知勉行者**）。

人之不幸就在这里。有人天生睿智，有人投胎到大富大贵之家，而有人则天生愚笨如牛，有人出身贫苦。要追求外在的成功，前一种人比后一种人要轻松百倍乃至万倍。那么，如果很倒霉，我们成为后一种人该怎么办？

答案就是：掂掂自己的分量。

王阳明和他弟子的下面这段对话给出了我们答案。

他的弟子问："人固然可以通过学习成为圣贤，但是，伯夷（**商朝末年的圣贤**）、伊尹（**夏朝末年的圣贤**）和孔子（**春秋时期的顶级圣人**）相比，在才力上终究有所不同。而孟子却把他们同称为圣人，这是什么缘故？"

伯夷是商朝的臣子，周武王灭商后他发誓不吃周王朝的食物跑进深山而饿死；伊尹是商汤的宰相，帝王师级别的人物；而孔子，据儒家人士说，是圣贤中的圣贤，如同太阳（**"天不生仲尼，万古如长夜"**）。依王阳明弟子的观点，这三人的"才力"有大小之分，伯夷是节操领域的大圣人，伊尹则是政治领域的大圣人，孔子是太阳系内的最大圣人。可孟子却把他们都称为圣人，难道圣人是雨后的狗尿苔，凡有点名气的就能称为圣人吗？

王阳明给出了解释："这些人的确都可以称为圣人。圣人之所以被称为圣人，只因他们的心纯是天理而不夹杂丝毫人欲。这就好像精金之所以为精金，只因它的成色充足而没有掺杂铜、铅等。人心到了纯是天理时就是圣人，金子纯到是百分之百时就是精金。"

他的弟子若有所悟："也就是说，心即理，只要人的良知是完完全全的，每个人都可以成为圣人？"

王阳明回答："就是这个道理。不过呢，圣人的才力，也有大小之分，这就好比金的分量有轻重一样。尧、舜那样的圣人就如同一万两重的黄金，文王、孔子如同九千两重的黄金，禹、汤、武王如同七八千两重的黄金，伯夷、伊尹如同四五千两重的黄金。

"才力虽然不同，可他们的良知却同，所以都可以称为圣人。正如黄金的分量不同，但只要在成色上相同，就可以称为精金。把五千两重的一块金子放到一万两重的金子里，从成色上而言，没有不同。把伯夷、伊尹和尧、孔子放在一块，他们的纯是天理的心也没有任何不同。

"精金所以为精金，在于成色足，而不在分量的轻重。这就如圣人之所以为圣人，在于良知光明，而不在'才力'的大小。因此，平常人只要肯学，使自己的良知光明，同样可以成为圣人。正如一两重的精金，和万两重的精金对比，分量的确相差很多，但就成色足而言，则毫不逊色。‘人皆可以为尧舜’，根据的正是这一点。学者学圣人，只不过是去人欲而存天理罢了。

“好比炼金求成色充足，金的成色相差不大，锻炼的工夫可节省许多，容易成为精金。成色越差，锻炼越难。人的气质有清纯浊杂之分，有中人以上、中人以下之别。对于道来说，有生知安行、学知利行的不同。资质低下的人，必须是别人用一分力，自己用百分力，别人用十分力，自己用千分力，最后所取得的成就是相同的。

“后世之人不理解圣人的根本在于纯是天理，只想在知识才能上力求做圣人，认为圣人无所不知、无所不会，我只须把圣人的许多知识才能一一学会就可以了。因此，他们不从天理上下功夫，白白耗费精力地从书本上钻研，从名物上考究，从形迹上摹仿。这样，知识越渊博而人欲越滋长，才能越高而天理越被遮蔽。正如同看见别人有万镒之精金，不肯在成色上锻炼自己的金子只妄想在分量上赶超别人，把锡、铅、铜、铁都夹杂进去，如此分量是增加了，但成色却愈低下，炼到最后，不再有金子了。”

这次谈话不久，有个很较真的弟子对王阳明说：“您把精金比作圣人，用分量的轻重比喻圣人才力的大小，用锻炼比喻学者的功夫，这些喻义很深刻。但我认为吧，您的话有点失衡，您说尧舜是一万两的黄金，孔子是九千两的黄金，我觉得孔子应该更沉一些。”

王阳明很恼火，训导他：“你这是从外形上着眼，是在为圣人争轻重。如果不从外形上着眼，那么，尧、舜是一万两黄金不为多，孔子九千两黄金也不为少。尧舜的一万两也就是孔子的，孔子的九千两也就是尧舜的，彼此之间就没有区别。因为从良知上而言，人人都是平等的。所以称他们为圣，只看精一与否，不在数量多少。只要此心同样纯为天理，便同样可称之为圣。至于力量气魄，又怎么会完全相同呢？你这就是在给事物加标签，和事物对立了。

“后世儒者只在分量上比较，所以陷入功利的泥潭之中。如果剔除比较分量的心，各人尽己之力与精神，只在此心纯是天理上下功夫，就能人人知足，个个功成，如此就能大的成就大的，小的成就小的，不必外求，无不具足。这就是实实在在的明善诚身的事。后儒不理解圣学，不懂得从自心的良知良能上体认扩充，却还要去了解自己不知道的，掌握自己不会做的，一味好高骛远。不知自己的心地宛如桀、纣，动不动就要做尧、舜的功业，如此怎么行得通？终年劳碌奔波，直至老死，也不知到底成就了什么，真可悲啊！”

这段话使人振聋发聩。

其实，我们很多人都和王阳明的这位弟子一样，特别重视外在的东西，比如名利。很多人都在拼命追名逐利，原因很简单：我们把名利看成了“善”，如此一来，我们就和它们产生了对立，而它们自然地会牵绊着我们。如果侥幸得到，那最好不过；如果得不到，我们会牵肠挂肚。一个情绪总受到外界控制的人，根本不可能有幸福感。功名利禄，本是外在的，得之我幸，不得我命。你根本不知道自己有多大能量来获得它们，倒不如像王阳明的指示一样：专心在良知上下功夫，用良知去做事，你就能获得幸福，成为心灵的圣人。

外篇之二
知行合一的修炼法门

格物致知

我们已经知道，王阳明能有惊骇天地的龙场悟道，全因为他对朱熹式“格物致知”的怀疑。“龙场悟道”实际上是王阳明对朱熹式“格物致知”的重新解析，由此捕获了“心即理”的心学法则。谈心学法则“心即理”之前，就必须了解朱熹式的“格物致知”和王阳明心学的“格物致知”的区别。

如果把一只烤鸭端到朱熹和王阳明面前，二人的反应会截然不同。

朱熹会认真地盯着烤鸭看一会儿，当他看了许久后也搞不懂鸭子是如何成为烤鸭后，他会叫来烤鸭师向他请教。他请教的问题很多，比如几岁的鸭子最适合烤、烤鸭子之前有什么仪式、都放哪些调料、烤多久，等等。不过如你所知，饮食业特色菜的秘方是不外传的，所以朱熹从烤鸭师那里得不到什么有价值的信息。于是，他连香喷喷的鸭子也不吃了，转身去了书店，买了几十本关于烤鸭的书籍，回家日夜苦读。最终，他可能学会了烤鸭，也可能没有学会。如果他学会了制作烤鸭，就会把烤鸭的制作流程当成知识传授给后人。当然，最重要的是，他会从鸭子成为烤鸭中得出一个天理来。这个天理可能是：活生生的鸭子一点都不好吃，但经过专业的烘烤后，就成了美味。所以，人生在世都应该记住这样一个天理：不经历风雨，怎能见彩虹。

我们上面论述的整个过程就是朱熹的“格物致知”。“格”是探究的意思，“物”是万事万物，包括意识的和物质的，在烤鸭的例子中，则是烤鸭。

"致"是求得、获得的意思，"知"是知识，用烤鸭这个例子来解释朱熹的"格物致知"就是，朱熹用两种探究方法（**一是实践，问烤鸭师；二是书本，买《烤鸭大全集》**）来探究烤鸭，最后获得了烤鸭的知识。注意，这还不算完，这个"知识"不仅是常识，它还必须上升到天理层次。正如我们刚刚说的，朱熹通过探究烤鸭的知识，从而得出一个人生哲理。

当王阳明面对那盘烤鸭时，他可能会有两个反应。第一，他抄起筷子就吃；第二，他会在朱熹走后，看着鸭子说，请你不要见怪，如果你是活的，我是绝对不会吃的。但你现在是死的，而且你的命运就是被人扔到烤炉里烤，最后端到饭桌上被人吃掉的。所以，我吃你是心安理得的。至于你是怎么被烤出来的，我不想知道，我又不是烤鸭师，干吗要知道这些，我只需要知道吃你没有错就是了。这段话就是王阳明的"格物致知"。"格"是正的意思，物就是事，是意之所在。换个通俗的说法就是，我们意识到一件事时，就要存一种好的想法，用当时的理学大师湛若水的说法就是：格物就是正念头。如果念头不好，马上改掉，念头好，就要维持。

王阳明意识到吃鸭子这件事时，只是说鸭子被我吃，是天经地义，是天理。所以他继续保持这种意识，进而"致知"。"致"是停止、实现的意思，"知"则是良知。

王阳明的"格物致知"通俗而言就是这样的：通过在事上正念头而实现良知。用烤鸭的例子来说就是，通过吃鸭子时的正念头（**心安理得**）来实现良知。

那么，或有人会问："你凭什么说'物被格了后，良知就实现了呢'？"

王阳明的回答是："良知是主宰我们心的，它是我们的本性，比如你看小孩子，都知道喜爱自己的父母，都知道尊敬自己的兄长，这就是良知的作用。但是这个良知不能被私欲所遮蔽，我们每个人遇到事情时都有私欲（**自己的小算盘**）来遮蔽，所以只要正了念头（**别打小算盘**），就能实现良知。"

我们还可以用一个浅显的例子来说明朱熹和王阳明对"格物致知"大相径庭的解释。比如孝顺父母，朱熹认为，孝顺父母是个复杂的活，你必须要探究学习孝顺父母的各种知识，最后得出一套理论，然后再开始孝顺父母。而王阳明则认为，只要在孝顺父母这件事上端正好态度（**正念头**），良知就会指引你去如何孝顺父母，这些孝顺父母的行为是不必向外学习的。

两人的认识所以不同，原因就在于，王阳明认为，心即理；而朱熹则认为，性即理。

心即理VS性即理

在理学语境中，心分为性和情两种，这两种都与生俱来。“情”主要指的是七情六欲，情欲是表现出来的，是外在的；而理学家则主张“静”，就是说，一个人应该时刻保持庄重的仪态，要注意体统，不能追赶跑跳蹦，更不能放肆地喜怒哀乐。程颐的态度就是，人应该像僵尸一样，面无表情，行动起来一板一眼，只有这样才符合“性”。性是一个人作为人最基本也是最重要的要求，也就是天理。正是因为有这样奇妙的理论，所以，理学家要求别人“存天理（性）灭人欲（情）”。于是，朱熹就说，心可不是天理，心的其中一部分的性才是天理，情不是。

问题是，心分性和情正如水（H_2O）分为氢原子（H）和氧原子（O）一样，一旦分割了，就不可能称为水（H_2O），把“情”从“心”分出去，甚至咬牙切齿地想把它灭掉，这太不现实。朱熹也认为这有点不现实，所以他认为，我们的心是不足的，因为“情”被扔出去了，必须要找点什么东西补充进来代替“情”。这种想法是正确的，因为性和情是心的两条腿，缺一不可。如果你把右腿给砍了，即使把左腿练成金刚腿，你还是个残废，必须要去外面找来一条腿，才是解决问题之道。于是，朱熹到心外去寻找另外一条腿，希望通过对万事万物的探究，从而不停地得到各种各样的天理和道理，来弥补心的不足。

老实说，这种方法没错。我们必须要向外界学习，才能充实自己。比如我们要想开车，必须要去考驾照，比如我们想知道原子弹为什么有那么大威力，我们必须要从最基本的数理化开始学起，这些都是外在的知识，我们学习它，没有错。可理学家们却在这里来个大转折：学习了这些基本的常识后，还要累个半死，把它上升到天理的高度。本来，我们考驾照的目的就是为开车，会开车后，这个“格物致知”的流程就走完了。朱熹却说，从考驾照后到会开车这一过程中，我们必须要得出个人生道理，然后把它写进我们的修身宝典中。

从前在洛阳城，程颐对一只破壳欲出的小鸡“格物致知”，他的确得到了知识。他发现小鸡破壳时是先用脑袋撞击蛋壳，而不是别人说的用嘴巴啄蛋壳。到了这个阶段，“格物致知”已经完成，可程颐却一惊一乍地说：“啊呀，看到小鸡出生，我就看到了天地的生机生生不息。”

在王阳明看来，理学家的愚蠢莫过于此，把原本属于心的情扔了出去，又拼死拼活地去外面寻求代替情的东西，这不是吃饱了撑的吗？王阳明说，我们的心本身就是个与生俱来、无所不能的东西，因为它里面有良知，良知是个法宝，能辨是非，能知善恶，你知道了是非善恶，天下还有什么事不能解决的？

至于人心中的“情”，它远没有理学家们说得那么恐怖。它不过是蒙在“性”上的一层尘埃，不过是遮住良知的一片乌云。尘埃一吹就逝，乌云一阵风来就散，不必大惊小怪。

既然心是无所不能的，那我们何必画蛇添足地去外面寻求什么天理？天理就在我心中。理学家们在外面寻求，费了九牛二虎之力，其实他们所探究的一切，在自己的心中早就有了。所以说，心即理。

王阳明同时还向理学家们提出一个质问：假设你们能从心外寻求到真理，可这个真理因为是从外面寻求到的，如何来和我的心相融？正如做器官移植手术的人，如果不匹配，那是要出人命的。举个例子，理学家向外寻求真理的手法之一就是通过书本知识。可书本里的知识一定都是对的吗？如果书本上说砒霜能吃，难道你不用心想一想，拿起来就吃？

这就是心学和理学的一个重大区别，实际上，心学和理学分道扬镳，也只是这一个区别。

在“格物致知”上，理学家和心学家还有个不易被察觉的区别。理学家为了弥补心的缺陷，会毫无目的地去外面寻求知识，这有点像肉猪，只要它认为是能消化的东西，它都要去吃。而心学家首先是在心里认为这个知识有必要去追寻，然后才去追寻。前者是先探究，后用心；后者是先用心，后探究。

心外无理

王阳明的妹夫、他最得意的弟子徐爱曾对王阳明的“心即理”产生疑问。他问王阳明，您说天下的道理都可以在心上求，这可能有点问题吧，世界上那么多道理，你如果不去心外探求，怎么可能得到？不说远的，就说孝顺父母，忠诚领导，如何在心上求？

王阳明叹息说：“你这种认识，许多人都有。我想问你，你孝顺父母的道理是去父母身上求来的还是你在心上求来的？如果是从你父母身上得来的，那如果你父母死了，你那孝顺的道理是不是也跟着死了？你肯定是先有了想要孝顺父母的心，然后才有种种孝顺父母的行为，孝顺父母的心，不过是你的良知指引你而已。如果你的良知光明，没有被私欲遮蔽，那么，你表现在侍奉父亲上就是孝，表现在侍奉领导上就是忠诚，等等。你只需要专注你的良知，不要让它被私欲遮蔽，天下所有的道理都会在你行动时出现，你到外面去寻求什么呢？”

这段话的意思其实就是说，我们好好地关注自己的良知，当我们去做事时，良知就会自动自发地告诉我们该怎么做。而良知在我们心中，所以你只需要在心上用功就是了，所以说，心外没有任何道理。正如一个杀猪的，只要把手中的刀磨得锋利，天下就没有杀不死的猪。

我们有点遗憾，徐爱问的只是儒家最关注的“忠孝”问题，如果徐爱问王阳明：您说心外无理，那么，如果我要制造一把神机营使用的火枪，那制造火枪的这个“道理”是在心内求还是心外求？如果王阳明在今天，我们也会有很多问题，比如，我是个文盲，却非常想制造一枚中子弹；我每天早上醒来都会吐三升血，我是在心中求解救的方法，还是去医院；我对数学一窍不通，却想证明勾股定理。这些问题，我能在心中求吗？

王阳明会说：“能。”

因为“心外无理”还有另外一个秘钥，这个秘钥就是，用心。天下一切事情就怕“用心”两个字，任何一件事，只要你肯下苦功，肯用心，几乎就没有做不到的。因为天老爷在我们降生前就给了我们一个法宝，它就是良知。在王阳明看来，这个良知是无所不能的，能生天生地，成鬼成神。而这个良知就在我们心中，我们想要制造神机营的火枪，那就用心去探求，如果你是文盲却想要制造一枚中子弹，那就用心去学习知识，每天进步一点点，几十年后，那就会取得天大的成就。你如果每天都吐血，那你的良知就会告诉你，赶紧去医院啊。

所以说，心外无理。

这种回答，乍一看去像是朱熹的，但实际上不是。前面我们说过，朱熹是在没有问题的情况下去寻找问题，而王阳明则是面对问题时，才来探究问题。

虽然如此，但很多人对上面的回答肯定不满意。实际上，如果你翻遍《王阳明全集》和《明儒学案》和关于王阳明的一切，你都会发现这样一个问题：王阳明谈的都是儒家思想灵魂中的三纲五常，也就是伦理学，他对自然科学的探寻恐怕只有那次失败的格竹子事件。

以今人的角度来看，在这点上，王阳明逊色于朱熹。朱熹虽然也有理学家倾向于伦理研究的特征，但他也喜欢探究自然科学。研究朱熹的专家说朱熹使用各种天文仪器探索宇宙，还说他对节气的研究已可使他跻身专家行列，更说，石油就是这老头发现的（**石油应该是沈括发现的**）。

中国人和西方人有个明显的差异。中国人喜欢在人际关系中获得幸福，而西方人则喜欢在和大自然的搏斗中获得幸福。王阳明就是中国人里典型的代表，他在自己心学史的论述中，“心即理”就是解释人际关系的伦理学的。把“心即理”这一法则从伦理学中拎出来，放到别的学科中，就有点重心不稳、摇摇晃晃了。

不过，这也正是心学的伟大之处。它永远把重心放到自己的内心上，时刻在内心上用功致良知，这样就少了外界的很多烦忧。今天的我们，都知道，人生在世第一大难题不是洪水猛兽这些大自然的挑战，而就是人与人之间的关系。

“心即理”法则正是在这方面让人彻悟到解决这种关系的最佳方法。

万物一体

王阳明心学“心即理”法则衍生出来的一个非常重要的次法则就是“心外无物”。心外怎么会没有物质，对于唯物主义者而言，这话实在惊世骇俗。在了解王阳明的“心外无物”之前，必须了解心学的另一个法则“万物一体”。

“万物一体”是理学宗师程颐的发明。这位一本正经的老先生有一天静坐闲暇，看到窗外飞过一群喜鹊，不由赞叹：生生不息，万物一体。

按程颐的主张，人和万物（**主要是动物**）都是从天地互相摩擦产生的气中诞生的，但人很侥幸，那些特别有灵性的气产生了人，由此成为万物之灵。不过，追本溯源，人和各种动物，包括丑陋的癞蛤蟆和美丽的天鹅一样，都是由气生成的，所以，大家在本质上都是一样的。人有责任把万物看成是自己的好朋友，甚至把万物看成是自己的手足躯体。万物受到伤害，我们的心就会不由自主地动。孟子就说，看到小孩子在井口茫然无知地玩耍，我们的心都揪了起来。真正的君子要远离厨房，因为厨房里总杀鸡鸭，看到它们血淋淋的样子，心都碎了。这是什么？这就是仁。

可这是高调的理想主义，很多人是不能实现万物一体的。不能和万物一体的人是什么样的人呢？就是不仁的人。仁，古典儒家解释为爱人。这个解释毫无意义，正如我问你，什么是刀？你说，可以杀猪。程颐和他的理学家朋友们对仁的解释是，生生不息就是仁，也就是对万物怀有活泼的、敏感的态度。我们今天说一个冷酷无情的人是麻木不仁，麻木就是不仁。最后，理学家们给

“仁”下的定义是：生理上有对万物的知觉，这一知觉进而能感悟到道德性的东西。

王阳明进一步阐释“万物一体”。他说，所以说“万物一体”，是因为我们的心是天地万物的主宰。天地万物依我们的心而存在。没有我们的心去看，天高地厚就不存在。反过来，没有天地万物，我们的心也就不在了。所以二者是一气贯通的。

王阳明的这段话似乎是唯心论，他的驳论是：“你看那些死去的人，他们的天地万物在哪里？”

世界上只有一种人没有天地万物的概念，那就是心不在了。只有死了的人心才不在了。

“万物一体”除了上面的解释外，还有一种更通俗的解释。比如，猪和我们是一体的，因为猪出生后就注定要被我们吃掉，它的肉到了我们的胃里，就成了我们身体的一部分；植物也是和我们一体的，中医在这方面发挥得淋漓尽致，大部分中药都是植物，它们进入我们的胃里后，帮我们驱除病痛，由此成为我们的一部分。就是连粪便也是和我们一体的，它们被农夫用来当作肥料栽培蔬菜，蔬菜被我们吃进肚子里，成为我们身体的一部分。

但这种解释似乎并未被王阳明认可。王阳明的解释是，天地万物所以一体，是因为我们的心和万物有感应，见到猪被杀，我们心里不舒服，说明我们和猪有感应；见到草木被折断，我们心里不舒服，说明我们和草木也有感应。所以万物是一体的。

我们为什么能感应到万物，就是因为我们内心深处有灵明，这个灵明就是良知。良知提醒我们，要把万物和自己当成一个整体，对万物说，我爱着你的爱，痛着你的痛，伤悲着你的伤悲，快乐着你的快乐。

万物一体，其实就是万物即我心，我心即万物。没有了我的心，万物就不存在；相反，如果没有了万物，那我的心也就没有了用武之地。简单来说就是，我和万物，谁都离不开谁。王阳明说，眼睛存在的价值是以万物颜色为基础的，耳朵存在的价值是以万物的声音为基础的，嘴巴存在的价值是以万物的味道为基础的，而心之所以存在，就是以万物的存在为基础的。

这就是体用论。所谓体用论是和因果论相对立的。如果说，因果关系是风同波的关系，那么，体用关系就是水同波的关系。因果论者认为，为什么会有波涛，是因风而起的。体用论者则说，哪里有什么因为所以，水之为主体，波是派生的，两者虽然是不平等的，但绝不是什么因果关系，而是谁也离不开谁。水离开了波，就失去了它作为活的一面，波离开了水，就失去了它作为死的一面。这正如一个水杯，中间空的是“用”，四壁是“体”，体和用能互相离开吗？

我们对“中体西用”这四个字绝不陌生，它是被西方列强打得鼻青脸肿的大清帝国中的知识分子和官员们提出的一个振兴祖国的计策。意思是，中学为体，西学为用。以中学为杯子的四壁，以西学为杯子的中空，问题是，谁能离开谁？

王阳明的万物一体的感应论，就是体用论，大家相互依存，本就是一体，单方面是不可能存在的。

心外无物

知道了“万物一体”，我们正式来谈“心外无物”。

王阳明心学史上“心外无物”的故事很浪漫，这个故事是这样开始的：有一年春天，王阳明和他的朋友到山间游玩。朋友指着岩石间一朵花对王阳明说：“你经常说，心外无理，心外无物。天下一切物都在你心中，受你心的控制。你看这朵花，在山间自开自落，你的心能控制它吗？难道你的心让它开，它才开的；你的心让它落，它才落的？”

王阳明的回答很有味道：“你未看此花时，此花与汝心同归于寂；你来看此花时，则此花颜色一时明白起来。便知此花不在你的心外。”

这就是王阳明心学中诠释“心外无物”最漂亮的乐章。它的意思是这样的：你的眼睛受心的控制，你未看那朵花时，你的心在花身上就没有动，于是你的心和它一样，都处于沉寂状态，由此可知，花不在你的心外，因为它和你心的节奏是一起的，这其实就是万物一体，只不过万物和我都在沉寂状态；当你来看它时，你的心在它身上，你的心动了，而花也映入你的眼，所以它的颜色和你的心一样，都鲜艳、动了起来，这还是万物一体，也就是动的状态的万物一体。花和你的心处于同等频率和状态中，请问，花在你心外还是在你心内？

其实，我们还可以换个方式来理解王阳明的心外无物。按今天科学的角度来说，我们眼睛看到的一切物质其实都是光的反射，不是物质本身。所以我们就可以这样说，花在你眼中（心中）明亮起来，但并非是它自身明亮起来，只是光的反射。我们看见的花其实是映射到我们心中的花，而不是岩间的那朵花，它映射到我们心中时就已是我们心的一部分，所以，它不在我们的心外。

我们看一位美女，认为她很美，其实这个美女是映射到我们心中的美女，和美女本身无关。美女被我们看到眼中时已经成了我心中的一部分，她不在我的心外。当她消失在我们的视线中时，我们还能记得她的形象就是证明。所以说，心外无物。

心外无事

“心外无事”可以最通俗地来解释，你意识到的事和做的事，都是心主使你做的，如果你的心不动，就没有任何事，所以说，心外无事。

实际上，与其说“心外无物”“心外无事”，甚至是“心即理”是心学的法则，不如说它们是王阳明的谆谆教诲。如果用现代心灵修行的角度来说，那就是王阳明其实是告诫我们，对天下万事万物不要总是动心，不要总是让心内有太多的事。我们追逐权势名利尊位，实际上对很多人而言，这都是心外的事，可他们非要把这些都拉到自己心中来。

但这和王阳明的意思有云泥之别。

王阳明说“心即理”，说“心外无物”，说“心外无事”，和佛家人说的这些迥然有异。佛家也说，心外无物，但是消极的，他不但希望心外没有物、没有事，就是心内，也不要有物，也不要有事，佛教徒都设想把自己锻造成一个心如死灰、形如槁木的活死人。

王阳明曾对佛家的“心外无事”有过很深刻的批评。他说，佛家为了做到心外无事，抛弃父母妻儿，跑到深山老林里枯坐。王阳明评定说，这些和尚是胆小鬼，不负责任的懦夫，只知道逃避。他们恐惧做儿子太累，就离开父亲；恐惧做丈夫太累，就离开妻子；恐惧做父亲太累，就离开儿子；恐惧工作，就离开社会。而我们儒家截然不同，做儿子，就用孝顺的心；做父母，就用慈悲的心；做员工，就用忠诚的心，多么自在。

从这段话中，我们可以看出，在王阳明看来，一个真正的圣人要做的事是非常多的。但这些事必须要符合下面的条件：一、你是可以做到的，也就是说，这些事是你能控制的。比如孝顺父亲，任何人都能做到。但比如造反，恐怕你没有这个能力，所以就不要去做，这种事就不应该是你心内的事；二、听从良知的指引，有些事可能是你能做到的，但你不做，这就不是真正的心外无事，心外无事不是逃避。比如你遇到有人恃强欺弱，这就是你该做的，如果你这个时候说心外无事，只要不动心，就不去做，那就不符合心即理的要求；三、有些事虽然被道德家们鄙视，但如果在你能力范围内，你依然可以做。比如追逐权势名利尊位，如果你有超人的智慧，在不违背良知的情况下，为什么不去做?

毋庸置疑，“心即理”“心外无物”“心外无事”首先要求的就是要我们在内心的良知上用功，良知光明了，它会指引你，做到心外无物、心外无事。如果宇宙中的那些天理就在我们心中，那么，每个人不必向外去寻求，就可以在内心建立一个自己的世界。

这个世界里有属于你自己的天地万物，属于你自己的功名利禄，它是一个精神和物质并驾齐驱的光明世界。

心即理的立言宗旨

最后，我们来谈谈王阳明提“心即理”的用意，也就是他所谓的立言宗旨。

在多次讲学中，王阳明的弟子都对“心即理”有过疑问，在这个问题上，王阳明可能解释了很多次，他自己都解释烦了。所以有一次有弟子再问他时，他没有对“心即理”进行解释，而是说:“你们啊，问来问去的。你们从来没有问过，我提出这个法则的用意是什么？现在，我就要你们知道我的立言宗旨。我为什么要提‘心即理’呢，除了我经常解释的我们心中有无所不能的良知外，还有一个原因。从古到今，太多的人本心和表现出的外在的道理一分为二，这样就出现了许多让人备感伤痛的问题。比如春秋时期陆续出现的那五位霸主表面上宣传他们‘尊王攘夷’，实际上，他们内心真实想法是想自己做老大，‘尊王攘夷’只是一个口号，一个手段，而不是一个道理。这就和他们内心的想法分道扬镳了。心就不是理。

“我提倡心就是理，是希望大家都要心理合一，言行合一，按本心的想法来做事，不要矫饰，凡事在心上下功夫，而不要到心外去寻求，这才是王道的真谛，亦是我立论的宗旨。”

有一个例子很能说明这点。

春秋时期齐桓公的宰相管仲临死前对齐桓公说:“我有个秘密要告诉你，你一定要记住，不然，霸业将在你身上终结。”

管仲帮齐桓公取得了春秋五霸之首的位置，齐桓公对其言听计从，尤其这是管仲的临终遗嘱，所以齐桓公马上提起十二分精神等着管仲要说的秘密。

管仲没有说，而是问：“你的宠臣易牙如何？”

齐桓公回答：“他曾把亲生儿子烹饪给我吃，对我太好了。”

管仲又问：“你的宠臣竖刁如何？”

齐桓公回答：“他主动阉割自己陪在我身边，大好人。”

管仲再问：“你的宠臣齐开方如何？”

齐桓公回答：“他更没的说，自己是贵族，却主动当我的奴仆，寸步不离，三十多年都没回过家，没人比他更忠诚了！”

管仲在床上叹了一声说：“这三个人都不咋地。你想啊，谁不喜欢自己的亲生儿子，易牙却把他宰了。谁愿意自发地做太监，竖刁却把自己阉了。谁不喜欢和家人在一起，齐开方却三十多年不回家！”

齐桓公不以为然地问：“你到底想说什么嘛？”

管仲说：“我上面说的是天理人心，他们违反了天理人心，所以他们都不是真的为您好。”

如果王阳明在管仲身边就会用心学解释说：“这三人表现出的一脸忠贞并不是真心的，只是一种手段，不是道理，心与理不合。再进一步说，这三个家伙在演戏。”

管仲的遗嘱齐桓公完全没听进去，结果几年后他得了重病，三人联合把齐桓公活活饿死在宫中，齐国霸业也就此终结。

最后，王阳明告诫他的弟子们：做人一定要心理合一，在心上好好用功，使“心即理”成为一种生活状态。

为何说知行是合一的

很多人都有这样的经历：看到一位美女，马上会由衷地喜欢上她，因为她美貌动人；进入卫生条件不合格的公共厕所后，马上会皱起眉头，因为臭气熏天。

按王阳明的解释，这就是“知行合一”的两个绝佳例子：喜欢美色（**好好色**）、讨厌恶臭（**恶恶臭**）。看到美色，是“知”，喜欢上美色，是“行”；闻到恶臭，是“知”，讨厌恶臭，是“行”。

正常人永不会出现这样的情况：看到一位美女后，先思考一下，我要不要喜欢她呢？闻到臭狗屎的味道后，先思考一下，我要不要厌恶它呢？

正常人永远都是这样的：看到一位美女后，马上就会喜欢上她，在“看到”和“喜欢上她”之间没有任何缝隙，没有停顿。闻到臭狗屎的味道后，马上就会厌恶它，在“闻到”和“厌恶狗屎”之间没有任何缝隙，没有停顿。简单来说，我们喜欢上美女和厌恶臭狗屎，是发自本能，是条件反射。这就好像我们突然被火烧到会迅疾产生某些动作（**大叫、跳起来**）一样。从来没有人被火烧后和有所动作之间还要思考一下：我要不要有所动作，或是大叫一声，或是跳起来，甚至来个号啕大哭？

我们从反面来理解就是这样的：我们喜欢一个女人，因为她具备美的素质；我们讨厌臭狗屎，因为它具备臭的素质。为什么美的素质和臭的素质会让我们喜欢和讨厌？很简单，因为在我们心中的良知就是喜欢美和讨厌臭的，这种“势利眼”做派与生俱来，无需证明，也无法更改。

那么，知行就是合一的。前提是，你的良知必须光明，必须可以发挥作用。如果你的良知被遮蔽了，它不能发挥作用，于是就会出现这样的情况：你成了瞎子，看到美女，也不会喜欢上她；你是个鼻炎患者，拼命地嗅臭狗屎，也不会厌恶它的味道。

这两个例子中，表面看，你的确看到美女了，也的确闻到臭狗屎了，就是说，你的确“知”了，可你并没有表现出“行”来：流着口水看美女；捂着鼻子避开臭狗屎。原因很简单：你根本就没有“知”，美女的映像进入不了你的视网膜，臭狗屎的味道虽然进了你的鼻子，但你的鼻子失去功能了。既然没有“知”，那你就不可能有“行”。这恰好又从反面证明了：“知行合一”这一颠扑不破的真理。

王阳明有另外关于“知行合一”的例子，更为直观。他说，说一个人孝顺，肯定是他有孝顺的行为，如果没有孝顺的行为，只凭他满嘴跑火车，稍有分辨能力的人就不会承认他孝。他又连续举了几个我们能切身体会到的例子：你为什么知道痛的感觉，你肯定被什么东西弄疼了；你为什么知道饥饿的感觉，你肯定是真的饿了；你为什么知道寒冷的感觉，你肯定是被冻到了。

痛的感觉、饥饿的感觉、寒冷的感觉都属于“知”，你被锐物刺痛了、你被饿到了、你被冻到了属于“行”，“知行”怎么就不是“合一”的呢？

既然是“合一”的，那就没有主次先后之分，它们就是火车运行的两条铁轨，如果只有一根铁轨，那就不能称为铁轨，而是一根铁棍。

不过很多人都有这样的疑问：有些人知道很多事，可就是不去做。比如有人知道孝顺是美德，但就是不去做，有些人知道应该见义勇为，但也不去做。人人都知道屎是臭的，但中国历史上却有两个人吃了屎。一个是春秋末期的越国国王勾践，另一个是唐朝武则天时期的郭霸。如果说，勾践吃屎是被逼无奈，郭霸吃屎可是心甘情愿。他是为了讨好生病的上司，而自动自发，非常愉悦地把上司的屎吃掉的。

那么，这些反常的知行不一，又该如何解释呢？

王阳明说，这是因为被私欲隔断了。

古人为何单独提知行

有弟子问王阳明，我无论如何都搞不明白知行怎么就是合一的。比如，学问思辨就属于“知”，去实践属于“行”，我可以学问思辨而不去实践啊，您怎么就能说，知行是合一的呢？

王阳明做了这样的解释：所谓“行”就是认真地去做一件事，学问思辨是不是一件事？所以说，你学问思辨这个探求“知”的过程就是在“行”了。你说“去实践”属于行而不属于知，可你去实践为了什么？不可能什么原因都没有，突然就大跳大叫吧。这个“为了什么”就是“知”。“学问思辨”中有“知行”，“去实践”中也有“知行”。那么，再问你，你“学问思辨”为了什么？肯定是“去实践”。如果不是要去实践，那你学问思辨做什么？所以，“学问思辨”和“去实践”也是知行合一。

知的真切笃实就是行，行的明察精觉就是知。如果你只学问思辨了，没有去实践，那就不是真的“知”，如果你只去实践，而没有学问思辨，那就不是真的“行”。所以，在这种情况下，“知”“行”都是赝品，不合一也就正常了。

这位弟子又问：“既然知行是合一的，那为什么古人要单独提‘知’和‘行’呢？这就好像是我去酒铺买酒，我总不至于说，给我来个酒罐，再来点酒。”

王阳明回答：“把‘知’‘行’单独拿出来说，这实在是古人的用心良苦，全是因为世界上有两种人的缘故。有一种人懵懵懂懂地去做，在做事中就像是流水线上机器人，只是机械地做，不懂得思考。对这种人，就要特意提个‘知’，告诉他，不要做机器人，要在做事中用过脑子，这样，他才能真的‘行’。

“还有一种人，每天茫茫荡荡地没有目的地思考，任凭想象把自己拖进幻想的梦呓中，从来不想去实践。对这种人，就要特意提个‘行’字，告诉他，就是胡思乱想，也应该有个思路在。这样，他才能真的‘知’。

“这就好比我们喝茶，茶水是由茶叶和白水组成，两者缺一不可。但有人就吃茶叶，而有人就喝白水。对吃茶叶的人，我们要告诉它，用水，这样他才能喝到茶水；对喜欢喝白水的人，我们要告诉他，放茶叶，这样他也能喝到茶水。”

这就是古人何以要单独提知行的原因。

知是行之始，行是知之成

从空间来看，“知行”是两道铁轨，不可分割；从时间来看，知是行之始，行是知之成。知行合一就是一件事的开始和终结，绝不能有始无终，更不能虎头蛇尾。

关于这一点，王阳明是这样解释的：就算你是个吃货，也肯定是有了想要吃的心才知道你要吃东西了。要吃的心属于“意动”，是“知”，这就是“知是行的开始”；而你吃的东西是什么味道，肯定是放到嘴里后才知道，这就是“行是知的完成”。比如你喜欢户外，你肯定是有了想要走路的心，才会去走路。想要走路的心就是“意动”，是“知”，这就是“知是行的开始”；而路是坎坷还是平坦，只有你走了之后才知道，这就是“行是知的完成”。

我们想要知道西红柿好不好吃，必须要吃它，要吃它就是“意动”，是“知”，这就是“知是行的开始”，而西红柿到底味道如何，只有你吃了后才知道，这就是“行是知的完成”。

想要知道衣服是否合身，必须去穿；想要知道水的温度，必须要去感觉；想要知道红烧牛肉好吃还是水煮牛肉好吃，必须要去吃。你不吃，就没有“行”，你就不知道哪道菜好吃；你不想知道两道菜哪个好吃，就没有“知”，你更不可能知道哪道菜好吃。所以，缺了“知”和“行”的哪一个，都不成，因为它们是合一的。

问题是，王阳明说，现实中就有一种人，总是希望自己先知，然后再去行。可天下的知识那么多，只能把自己活活累死，而终身不能行。

有一点值得补充，王阳明所说的“先知后行”的人，不仅仅指不去实践的人，还有一种是死背书本知识而不思考的人。因为王阳明说过，有目的性的思考本身就是行。

一念发动便是行了

几百年来，很多唯物主义者都把王阳明的“知行合一”强横地意淫成“实践出真知”，这并没有错，可却不是王阳明提出“知行合一”的本意。

王阳明提“知行合一”的本意是这样的：每个人眼睛都能看到一百米开外的事物，但对于近在咫尺的眼睫毛却看不到。每个人谈到“知行”的问题时，只能看到在现实中发生的事，这样就产生了一种观点：有些好事，我只“知”不去“行”，固然是错的。但有些坏事，我只“知”不去“行”，那肯定就是对的了。

比如，我每天都想杀人，可我没有去杀人，这是没有关系的。可王阳明却说，因为知行是合一的，你的意一发动（**知**），就是行了。这种危言耸听的说法实在让人无法理解，难道我心里想想还不成？用今天的说法，我看到一美女，想要做些下作的勾当，可我没有去做，难道这就违法了？

王阳明说，每当你想一件丑恶的事时，其实就是你的欲望过了头，成为私欲。私欲就像是云彩，你每想一次丑恶的事时，云就会加重一次。天长地久，白云就会成为乌云，遮蔽了你的良知，由于没有良知的监控，你就真的可能会去实践了。

人类《刑法》上有个名词，叫“犯罪预备”，讲的是，一个人为了犯罪做了种种准备，但因为某种原因（**外部原因：风声太紧，或内部原因：良知发现后加以制止**）而停止了犯罪行为。

王阳明谈到的问题就是客观版的“犯罪预备”。你在头脑里不停地产生那些私欲，其实就是在为犯罪做准备，即使你永远不会去实践，可在你的心中已经实现无数回了，你已经把你的心变成了一个罪犯。

如果我们的心是个罪犯，那我们的这个躯体恐怕也好不到哪里去。

既然知道了一念发动时就是已经“行”了，我们该如何做呢？

王阳明的方法就是，只要有一个恶念涌上心头，马上就把它克掉，绝不能让任何一点恶念留在心头。

怎么克掉恶念（**私欲**），那是我们在致良知中要讲的问题。

从上面的论述中，我们可以看到，王阳明提“知行合一”和提“心即理”的思想一样，都是告诫我们要防范，希望我们能时时警惕我们的私欲。

这种谆谆告诫随着地球转动和光阴荏苒，渐渐地销声匿迹，“知行合一”留给后人的只有“实践和理论”的浅薄表演。

实践出真知

实践出真知，并非是王阳明“知行合一”思想的精华，至少不是他提倡“知行合一”的本意。有一点需要注意，王阳明提“知行合一”是从其心学磐石“心即理”衍生来的。也就是说，提“心即理”是为了让人心理合一，言行合一，那么，“知行合一”实际上也有这方面的提示。你很难想象，一个“知行不一”的人在和别人打交道时的成败如何。

王阳明说，想要知道西红柿的味道，就必须要去吃。这就是“实践出真知”，不过这可不是他的发明。穿越到他说这句话的几百年前的北宋后期，程颐的哥哥程颢正在给他的弟子上课。他的弟子突然说：“我出现了幻觉，看所有的东西都是狮子，我恐惧狮子，都快恐惧死了。”程颢问他：“你现在看我是什么？”

这名弟子浑身发抖，脸色苍白，说：“狮子。”

程颢向他招手：“来，扑我。”

这名弟子不敢，程颢大喝一声：“过来抓我！”

这名弟子硬着头皮、咬着牙扑过来，发现程颢只是个人。后来，他用这种方法，见到“狮子”就扑上去，渐渐痊愈。

这就是实践出真知。

有人每到晚上就怕鬼，于是请了位道士驱鬼。夜晚来临，道士没有设坛作法，却把灯灭了。客户大叫起来，声音凄惨。道士抽了他一嘴巴，让他冷静下来，问他：“哪里有鬼？”客户捂着半边脸，指着床下。道士擦亮火石，塞到客户的手中，大喝：“去看！”

客户不肯，道士连踢带踹地把他逼到床边，他只好掀起床帘，当然，下面除了他的臭袜子外，什么都没有。

这也是实践出真知。

程颢认为，理学家修行的法则是坐在那里庄敬持守，这很不对，应该去实践，庄敬持守才有意义。明朝的理学大师吴与弼是最先提出“知行合一”这四个字的人。他每天凌晨起床后就开始不停地劳作，一个人顶十头牛。他对弟子们说，上天赐给我们一副躯体，就是让我们来实践的，不要坐在那里枯想，要去实践中学得真知识。

他重视“实践”简直到了走火入魔的程度，反而把“知”这一块淡化了。我们今天看吴与弼的思想手册，发现几乎全是空白。他的修行手册中记的最多的是对基本物质生活的关心，比如他记载了这么一件事：天降大雨，房屋漏水，他就在大暴雨中爬上房顶去修葺。每当他看到弟子拄着锄头在歇息时，他以为人家在发呆，就偷偷地凑到人家耳边，使出吃奶的力气大喝一声：“咄！如此懒惰，死后有何脸面见程颐、程颢？”

实际上，从“知行合一”衍生出来的“实践出真知”根本算不上理论，它只是一个常识。诗人陆游就说：“纸上得来终觉浅，绝知此事要躬行。”无数的人都说过实践的重要性，这正如饿了吃饭、困了睡觉一样，你能说这种基本常识是理论吗？况且，有一个例子就完全可以推倒“实践出真知”：人人都知道屎难吃，可有几个人吃过屎？

王阳明就能解释这个例子：我们心中的良知是无所不知的，它知道屎难吃，不需要外界的实践。

王阳明的“知行合一”的精华就是“好好色”与“恶恶臭”，只要我们的心没有被私欲阻隔，知行就是合一的。王阳明提“知行合一”的苦心还是让我们在良知上用功，“实践出真知”不过是个附带战利品而已。

但有时候，人生、世界乃至宇宙就是会有太多的戏剧性，纯粹的东西消失后，像猴子一样活蹦乱跳的往往是残渣余屑。

良知就是判断力

做圣人有什么好处？或者说，如果我们的良知没有被物欲遮蔽，使其正常运转，我们能得到什么，再或者说，良知的功效如何？

王阳明说，“良知”是千古圣贤相传的一点真骨血，这是儒家圣人们的传家宝，是人世间最贵重的宝贝。谁如果能完全拥有它，那就如坐在船上得到了舵一样，你掌握了舵，平澜浅濑无不如意，就是遇到大风大浪，只要舵柄在手，也可以免于被淹。所以，王阳明赞叹道：“良知啊，你就是个试金石，你就是个指南针。”

他后来又把“良知”拟人化：良知就是造化的精灵。这些精灵，产生天和地，造就了鬼神和上帝，所有一切都由它产生，任何事物都不可与它相比。所以，如果你能彻底光明良知，无一丝缺陷，你就会发现其乐无穷。到那时，你会发现：你就是电，就是光，就是圣人。你会手舞足蹈，天地间再也没有任何乐趣可以取代这种乐趣。

其实，这段话并不是王阳明抽风，如果我们知道它的“万物一体”感应论，就明白，良知就是造化的精灵，能生天和地，能造鬼和神，能度一切苦，能化一切哀。总之，只要你拥有了良知，你此生就生活在极乐世界。

因为良知能分清是非善恶，世界上的一切事，无非就是是非善恶，分清了是非善恶，你就是绝顶的聪明人和大慈大悲的佛，这样的人，想不在极乐世界都不行。

——分清善恶是良知作为品德方面的能力，而分清是非就是良知作为智慧方面的能力。什么事该做，什么事不该做，这就是智慧。所以，提到良知时，不要认为它仅仅就是良心，它应该是品德和智慧齐飞的良知。

王阳明说，良知和天下一切事情的关系，就如圆规、方矩、尺子与方、圆、长短的关系。事情随时都在变，而不可预料，犹如方圆长短的不可穷尽。因此，规矩一旦确立，方圆与否就已注定，而天下的方圆也就不可胜用；尺度一旦制定，长短与否就已注定，而天下的长短也就不可胜用。

也就是说，良知能解决天下一切事，它就如圆规可以解决天下一切圆一样。

如此看来，良知似乎是机器猫肚子前那个口袋，里面什么都有。问题是，王阳明承认人人是个机器猫，也承认人人都有那个口袋，但是，我们如何把口袋里的东西拿出来呢？也就是说，我们如何获得不被物欲遮蔽的良知呢？

物欲和私欲，被王阳明认定是一个“欲”。为了更清晰地理解，我们暂时分作两个“欲”来理解，“私欲”指的是在我们心里过度的七情六欲，而物欲是外界给我们内心的刺激所产生的欲望。私欲是井中水，物欲是倒进杯里的水。一个是自身就可以产生，另一个必须要靠外界的帮助（刺激）。私欲在我心中，不必需要外界的刺激就会产生，比如莫名的惆怅、哀伤。而物欲必须要外界的刺激，比如嫉妒、攀比。不过据王阳明所说，你嫉妒别人有钱有势，还是在心的指使下用眼去看到的，所以说，物欲还是私欲，还是在心里产生的。

这并不是我们关心的问题，我们要说的是，每个人都有良知，而每个人的良知都会被物欲、私欲遮蔽，想要获得完全的良知，只要把物欲和私欲祛除就是了。

这话说来轻巧，做起来实在太难。人生在世，由于要维持我们的肉体不至死亡，必须要解决生存的问题。而在解决这一问题时，你难免会有物欲遮蔽良知的时候。比如你饥饿万分，又没有正当的办法得到吃的，你会不会去偷？如果你不去偷，那就会被活活饿死，身体发肤受之父母，把自己饿死，那就是犯罪。西方基督徒认为，人要顽强地生存，如果轻易地放弃生存，那就是自杀，自杀的人无论做了多少好事，都上不了天堂。可如果你去偷吃的东西，那就违背了良知。

王阳明对此的解释是，可以偷，因为这是权宜之计，偷了后要记得以后还给人家。我们光复良知要从平时做起，而不是临时修行。

如何光复良知

有一天，王阳明看到许多弟子都坐在地上，毫无表情，像是睡过去的石头。王阳明就把那些石头都敲醒了，问他们："在想什么？"

有弟子愉快地说："什么都没想，心里空空的，犹如在太空遨游，真是爽快。"

王阳明说："你这不是我提倡的静坐，这是枯禅，和那群老和尚们没什么两样。"

弟子不太愉悦了，说："您不是教我们要静坐，安定纷乱的情绪，达到物我两忘的境界，光明良知吗？"

王阳明说："我是要你安定情绪，物我两忘，不是让你什么都不想，死人才什么都不想呢。"

弟子惘然失措。

王阳明就说："佛家和道家讲物我两忘，不但把心外的物忘了，连心内的也都忘了，甚至连心都忘了，这不是我的意思。我的意思是，你在安定思绪不要胡思乱想后，要一心一意地省察克治。所谓省察克治，就是通过反省检查以发现和找出自己思想和行为中的不良倾向、坏的念头、毛病和习惯，然后克掉它。

"这一功夫绝不要间断，如同你铲除盗贼，要有一个彻底杜绝的决心。无事时，将好色、贪财、慕名等私欲统统搜寻出来，一定要将病根拔去，使它永不复发，才叫痛快。再打个比方，就好比是猫逮鼠，眼睛盯着，耳朵听着。摒弃一切私心杂念，态度坚决，不给老鼠喘息的机会。既不让老鼠躲藏，也不让它逃脱，这才是真功夫。如此才能扫尽心中的私欲，达到彻底干净利落的地步，自然就恢复良知了。”

也许有人会提出异议，王阳明这样做是不是神经过敏？坏的念头，人人都有，而且时刻都有，比如看到美女，百分之九十的人会想到床。老舍写过一部小说，里面的男主人公看书时一看“女”字旁的字就想入非非，但那男主人公是个真正的汉子。

其实，这正是王阳明“知行合一”的注脚，你的心一动（知），其实就已“行”了。不要认为一个小私心无伤大雅，时间一久，肯定会出大问题。

民国厚黑学大师李宗吾说：“小私心就如星星之火，你就是不踩灭它，它也不会燎原。”当然，这只是李宗吾的一面之词，没几年后，就有一位后来的伟人毛泽东说：“星星之火可以燎原。”

由于我们的私心就像是呼吸般永恒存在，所以我们就要时时刻刻留意他，这即是王阳明提倡的“必有事焉”。

“必有事焉”字面即使是，肯定有事。有什么事？就是狠斗私心。狠斗私心的目的是什么，就是光复良知。千万不能忘记这件事，这就是“勿忘”；但你也不要拔苗助长地去光复良知，不要着急，慢慢来，这就是“勿助”。

可世间有些人就是着急，恨不得一天内就能把良知光复，然后一劳永逸，永远活在极乐世界。王阳明对这种心态提出警告说：“你们呀，做功夫时千万不要着急（助长）它。上等智慧的人很少，几乎没有人生下来就具备圣人的心性。所以说，光明良知的学业必然是一起一伏、一进一退的。千万不要因为我从前用了功夫，到现在这功夫不管用了，我却还勉强装出一个没有破绽的样子，这就是助长。这种做法的危害就在于：连从前的那点功夫也给遗弃了。这可不是小小的错误。好比一个人走路，不小心跌了一跤，站起来就走。这就是假装一副没有跌倒的模样来，其实疼痛与否，只有你自己知道。

“各位只要经常怀着一个‘自然而然，不焦急’的心，耐心地去用功，别人嘲笑你、诽谤你、称誉你、侮辱你，你都不介意，功夫上无论是进还是退，你不要管，只是闷头在良知上用功，时间久了，你就能体会到快乐了。”

致良知：听从第一感觉

致良知，有两个内容。第一是向外的：用你的良知施加于万事万物，也就是用良知去做事。第二是向内的：就是我们前面说的光复良知。实际上，这两个内容在王阳明看来就是一个内容，因为王阳明说心外无物，你去做事时，事就在你心里，还是在心中光复良知。

不过，王阳明对第一个内容讨论得特别多，他曾说，人的良知是不倚仗见闻（**心外的事**）的，孔子说："多闻，择其善者而从之；多见而识之，知之次也。"其实只是在见闻的细枝末节上寻求，要抓住主干（**内心上用功**）。

有弟子就问他："您居然说见闻是次要的，我不明白，难道见闻可以去掉吗？"

王阳明说："你误会了。实际上我想说的是，良知是和我们与生俱来的，它就在我们心中，所以不可能是从见闻上产生的。但是呢，良知不可能离开见闻。现在有好多人总是在见闻上用功，那就是舍本逐末。实际上，在日常生活中，见闻酬酢，虽千头万绪，都是良知的作用和流行。如果离开了见闻酬酢，也就无法致良知了。那么，你说，良知和见闻是不是一件事？因为你在日常生活中所有的一切见闻，都是你心动后的产物，它在你心内，而你做出了某些行为和决定，就是良知在起作用。"

人是社会的人，不可能离开社会，正如鱼不能离开水。人在日常生活中，只要"见到善的而从之，听到善的而学习之"，其实就是在致良知。离开了见闻，你的良知是个什么东西？

既然，我们致良知离不开见闻，那么，如何致良知呢？

王阳明深情地说了下面这段话："你那点良知，正是你自己的行为准则。你的意念所到之处，正确的就知道正确，错误的就知道错误，不可能有丝毫的隐瞒。只要你不去欺骗良知，真真切切地依循着良知去做，如此就能存善，如此就能除恶。此处是何等的稳当快乐！这些就是正念头（**格物**）的真正秘诀，致良知（**致知**）的实在功夫。若不仰仗这些真机，如何去正念头？关于这点，我也是近年才领悟得如此清楚明白的。一开始，我还怀疑仅凭良知肯定会有不足，但经过仔细体会，自然会感觉到没有一丝缺陷。"

我们先放掉王阳明致良知的方法，来谈一个名词，它的名字叫：直觉。

我们今天对直觉的定义是：没有经过分析推理的直观感觉。

不过，还是荷兰哲学家兼数学家鲁伊兹·布劳威尔对直觉的定义最有深度和趣味。他说，直觉就是意识的本能反应，不是思考的结果。大概是意识的源反应，比以语言要素通过逻辑关系构建的反应系统要更加高效、更具准确性。只是能引起意识源反应的机会很稀少。也许人类在语言意识未建立前，依靠的就是这种意识的本能反应——直觉。而当人类语言意识建立后，到今天，这种本能就逐渐退化了。

他举个例子说，蜜蜂能以最省的方式精准地建造坚固的六角巢穴，它肯定不懂人类的物理学，它靠的就是本能的直觉。

王阳明致良知的方法乍一看去，是不是就是直觉？由于良知知道是非善恶，所以它能在第一时间做出迅疾的判断，而这种判断正如直觉那样：比以语言要素通过逻辑关系构建的反应系统要更加高效、更具准确性。

为什么直觉比以语言要素通过逻辑关系构建的反应系统要更加高效、更具准确性？因为我们在构造逻辑关系时，有极强的目的性，这个目的性就是私欲，为了构造完美的逻辑关系，我们会左右论证和辩驳。这就是说，我们从我们私心的立场出发在制造一种东西，这种东西制造出来后可能是完美的，但它总有雕琢的痕迹。雕琢的东西必有私欲在，因为我们制造它出来的目的无非是获得成就感。

致良知就是靠直觉，正如一块磁石，你用它去触碰铁时，它会吸引，你用它触碰木头时，就没有任何感应。致良知和“知行合一”的理论一样，磁石触碰铁时，不是思考，它是铁，所以我要吸它，在触碰木头时，也没有思考，它是木头，所以我不吸它。二者之间没有缝隙，没有停顿，致良知就是如此。

那么，为什么我们很多人不致良知呢？用王阳明的解释来说，就是因为我们人类总是在外部世界不停地折腾，把外部世界弄得极为复杂。在和外部世界的较量中，我们必须绞尽脑汁，反复思考，如此才能取得胜利。在明代，一个富裕家庭的孩子才开始说话，就要背诵诗书，少年时期就开始接触“四书”，目的就是为了考中进士做官，所有精力都用在这上面，哪里有时间去关注良知？在今天，一个孩子的脑子里除了必要的书本知识外，还要被迫上各种培训班，他们哪里有时间来关注良知？当外部世界已成为一个极为复杂的世界时，我们面对它时，首先想到的不是光明自己的良知，而是如何来适应它，如何击败它。这诸多的想法就成了私欲，成了乌云，遮蔽了我们的良知。当我们有一天想要把良知光明时才发现，为时已晚，因为遮蔽它的灰尘已成了一座大山。

另外还有最重要的一点，随着社会的发展，一切现成的东西都已具备，我们在这个世界上正被动地接受一切。把米放进电饭锅里就能吃到米饭，其间不用我们费任何力气，不用动任何脑子，把屁股放到车座上，就能到达目的地，我们也不费任何力气，也不同动脑子；这都是现成的，是不用我们费力就可以做到的，何必去问直觉？因为事情本来就是那样啊。

虽然如此，但王阳明还是认为，我们的良知一直在发挥作用，只是你不理睬它。很多人都会对下面例子的判定深信不疑：高楼上掉下一个冰箱来，我们第一反应就是逃跑。而当我们看到高楼上掉下一个婴儿时，绝大多数人的反应是去承接。这就是致良知，遇到冰箱逃跑，是因为我们的良知告诉我们，它是恶的，砸到你会把你砸死，而生是本能，所以要躲开。看到婴儿掉下，良知马上会告诉我们，他是善的，因为他是一条生命，我们的良知对自己的生命重视，当然也重视别人的生命，所以要去承接。

在这两件事中，你没有思考的时间，你只能靠我们今天所谓的直觉去做出行动。如何致良知，就是听从我们良知的指引，也就是直觉。

实际上，如果你的良知光明，没有乌云和尘埃的遮蔽，它在刹那间给你指引的声音犹如滚滚天雷。可当我们被物欲遮蔽后，它的声音虽然微弱，却仍然能被我们听到。那么，问题就在这里，我们虽然听到了，却不遵循它的指引，这就是不能致良知了。

不能致良知，有两种情况：一种是，我干脆听而不闻；一种情况是，我虽然听到了它的声音，可一定就对吗？我要好好考虑一下。正如王阳明所说，你思考的时候，就已经掺杂了私欲，思考出来的结果可能是正确的，但那是歪打正着，大多是错误的。为什么错误？无非是私欲让你迷失了方向。

我们举张学良的例子来说明。张学良当年在东北有百万东北军，当日本人准备进攻东北的消息传到他耳里时，他魂飞魄散。多年以后，他在口述实录中说，他第一个感觉就是，不能撤，因为东北有那么多百姓，如果撤了，就是把家乡父老送进火坑。但他没有遵从第一感觉，因为他有很多私欲。他魂不附体地考虑几天，在这些考虑中，他想到生命，想到他的家底——东北军，想到真要和日本人打起来肯定会失败，一旦失败，他的家底就全没了，他在蒋介石那里腰杆子就不硬了。这种种私欲的集合最终让他做出了违背良知的决定：不做任何抵抗，把军队撤进关内。

多年以后，他始终为这件事懊悔。但正如世界上很多人一样，即使给他个重来的机会，把当时的场景复活，他做的决定和第一次还会一样。因为他的良知已被外界的物欲遮得奄奄一息了。

王阳明说得很简单，只要良知判定是非善恶，你照着去做就是了。实际上，就是这么简单的一个递进句，人类历史上真正做到的人却屈指可数。

致良知：听从内心的声音

所谓四句教，是王阳明晚年向众弟子提出的恍恍惚惚的四句话：无善无恶心之体，有善有恶意之动，知善知恶是良知，为善去恶是格物。

据心学的拥趸、思想家耿定向说，“四句教”实际上就是“致良知”的步骤。他在给王阳明作传时，提到了这样一个例子，这个例子正是王阳明本人的现身说法。王阳明在功成名就后回浙江老家休养。有一天，一个老乡来找王阳明。这个老乡是个年迈的农夫，据他说，自己无儿无女，身体已不允许自己耕种，所以想把他的一块土地卖给王阳明换点养老钱。王阳明毫不客气地拒绝了，他说，土地买卖不合法，另外，他不忍心让一个做了一辈子农夫的人临死前看不到他自己的土地。于是，他给了老农夫几两银子，打发走了。

王阳明做完这件事后，很为自己的良知又光明了一分而沾沾自喜。不过很快，他就险些在致良知的路上栽了跟头。

事情是这样的：有一天风和日丽，王阳明和他的弟子们到山间游玩。正在兴头上，忽然他的一个弟子指着眼前一块飘来清新的泥土气息的土地对王阳明说，那就是几天前想售卖给您土地的老农的地。

王阳明顺着弟子的手指看去，赞叹一声，真是个修身养性的好地方。他不禁懊悔起来，心说，当时真应该买下来！可这念头刚一起，王阳明马上打了个寒战，他问自己，我怎么会这样想？我怎么会懊悔？为什么懊悔，就是因为我觉得那块地很不错，这就是贪欲。我绝对不能有这样的想法，必须立即把他祛除。在很长一段时间里，王阳明闭口不语，学生们感到很奇怪，直到太阳落山时，王阳明才长嘘一口气道：“终于把它祛除了，真难啊！”

耿定向讲完整个故事后，就用四句教做了精致的分析：王阳明和弟子们在山间游玩，心上是何等的坦荡，没有任何善恶，这就是“无善无恶心之体”。可当弟子告诉他那个老农土地的消息后，王阳明马上就动了懊悔之心：天啊，这里真是个好地方，当时我怎么就不买下来呢！这就是“有善有恶意之动”。“意”动了后，王阳明突然就感觉不对，这是私欲，是恶的。他是怎么知道的呢？当然是良知告诉他的，因为良知能知是非善恶。这就是“知善知恶是良知”。良知告诉他了是非善恶后，他立即沉默不语，开始专心祛除这种被良知判定的“恶”，这就是“为善去恶是格物”。

这就是致良知的步骤，简单易行。但正如世上很多人知行不合一，人人都能知，却很少有人行。

当我们面前没有一盘红彤彤、肥油油的红烧肘子时，由于我们还没有和红烧肘子发生感应，所以我们的心体是无善无恶的。而当红烧肘子被端到我们面前时，我们的意就动了，它会射出两道射线，一道是吃，一道是不吃。那么，对于一个身体健康的人而言，吃就是善的，不吃自然就是恶的。

补充一点，王阳明认为，恶就是“过”或“不及”。在王阳明看来，善恶是一条路的上下坡，谁都离不开谁，离了善，无从谈恶，离了恶，也就没有了善。

为什么说不吃就是恶的呢？因为人的本性中都有吃的欲望，而且红烧肘子非常好吃，如果非常想吃却不吃，那就是矫情。

但是，如果你是个重度脂肪肝患者，面对一盘红烧肘子时，吃就是恶；不吃就是善了。因为你的良知会告诉你，吃了红烧肘子，会加重病情，不吃的话，就没事。

那么，我们探讨的问题就是：善恶是外界的评判还是内心的评判？

毋庸置疑，是我们内心的良知的评判。

所以当你在开始致良知的步骤时，一定要注意，听良知的，不要理会外界的评判尺度。

后 记

高中时读书，读到唯物主义和唯心主义时常心潮澎湃。唯物主义是一定正确的，但我特别喜欢唯心主义，与其说我喜欢唯心主义，不如说我喜欢“心”这个字。它灵动清新，“物”字和它一比，简直是头蠢笨的牛。

教科书谈到“唯心主义”时，特意举个例子，这个例子就是王阳明的。说有一天他和朋友去看花，朋友问他，你常说天下无心外之物，你看这朵花，在山中自开自落，不随你的心而开落，你做何解释？

王阳明的回答：“你未看此花时，此花与汝同归于寂，你来看此花时，则此花颜色一时明白起来，便知此花不在你的心外。”

教科书严肃地批判道：“这是典型的主观唯心主义，坚决要不得。”

我倒觉得这段话非常有意蕴，至少它比“世界是物质的，物质是客观存在的，不以人的意志为转移”这种“高大上”有趣味一百倍。

后来，看到介绍王阳明的书，说他是刽子手。因为他在江西和广西剿匪，杀了好多革命的农民兄弟。

再后来，我看了他的各种公正客观的传记和他的文集，发现王阳明其实是个很厉害的伟人。他值得我们学习。

但学习他什么呢？

恐怕直到今天，很多人都在绕着他的心学理论打转。依我之见，王阳明的心学不是理论，而是生存和解决问题的工具。这个发现就是这本书的由来。我是用王阳明自己创建的心学来解构他本人的一生，从而得出的结论应该就是我们每个人都需要的生存“天理”。因为他说了，人心是古今中外相同的。

今天写王阳明，实属费力不讨好。太多珠玉在前，已先入为主，不至于班门弄斧，却有望风而动之嫌。然而还是在《帝王师刘伯温》一完稿就开始写王阳明，在读客公司盛亮编辑的督促下，前后修改数次，终于有此书现世。

其实，我最奢望的是，现世的不仅仅是《知行合一王阳明（1472—1529）》这本书，还应该是王阳明的灵魂。

度阴山

2014年4月19日

激发个人成长

读客

多年以来，千千万万有经验的读者，都会定期查看熊猫君家的最新书目，挑选满足自己成长需求的新书。

读客图书以“激发个人成长”为使命，在以下三个方面为您精选优质图书：

1、精神成长

熊猫君家的精彩绝伦的小说文库和人文类图书，帮助你成为永远充满梦想、勇气和爱的人！

每个人的生命中，
都有最艰难的那一年，
将人生变得美好而辽阔。

《无声告白》

《恋情的终结》

《教父》

《沙丘》

2、知识结构成长

熊猫君家的历史社科类、知识小说类图书，帮助你了解从宇宙诞生、文明演变直至今日世界之形成的方方面面。

其实是一本严谨的极简中国史
看半小时漫画，通三千年历史，
脉络无比清晰，看完就能倒背。

《丝绸之路》

《藏地密码》

《清明上河图密码》

《巨人的陨落》

3、工作技能成长

熊猫君家的经管类、家教类图书，指引你更好地工作、更有效率地生活，减少人生中的烦恼。

提升领导力，你会拥有想拥有的工作，成为你想成为的人，做任何你想做的事。

《可口可乐传》

《别独自用餐》

《参与感》

《好妈妈胜过好老师2》

每一本读客图书都轻松好读，精彩绝伦，充满无穷阅读乐趣！

认准读客熊猫

读客所有图书，在书脊、腰封、封底和前后勒口都有“**读客熊猫**”标志。

两步帮你快速找到读客图书

1、找读客熊猫

读客

2、找黑白格子

马上扫二维码，关注“**熊猫君**”

和千万读者一起成长吧！